저자가 인용하는 자료가 얼마나 다양한지에 놀라고, 그 자료 사이를 매끄럽게 왔다 갔
다 하는 그의 솜씨에 한 번 더 놀란다. 많은 현대 독자가 이 책에서 자기 자신—과 더 중
요하게는, 그 이상—을 발견할 수 있기를 기대한다.
크리스천 와이먼, My Bright Abyss 저자

히포의 아우구스티누스는 불안한 영혼들의 수호성인이다. 가장 흥미로운 신학 사상가
중 한 사람인 제임스 스미스는 낯설면서도 익숙하고, 고대인이면서도 현대인인 이 인물
을 다시 소개한다. 이 책은 역사상 최고의 여정으로 향하는 여정이요, 매우 즐거운 독서
경험이 될 것이다. 강력하게 추천한다.
크리스티 티펫, The On Being Project 설립자이자 CEO

놀랍도록 매력적이고, 통찰력 있으며, 아름답게 쓰인 이 신간은 성 아우구스티누스의
이야기와 영성을 새로운 세대의 독자와 추구자들에게 펼쳐서 보여 줄 것이다.
제임스 마틴, 신부, 《예수, 여기에 그가 있었다》 저자

저자에게 성 아우구스티누스는 완벽한 조종사다. 그는 '망가진 영웅들로 가득 차 있는
도로'에 익숙한데, 그가 달아나는 마음이 어떤 기분인지 알기 때문이다. 당신이 고속도
로를 갈망하고 내면 깊숙한 곳에 엔진이 꺼져 있는 것을 느낀다면, 여기에 당신의 여
정이 있다. 아우구스티누스가 접혀 있는 우리 마음의 지도를 들고 조수석에 앉아 우리
를 집으로 데려다주기를 기다리고 있다.
밥 크로포드, 에이빗 브라더스 베이스 주자

《아우구스티누스와 함께 떠나는 여정》은 이 고대의 성인이 우리에게 꼭 필요할 뿐 아
니라 그를 무시해서는 안 되는 이유를 우리에게 일깨워 주는 영적 고찰이다. 저자는
아우구스티누스를 안내자 삼아 독자를 인간 마음을 탐구하는 여행으로 이끈다. 심오
하고, 인격적이며, 술술 읽히는 이 책은 영적으로 어느 상태에 있는 독자에게라도 자양
분이 되어 줄 것이다.
카일 하퍼, 오클라호마대학교 고전학과 교수

올해 최고의 영성 도서!…학식이 깊으면서도 재미있는 이 책은 고대의 통찰과 동시대
의 현실, 현시대를 우리에게 일깨워 주는 대중문화의 목소리를 잘 인식하고 있다. 우리
를 이탈리아 전역으로 안내하면서 아우구스티누스의 삶을 엿보도록 돕는 철학적 로드
트립이다.…진지하게 읽어 볼 가치가 있다.
바이런 보거, 하츠앤드마인즈 서점

인간의 영적 여정에 대한 이 매력적인 사색을 통해 철학 교수이자 《습관이 영성이다》의 저자 스미스는 4세기 히포의 주교 성 아우구스티누스를 안내자 삼아 세월이 흘러도 변함없는 복잡한 문제들을 검토한다.…"주목받기 원할 때" 혹은 "소속되기 원할 때", "합리적이기 원할 때"…"나는 무엇을 원하는가?" 같은 질문들에 대해 아우구스티누스의 지혜를 찾는다. 스미스는 사람들이 하나님의 이야기 속에서 자신을 발견할 때 자유와 진리를 찾는다는 아우구스티누스의 확신을 잘 보여 준다. 아우구스티누스의 모델을 따라가며 자신의 믿음의 여정을 나누는 스미스는 새로운 구도자 세대도 아우구스티누스의 안내를 따를 수 있게 만들어 준다.
〈퍼블리셔스 위클리〉

스미스는 아우구스티누스를 소재로, 자유, 야심, 어머니와 아버지, 우정, 죽음 같은 주제들을 탐색하면서 인간의 마음과 그 수많은 갈망을 살핀다. 그 기저에 있는 메시지는 무엇인가? 당신은 혼자가 아니라는 사실이다. 당신이 어떤 감정을 느끼든지—야심으로 인한 갈등이든, 부모를 향한 복잡한 감정이든, 좀 더 의미 있는 인생을 살고 싶은 바람이든—그 감정은 아주 정상이다. (자신의 이야기를 숨김없이 공유하는) 아우구스티누스와 스미스는 현명하고 관대한 우리의 안내자로 손색이 없다.
〈크리스채너티 투데이〉

이 책은 영성 형성이라는 평생에 걸친 여정을 지향하고 알려 준다. 스미스의 아우구스티누스가 자유에서부터 야심, 섹스와 우정에 이르는 인간이 추구하는 열 가지 지속적인 질문들을 헤쳐 나가는 우리의 안내자가 되어 준다. 이 책은 우리 곁에 와서 위험과 잘못된 길을 경고해 주고 진정한 집으로 우리를 안내해 주는, 진정한 의미에서 기독교적인 책이다. 그저 앉아서 우리를 기다리지만 않고, 우리를 맞으러 달려오시는 하나님 아버지에 대한 책이다.
〈아웃리치〉

내 마음속 가장 깊은 곳에 있는 질문 중 일부가 스미스의 책에 나와 있었다. 그리고 아우구스티누스는 내 마음의 여정을 위한 길을 그려 주었다.…나는 독자들에게 상상력과 애정을 품고 이 책을 읽기를 권한다. 이 책이 당신의 가장 곤란한 질문들을 탐색하게 하라. 어쩌면 당신이 항상 갈망해 온 집으로 향하는 여정을 다시 상상할 수 있게 도와줄지도 모른다.
〈가스펠 코얼리션〉

**아우구스티누스와
함께 떠나는 여정**

# 아우구스티누스와
# 함께 떠나는 여정

불안한 영혼을 위한 현실 세계 영성

**제임스 K. A. 스미스**

박세혁 옮김

비아
토르

**일러두기** ─────

이 책에 인용된 아우구스티누스의 《고백록》 본문은 문맥에 따라 다양한 영역본을 인용한 저자의 의도를 따라, 특정 한국어판 번역을 따르지 않고 번역자가 모두 사역했다.

함께 순례하는 사람이자 믿을 수 있는 친구,

나와 닮은 영혼의 소유자

나의 알리피우스, 디애나를 위해

"자네들은 어디로 가는 중인가? 아니면 그냥 돌아다니는 거야?"
그의 질문을 이해할 순 없었지만 더럽게 좋은 질문인 건 확실했다.
　　　　　　　　　　　　　　　—잭 케루악,《길 위에서》

■

도망치는 마음은 권총에 손을 대고 있지.
당신은 누구도 믿을 수 없으니까.
　　　　　　　　　　—제이슨 이스벨,〈나를 덮어 주세요〉

■

계속 팔을 휘저어 보지만 물에 빠져 죽게 되었다는 생각이 들 때
발이 바닥에 닿는다고 상상해 보라.
　　　　　　　　　　　　　—토머스 울프,《한 소설 이야기》

■

하지만 주님이 여기에 계셔서 우리의 불행한 방황에서 우리를 자유롭
게 해 주시며, 우리가 굳건히 주님의 길을 걷게 하시고, 우리를 위로하
시며 "이 길을 달려가거라! **내가** 너를 데려가리라! **내가** 너를 끝까지
데려가리라. 마지막까지 **내가** 너를 데려가겠다"라고 말씀하십니다.
　　　　　　　　　　　　　　—아우구스티누스,《고백록》

# 차례

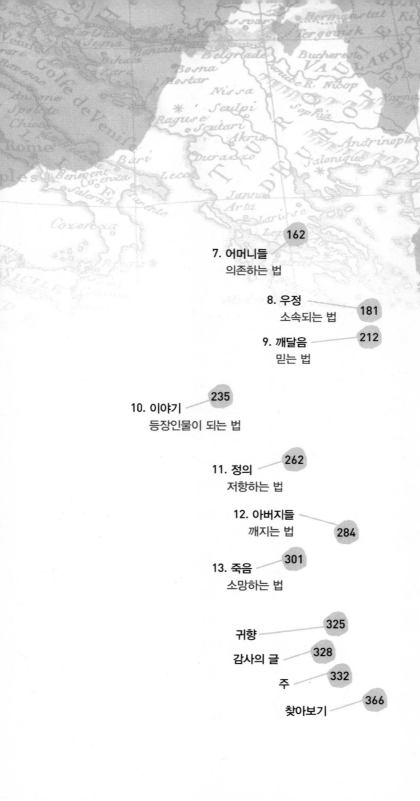

# 들어가는 글

이 책은 전기가 아니다. 이 책은 아우구스티누스에 관한 책이 아니다. 어떤 의미에서, 이 책은 아우구스티누스가 당신에 관해 쓴 책이다. 이 책은 아우구스티누스와 함께 우리 자신을 향해 떠나는 여행이다. 이것은 마음의 여행 일지다. 당신이 가 봐야 한다고 생각하는 곳에 이미 가 본 탐자와 함께 가는 여행이다.

하지만 이 책은 아우구스티누스와 함께 길에서 시간을 보낸 누군가의 증언이기도 하다. 아이콘이 된 소설, 잭 케루악Jack Kerouac의 《길 위에서On the Road》(민음사)에서 화자 샐 파라다이스는 본보기이자 영웅, 모형인 이야기의 주인공 딘 모리아티의 별난 행동을 기록하는 역할을 한다. 그러니 나를 그냥 샐이라고 부르라. 나는 아우구스티누스와 함께 여행을 다녔다. 이 책은 내가 본 것과 그가 (나에 관해) 보여 준 것에 관한 기록이다. 이 책은 당신도 함께 여행해 보아야 할 이유를 적어 놓은 책이다.

이 책은 당신을 너무나도 잘 알고 있어서 당신을 놀라게 할 한 고대의 아프리카인과 함께 여행을 떠나자는 초대장이다. 그가 어떤 구루이거나 거만하게 당신을 꿰뚫어 보는 프로이트주의 정신분석학자이기 때문이어서가 아니다. 그가 당신을 아는 것은 단지 그가 당신과 똑같은 경험을 했고, 우리의 약점과 좌절과 실패에 관해 인류와 연대 의식을 지니고 있기 때문이다. 그가 우리 마음의 은밀한 모퉁이를 파고들어 와서 우리의 갈망과 두려움을 폭로한다면, 이는 단지 거기가 그에게 익숙한 영토이기 때문이다. 그는 이미 자신의 영혼 안에서 그 모든 것을 보았다. 아우구스티누스는 재판관이 아니다. 그는 익명의 알코올중독자 모임의 후견인과 더 비슷하다. "당신이 무슨 말을 해도 나는 놀라지 않을 겁니다. 내 이야기를 먼저 들려줄게요"라고 그는 말한다. 레슬리 제이미슨 Leslie Jamison이 《끝없는 농담*Infinite Jest*》에 등장하는 돈 게이틀리를 두고 한 말은 아우구스티누스에게도 적용될 수 있다. 그는 "결코 성인이 아니다. 그렇기 때문에 그는 구원이 가능한 것처럼 보이게 했다."[1]

하지만 아우구스티누스를 이 여행의 안내자로 삼아야 할 이유는, 그저 그가 별난 마음의 행동에 익숙한 망명 중인 예리한 심리학자이거나 '해방된' 자아의 폭주를 위한 지도를 만들었기 때문이 아니다. 아우구스티누스가 고려해 볼 만한 안내자인 까닭은, 샐 파라다이스의 딘과 달리 그는 집이 어디에 있으며, 어디서 쉼을 찾을 수 있는지, 평화란 어떤 느낌인지를 알고 있기 때문이다. 비록 그것이 때로는 이 길에서 덧없으며 붙잡기 어렵게 느껴지기도 하지만 말이다.

나는 그의 충고에 논란이 될 만한 것이 없는 척하지 않을 것이다. 아우구스티누스는 당신이 하나님을 위해 만들어졌다고—집은 당신 너머에서 찾을 수 있다고, 예수님이 그 길이라고, 십자가는 우리가 '세상'이라고 부르는 폭풍우가 몰아치는 바다에 떠 있는 뗏목이라고—당당하게 주장할 것이다. 하지만 내가 이 책에서 당신이 발견하기 바라는 것은 해결책이나 해답, 혹은 그저 교조적인 주장이나 요구가 아니다. 아우구스티누스에게 이것은 정말 어렵게 얻은 깨달음, 다른 모든 것을 시도해 본 후, 길 위에서 오랜 시간을 보낸 후 오도 가도 못하게 되었을 때 얻게 된 깨달음이다. 아우구스티누스에게 기독교 복음은 그저 지적인 물음에 대한 답이 아니었다(물론 그렇기도 하다). 그것은 폭풍 속에서 찾은 피난처, 방황하는 영혼이 피할 수 있는 항구, 그의 말처럼 그 마음이 "기근이 든 땅"으로 변해 버린 굶주린 탕자를 위한 영양분과 더 비슷했다.[2] 나중에 그가 증언하듯이, 그것은 마치 전에 한 번도 가 본 적이 없었지만 누군가가 마침내 그에게 그의 고향을 보여 준 것과 같았다. 그가 평생 찾아 헤매던 아버지가 집으로 돌아온 그에게 "어서 오너라"라고 말씀하시는 것과 같았다.

아우구스티누스는 우리에게 낯설고 두렵다. 그는 너무 옛날 사람이라 낯설지만, 그의 경험은 너무나 공감이 되기 때문에 동시대 사람이라고 느껴지기도 한다. 나는 이러한 낯선 두려움을 통해 당신이 진정한 기독교를 내면으로부터 느낀다면 어떤 느낌일지 알게 되길 바란다. 나는 고대의 아프리카인이 불안과 실망에 사로잡힌 21세기의 당신에게 기독교를 타당하게 만들어 줄 것이라고 장담한다. 이는 꼭 당신이 하나님을 찾고 있어서가 아니라, 당신이 자신을 찾으려고 노력하고 있었기 때문이다. 당신이 아우구스티누스와 함께 당신의 영혼이라는 동굴 속으로 탐험을 떠날 때 당신은 거기서 만나는 사람을 보고 놀랄지도 모른다.

당신이 기독교에 대해 다 들어 보고, 교회에도 가 보고, 집구석 어딘가에 그 시시한 기독교 상징이 그려진 티셔츠가 있다고 할지라도, 아우구스티누스는 기독교를 당신에게 믿을 만한 것으로 제시할 것이다. 여기, 당신이 그만 믿기 전에 생각해 보아야 할 기독교가 있다. 아우구스티누스는 기독교에 데인 사람들—자신들이 본 '기독교'는 권력 놀음과 자기 이익을 위한 구실이나 언제나 화가 난 것처럼 보이는 지겨운 도덕주의나 이른바 미국의 꿈과 너무나도 자주 혼동되는 중산층의 안락함일 뿐이라고 생각하는 사람들—에게 **다시 한 번** 기독교를 시도해 볼 만한 것으로 만들 수 있다. 당신이 상상할 수 있는 유일한 신앙이 당신 부모의 신앙이라면, 아우구스티누스도 비슷한 경험을 했다. 그토록 오랜 시간이 지난 후에도 아우구스티누스가 여전히 유효한 것은 이 고대인의 내적 갈등이 낯설기 때문은 아닐까? 우리가 몰두해 있는 모든 것에서 멀리 떨어져 있는 사람이어서 우리 자신—과 기독교 신앙—을 새롭게 바라볼 수 있는 관점을 제공해 줄 수 있는 것은 아닐까?

사진작가 샐리 맨Sally Mann은 자신의 비망록 《가만히 있어*Hold Still*》에서 아버지의 일기를 한 구절 인용한다. "뱃사공이 어떻게 반대 방향으로 노를 저으면서도 앞으로 나아가는지 알고 있는가?"³ 당신이 들고 있는 이 책은 그런 자세를 취하라는 초대장이다. 즉, 뒤를 돌아봄으로써 전진하고 고대의 지혜를 생각해 봄으로써 앞으로 나아가라는 초대장이다. 북아프리카 해안의 아우구스티누스를 우리의 방향을 잡아 주는 표지로 삼고 뒤돌아 그를 바라보면서 새로운 미래로 나아가는 배에 타라는 초대장이다.

당신은 얼마나 많은 급진주의자와 혁신가가 이 배에 탔는지를 발견하고 놀랄지도 모른다. 우리가 아는 것보다 더 많이 우리에게 영향을 미친 사상가와 작가, 극작가들이 20세기 내내 뒤돌아 아우구스티누스를 바라보았다. 이 길에서 당신은 그들을 다시 소개받게 될 것이다. 프랑스 안팎으로 연쇄적인 영향력을 미쳐 결국 우리 모두를 진정성을 추구하는 사람으로 만든 실존주의의 아버지 마르틴 하이데거Martin Heidegger, 우리가 경험하는 부조리에 관해 이야기했으며 경력 초기에 아우구스티누스를 붙잡고 씨름했고 아마도 결코 그 씨름을 멈추지 않았을 알베르 카뮈Albert Camus, 아우구스티누스와의 대화를 통해 사랑과 우정의 본질을 파고든 한나 아렌트Hannah Arendt, 영원한 진리에 대한 우리의 확신을 해체하고 불안하게 만들었으며 나중에는 자신처럼 북아프리카 출신인 아우구스티누스가 제시한 비밀을 다시 살펴보기도 했던 포스트모더니즘의 '무서운 아이enfant terrible' 자크 데리다Jacques Derrida와 만나게 될 것이다. 여러 면에서 20세기는 아우구스티누스주의적이었으며, 그렇기에 그는 우리가 생각해 보지도 못했던 방식으로 우리와 동시대인이다. 그가 여전히 말하고 있는 것은 아닐까? 아우구스티누스는 우리 뒤에 있을 뿐 아니라 우리 앞에 있어서, 마지막에 그가 이른 곳에 우리도 도착하기를 기다리고 있는 것은 아닐까? 어쩌면 이제는 그가 우리에게 던진 물음에 대한 그의 대답을 생각해 볼 때가 되었을지도 모른다.

# 방향 설정

우리의 위치를 발견하고

우리의 동료를 만나고

이 모든 시간 동안

그분이 우리 곁에 계셨음을

깨닫는 법

밀라노 ○ ○ 카시시아쿰

아드리아해

코르시카

사르데냐

로마 ○
오스티아

티레니아해

히포 레기우스
타가스테
마다우로스
카르타고

시칠리아

아프리카

지중해

© Baker Publishing Group

# 1. 달아나는 마음

## 길을 나서는 법

젊음 때문일지도 모른다. 역마살 디엔에이DNA를 지닌 종種의 충동 때문일지도 모른다. 열등감이나 숨 막힐 듯한 작은 마을에 대한 지겨움, 누구에게도 말한 적 없는 자기 과시 기질 때문일지도 모른다. 조상의 갈망, 당신 뼛속까지 가라앉은 그들의 동경이 당신을 떠나게 만들기 때문일지도 모른다. 외로움 때문일지도 모른다. '나쁜 아이들'에 대한 설명할 수 없는 끌림 때문이거나 여태껏 모르고 있던 죄가 주는 흥분감과 무언가를 **느끼고** 싶다는 바람 때문일지도 모른다. 언제나 영적인 갈망과 너무나도 이상하게 결합되어 있는 자기혐오 때문일지도 모른다. 부모나 당신 자신을 찾고 싶었기 때문일지도 모른다. 탐욕이나 호기심 때문일지도 모른다. 해방이나 탈출을 원하기 때문일지도 모른다. 그 밖에도 수많은 다른 이유가 있을 수 있지만, 어쨌든 우리 모두는 떠난다.

우리가 하는 모든 일이 결국은 떠남인 것 같다. 인디고 걸스Indigo Girls는 〈떠남Leaving〉이라는 곡에서 "사랑하는 이여, 내가 할 줄 아는 것이라고는 가는 것밖에 없어"라고 고백한다. 물론, 버스표가 없어도 떠날 수 있다. 당신 마음속에서 출발하여, 당신을 숨 막히게 하는 '여기'가 아니라면 어디라도 실존적인 여행을 떠날 수 있다. 연인과 같은 침대에서 잠을 자면서도 당신은 그와 수백만 킬로미터 떨어져 있을 수 있다. 그런가하면, 아직도 어렸을 때부터 지내던 방에 살면서도 이미 먼 나라로 떠났을 수도 있다. '착한 아들' 역할을 하고는 있지만, 마음은 이미 선악 너머의 황혼을 어슬렁거릴 수도 있다. 매주 교회에 나가지만, 우상에 대한 게걸스러운 탐심을 지니고 있을 수도 있다. 모든 탕자에게 여권이 필요한 것은 아니다.

우리는 무언가를, 누군가를 찾고 있기에 떠난다. 다른 무언가, 더 많은 무언가를 갈망하기에 떠난다. 잃어버린 우리의 한 조각을 찾기 위해 떠난다. 혹은 자신을 버리고 자신의 정체성을 다시 만들어 내기 위해 길을 나선다. 우리가 찾고 있는 것을 발견할 수 있으리라는 바람에서—혹은 애초에 우리의 떠남을 부추긴 갈망이나 끊임없이 출몰하는 상실감으로부터 적어도 자신의 관심을 분산시키기 위해—길을 나선다.

그리고 길은 실망시키지 않는다. 길 위에는 끝없는 리본처럼 볼거리와 들를 곳이 있고, 당신이 찾고 있는 바로 그것, 곧 행복과 만족과 기쁨을 약속하는 화려한 광고판이 있다. 정말이지 길은 이상한 방식으로 목적지가 어떤 모습일지를 보여 준다. 당신이 먼 길을 걸어 목적지에 도착하면, 그 목적지는 그 너머의 또 다른 목적지를 가리킨다. 따라서 우정이나 부나 가족이나 영향력을 궁극적인 목적지로 생각할 때 당신이 잠깐만 거기 머물러도 이내 그곳이 시시해 보이기 시작한다. 한때 당신을 매혹시킨 것, 심지어 한동안은 당신이 살아야 할 이유처럼 보였던 것이 더는 당신을 만족시키지 못한다. 당신은 한동안 그 사실을 인정하지 않으려 할 것이다. 당신은 주변 사람들에게 당신의 새로운 실존적 고향에

아우구스티누스와 함께 떠나는 여정

대해 실컷 자랑했다. 사실상 모두에게 거기에 도착했다고 말했고, 스스로도 그렇게 믿었다. 하지만 어느 시점에 이르러서는 실망감을 정직하게 인정할 것이며, 결국 그 실망감은 경멸이 되어 도망치고 싶은 마음을 주체할 수 없다. 다행히도, 주위를 둘러보기 시작하자 길 위에 새로운 목적지가 있을 것이라는 약속을 발견할 수 있다.

케루악의 소설《길 위에서》의 인물들처럼 우리는 "길이 곧 삶"이라고 확신한다.[1] 많은 사람이 한 번도 읽어 보지 않은 책, 자기 발견의 여정에 관한 보헤미안과 비트족 이야기가 우리를 형성했다.《길 위에서》는 그들이 경험과 진정성을 추구한 이야기를 기록한 책이다. 화자인 샐 파라다이스는 행복이란 우리의 곧은 길을 구부리는 것이라고 주장하는, 길에 대한 이미지를 그린다. 반전된 세례 요한처럼, 샐 파라다이스는 자신의 메시아 딘 모리아티의 끊임없는 열광적인 길을 선포한다. "딘은 길 위에서 태어났기 때문에 길동무로는 완벽한 녀석이었다."[2] 하지만 사실 누군들 그렇지 않겠는가?

길에 대한 갈망은 우리가 조상에게 물려받은 유전적 습관의 잔재와 같다. 하지만 우리의 순례에는 목적지가 없다. 다시 말해, 이것은 순례가 아니라 지연된 순례인데, 우리가 집에 머물러 있기 때문이 아니라 떠도는 것을 즐기거나 적어도 그렇다고 자신을 설득하기 때문에 지연된 것이다. 우리 조상은 시온으로 행진하거나 메카로 고단한 순례를 하거나 캔터베리로 걸어가면서 성전에 올라가는 노래를 불렀다. 우리는 그들의 순례자 기질을 물려받았지만, 그것은 불안함, 즉 우리가 결코 집에 있다고 느끼지 못하게 만드는 불안한 감정으로 바뀌고 말았다[이는 '두려운 낯섦*Unheimlich*'(집에-있지-않음)이라는 프로이트의 개념을 떠올리게 한다]. 우리는 늘 움직이며, 불안해 하고, 목적지를 지향하기보다는 막연히 무언가를 쫓아간다. 우리는 《길 위에서》에서 샐이 만난 미시시피 진과 비슷하다. "그에게는 지겨워하지 않으면서 머물 수 있는 곳이 없었다. 어디든지 갈 수 없는 곳이란 없었기 때문이다."[3]

길이 곧 삶이라면, 우리는 실제로는 방랑자가 아니다. 길 위에 있으면 도착한 것과 같다. "버스 터미널만이 갖는 처량한 느낌"[4]은 무시하라. 절망의 밤은 무시하고 계속 나아가라.[5] "로스앤젤레스가 미국에서 가장 외롭고 잔인한 도시"[6]라는 인식에 너무 집착하지 말라. 그리고 당신이 무언가를 잊어버리고 있다는 생각이 자꾸만 떠오르고 그 자체가 당신이 죽을 수밖에 없는 존재임을 일깨워 주는 경종임을 깨달을 때, 길에서 방황하는 중에도 막연하게 죽음에 대한 두려움이 엄습할 때, 샐처럼 행동하라. 당신을 클럽으로 데려가 이 망령의 목소리를 무디게 해 줄 친구를 찾으라는 것이다.[7] 여기서 중요한 것은, 길이 곧 삶이라고 자신을 설득하면서, 샐처럼 불안함을 평화로, 정처 없음을 집으로 삼는 것이다. "차가 흔들리자 딘과 나도 그 리듬에 맞춰, 황홀한 종말에 이를 때까지 평생 우리 영혼 안에 숨어 있던 셀 수 없이 많은 소란하고 천사 같은 특징들을 다 이야기하고 살아가는, 우리의 마지막 흥분과 기쁨이라는 '그것'에 맞춰 몸을 흔들었다."[8]

월터 컨Walter Kirn의 소설을 원작으로 한 조지 클루니George Clooney의 영화 〈인 디 에어Up in the Air〉는 "우리가 정말로 그렇게 살아갈 수 있는가?"라는 물음을 다룬다. 클루니가 연기한 라이언 빙엄은 모든 집착을 끊어 버렸다. 그는 비행기에서 살며 공항을 '집처럼 편하게' 여긴다. 목적지가 아니라 끊임없이 여행하는 삶을 추구한다. 그는 백만 마일 클럽 회원이 되고 싶어 한다. 실제로, 그는 사람들에게 그들을 한곳에 묶어 두는 모든 것을 버리라고 말하는 강연으로 출세했다. 속임수 장치 같

아우구스티누스와 함께 떠나는 여정

은 소도구—특히 인간관계처럼 우리를 짓누르는 것들로 가득 차 있는 배낭—를 가지고 다니며 동기부여 강연을 하는 빙엄은 저 하늘 위 독립을 추구하라고 조언한다. 하지만 그의 조수가 "무엇을 원하세요?"라고 물었을 때 빙엄은 침묵한다("무엇을 원하는지도 모르시는군요"라고 그는 쏘아붙인다). 그리고 그토록 고대하던 백만 마일 클럽에 가입했을 때 기장이 그를 초대해 축하 인사를 전하며("고객님의 사랑에 감사드립니다") "어디 출신이신가요?"라고 묻자, 빙엄은 "이곳 출신입니다"라고 답할 뿐이다. 자신의 귀에조차 그 공허함이 울려 퍼진다.

우리 여정에 너무나도 자주 출몰하는 질문, 오래전 셀 파라다이스가 직면한 질문에는 그 누구도 대답하지 않는다. 네브래스카의 한 농부가 이렇게 묻는다. "자네들은 어디로 가는 중인가? 아니면 그냥 돌아다니는 거야?" 그때를 돌아보면서 셀은 이제 깨닫는다. "그의 질문을 이해할 순 없었지만 더럽게 좋은 질문인 건 확실했다."[9] 우리는 절대로 목적지에 도착하지 못하리라는 실망감으로부터 자신을 보호하기 위해 스스로 '그냥 가고' 있다고 말하지 않는가? 절대로 환영받지 못하는 고통을 피하려고 길을 '집'이라고 부르고 있지 않은가?

길 위에서 우리가 한 성인을 만났는데, 그에게 지도가 있을 뿐 아니라 당신을 유혹하지만 이내 당신을 실망시킨 모든 체류지에서 시간을 보낸 적이 있다면 어떨까? 당신이 되고 싶어 하는 그런 '당신'을 그가 이미 만나 보았다면 어떨까? 그가 당신이 찾고 있던 그 사람에게 당신을 소개해 주고, 방이 많은 집으로 당신을 인도해 줄 수 있다면 어떨까? 거기서 친구이신 그분은 문을 열고 "집에 잘 왔어. 여기서 쉬면 돼"라고 말씀하실 것이다.

한 젊은 남자가 해 질 녘 번잡한 항구에서 배회한다. 아프리카에서 보내는 마지막 밤이다. 아버지는 이미 세상을 떠났다. 고통스러운 거짓말로 자신을 성가시게 하는 어머니에게서 벗어났지만, 그것은 어머니와 어머니의 고루한 신앙에서 탈출하기 위한 필요악이었다. 지중해의 파도가 희망을 암시하듯이 카르타고 해안으로 밀려와 부서진다. 그가 로마에서 기대하고 있는 변화가 마치 그 파도에 실린 것처럼 보였다. 그토록 고대하던 사람이 도착하는 길을 안내하기 위해 개츠비가 켜 두었던 초록 불빛처럼, 이제 영원한 도시가 그의 성공이라는 광채로 빛나고 있다. 로마에서 그는 마침내 자신이 찾고 있던 것을 발견할 것이다. 로마에서 그는 자신이 그렇게 되어야 할 운명의 사람, 그가 **되어 마땅한** 사람이 될 것이다. 아우구스티누스는 목적지에 도착하게 될 것이다.

물론, 예전에 그는 아프리카에서 로마와 가장 가까운 도시인 카르타고에서 이 모든 것을 발견할 수 있으리라고 기대했다. 거기서 그는 극장을 발견했다. 거기서 그는 자신의 직업적 소명을 발견하고 문학계로 들어가기 시작했다. 거기서 그는 사랑과 사랑에 빠졌다. 거기서 그는 **그녀**를 찾았다. 하지만 이제 카르타고가 촌구석처럼 느껴진다. 세련되지 못하고 촌스럽고 자신과 같이 중요한 사람들에게는 어울리지 않게 작은 마을처럼 느껴진다. 목적지였던 곳이 이제는 정거장이 되고 말았다. 그토록 원했던 종착지가 이제는 행복을 약속하는 새로운 목적지로 나아가는 도약대가 되었다.

어두워지기 직전에 배가 잔물결을 일으키기 시작한다. 훈풍이 도착

아우구스티누스와 함께 떠나는 여정

했다. 떠날 시간이다. "바람이 불어 돛을 채웠고 해변이 우리 시야에서 사라졌다."[10]

하지만 그가 로마에 도착했을 때 그 등대는 여전히 깜빡이고 있다. 이제 그 빛은 로마가 아니라 황제가 있는 도시 밀라노에서 온다. 사다리의 다음 계단은 황제의 웅변 교사직이다. 이 젊은이가 구축해 놓은 네트워크가 도움이 되었다. 일자리 제안을 받았을 때, 그를 황제의 길*cursus publicus*로 모시고 올 것이라는 약속도 함께 받았다. 황제가 당신을 그의 궁으로 데려갈 전용기를 보낼 때 순식간에 로마가 초라해 보이는 것이 재미있지 않은가?

아우구스티누스에게 밀라노는 요즘의 맨해튼이나 런던, 혹은 밀라노처럼 돈과 권력이 집결된 대도시였다. 존 풋John Foot이 현대의 밀라노에 관해서 한 말은 고대의 이 도시(와 지상의 야망으로 가득 차 있는 다른 모든 곳)에도 적용된다. "밀라노는 한 가지가, 아니 두 가지—일과 돈—가 지배하는 도시다."[11] 그곳은 당신이 '출세하는' 곳이거나, 아니면 실패한 후 몰래 집으로 도망칠 수밖에 없는 그런 곳이다. 이러한 도시 순례의 희망은 영구적이다. 지금까지 시골에 갇힌 당신 안에 묻혀 있던 진짜 '당신'을 실현하고자 하는 희망 말이다. 어떤 의미에서 도시는 언제나 표면 아래 존재하고 있던 '당신'을 발굴해 내는 조각가와 같다. 따라서 당신은 오르고, 성취하고, 승리하고, 정복하기 위해 간다. 당신의 잠재력을 실현하고 당신의 가치를 입증하기 위해 간다. 좋은 삶을 누리고 영향력이라는 에너지, 특권과 함께 찾아오는 자유를 들이마시기 위해 간다. 당신 자신을 다시 만들어 내기 위해 가지만, 그렇게 함으로써 당신이 언제나 될 수 있다고 알고 있던 바로 그 '당신'을 발견할 수 있으리라 기대한다. 그렇기 때문에 당신은 다른 어딘가에서 '자신을 발견한다.' 길은 바로 그런 '당신'에게로 가는 길이다.

밀라노가 그를 실망시키자 이 젊은이가 그토록 당혹스러워한 이유도 바로 이 때문이었다. 밀라노는 이 길의 끝, 그가 행복과 동의어라고 생각한 목적지여야 했다. 황제의 궁전에서 일하고, 자신의 창의적인 에너지와 전문 지식을 펼치고, 위대한 이들, 좋은 이들과 어울릴 수 있다면 자신의 참모습을 찾을 수 있으리라고 생각했다. 조숙한 시골 청년, 제국의 변두리에서 그 중심부로 진입한 아프리카인 아우구스티누스. 행복한 삶에 우편번호가 있다면, 아우구스티누스는 이제 그곳에서 살고 있다.

그런데 왜 그는 마음이 편하지 않았을까? 왜 여전히 두려운 낯섦을 느끼고 있었을까? 그는 황제와 가까워지기 위해 밀라노에 왔다고 생각했다. 주교에게 매료되리라고는 상상하지도 못했다.

아우구스티누스는 야심에 가득 차 우리가 여전히 여행하고 있는 그 길을 이미 가 보았고, 우리가 품은 희망을 이미 따라가 보았던 성인이다. 그는 우리가 짊어지고 있는 모든 것을 잘 알고 있다.

피렌체 남쪽에 자리 잡은 토스카나의 산촌 산 지미냐노<sup>San Gimignano</sup>— 아우구스티누스가 로마에서 밀라노로 갈 때 걸었을 길과 그리 멀지 않다—에는 13세기에 세워진 아우구스티누스 수도회의 작은 성당이 있다. 마을 중심에 있는 웅장한 대성당<sup>Duomo</sup>과 혼동하지 말아야 할 성 아우구스티누스 성당<sup>Chiostro di Sant'Agostino</sup>은 북벽 바로 안쪽에 있는 소박한 건물이다. 그곳을 방문한 날, 우리는 구두 굽을 또각거리며 조용하고

아우구스티누스와 함께 떠나는 여정

좁은 거리를 걸었다. 우리가 그곳을 독차지한 기분이었다. 눈부신 봄 햇살이 하늘을 형광 쪽빛으로 물들였고, 성당 바로 옆에 있는 로칸다 디 산타고스티노 오스테리아Locanda di Sant'Agostino Osteria에서 하늘을 지붕 삼아서 토스카나식 파스타와 양고기 라구로 추억에 남을 식사를 했다.

하지만 우리가 그곳에 간 목적은 성당 내부의 프레스코화를 보기 위해서였다. 후진(성당 건물에서 제단 뒤쪽 반원형 공간—역주)에 길 위의 아우구스티누스를 묘사한 놀라운 연작이 있다. 15세기(1464-1465)에 베노초 고촐리Benozzo Gozzoli가 그린 이 그림들은 아우구스티누스가 어린 시절 타가스테에서 교육을 받을 때부터 히포에서 죽을 때까지 그의 일생을 다루고 있다. 왼쪽에서 오른쪽으로, 아래에서 위로 원을 그리며 배치된 열일곱 개 일화는 마치 셰익스피어의 희곡을 힙합 드라마로 무대에 올린 듯한 느낌이다. 고촐리의 사실주의는 아우구스티누스에게 15세기 복장을 입혀서 그를 르네상스 시대 광장으로 옮겨 놓는다. 이런 사실주의가 성인을 비신화화한다. 우리는 그가 우리와 비슷하다고 상상할 수 있으며, 이것이《고백록》의 핵심에 있는 연대 의식이기도 하다. 그래서 우리는 그를 모방할 마음을 품게 된다. 4세기 카르타고가 13세기 피렌체처럼 보이고 고대 히포가 중세 밀라노처럼 보일 때 우리는 고대 로마의 욕망이 현대 로스앤젤레스의 욕망과 그다지 다르지 않은 이유를 충분히 이해할 수 있다.

고촐리가 묘사한 아우구스티누스의 삶은 흥미로운 강조점들로 굴절되어 있다. 아우구스티누스가 어린 시절 아프리카에서 받은 교육에서부터 로마와 밀라노, 히포에서 감당한 교사 역할에 이르기까지 교육이 삶의 주기를 지배한다. 이는 르네상스에서 재발견된 인문주의자 아우구스티누스, 곧 플라톤을 읽고 수사학을 개혁하고 자유 교양(고대 그리스에서 노예가 아닌 자유민이 갖춰야 할 기본 소양에 해당하는 일곱 가지 기초 학문으로 꼽혔던 문법, 수사학, 논리학, 산술, 기하학, 천문학, 음악—역주)을 옹호했던 아우구스티누스다. 당연히, 그의 어머니 모니카Monica도 아우구스티누스가 그를 남겨두고 떠나는 슬픈 모습을 비롯해 다섯 장면에 등장한다.[12]

하지만 여기서 가장 두드러진 것은 고촐리가 아우구스티누스의 다채로운 여정에 매혹된 점이다. 이 프레스코화는 "아우구스티누스와 함께 떠나는 여정"이라고 부를 수 있을 것이다. 고촐리는 어딘가로 움직이는 아우구스티누스를 그린다. 아들이 떠나지 않기를 기도하는 모니카의 모습이 그려져 있고, 바로 옆에는 아우구스티누스가 로마로 출발하고 이제 바닷가에 홀로 남겨진 모니카가 손을 위로 뻗어 기도하는 모습이 그려져 있다.

우리는 그가 결국에는 실망하게 될 로마로 가는 도중에 오스티아Ostia 항구에 도착하는 모습을 본다. 나중에는 다시 오스티아로 돌아와 모니카의 죽음을 보게 될 것이다. 하지만 우리는 기둥 사이에 배치된 단일하고 정태적인 틀 안에서 시간의 역동성을 전하고자 하는 고촐리의 독특한 시도를 통해서 아우구스티누스가 배를 타고 아프리카로 돌아오는 모습을 본다. 그리고 그는 아프리카를 절대 떠나지 않을 것이다(그림 1 상단을 보라). 아우구스티누스의 성격에서 가장 항구적인 양상 중 하나를 이루는 특징에 부합하게도, 그는 결코 혼자서 여행하지 않는다.

하지만 나를 가장 사로잡은 그림은 아우구스티누스가 로마를 떠나 밀라노로 향하는 모습을 묘사한 그림이었다. 아우구스티누스는 유력 인사들과 친분을 쌓게 되었다. 그의 뒤쪽으로 멀리 중세 로마가 보이고, 그들 앞에는 토스카나의 언덕이 배치되어 있으며, 지평선 너머로 밀라노가 보인다(그림 1 하단).[13] 황제의 길을 사용할 특권을 허락받은 그는 말을 타고 이동한다. 말은 당당하고 강력한 모습이며 흥미롭게도 우리를 정면으로 응시하고 있다. 당신도 함께 가겠는가? 마치 말들의 눈이 우리에게 묻는 듯하다. 이 길을 떠나겠는가? 이 길이 어디로 향하는지 알고 있는가? **그는** 알고 있을까?

밀라노로 간 후 10년이 지나서 행복을 찾아 헤매던 중년의 아우구스티누스가, 간절히 바라던 기쁨의 등대를 향해 그토록 열심히 달려왔음에도 불구하고 그 등대가 계속 물러나기만 한다는 것을 깨달은 것은 어쩌면 아이러니가 아닐까. 그리고 그것은 그가 얼마나 멀리 왔는지를 보여 주는 신호였을 것이다. 그렇기에 그는 행복을 **쉼**과 동일시하게 되었을지도 모른다.

젊은 아우구스티누스가 "길이 곧 삶"이라고, 행복이 모험과 떠남, 먼 나라를 향한 출발, 집의 속박을 탈출하는 것과 동의어라고 상상하고 싶은 유혹에 빠졌다면, 그가 중년에 쓴《고백록》은 일종의 유턴을 보여 준다. 야심 찬 아우구스티누스는 베르길리우스Virgil를 본보기로 삼아 스스로 이탈리아로 정복의 모험을 떠났다고 생각했지만, 나중에서야 자신의 방황 가운데서 새로운 양상이 드러나는 것을 발견하게 될 것이다. 그 새로운 양상이란 집으로 돌아오는 탕자였다.

이는 당신이 알고 있는 그 탕자가 아닐 수도 있다. 그는 제멋대로 살다가 철학을 통해 걸러진 실존적인 탕자다. 플라톤주의의 귀로 누가복음을 인간 실존에 대해 경고하는 비유로 듣는 아들이다. 이 이야기는 아버지에게 너무 일찍 유산을 요구하며 사실상 아버지에게 "아버지가 죽었으면 좋겠어요"라고 말한 후에 그 유산을 들고 도망친 배은망덕한 아들의 이야기다. 이상하고 놀랍게도, 아버지는 그의 요구를 들어준다. "여기 있다. 사랑한다, 아들아." 아들은 아버지의 재산('우시아*ousia*', 본질)을 취하여 먼 나라로 떠난다. 그는 "허랑방탕하게" 재산을 허비하고 결국에는 빈털터리가 된다. 그에게는 허무함만 남게 된다.

아우구스티누스가 어찌 이 이야기를 인간 실존에 관한 비유로 읽지 않을 수 있었겠는가? 있음('우시아')은 창조주가 주신 선물이지만, 우리는 주신 분이 없다는 듯이 그 선물을 취하여, 우리가 생각하는 가장 좋은 방식에 따라 '살아간다.' 그 결과는? 어엿한 유대인 소년인 당신은 어느 날 아침 돼지조차 당신보다 더 좋은 음식을 먹고 있음을 깨닫고 스스로 묻기 시작한다. "제기랄, 지금 내가 뭐 하는 거지?" "나는 누구지?" **"누구 소유**지?" 너무 낙담한 나머지 소리 내어 말하지는 못하지만, 그럼에도 당신은 소심하게, 필사적으로 묻는다. "아버지가 나를 다시 받아주실까?" 어떤 설명하기 힘든 은총으로 당신은 집으로 돌아가기 시작한다. 그리고 당신이 사과하며 회복을 법적으로 청원하는 긴 연설문을 다시 한 번 연습하고 있을 때, 아버지가 달려와서 두 팔로 당신을 껴안는다. 당신은 고개를 푹 숙였고, 나중에 어머니는 이렇게 말한다. "아버지가 하루도 빠짐없이 큰길가로 나가서 널 기다렸단다."

아우구스티누스는 마침내 자신이 바로 이 여행을 하고 있음을 깨달았다. 그리고 이것이 인간 마음의 여행 일지인 《고백록》의 문학적 뼈대가 된다. 아우구스티누스가 **자신의** 이야기를 하는 이유는 그것이 **인간** 이야기의 한 사례라고, 곧 우리 모두가 탕자라고 생각하기 때문이다. 그는 우리도 스스로 이런 질문을 던지기 바란다. "집으로 돌아가면 어떨까?"

아우구스티누스에게 심리학은 작도법이다. 즉, 자신을 이해한다는 것은 온갖 엉뚱한 곳에서 사랑을 찾는 우리의 성향에 관한 지도를 그리는 것이다. 우리가 외적으로 방황하는 범위는 영혼의 내적인 광활함을 반영한다. 그는 후에 자신의 하나님께 "인간 자체가 거대한 심연입니다"라고 아뢸 것이다. "주님, 주님은 인간의 머리카락 개수를 알고 계시며, 그 수에서 아무것도 빼실 필요가 없습니다. 하지만 인간의 심정이나 그 마음속에서 일어나는 일을 헤아리는 것보다는 그의 머리카락을 세는 것이 더 쉽습니다."[14] 우리 자신의 마음이 낯선 영토, 미지의 땅일 수 있으며, 이처럼 자신에 대한 편안함(집에-있음)이 없기에 우리는 달아나는 성향을 갖게 되었다. 우리는 무엇을 원하는지 알지 못하기 때문에 우리가 찾는 바를 여전히 발견할 수 없다. 만약 우리가 결코 도착하지 못하는 것처럼 보이고 길의 끝이라고 약속했던 모든 곳에 점점 더 환멸을 느끼게 된다면, 그것은 우리의 내적 삶의 영토가 결핍의 광야이기 때문이다. 행복을 찾아서 집을 떠날 때 우리는 스스로 결코 알지 못하는 자아를 찾아 나선 셈이다.

그러므로 아우구스티누스는 우리가 한 발짝도 움직이지 않고도 탕자가 될 수 있다고 주장한다. 우리가 여기서 그리고 있는 것은 욕망의 지형도다. 아우구스티누스는 카르타고에서 로마로, 다시 밀라노로 달려간 후에야 자신의 망명이 내면을 향한 여정임을 깨달았다.

인간은 걷기나 어떤 공간 이동을 통해서 주님한테서 멀리 도망치거나 주님께로 돌아가지 않습니다. 주님의 복음서에서 둘째 아들[탕자]은 말이나 마차나 배를 찾지 않았습니다. 먼 나라로 가서 거기서 온유한 아버지이신 주님이 주신 것을 허랑방탕하게 허비할 때 그는 눈에 보이는 날개를 타고 날아가지도 않았고, 발을 움직여 여행하지도 않았습니다. 하지만 주님은 빈털터리가 되어 돌아온 그를 훨씬 더 온유하게 대하셨습니다.[15]

이 탕자의 렌즈로 자신을 바라보았을 때, 아우구스티누스는 깨달았다. 이 서사적인 틀이 만사를 새로운 틀로 바라보게 해 주었으며 그가 도무지 이해할 수 없었던 모든 것을 설명해 주었다. 이 틀이 그동안 그토록 그를 번민하게 했던 것들을 파악할 수 있는 개념을 제공해 주었고, 다른 모두가 '성공'이라고 생각하는 것에 대해 그가 느낀 실망을 정직하게 직면할 수 있게 해 주었다. 그가 밀라노에서 이룬 것처럼 보인 것—성공, 정복, 도착—이 그에게는 또 다른 실망처럼 느껴질 뿐이었다. 좋은 삶처럼 보인 것이 자아의 상실처럼 느껴질 뿐이었다. 탕자가 유산을 다 써 버려서 아무것도 남지 않은 것처럼, 방황하는 탐욕스러운 영혼이 모든 것을 집어삼키고 결국 아무것도—정체성도, 중심도, 자아도—남지 않는다. 탕자가 도착한 '먼 나라'는 그저 멀리 떨어져 있고 외롭기만 한 곳이 아니다. 이 나라는 해체한다. 산산이 부서뜨린다. 녹여 버린다. "나는 폭풍에 흔들리듯 달려 나와 사방으로 달려갔고 더러운 정사 속에서 거품처럼 공기 속으로 사라지고 있었습니다."[16] 다음 장소를 찾아 광적으로 헤매는 모습은 그의 자기 소외를 드러내는 징후였다. 아우구스티누스는 "나는 나 자신을 떠났지만 나를 찾을 수 없었습니다"라고 회상한다. "나는 나 자신을 내가 그 안에서 살아가야만 하는 굶주린 땅으로 만들고 말았습니다."[17]

길과 여정, 탐색은 그가 쓴 《고백록》의 구조를 보여 줄 뿐 아니라, 아우구스티누스 영성의 지배적인 은유이기도 하다. 설교자들을 위한 지침서인《그리스도교 교양》에서 그는 달아나는 마음을 묘사한다. 우리가 어디에서 쉼을 얻느냐는 우리가 무엇을, 어떻게 사랑하느냐의 문제다. 우리의 불안은 우리가 무엇을 그 자체로서 목적으로 '누리려고' 하는지─우리가 무엇을 정착해야 하는 땅으로 바라보고 있는지─를 반영한다. 마음의 갈망은 무한하기에 마음은 유한하기만 한 모든 것에 궁극적으로 실망할 수밖에 없다. 인간은 어떤 피조물로도 온전히 만족을 느끼지 못하는─그럼에도 멈추지 않고 거기서 만족을 추구하는─이상한 피조물이다. 아이러니는, 길이 우리를 집으로 인도한다는 것을 깨닫기보다는 길을 집으로 삼으려고 할 때, 우리 자신에게 "길이 곧 삶"이라고 말하려고 할 때, 좌절과 실망을 경험할 수밖에 없다는 것이다. 우리는 유한한 것에 무한한 기대를 건다. 하지만 유한한 것은 우리를 다른 어딘가에 이르도록 돕는 선물로 주어졌을 뿐이다.

> 우리는 항구적으로 자리 잡은 사랑이나 기쁨이 아니라 일시적이며 한시적인 사랑과 기쁨으로 이것을 사용해야 한다. 즉, 길이든, 교통수단이든, 당신이 좋아하는 다른 어떤 도구나 장치든, 우리는 도달하고자 하는 목적 때문에 우리를 그것으로 옮겨 주는 수단으로서 이런 것들을 사랑한다.[18]

말하자면, 우리가 자동차를 집으로 삼으려고 하지 않을 때 이 여정에 기쁨이 존재한다. 우리가 길을 사랑하기를 그칠 때 길 위에 사랑이 존재한다. 그것이 하나의 **길**임을 우리가 기억할 때 그 길에서 수많은 선물을 발견한다. 집이 어디에 있는지를 알 때 우리는 잠시 머무는 곳에서 기쁨을 누릴 수 있다.

하지만 어떻게 집으로 갈 수 있는가? 쉼을 얻으리라는 희망이 정말로 있는가? 갈 길은 멀고, 우리는 우리가 '성공'이라고 부르는 휴게소 음식과 싸구려 모텔에 지겨워졌으며, 이 여정의 즐거움이 진부해지고 만 것은 아닐까? 유한한 것을 꿰뚫어 보고 희미하게 다른 나라의 모습을 보았지만, 거기에 도착할 수 없을 것이라고 절망하고 있는 것은 아닐까? 어떤 곳도 우리를 행복하게 만들 수 없음을 깨달을 정도로 멀리 와서, 그 결과 모험을 아예 포기한 것은 아닐까?

아우구스티누스도 그런 경험을 했다. 나중에 아프리카 히포 해안에서 하게 될 설교에서 그는 회중과 더불어 이 경험을 반추하게 될 것이다. 모든 것을 시도해 보았지만 당신이 궁극적이라고 여겨 움켜쥔 것이 계속해서 손가락 사이로 빠져나가는 유한한 것임을 발견할 때, 그는 이렇게 말한다.

이는 마치 누군가가 저 멀리에서 자신의 고향을 볼 수 있지만, 바다 때문에 그곳에 갈 수 없는 것과 같다. 그는 어디로 가야 하는지 알지만, 그곳에 도달할 방법이 없다. 마찬가지로 우리 모두가 우리의 안전한 그곳, 즉 그것만이 언제나 있는 그대로 **존재하기** 때문에 존재하는 것이 **존재하는** 그곳에 도달하기를 갈망한다. 하지만 그 사이에 이 세상이라는 바다가 존재하며, 우리는 이미 우리가 어디로 가고 있는지 알고 있지만 (물론, 많은 이들은 자신이 어디로 가고 있는지 알지 못한다) 여전히 이 세상 속을 헤쳐 가고 있다.[19]

잔인한 진실: **당신은** 여기서부터 그곳까지 갈 수 없다. 지도가 있어도

아우구스티누스와 함께 떠나는 여정

충분하지 않다. 어디로 가야 하는지 이미 깨달았을지도 모르지만, 문제는 어떻게 거기까지 가느냐다.

하나님이 배를 보내셨다면 어떨까? 창조주가 저편 해안에서 출발한 배의 선장이시라면 어떨까?

"우리가 갈 수 있는 방법을 가질 수 있게 하시려고 우리가 다가가려고 갈망하고 있는 그분이 그곳으로부터 여기까지 오셨다. 그리고 그분이 무엇을 만드셨을까? 우리가 바다를 건널 수 있게 해 주는 나무 뗏목."[20] 하나님이 집에서부터 뗏목을 보내신다. "그리스도의 십자가를 타고 건너지 않으면 그 누구도 이 세상이라는 바다를 건널 수 없기 때문이다." 어서 타라고 하나님이 초대하신다. 꽉 붙잡아. 나는 너를 절대 놓지 않을 거야.

정착하거나 길 끝에 도달하는 것이 중요하지 않다. 우리는 발견되었기 때문에 쉼을 얻는다. 누군가가 우리를 데리러 오셨기 때문에 우리는 집으로 돌아갈 수 있다. 탕자 이야기는 이렇게 끝나기 때문에 모든 것을 새롭게 바라보는 틀이 된다. "아직도 거리가 먼데 아버지가 그를 보고 측은히 여겨 달려가 목을 안고 입을 맞추니"(눅 15:20). 제멋대로인 아들을 규정하는 것은 그의 방탕함이 아니라, 포기하지 않고 기다린 아버지, 계속해서 먼 곳을 살펴보고 있던 아버지, 달려가서 그를 꽉 끌어안는 아버지의 환영歡迎이다. 하나님은 당신이 수치스럽게 문지방을 기어 넘어서 몰래 들어올 때 집 안에서 당신을 심판하듯이 쿵 하고 발을 구르지 않으신다. 그분은 당신에게 달려가는 아버지다. 달려가는 도중에 신발이 벗겨지고 옷은 어깨에서 흘러내리지만 환희의 미소를 지으며 "네가 돌아왔다니 믿기지 않는구나!"라고 말씀하신다. 은총은 이런 모습이다.

아우구스티누스는 성육신, 즉 예수님 안에서 인간이 되신 하나님에 대해 묵상하면서 우리를 만나기 위해 달려오시는 하나님을 이렇게 묘사한다. "그분은 조금도 지체하시지 않고 말로, 행동으로, 죽음으로, 삶으로, 내려가심으로, 올라가심으로 외치면서 달려오셨다. 우리가 그분께 돌아갈 수 있도록 줄곧 외치셨다."[21] 예수님은 하나님의 외침, 하나님이 우리를 만나기 위해 달려오시는 방식이다. 아우구스티누스는 자신의 방황 이야기를 그 이야기의 끝에서 우리 자신을 발견하는 초대로서 들려준다. 탕자의 방황처럼 우리의 방황을 지도 위에 그리는 것은, 절망이나 자기혐오와 수치의 작도법이 아니다. 그와 반대로, 우리가 환영을 받으며 집으로 돌아가는 것을 상상할 수 있도록 돕기 위한 은총의 지리학이다.

아우구스티누스는 "아, 내가 얼마나 꼬불꼬불한 길을 걸었는지요!"라고 회상한다. "하지만 주님이 여기에 계셔서 우리의 불행한 방황에서 우리를 자유롭게 해 주시며, 우리가 굳건히 주님의 길을 걷게 하시고, 우리를 위로하시며 '이 길을 달려가거라! **내가** 너를 데려가리라! **내가** 너를 끝까지 데려가리라. 마지막까지 **내가** 너를 데려가겠다'라고 말씀하십니다."[22]

누구의 마음인들 방탕하지 않겠는가? 아우구스티누스가 주는 선물 중에는 현실주의자를 위한 영성이 있다. 회심은 '해법'이 아니다. 회심은 마법처럼 집에 도착하는 것, 천국으로 가게 해 주는 마법의 가루가 아니다. 회심은 당신을 길에서 꺼내 주지 않는다. 여행하는 방식을 바꾸어

아우구스티누스와 함께 떠나는 여정

놓을 뿐이다.

아우구스티누스가 집으로 가는 길에 위로를 주는 길벗이라고 생각하는 이유 중 하나는, 그가 어디에 집이 있는지를 알게 된 후에도 여전히 길이 어렵다고 솔직히 인정하기 때문이다. 그의 목회적 현실주의는, 자석처럼 끌어당기는 힘을 지닌 듯 보이는 구불구불한 길과 도랑에 관한 제이슨 이스벨Jason Isbell의 음악에서 들을 수 있는 무언가를 인정한다. 그가 초창기 밴드인 드라이브-바이 트러커스Drive-By Truckers와 함께 부른 노래 〈이교도들Heathens〉에서도 이를 노래한다.

길이 그렇게 굽어 있을 땐
도랑 사이에서 걸어가기가 너무 힘들지.

혹은 이스벨이 솔로로 활동하며 발표한 〈물 위를 날아Flying over Water〉에서는 이렇게 노래한다.

하늘에서 보면 대로는 더할 나위 없이 곧다네.
집에서 테네시까지 줄을 팽팽하게 잡아당긴 것처럼.
하지만 어쩐 일인지 나한테는 그 도랑들이 더 양분이 되었어.

아우구스티누스는 하늘에서 내려다보며 글을 쓰지 않고, 길에서 글을 쓴다. 그는 도랑들을 알고 있으며, 《고백록》 10권에서 고백하듯이 주교조차도 도랑을 피할 수가 없다. 우리는 여전히 **길 위에** 있다. 그도 회심한 지 오래 지나지 않아 이를 깨닫는다. 그가 어느 초기 대화에서 지적하듯이, "영혼이 몸의 생명 전체이듯이 하나님은 영혼의 행복한 생명이시다. 우리가 이것을 하는 동안, 이것을 마칠 때까지 우리는 길 위에 있다."[23] 권위 있는 아우구스티누스의 전기를 쓴 피터 브라운Peter Brown 은 이런 오싹한 깨달음을 이렇게 포착해 낸다.

> 여러 해 동안 그는 여전히 두 세계 사이에 머물러 있었다. 더는 이생에서의 '상승'에 관한 이야기가 없었다. "당신이 보기를 뒤로 미루었음을…기억하라"(《자유의지론On the Free Choice of the Will》 2.16.42). 새로운 이미지, 즉 긴 대로, '이터iter'(라틴어로 길을 뜻한다—역주)의 이미지가 나타날 것이다. 정신이 이생에서 얻는, 진리에 대한 선명한 지각의 순간은 무한한 가치를 지니고 있다. 하지만 그런 순간은 긴 여행을 하고 있는 여행자가 누리는 위안일 뿐이다. "우리가 이것을 하는 동안, 우리의 목적을 성취할 때까지 우리는 여전히 여행을 하고 있을 뿐이다." 이런 순간은 "어두워지고 있는 이 대로 위에" 깜빡이는 불빛일 뿐이다[2.16.41]. 아우구스티누스 자신은 언제나 여행을 싫어했다. 그는 언제나 여행을 연장된 노동이나 가장 간절한 바람의 무한한 연기와 연결했다. 그리고 이런 연결이 중년에 그의 영적 삶을 가장 분명히 특징짓는 이미지를 물들일 것이다.[24]

두 종류의 전혀 다른 불만이나 불안이 존재한다. 하나는 실망 때문에, 집이 어디인지 알지 못하기 때문에, 도착했다고 생각했지만 결국 나중에는 그 장소가 지겨워지거나 당신이 생각했던 그런 집이 아님을 깨닫게 되기 때문에 느끼는 불만이나 불안이다. 이 경우에 길은 지치도록 끊임없이 집을 찾으려는 노력, 쉼에 대한 열광적인 추구다. 그것은 여전히 망명 중인 탕자의 불안이다.

아우구스티누스와 함께 떠나는 여정

하지만 길 위에서 경험할 수 있는 다른 종류의 불안함, 즉 집이 어디에 있는지 알고 있지만 당신이 아직 그곳에 이르지 못했음을 깨닫기 때문에 느끼는 피로감—일종의 '정향定向된' 조바심—이 존재한다.[25] 전자는 계속해서 집을 찾는 근원적인 막연함이지만, 후자는 시련에 짓눌리고, 수천 가지 샛길 때문에 혼란스러워하며, 당신으로 하여금 어디에 길이 있는지를 잊어버리게 만드는 길 위의 유혹으로 인해 기진맥진한 채 길을 걸으며 느끼는 고단함이다.

아우구스티누스는 영적 현실주의 때문에 이렇게 계속되는 싸움에 관한 정직한 태도를 결코 포기하지 않는다.[26] 바다를 건너는 구원 사건이었던 출애굽 이후 이스라엘의 경험에 대해 성찰하는 시편 72편에 대한 그의 설교에서 이런 조언을 들을 수 있다. 그는 이렇게 권고한다. "형제자매여, 이 점을 명심하십시오. 홍해를 건넌 후 이스라엘 백성에게는 즉시 고향이 주어지지 않았고, 마치 적들이 모조리 사라지는 것처럼 손쉬운 승리가 허락되지도 않았습니다. 그들은 여전히 사막의 외로움에 직면해야 했고, 그들이 가는 길에는 여전히 적들이 숨어 있었습니다." 이것이 바로 회심 이후 삶에서 경험하는 것들이다. "이처럼 세례 후에도 그리스도인은 여전히 유혹에 직면하게 될 것입니다. 그 광야에서 이스라엘 백성은 약속된 고향을 그리워했습니다. 세례를 통해 씻음을 받고 깨끗해진 다음 그리스도인들이 다른 무엇을 그리워하겠습니까? 그들은 이미 그리스도와 더불어 다스리지 않습니까? 아닙니다. 우리는 아직 본향에 도착하지 못했지만, 그것은 사라지지 않을 것입니다. 그곳에서는 다윗의 찬송가가 그치지 않고 울려 퍼질 것입니다." 중요한 것은 우리가 어디에 있는지, 누구 소유인지, 어디로 향하고 있는지를 알고 길에서 만나는 무거운 짐 때문에 놀라지 않는 것이다. "모든 신자가 이 말을 듣고 기억하기 바랍니다. 자신이 어디에 있는지 깨닫기 바랍니다. 그들은 본향을 그리워하며 광야에 있습니다." 더는 이집트인들이 우리를 추격하지 않을지도 모르지만, 그렇다고 해서 "우리가 가는 길을 따라 잠복해 있는" 새로운 위협이 없을 것이라는 말은 아니다.[27] 당신이 어디로 가고 있는지를 안다고 해서 순조로운 항해를 약속받은 것은 아니다.

그래서 아우구스티누스의 《고백록》 10권은 너무나도 좋은 선물이다. 그것은 깨어진 주교의 증언이다. 당신은 아우구스티누스가 자신이 벗어난 과거의 유혹에 관해서만 이야기하고 있는 것이 아님을 깨닫는다. 그는 마치 그것이 집이기라도 한 것처럼 피조물의 작은 방 안에 들어가 머물고 싶은 유혹을 여전히 느끼고 있다고 고백한다. 그는 "나는 날마다 씨름합니다"라고 인정한다. 나는 그렇게 고백하는 그를 사랑한다.[28] 이것은 우리가 소중히 여겨야 할 진정성이다. 제이지Jay-Z는 자신의 비망록 《해독Decoded》에서 이렇게 말한다.

이 때문에 랩이 너무나도 인간적인 음악이 된다. 랩은 당신에게 단지 이것 아니면 저것, 성자 아니면 죄인인 척하라고 강요하지 않는다. 당신이 자신에 대해 진실하지만 여전히 예상치 못한 차원과 반대되는 생각을 하고 있을 수 있다고 인정한다. 한쪽 어깨에는 악마를, 다른 쪽 어깨에는 천사가 있는 것은 세상에서 가장 흔한 일이다. 정말로 터무니없는 것은, 당신이 내면에 모순을 지니고 있지 않은 것처럼 행동할 때다. 당신이 너무나도 아둔하고 상상력이 없어서 당신의 생각이 절대 바뀌지 않고 낯설고 예상하지 못한 곳으로는 가 보지 못하는 것이다.[29]

이에 대해 정직하지 않은 모든 기독교는 아우구스티누스적이지 않

아우구스티누스와 함께 떠나는 여정

다. 프랑스 철학자 장 뤽 마리옹Jean-Luc Marion이 지적하듯이 회심이 유혹의 문제를 해결해 주지는 않는다. 오히려 회심은 저항을 만들어 내기 때문에 유혹을 고조시킨다. 어떤 의미에서 집을 향해 가고 있는 영혼은 시간의 긴장을 더 강하게 경험한다. 회심을 통해 나는 나 자신을 발견한다. 나를 해체했던 무질서한 사랑과 나의 관심을 분산시키는 것들에서 멀어진다. 하지만 회심은 나의 경험에 새로운 종류의 긴장을 만들어 낸다. 즉, "변화된 나의 존재에 의한 나의 과거의 존재에 대한 저항"이다. 은혜로 내가 온전함을 발견하고, 나 자신을 발견했을지라도 회심—질서 바로잡기, 재정향—의 경험은 "나 자신과 전혀 다른 나를 만들어 낸다."[30] '나 자신에게 돌아가는 것'은 도피가 아니다. 오히려 그로 인해서 싸움이 더 일상적인 것이 된다. 날마다 나는 자신과 직면해야 한다. 자의식이란 회심 직전에만 경험하는 곤경이 아니라 회심 **때문에** 경험하는 곤경이기도 하다. "나는 나 자신을 짓누르는 짐이다*Onus mihi, oneri mihi sum*"라고 고백한 사람은 회심하고 세례를 받고 성직자로 서품을 받은 아우구스티누스였다.[31]

문제는 **어떻게** 이 짐을 지느냐다. 마리옹이 바르게 지적하듯이, "자아라는 무게", 회심이라는 짐은 "두 짐 사이에서, 즉 그것 자체로 환원된 자아라는 짐, 그 자체의 무게와 내가 사랑하며 나를 가볍게 하는 짐 사이에서 결정을 내리는 것"을 뜻한다.[32] 그야말로 무게를 덜어 주는 짐, 해방시키는 멍에가 존재한다. 아우구스티누스는 자신의 교구민들에게 그들을 위해서 자신을 내어주신 분, "내 멍에는 쉽고 내 짐은 가벼움이라"(마 11:30)라고 약속하시는 그리스도께 자신을 바치라고 권한다. "다른 모든 짐은 당신을 짓누르고 무겁게 느껴지지만, 그리스도의 짐은 여러분을 들어 올립니다. 다른 모든 짐은 견딜 수 없을 정도로 무겁지만,

그리스도의 짐에는 날개가 달려 있습니다."[33] 당신은 집으로 돌아갈 수 있을 뿐만 아니라, 날아서 갈 수 있다.

# 2. 우리의 동시대인 아우구스티누스

## 자신을 발견하는 법

우리가 깨닫지 못하더라도 우리는 철학의 후예들이다. 우리가 숨 쉬는 문화적 공기 안에서 보이지 않는 철학을 들이마시고 있다. 날마다 진정성과 정체성을 추구하는 우리 모습은 어쩌면 우리가 한 번도 들어보지 못했을 실존주의의 파문 효과로 우리 마음에 패인 홈이다.

20세기 철학에 대한 탁월한 개론서인《살구 칵테일을 마시는 철학자들: 사르트르와 하이데거, 그리고 그들 옆 실존주의자들의 이야기*At the Existentialist Café*》(이론과실천)에서 사라 베이크웰Sarah Bakewell은 "생기와 움직임이 가득하고 말과 생각으로 시끄러운, 아마도 파리에 있을 것 같은 크고 분주한 생각의 카페"에 앉아 있는 실존주의자들, 곧 장-폴 사르트르Jean-Paul Sartre와 시몬 드 보봐르Simone de Beauvoir, 알베르 카뮈와 마르틴 하이데거Martin Heidegger, 카를 야스퍼스Karl Jaspers와 가브리엘 마르셀Gabriel Marcel을 묘사한다. 그는 자신이 엿본 장면을 이렇게 묘사한다.

[언제나처럼] 창문으로 가만히 들여다보면 가장 먼저 보이는 낯익은 인

물들은 파이프 담배를 피우며 서로를 향해 몸을 기울인 채 자신의 주장을 강조하고 있다. 쨍그랑거리는 잔과 달그락거리는 컵 소리가 들리고, 종업원들은 탁자 사이를 분주히 움직이고 있다. 맨 앞 가장 큰 무리를 보면, 땅딸막한 남자와 터번 풍 모자를 쓴 우아한 여인이 자신들보다 더 젊은 친구들과 술을 마시고 있다. 뒤쪽에는 다른 이들이 더 조용한 탁자에 앉아 있다. 몇 사람은 마룻바닥에서 춤을 추고 있다. 어쩌면 누군가는 위층에서 혼자 글을 쓰고 있을 것이다. 어딘가에서는 화가 나서 목소리를 높이고 있지만, 그늘진 곳에서는 연인들의 속삭이는 소리가 들리기도 한다.[1]

그들은 자유와 진정성, 존재와 무에 관해 이야기하고 있다. 사르트르가 대화를 지배하지만, 더 명민한 정신을 지닌 사람은 보봐르다. 카뮈는 활기차 보일 때도 있지만, 자신에 대해 확신하지 못하는 때도 있다. 이것은 열정적이며, 구체적이고, 심지어는 에로틱한 철학이다. 사람들은 칵테일을 마시기도 하고 담배를 피우기도 한다.

뒤쪽 탁자들 사이에서 카뮈와 같은 나라 출신의 또 다른 아프리카인이 애써 무도장을 외면하고 있다. 그는 때로는 더 미묘한 주장을 파악하기 위해 몸을 기울이기도 하고 때로는 그들의 결론에 대해 얼굴을 찡그리기도 하면서 그들의 대화를 흥미롭게 듣고 있다. 그는 이 카페의 조용한 후견인이며, 정확히 말하자면, 이 대화가 그를 고통스럽게 하는 방향으로 흐르고 있음에도 이 대화의 촉매 역할을 하고 있다. 그는 그곳에 있는 많은 사람에게서 자신의 목소리를 들을 수 있다. 그들의 대화 가운데서 그는 좌절과 소외, 자유라는 짐을 다시 경험한다. 그래서 밤이 깊어질 무렵, 아우구스티누스는 카페를 빠져나가기 전에 조용히 계산서를

아우구스티누스와 함께 떠나는 여정

집어 든다.[2]

아우구스티누스의 가장 흥미로운 여정 중 일부는 사후의 여정이었다. 그는 전혀 뜻밖의 장소에 나타난다. 그의 영향력은 수면 아래에 있기 때문에 당신은 알아차리지 못한다.

나는 아우구스티누스 어머니의 이름을 딴 도시, 캘리포니아주 산타 모니카Santa Monica에 머물 때 문득 이 점을 깨달았다. 아우구스티누스에게는 친숙했을 해안과 불빛을 지닌 도시 히포에서 수천 킬로미터 떨어진, 말 그대로 딴 세상 같은 도시, 지금 '산타 모니카'—야자수와 산책로, 찬란한 해변과 반짝이는 별들—를 머릿속에 떠올리는 사람들은 대부분 그의 어머니를 알지 못할 것이다. 산타 모니카는 아우구스티누스의 수도원을 뒤집어놓은 곳처럼 보인다. 하지만 눈물을 흘리며 아들을 위해 기도하는 어머니가 이 도시를 덮고 있다.[3]

산타 모니카는 유명한 도로의 끝에 자리 잡고 있다. 66번 국도로 알려진 유명한 도로의 끝이 바로 산타 모니카 부두다. 이 부두의 경박한 놀이공원은 모니카의 아들이 자신의《고백록》에서 비판했던 원형 경기장의 오락이다. 하지만 의류 매장 '트루 릴리전True Religion'과 '세인츠 미용실Saints Hair Salon' 같은 해안가 가게들을 따라 걸어가면 부두에서 불과 몇 블록 떨어지지 않은 곳에서 4번가에 있는 성공회 교회 해변의 성 아우구스티누스St. Augustine by-the-Sea 성당을 발견할 것이다. 도시 한가운데 자리 잡은 이 흰색 건물은 살짝 에스파냐풍이 가미된 1960년대 모더니

즘 양식을 반영한다. 캘리포니아의 태양을 굴절시키는 스테인드글라스 때문에 내부의 단순하고 하얀 벽이 눈부시게 빛난다.

우리가 방문한 주일 아침 예배당은 건강하며 활기찬 회중으로 생동감이 넘쳤다. 분명한 소속감, 가족의 느낌을 지녔고, 인종적으로 다양하며 누구든지 환영받는 회중이었다. 놀랍게도 우리 앞에는 동성애자 커플이 앉아 있었다. 세속화된 캘리포니아, 진보적인 산타 모니카에서 이들은 교회에 올 '필요'가 없다. 획득할 수 있는 사회적 자본은 없고, 오히려 잃어버릴 사회적 자본이 적지 않을 것이다. 하지만 그들은 그곳에 와 있었다. 갈구하는 열린 태도로 환영을 받으며 예배하고 있었다. 이것은 불타오르는 심장과 함께 '베리타스Veritas'(라틴어로 진리—역주)라는 단어가 새겨진 현수막이 걸려 있는 캘리포니아의 한 예배당에서 21세기에 재연된 아우구스티누스의 여정이다. 여전히 찾고 있다. 여전히 그 성인과 함께 길 위에 있다.

그의 어머니 이름을 딴 도시는, 여전히 초월이 출몰하지만 소비주의가 모든 것을 길들이겠다고 위협하는 세속 시대에 신앙의 교차 압력과 복잡성을 구현하고 있다. 로스앤젤레스의 자아도취와 이미지 숭배를 배양하는 이 도시에서는 아우구스티누스의 유산조차도 영화 세트장의 건물 외벽처럼 합판에 불과한 것으로 축소될지도 모른다. 나는 어느 날 오후에 카페 거룩한 땅Holy Grounds에서 글을 쓰면서 그런 생각이 들었다. 캘리포니아가와 링컨대로가 만나는 모퉁이에 자리 잡은 이 카페는 해변의 성 아우구스티누스에서 그리 멀지 않다. 산타 모니카 천주교회 안에 있는 명문 천주교 학교인 성 모니카 가톨릭 초중고등학교과 함께 이 성당은 부르주아 거주지 안에 자신들만의 단지를 형성하고 있었다. 내가 카페 테라스에 앉아 있는 동안 학교가 파했다. 미장원에서 머리를 단장한 엄마들과 보모들이 BMW를 타고 와서는 특권층 아이들―말하자면, 아우구스티누스의 부모가 그에게 주기를 간절히 바랐던 엘리트 교육을 받고 있는 아이들―을 데려갔다. 핸드백과 하이힐, 책가방과 운동화가 뒤섞인 이 이상한 풍경은 동경과 야심, 특권 의식으로 가득 차 있었고, 이 모든 것이 모니카의 유산으로 포장되어 있었다. 하지만 다시한 번《고백록》에서도 성과 속의 이 당혹스러운 혼합을 발견할 수 있다. 이 세상은 뒤섞인 몸corpus permixtum, 즉 세상 **안에** 있어야 하지만 많은 부분에서 세상에 **속한** 것처럼 보이는 혼합된 그리스도의 몸을 돌보아야했던 아우구스티누스의 설교와 편지에 반영된 세상과 그다지 다르지않다. 아우구스티누스는 우리가 성도를 이해할 수 있도록 도울 뿐 아니라, 라라랜드La-La Land를 이해하도록 도와줄 것이다.

집으로 돌아가기 시작했을 때 나는 이 세속적인 혼합물이 전형적으로 표현된 장면을 목격했다. 나는 결혼식 예행 연습 음악이 부드럽게 울려 퍼지는 성 모니카 성당 안을 들여다보았다. 아우구스티누스 주교가제단 왼쪽에서 집례하고, 그의 어머니 모니카가 오른쪽에서 기도하고있다. 음악을 듣고 기도한 후 떠나려고 돌아서는 순간, 성당 바깥 모퉁이의 한 조각상이 내 눈을 사로잡았다. 환영하며 기도하듯 손을 뻗고있는, 호리호리하고 젊은 모니카의 청동상이 싱싱한 꽃들에 둘러싸여있었다. 흰 백합과 분홍 라넌큘러스, 시든 노란 카네이션이 있었고, 발에는 한 송이 분홍 장미가 놓여 있었다. 기도 쪽지들 사이로 기원 초가드문드문 있었다. 종이비행기에 적힌 기도문도 있고, 종이배에 적힌 기도문도 있었다. 여정을 위한 기도, 여행 중에 하는 기도, 신심과 탄원의편지. 조각상 아래 돌에는 조각상의 유래가 적혀 있었다. "1944년 영화〈나의 길을 가련다Going My Way〉에 영감을 준 성 모니카의 사제들과 교인들에게 바침."

자유와 탁 트인 길이라는 66번 국도의 꿈이 태평양을 만나는 산타 모니카 부두에서 조금만 북쪽으로 올라가면 윌셔대로 초입에 아우구스티누스의 어머니를 묘사한 또 다른 조각상이 있다. 아르 데코<sup>art deco</sup> 양식의 이 조각상은 뉴딜 공공사업 기획의 하나로 1934년에 완성되었다. 바다를 등지고 도시를 내려다보고 있는 퍼시픽 팰리세이즈 공원의 모니카는 기도하며 명상하듯이 가슴에 손을 얹은 채 평온한 모습으로 서 있다.

모니카의 시선을 따라가 보면 윌셔대로를 통해 시내로 향할 것이다. 아마도 720번 버스를 타고 브렌트우드를 거쳐 UCLA를 지나 비벌리 힐튼 호텔을 끼고 돌아 로데오 거리를 건너게 될 것이다. 가는 길에, 자신의 모습을 숨긴 채 스파고<sup>Spago</sup>나 포 시즌스<sup>Four Seasons</sup>에서 식사하는 스타들을 보게 될지도 모른다. 리틀 에피오피아 북단을 지나면 바로 로스앤젤레스 카운티 미술관<sup>Los Angeles County Museum of Art, LACMA</sup>에 도착할 것이다. 20세기 중반 근대 디자인과 현대의 전복적인 미술 작품 사이에서 모니카의 아들을 그린 성화를 발견할 것이다(그림 2를 보라).

그의 아들은 이제 나이가 들었지만, 눈빛은 여전히 빛나고 갈망하는 듯하며 진리의 빛으로 환하다. 그의 마음은 사랑으로 불타오르고 있다. 오른손에는 할 말이 많은 이 교회 박사가 수많은 책을 저술할 때 사용한 펜이 들려 있다. 그는 여러 면에서 그가 가장 편안하게 여기는 곳, 자신의 서재에 있고 주위에는 펼쳐진 책들이 널려 있다(하지만 켈레스티우스

Caelestius와 펠라기우스Pelagius, 율리아누스Julian의 책은 푸른 스웨이드 신발로 밟고 있다!).

아마도 아우구스티누스는 화가 필립 드 샹파뉴Philippe de Champaigne가 그를 그리면서 금박 복장을 입힌 것을 불편해했을 것이다. 게다가, 그의 얼굴은 북아프리카인보다는 북유럽 사람과 더 닮아 보인다.[4] 그의 얼굴은 기대에 차서 계시를 구하면서 말씀을 향하고 있다. 하지만 이 그림은 천사의 도시 윌셔대로에 자리 잡고 있어서, 마치 그가 신세계의 오스티아, 즉 해변에 있는 그의 어머니 산타 모니카를 뒤돌아보고 있는 것처럼 보인다.

우리는 해마다 로스앤젤레스를 방문할 때 이 미술관에 들른다. 나는 마치 문화적 현기증에 적응하는 훈련이라도 하듯이 샹파뉴의 아우구스티누스로 순례를 한다. LACMA는 보러 갈 뿐만 아니라 남들에게 보이기 위해서 가는 곳이다. 입구 바로 앞에 있는 가로등 숲인 〈어번 라이트 Urban Light〉는 인스타그램 게시물을 위한 완벽한 배경이 된다. 미술관 광장에 있는 레이스 앤 스타크 바Ray's and Stark Bar는 재즈가 흐르는 밤에 15달러짜리 칵테일을 마시며 담소를 나누는 힙한 공간이다. 스타들도 이 미술관을 자주 찾는다. 우리는 전시실을 둘러보다가 윌 페럴Will Ferrell과 미니 드라이버Minnie Driver 같은 유명인과 마주친 적도 있다. 사람들은 유명 인사가 가까이 있어도 흘끔흘끔 쳐다보기만 할 뿐, 별일 아닌 듯 행동한다. 전형적인 로스앤젤레스식 무심함이다. (로스앤젤레스에서는 누구든지 유명해질 수 있는 것처럼 **보인다**.) LACMA를 찾는다는 것은, 미술 작품을 본다고 남들에게 보여지는 것이 일종의 경건에 대한 에셔Escher식 환상이 되는 세속 순례를 하는 것이다.

그러고 나서 당신은 아우구스티누스와 마주친다. 경건한 이 고대 성인은 당신의 응시(나 망각)를 잊어버린 채 당신을 지나쳐서, 당신 너머를 바라보고 있다. 그는 너무나도 시대착오적이어서 전위적일 수도 있으며 (비욘세Beyoncé가 그런 망토를 입고 싶어 하지 않을까?), 이곳 로스앤젤레스에 그가 있다는 사실이 대화의 물꼬를 터 준다.

실제로, 나는 전시실에서 무언의 대화가 이루어지고 있지는 않을까 생각하곤 했다. 아우구스티누스의 그림이 전시된 토머스 존스 전시실Thomas V. Jones Gallery을 나와서 여러 대륙과 시대에 걸쳐 있는 모네Monet와 피사로Pissaro, 세잔Cézanne의 작품들을 지나면 아맨슨관Ahmanson Building 반대쪽 모퉁이에서 페르디난트 호들러Ferdinand Hodler의 1892년 작 〈환멸에 빠진 사람The Disillusioned One〉(그림 3을 보라)을 발견할 것이다. 이 그림은 대조적인 인물을 묘사한다. 수도사가 입는 것 같은 수수한 검은 복장을 하고, 황량한 풍경을 배경으로 아무 장식 없는 벤치에 앉아 있는 이 사제는 근대의 탈주술성이라는 바람이 부는 쪽에 있다. 허다한 증인도, 성도의 교제도, 심지어 그를 몰두하게 만드는 책조차 없다(당연히, 푸른 스웨이드 신발도 없다). 색조와 배경에서 외로움과 고립감이 생생히 묻어난다. 그는 눈을 내리깐 채 습관대로 기도하듯이 손을 모으고 있지만, 간구하지 않는다. 그의 눈은 낙담으로 번뜩인다.

아우구스티누스가 그에게 할 말이 있을까? 아니면, 아우구스티누스는 자신의 고대 세계 안에서 안전하게 몽매한 상태로, 근대의 탈주술성을 견뎌 낸 우리에게 전혀 공감되지 않는 방식으로 그저 이교주의를 비난하기만 할까? 우리는 아우구스티누스와 환멸에 빠진 사람 사이에서 살고 있다. 아우구스티누스 **자신이** 환멸에 빠진 사람이었다는 점만 제외한다면 말이다. 어쩌면 뒤를 돌아봄으로써 새로운 빛을 발견할 수 있지는 않을까?

지금은 로스앤젤레스에 자리 잡은 샹파뉴의 "아우구스티누스"는 그의 사후 첫 프랑스 여행의 결과물로서, 17세기에 나타난 그의 저작에 대한 새로운 관심과 연관이 있다. 이런 흐름은 주로 포르루아얄Port-Royal(파리 근교의 시토 수도회 수녀원으로, 얀센파의 본거지—역주)이나 블레즈 파스칼Blaise Pascal, 앙투안 아르노Antoine Arnauld 같은 인물들과 연관이 있었지만, 아우구스티누스는 근대 철학의 질문과 대화에 크게 기여하게 될 르네 데카르트René Descartes의 사상에도 상당한 영향을 미쳤다.[5] 많은 점에서 근대는 아우구스티누스적이다. 그리고 아우구스티누스는 계속해서 현대 사상의 해변에 당도하고 있으며, 보이지 않는 방식으로 우리를 규정하고 있다. 이렇게 아우구스티누스는 독일의 길을 거쳐 좌안(파리 세느강 왼쪽 연안—역주)에 이르는 여정을 통해 이 파리 카페에 당도했다.

대학원에서 철학을 공부하기 위해 미국으로 올 때 나는 고향에 돌아가지 못하리라고는 전혀 생각하지 못했다. 아우구스티누스와 함께 여행하게 될 것도 알지 못했다.

토론토에서 학생으로 지내던 시절에 나의 상상력을 사로잡은 것은 실존주의와 현상학이었다. 에드문트 후설Edmund Husserl과 마르틴 하이데거, 폴 리쾨르Paul Ricoeur, 자크 데리다가 내가 하고 싶은 질문—의미와 해석에 관한 질문, 진정성과 대중 사회에 대한 질문, 정체성과 자아에 관한 질문—을 던지고 있었다. 다른 누구도 가지고 있지 않은 문제를 풀고 있는 분석 철학의 논리 게임과 달리 독일과 프랑스에서 시작된 대륙 철학의 이 흐름은 차이—'타자'—와 다원주의 사회에서 지식의 문제를 붙들고 씨름하고 있었다. (장-프랑수아 료타르Jean-François Lyotard의 작지만 유명한 책《포스트모던의 조건The Postmondern Condition》이 퀘벡주 정부의 지원을 받은 "발전된 산업 사회에서 지식의 문제"에 관한 연구서로 저술된 책이었다는 점을 떠올려 보라.[6]) 이 철학자들은 특히 홀로코스트 이후 정의와 윤리, 의무에 관한 근본적인 문제들에 몰두하고 있었다.

나를 이 분야로 인도한 책은 많은 것을 가르쳐 준 동시에 취하게 만든 존 카푸토John Caputo의 《급진적 해석학Radical Hermeneutics》이었다.[7] 탁월한 교사인 카푸토는 후설과 하이데거, 데리다, 쇠렌 키르케고르Søren Kierkegaard, 한스-게오르크 가다머Hans-Georg Gadamer를 해석하면서 이를 통해 한 어린 학생에게 이 문서들과 직접 대결할 만한 자신감을 불어넣어 주었다(이는 결코 평범한 재능이 아니다). 하지만 이 무렵 카푸토는 자신만의 목소리를 찾았으며, 따라서 《급진적 해석학》은 철학에 대한 일종의 선언문이기도 했다. 서론의 제목은 "삶에 그 본원적 어려움을 되찾아 주는 법"이었으며, 마지막 장의 제목은 "신비에 열린 태도"였다. 이 책은 철학적 솜씨와 종교적 맥박을 지닌 포스트모더니즘을 제시했다.

1995년 여름, 아내 디애나Deanna와 나는 (당시 만 세 살과 한 살이었던) 두 아이를 데리고 라이더Ryder 트럭과 (모조 합판으로 마감 처리한) 1983년식 크라이슬러 르배런Chrysler LeBaron 스테이션 왜건에 세간살이를 싣고, 존 카푸토 밑에서 박사 과정을 시작할 빌라노바대학교Villanova University로 출발했다. 우리는 양가 가족 중에서 나라를 떠난 것은 말할 것도 없고 고향을 떠난 첫 번째 사람들이었다. 어떤 돌발 상황이 발생할지도 모르며 국경 담당 공무원들의 기분과 변덕에 따라 무슨 일이든 일어날 수 있다는 것을 너무도 잘 알고 있었던 우리는 편지와 서류로 무장한 채 국경을 넘었다. (그들은 "1만 달러 이상 반입하십니까?"라고 물었다. 그랬으면 얼마나 좋았

아우구스티누스와 함께 떠나는 여정

을까!) 우리는 조촐한 편대를 유지하려 애쓰면서 뉴욕주 북부를 통과해 포코노 산맥the Poconos을 넘었다. 언덕을 넘을 때는 노란 트럭에서 심하게 털털거리는 소리가 나기도 했다. 마침내 빌라노바 캠퍼스에 도착했을 때는 낙원에 당도한 듯한 기분이었다. 현상학 공부에 몰두하게 될 것이라는 흥분 때문이기도 했고, 당시에 전국적으로 유명한 수목원이기도 했던 빌라노바 캠퍼스의 목가적인 분위기 때문이기도 했다. 나는 흑림(하이데거의 고향 슈바르츠발트Schwarzwald가 검은 숲이라는 뜻이다—역주)을 가장 편안하게 여겼던 하이데거를 공부하러 이곳에 도착했다. 결국 아우구스티누스를 공부하게 되리라고는 꿈에도 생각하지 못했다.

캠퍼스의 수도사들이 나에게는 징조였을 것이다. 빌라노바는 에스파냐의 성 아우구스티누스 수도회 소속 수도사였던 빌라노바의 성 토마스의 이름을 따서 아우구스티누스 수도회에서 설립한 가톨릭 대학이다. 나를 빌라노바로 이끈 것은 하이데거와 데리다였지만, 얼마 지나지 않아서 아우구스티누스가 이 공간의 맥박임을 깨달았다. 철학과는 인문학부의 다른 과들과 함께 성 아우구스티누스 인문학 연구소St. Augustine Center for the Liberal Arts 내에 자리 잡고 있었으며, '기초'가 되는 철학과와 신학과는 1층에 배치되어 있었다. 이 대학의 총장은 아우구스티누스회 수도사였다(지금도 그렇다). 나는 은총의 박사를 따르는 이들 사이에서 해체를 공부하러 온 셈이었다.

이런 분위기는 내가 상상하지도 못했던 행운으로 나타났다. 바로 그해, 하이데거 전집Gesamtausgabe을 출간하는 책임을 맡은 단체에서 60번째 책으로《종교적 삶의 현상학Phänomenologie des religiösen Lebens》을 출판했다.[8] 이 책은 1927년에 출간된 하이데거의 유명한 책《존재와 시간Being and Time》에 관한 의미심장한 뒷이야기를 담고 있다.《존재와 시간》

은 프랑스의 카페와 영화에 영향을 미치고, 결국에는 미국 대학과 잡지, 심지어는 할리우드에도 영향을 준 실존주의의 몇몇 핵심 개념을 제시했다. 우리가 '진정성'을 소중히 여기는 법을 배우고 대중 사회의 평탄화 효과에 저항하려고 노력하게 된 것은 사르트르와 다른 이들을 거쳐 우리에게 전해진 하이데거의 영향 때문이었다. 하이데거는 그가 '현존재<sup>Dasein</sup>'라고 부르는 낯선 괴물, 즉 그의 자아 개념에 대한 분석을 통해 이 모든 이야기를 풀어 갔다. 추상적인 '자아'나 모호한 '주체'를 이야기했던 이전의 철학자들과 달리 하이데거는 '거기 있음'을 뜻하는 현존재를 다뤘다. 핵심은 내가 '그들<sup>das Man</sup>'의 '잡담'에 사로잡히지 않기 위해 저항할 수만 있다면, 세상을 열어젖힐 수 있는 가능성 있는 역사의 후예로서 이 세상 안에 심어져 있음을 기억할 수 있다는 것이다. 따라서 현존재는 일종의 철학적 성인, 모방해야 할 본보기 역할을 한다. 우리는 '진정한' 현존재의 기준에 부합하여 가능성을 포착하고 유혹에 저항할 수 있을까? 우리는 단호하게 존재의 명령에 응답하겠다고 결심하는 법, 우리의 가장 내밀한 가능성을 붙잡는 법—내가 운명적으로 되어야 할 존재인 '나'가 되는 법—을 배울 수 있을까? 베이크웰이 바르게 지적하듯이, 후대의 실존주의자들은 이것을 "당신 자신이 되라"라는 명령으로 이해했지만, 하이데거에게는 "당신이 지니고 있지만 알지 못했던 자아를 취하라는 명령"이었다.[9]

이런 주장 대부분이 하이데거의 《존재와 시간》에 집약되어 있었는데, 이 책은 사르트르에서 워커 퍼시<sup>Walker Percy</sup>까지, 잉그마르 베르히만<sup>Ingmar Bergman</sup>에서 테런스 맬릭<sup>Terrence Malick</sup>까지 이르는 모든 이에게, 심지어는 나파 밸리<sup>Napa Valley</sup>의 이단적인 와인 제조자에게도 일종의 원전이 되었다.[10] 실존주의는 전후 시대 분위기에 스며들어, 철학 서적뿐만 아니라 영화와 예술을 통해, 특히 〈제7의 봉인*The Seventh Seal*〉(1957)에서부터 〈사랑의 블랙홀*Groundhog Day*〉(1993)과 〈아이 하트 헉커비스*I Heart Huckabees*〉(2004)에 이르는 다양한 영화를 통해 전파되었다. 베이크웰은 이 철학이 우리 문화에 눈에 보이지 않게 편재하고 있음을 간파해 낸다.

실존주의 사상과 태도는 현대 문화에 너무나도 깊숙이 파고들어서 우리는 거의 그것을 실존주의적이라고 생각하지 않는다. (적어도 더 절박한 필요에 대해 집중하지 않아도 되는 상대적으로 풍요로운 나라에서는) 사람들이 불안과 부정직, 헌신에 대한 두려움에 관해 이야기한다. 그들은 비록 그 용어를 사용하지 않더라도 나쁜 신앙에 빠져 있을까 걱정한다. 그들은 지나치게 다양한 소비자의 선택 때문에 압도되고 있다고 느끼며, 동시에 그 어느 때보다 자신이 상황을 제대로 통제하지 못하고 있다고 느낀다. 더 '현실적인' 삶의 방식에 대한 모호한 갈망 때문에 어떤 사람들은— 예를 들면—이틀 동안 시골 풍경 속에서 산책하며 서로와, 잊어버린 자아와 다시 연결되는 시간을 갖기 위해 아이가 장난감을 압수당하듯이 휴대전화를 압수당하는 주말 수련회에 등록한다. 여기서 명명되지 않은 욕망의 대상은 진정성이다.[11]

진정성을 추구하는 우리의 유전자는 하이데거와 실존주의의 유산을 가리킨다.

그다지 주목받지 못했던 하이데거의 글이 실린 1995년의 책이 특별히 흥미로웠던 이유는, 1927년에 난데없이 등장한 것처럼 보였던 《존재와 시간》의 뒷이야기를 들려주기 때문이었다. 사실 하이데거는 이 책의 개념과 사상을 10년 동안 가다듬고 있었다. 그리고 내가 이 아우구스티누스회 대학교에서 젊은 하이데거를 연구하기 위해 빌라노바에 도착한 그해에 출간된 그의 전집 중 60권은 그 나름의 충격적인 계시를 담고 있었다. 이 책에는 젊은 하이데거가 프라이부르크대학교University of Freiburg에서 가르친 두 과목의 강의록이 수록되어 있는데, 이 강의록은 《존재와 시간》의 초고처럼 보인다. 하지만 진정성과 일치, 존재하라는 명령과 같은 개념들의 예상치 못한 출처를 우리에게 알려 주기도 한다.

하이데거는 1920-1921년 겨울 학기에 "종교 현상학 개론"을 가르쳤다. 전형적인 방식으로 다른 학자들을 살펴본 후에, 이 강좌의 상당 부분은 이해하기 힘들 정도로 사도 바울의 데살로니가서를 철학적으로 읽는 작업에 할애되었다. 여기서 우리는 후에 《존재와 시간》에서 현존재의 "죽음을-향해-있음"으로 표현되는 개념이 그리스도의 재림에 관한 성 바울의 권면을 하이데거가 해석하는 부분에서 처음으로 진술되는 것을 볼 수 있다. 훨씬 더 중요한 의미에서는, 《존재와 시간》의 핵심을 이루는 실존주의적 개념 중 일부—절망이나 '퇴락', 던져져 있음, 염려와 같은 핵심 개념—가 (당신의 짐작처럼) 아우구스티누스에 관한 하이데거의 1921년 여름 학기 강좌에서 처음 등장했다!

우리 문제에 대한 실존주의의 진단에서 핵심을 차지하는 비진정성이라는 개념은 하이데거가 아우구스티누스의 《고백록》을 읽어 내는 과정에 일어난 화학 반응을 통해 생성되었다. 나중에 하이데거가 '퇴락'이라고 부르는 것, 즉 '그들'이라는 모호한 대중 사회에 '포획되는' 우리의 성향은 우리가 세상 속에 '흡수되어' 있다는 아우구스티누스의 설명을 통해 그가 배우게 된 개념이다. 우리의 문화적 태도를 뒤덮고 있는 비진정성에 대한 혐오는 무질서한 사랑에 대한 아우구스티누스의 비판에서 영향을 받은 개념이다. 나는 젊은 박사 과정 학생으로 새롭게 출간된 이

아우구스티누스와 함께 떠나는 여정

독일어 책을 연구하던 중에 우리가 스스로 깨닫는 것보다 훨씬 더 아우구스티누스적이라는 것을 깨닫게 되었다.

아마도 내가 아우구스티누스를 가장 참신한 방식으로 바라볼 수 있도록 도와준 사상가, 새로운 눈으로 그를 읽고 그를 우리의 문화적 불안을 분석하는 선견지명을 지닌 인물로 바라보는 법을 가르쳐 준 사상가는 한나 아렌트였을 것이다. 전체주의에 대한 그의 통찰이 최근에 시의적절하게 재고되고 있다.

아우구스티누스에 대한 하이데거의 초기 강의록이 출간되고 얼마 되지 않아 아렌트가 카를 야스퍼스의 지도와 하이데거의 비공식 감독을 받으며 쓴 박사 논문 《사랑 개념과 성 아우구스티누스*Love and Saint Augustine*》가 영어로 번역되었다.[12] 뉴욕의 저명한 지식인이 된 아렌트를 따르던 많은 사람은 그가 아우구스티누스를 공부하며 철학 수련을 했다는 사실에 놀라워했다. 마찬가지로 놀라운 점은, 정치 사상가인 아렌트가 누구나 예상할 수 있듯이 《하나님의 도성》에 초점을 맞추는 대신, 아우구스티누스의 《그리스도교 교양》과 《고백록》, 다양한 설교에 나타난 사랑이라는 핵심 주제에 초점을 맞췄다는 것이었다. 나에게 아우구스티누스가 마음의 지도를 그리는 사람이었음을 알려 준 사람이 바로 아렌트였다.

그 시점까지 나는 아우구스티누스를 잘못 이해하고 있었다. (이런 경우가 드물지는 않았지만) 알 수 없는 이유로, 나는 그를 일차적으로 신학자였던 '중세' 신학자로 소개받았다. 내가 아우구스티누스를 처음 접한 것은 교의학 교과서의 인용문을 통해서였으며, 나중에 내가 들은 철학 수업에서는 그를 토마스 아퀴나스Thomas Aquinas와 한 덩어리로 취급하는 경향이 있었다. 그로 인해서 나는 토마스의 후기 중세 스콜라주의—분석철학의 논리적 난도질과 너무 비슷해 보였던—라는 렌즈를 통해 아우구스티누스 역시 같은 작업을 하고 있었던 것처럼 시대착오적으로 그를 읽었다. 나는 교리와 교의, 죄와 하나님과 구원에 관한 명제적 주장을 얻기 위해 아우구스티누스를 읽으라고 배웠다. 나중에야 비로소 이런 틀이 얼마나 억지 해석인지를 깨달았다. 이렇게 함으로써 시원적 실존주의자를 얌전하게 만들고 동료 여행자를 비인간화하고 만다는 것을 깨달은 것이다.

아렌트는 중요한 시점에 나를 찾아와 아우구스티누스를 새롭게 소개해 주었다. 핵심은 초기 작업의 담대한 방법론이었다. 그는 교리적 관심을 괄호 안에 묶어 둠으로써 아우구스티누스의 독특한 장기, 즉 그의 '심리학적' 통찰이라고 부를 만한 것을 드러내려고 노력했다. 그는 **왜** 아우구스티누스가 x를 말하는지가 아니라 x가 우리의 경험을 해명하는데 도움이 되는지, 어떻게 도움이 되는지에 초점을 맞췄다. 아우구스티누스의 통찰을 안으로부터 파악하고자 하는 목적 때문에, 말하자면 그의 사상의 역동성에 대한 감을 잡고자 하는 목적 때문에, 그의 아우구스티누스 해석은 "교의적으로 묶여 있지 않았다."[13] 이는 아우구스티누스 사상의 골자를 배제하거나 우리의 세속적 이미지에 따라 그를 개조했다는 뜻이 아니다. 아렌트의 의도는, 아우구스티누스를 현상학자로, 경험의 철학자로, 원형적 실존주의자로, 즉 우리에게 우리 자신에 관한 무언가를 보여 주려 했던 **철학자로** 읽어 내고자 함이었다.[14]

나는 절대 뒤돌아보지 않았다. 마치 눈에서 비늘이 떨어져 나간 것 같았다. 내가 바라보고 있던 평면적이고 이차원적인 캐리커처로부터 인간 아우구스티누스가 떠올랐다. 아렌트의 주장과 하이데거가 새롭게 제시한 틀 덕분에 나는 《고백록》을 새로운 책으로 볼 수 있었다. 더는 아우구스티누스를 서사로 포장된 교리나 고대 청교도의 뒤틀린 모략으로 취급하지 않고, 내 상상력의 철학적 정경에 포함하게 되었다. 나는 그의 책을 아퀴나스<sup>Aquinas</sup>나 안셀무스<sup>Anselm</sup>와 더불어 A로 시작하는 중세 저자들을 모아둔 책꽂이에서 빼내 너덜너덜해지고 커피 자국이 묻은 파스칼과 키르케고르, 니체, 하이데거, 아렌트, 카뮈의 책과 나란히 꽂아두었다. 이들은 그를 보고도 전혀 놀라지 않았다.

전후 프랑스의 카페와 극장들은 실존주의의 배양기였다. 거기에서 독일과 아프리카, 특히 알제리(아우구스티누스가 고향이라고 일컬은 지역을 포함하는 현재의 국가)의 흐름들이 합류했기 때문이다. 놀라운 사실은, 사르트르가 자신도 모른 채 하이데거를 경유해 아우구스티누스라는 우물에서 물을 길어 마신 반면, 그의 친구이자 동료였던 알베르 카뮈는 1936년에 제출한 자신의 논문 《기독교 형이상학과 신플라톤주의》에서 누구의 영향도 받지 않고 독립적으로 아우구스티누스의 유산과 씨름하고 있었다.[15] 카뮈는 지중해인이었던 아우구스티누스와 연대감을 느낀다고 강조했다.[16] 첫 번째 동질감은 지리적인 부분이었다. 그들은 같은 하늘과 같은 태양, 같은 바다를 공유했다. 이것이 두 사람 모두 느낀 지리적 동질감이었다.

카뮈의 논문은 그가 믿을 수 없다고 말했던 기독교에 대한 통찰을 제공한다. 제2차 세계대전 후인 1948년에 카뮈는 라투르-모부르Latour-Maubourg의 도미니쿠스회 수도원에서 행한 강연에서 흥미로운 고백을 한다. "나는 절대로 기독교 진리가 환상이라는 전제에서 출발하지 않고, 내가 그것을 받아들일 수 없다는 사실로부터 시작할 것이다."[17] 올리비에 토드Olivier Todd는 카뮈의 전기에서 카뮈와 그의 친구가 르 샹봉Le Chambon 마을을 걸어가던 때의 일화를 소개한다. "하나님이 당신을 찾고 있습니다"라는 구세군 포스터를 지나치면서 "카뮈는 '그가 나를 이미 발견했다면 나를 찾고 있지 않겠지'라고 빈정거렸다"라고 토드는 말한다.[18]

하지만 하나님의 존재에 관한 물음과 별개로 아우구스티누스를 깊이 반향하는 주제가 카뮈의 작품 전체에 계속해서 나타난다. 이 주제는 망명과 소외, 이방인 됨 등 여러 이름으로 부를 수 있다. 사르트르는 카뮈의 소설 《이방인》, 또한 그와 짝을 이루는 부조리에 대한 그의 에세이 《시시포스 신화The Myth of Sisyphus》를 처음 읽은 후 이 점을 지적했다. "카뮈는 조지 기싱George Gissing의 저서처럼 《태생적 유배자Born in Exile》라는 제목을 붙여도 될 법했다."[19] 이것은 하이데거의 '던져져 있음'이나 아우구스티누스의 에덴이나 종말eschaton 없는 타락과 비슷하다. 우리는 이 세상에서 이방인이지만 우리 자신에게도 이방인이다. 이것은 카뮈의 (초기) 부조리 개념—의미나 논리적인 이유 없이, 구원의 희망도 없이 무언가 의무를 지니고 있다는 생각—과도 무관하지 않다. 이와 관련해 카뮈의 부조리 개념 자체에 아우구스티누스와 비슷한 무언가가 문득문득 출현하는 것은 아닐까 하는 생각이 든다. 데이비드 벨로스David Bellos는 이렇게 지적한 바 있다.

아우구스티누스와 함께 떠나는 여정

카뮈의 부조리 개념 자체가 부조리하다는 지적이 종종 있었다. 인간의 행동에 초월적인 의미가 없다는 것을 왜 놀랍다고—혹은 훨씬 이상하게도, 통탄할 만하다고—여겨야 할까? 오히려 그 반대가 훨씬 더 나쁠 것이다. 만약 카뮈가 말하는 의미에서 세상이 부조리하지 않다면, 일반적으로 우리 상황에, 특히 행동에 돌이킬 수 없는 방식으로 '의미'가 부여될 것이다. 그렇다면 세상은 정말로 매우 낯설고 비인간적인 공간이 되고 말 것이다.[20]

카뮈는 그렇지 않다고 주장하지만, 카뮈의 기획이 아우구스티누스의 전망, 즉 의미를 **지녀야만** 하고, 악이 정복되고, 비극이 마지막 결론이 되지 않는 세상에 대한 전망에 의해 통제되는 것은 아닌지—적어도 그런 전망에 의해 몰래 추적을 당하고 있는 것은 아닌지—생각해 볼 수 있다. 예를 들어, 코너 크루즈 오브라이언Conor Cruise O'Brien은 카뮈의 소설 《전락The Fall》이 "고백적인 형식과 그 이미지에서, 무엇보다도 우리의 죄인된 본성을 전적으로 인정할 때만 우리가 은총을 기대할 수 있다는 이 책의 전반적인 메시지에서 근본적으로 기독교적"이라고 주장한다. "은총은 도착하지 않으며 소설은 비관적인 분위기로 마무리되는 것이 사실이다. 하지만 화자(장-밥티스트 클라망스)—메시아의 도래를 알린 사람—의 이름은 감질나게 하는 방식이기는 하지만 속편의 가능성을 암시한다고 볼 수 있다."[21] 아우구스티누스는 카뮈가 믿지 않는 기독교를 표상하며, 아마도 그렇기에 그는 자신이 깨닫는 것보다 더 아우구스티누스주의적일 것이다. 그리고 그렇기에 **우리는** 우리가 상상하는 것보다 더 아우구스티누스주의적일 것이다. 은총 없는sans 아우구스티누스주의조차도 하나의 관문이 될 수 있다.

여러 해 전 파리를 방문했을 때 대학 건물을 나서서 소르본 광장La Place de la Sorbonne으로 갔다. 나는 (안타깝게도 지금은 없어진) 프랑스대학출판사 Presses Universitaires de France 서점으로 가던 길이었지만, 길 건너편에 있는 더 작지만 역시 유명한 서점인 브랭 철학 서고Librairie philosophique J. Vrin 앞에 멈췄다. 21세기 프랑스 지성의 중심지인 이 서점 한가운데 있는 전시용 책장 전체가 성 아우구스티누스 관련 서적으로 채워져 있었다. 자유liberté, 평등égalité, 박애fraternité, 해체의 땅에 있는 소르본의 강의실 옆에 아프리카 속주 출신의 가톨릭 주교에게 헌정된 고대와 현대 철학 서적들을 전시하고 있었다.

나는 놀라지 않았어야 했다. 20세기 후반에 아프리카 식민지 출신 프랑스 지식인들은 아우구스티누스에 관한 관심을 계속해서 키워 가고 있었다. 카뮈 다음에는 알제리 출신 자크 데리다와 장-프랑수아 료타르Jean-François Lyotard가 나타났다. 데리다는 캘리포니아대학교 어바인 University of California Irvine에 방문 교수로 재직하는 동안 산타 모니카에 있는 자신의 아파트에서, 수줍어하면서도 장난기 가득하고 심지어는 약간 신성모독적이기까지 한 "시르콩페시옹Circumfession"(이 프랑스어 제목은 할례circoncision와 고백록confession을 동시에 연상시킨다—역주)을 썼다. 당시 그의 어머니는 지중해 연안의 니스Nice에서 죽어 가고 있었다. 데리다는 자신의 고대 북아프리카 조상과의 유사성(어린 시절 데리다는 알제리 수도 알제Algiers의 성 아우구스티누스 길Rue St. Augustin에 살았다)을 지렛대 삼아서 (심지어 자신의 조국 안에서) 조국으로부터 유배된 사람으로 살아가는 자신의 정체성에 대해 이야기하고, 자신이 "무신론자로 통한다"라고 설명한다.[22] 비슷하게, 료타르도 사후에 출간된 그의 책에서 아우구스티누스를 비중 있게 다룬다. 그 후에 소르본의 교수 장-뤽 마리옹도 아우구스티누스에 관한 책을 출간했다.[23] 우리는 아우구스티누스를 포스트모던하게 만들 필요가 없다. 포스트모더니즘이 이미 아우구스티누스적이다. 우리는 이미 아우구스티누스주의자다. 그저 우리가 몰랐을 뿐이다.

아우구스티누스는 우리 동시대인이다. 그는 우리가 추구하는 바를 이해하는 방식, 진정성에 대한 명령을 직간접적으로 규정해 왔다. 어떤 의미에서 그는 우리를 우리가 걷고 있는 길 위에 두었다. 그가 여전히 매력적인 까닭은 바로 이 때문이다.

로빈 레인 폭스Robin Lane Fox가 쓴 아우구스티누스의 전기에 대한 서평에서 마크 릴라Mark Lilla는 우리 앞에 있는 선택을 이렇게 간결하게 요약한다.

천 년 동안 아우구스티누스의 자화상은 기독교 문명 안에서 자기 수양의 본보기였다. 그리스도를 본받는 것이 이상이었지만, 그에 미치지 못한 이들은 그 목표에 이르기 위한 도움을 얻기 위해 《고백록》을 읽었다. 그런데 르네상스 시대에 이 자아 개념이 심각한 도전을 받게 되었고, 그 중에서도 가장 강력한 도전은 죄라는 관념을 조롱하며 자기 용납을 설파한 몽테뉴Montaigne의 《수상록》이었다. 자신의 문제는 그 자신이라고 불안하게 인정하는 아우구스티누스에게 몽테뉴는 그저 "뭐가 문제야? 걱정하지 마. 행복하게 살아"라고 대답했다. 근대인인 우리는 아우구스티누스 대신 몽테뉴를 선택했다. 우리는 경건한 자기 수양 대신 부담 없는 자존감을 택했다. 하지만 자기애만으로 행복해질 수 있을까? 친애하

는 독자여, 당신은 그 답을 알고 있다. 아우구스티누스도 알고 있었다.[24]

우리는 한 세기 동안 아우구스티누스의 물음을 묻고 있다. 아마도 이제 그의 대답을 살펴볼 때가 되었는지도 모른다.

아우구스티누스와 함께 떠나는 여정

# 3. 망명자 영성

## 사이에서 살아가는 법

우리는 고치처럼 무관심을 키워 간다. 안전하게 거리를 유지하는 것이 효과적인 방어 장치 기능을 하기에 아이러니를 습관으로 만든다. 무엇이 중요한지 찾을 수 없으면, 아무것도 중요하지 않다고 결론 내리라. 집을 향한 갈망이 언제나 좌절되고 좌절될 수밖에 없다면 "길이 곧 삶"이라고 결론 내리라.

알베르 카뮈의 소설 《이방인》의 주인공답지 않은 주인공 뫼르소는 이런 자세를 길러 낸 사람이다. 그는 처음부터 이상한 초연함을 드러낸다. 그는 자기 어머니가 죽은 날도 기억하지 못한다. 전보를 받은 바로 다음 날, 그는 지중해에서 마리와 웃으며 장난을 친다. 마리는 그가 검은 넥타이를 맨 것을 보고 의아해하면서 농담하듯이 상을 당했는지 묻는다.

나는 엄마가 죽었다고 대답했다. 언제 그런 일을 겪었는지 알고 싶어 하기에, 나는 "어제"라고 대답했다. 그녀는 흠칫 뒤로 물러섰으나, 아무런 나무람도 하지 않았다. 그건 내 탓이 아니라고 말하고 싶었으나, 그런 소리를 사장에게도 한 일이 있었던 것을 생각하고 그만두었다. 그런 말을 해 본댔자 무의미한 일이었다. 어차피 사람이란 조금은 잘못이 있게 마련이니까.[1]

사실 그는 죄가 있다.

소설 후반부에 그의 죄가 확실히 입증되고, 그는 수감된다. 하지만 이 것은 그가 언제나 삶의 부담을 경험한 방식을 강화한 것에 불과했다. 죽음을 연습하는 소크라테스처럼 뫼르소는 자신도 알지 못하는 사이에 자유를 박탈당하여 죄인으로 사는 법을 평생 배워 왔다.

처음 형무소에 수감되어서 나에게 가장 괴로웠던 것은, 내가 자유로운 사람의 생각을 버리지 못하고 있다는 것이었다. 가령 바닷가에 가 있고 싶고 바다를 향해 내려가고 싶은 욕망이 솟곤 하는 따위 말이다. 발바닥에 부딪히는 첫 물결, 물속에 몸을 담그는 촉감, 거기서 느끼는 해방감, 그런 것들을 상상할 때면, 갑자기 나는 감옥의 벽이 그 얼마나 답답한가를 느끼는 것이었다. 그러나 그것이 계속된 것은 몇 달 동안이었다. 그 다음에는 죄수로서의 생각밖에 없었다.[2]

당신 눈에 벽으로 둘러싸인 마당밖에 보이지 않는다면, 그 안에서 걸어 다니는 것이 당신을 행복하게 만들 수 있는 유일한 여정이라고 결론 내리라. 당신의 면회객이 변호사뿐이라면, 타인이 지옥이라고 스스로 설득하라. 행복이 당신을 피한다면, 행복을 피하는 것이 당신을 행복하게 만든다고 믿으라. 완고하게 다른 주장을 하는 목소리가 있다면, 뫼르소가 그랬듯이 그 목소리를 질식시키는 법을 배우면 된다. 그는 이렇게

말한다. 재판을 받으며 "사람들이 나의 영혼에 관해 이야기했던 한없이 그 긴 모든 날들과 시간들…"을 통해

거리로부터, 다른 방들과 법정들의 모든 공간을 거쳐서, 아이스크림 장수의 나팔 소리가 나의 귀에까지 울려온 것만이 기억에 남아 있을 따름이다. 나는 이미 나의 것이 아닌 삶, 그러나 거기서 내가 지극히 빈약하나마 가장 끈질긴 기쁨을 맛보았던 삶에의 추억에 휩싸였다. 여름철의 냄새, 내가 좋아하던 거리, 어떤 저녁 하늘, 마리의 웃음과 옷차림. 그곳에서 내가 하고 있던 부질없는 그 모든 것이 목구멍에까지 치밀고 올라왔고, 나는 다만 어서 볼일이 끝나서 나의 감방으로 돌아가 잠잘 수 있기를 고대할 뿐이었다.[3]

상황이 다를 수도 있다는 이런 속삭임을 그가 억누를 수 있는 한, 그가 원하는 것은 이것이라고 자신을 설득할 수 있는 한, 이 이방인은 망명 자체를 집으로 삼을 수 있었다. "나는 처음으로 세계의 정다운 무관심에 마음을 열고 있었던 것이다. 세계가 그렇게도 나와 닮아서 마침내는 형제 같다는 것을 깨달으면서, 나는 전에도 행복했고, 지금도 행복하다는 것을 느꼈다."[4]

이런 체념—소외가 주는 위안—이 카뮈의 전작에 울려 퍼지는 깊은 저음이며, 이 때문에 그의 작품은 우리 시대 사람들에게도 공감을 불러일으킨다. 카뮈가 이것을 인간의 조건으로 이해했다면, 이는 파리에서 결코 안식을 찾지 못한 알제리 이민자였던 그의 경험을 반향하기도 한다. 사라 베이크웰은 "두 나라 사이에 끼어 어느 곳도 온전한 집으로 삼을 수 없었던 프랑스계 알제리인이었던" 카뮈의 경험에 관해 이야기한

다. "카뮈는 생의 많은 부분을 프랑스에서 보냈지만, 그곳에서 늘 지중해의 눈부시게 흰 태양도 없이 길을 잃은 외부자처럼 느꼈다."[5]

이런 경험이 이방인 *l'étranger*—이방인, 외국인, 외부자—에 관한 소설에 고스란히 담겨 있다는 사실은 전혀 놀랍지 않다.[6] 인간의 조건을 여정이라는 관점에서 바라보는 것도 놀랍지 않다. 하지만 카뮈에게 핵심은 순례가 아니라 **망명**이다. 카뮈는 자신의 공책에 "우리는 우리의 가장 사적인 본능, 즉 영원의 본능을 기르기 위해 여행한다"라고 적기도 했다. 우리는 집을 찾아야 한다. 이것이 부조리한 까닭은 우리가 한 번도 집을 가져 본 적이 없기 때문이다.

여행은 인간 됨이라는 모험을 묘사하는 가장 오래된 수사적 표현 중 하나다. 많은 경우에 오디세이아를 원형으로 삼는다. 출발과 회귀, 모험과 귀향, "잘 다녀와"에서 "잘 돌아왔어"까지.[7] (토머스 울프 Thomas Wolfe가 쓴) 《그대 다시는 고향에 가지 못하리 *You Can't Go Home Again*》라는 애가조차도 되돌아가려고 노력함으로써 오디세우스적 여정을 이야기한다. 하지만 카뮈의 유배라는 모험은 오디세우스 같지 않고 시시포스 같다. 기쁨은 도착 불가능성에 근거한다.

카뮈는 《시시포스 신화》에서 합리성의 환상을 버린 사람의 경험을 묘사한다. "돌연 환상과 빛을 잃은 세계 속에서 인간은 스스로 이방인이 되었음을 느낀다. 이 낯선 세계로의 유적流謫에는 구원이 없다. 왜냐하면 그곳에는 잃어버린 고향의 추억도 약속된 땅의 희망도 없기 때문이다."[8] 세상은 비인간적이며 우리에게 무관심하다. 그리고 그것의 냉담한 낯섦이 부풀어 올라 우리 시각을 에워싸고, 마치 흐린 날 지중해를 볼 때 밝은 회색빛 속에서 수평선이 사라지는 것처럼 우리가 현기증을 느끼는 날들, 순간들, 계절들이 있다. "만약 이 세계도 인간처럼 사랑하고 괴로워할 수 있다고 인정하게만 된다면 인간은 마음을 놓을 것이다"라고 카뮈는 말한다.[9] 하지만 세상은 거부한다.

한참 동안 가만히 앉아 있을 때만 이런 낯선 거부감이 나에게 스며든다. "어떤 때 거울 속에서 우리를 만나러 오는 그 이방인, 우리 자신의 사진 속에서 다시 보는 친근하면서도 불안스러운 형제, 이것 또한 부조리다."[10] "나 자신에 대하여 그리고 이 세계에 대하여 이방인인 나, 긍정하는 즉시 스스로를 부정하게 되는 사고만이 유일한 구원 수단인 나, 이런 내가 평화를 얻기 위해서는 알기를 거부하고 살기를 거부할 수밖에 없는 조건, 정복의 욕구가 솟아오를 때마다 공격을 조롱하는 벽에 부딪치고 마는 맹랑한 조건이란 도대체 무엇이란 말인가?"[11]

이 상황은 유배이며, 행복은 이를 받아들이는 것이다. 고향에 대한 향수와 도착할 것이라는 희망을 포기한 "부조리한 사람"은 유배를 자신이 항상 원했던 것으로 삼게 된 사람이다. 필요한 재주와 기술은 **호소하지 않고 사는** 법을 배우는 것이다.[12] 유배가 왕국**이다.** "현재라는 이름의 지옥, 이것은 마침내 그의 왕국일 수밖에 없다."[13]

시시포스가, 도착이 언제나 그를 피하며 업적이 항구적으로 무너지는 순환에 갇힌 순례자라고 상상해 보라. 시시포스는 카뮈에게 부조리한 영웅인데, 그는 허무함이라는 이 항구적인 순례를 받아들이기 때문이다. "내가 시시포스에게 흥미를 느끼는 것은 그 회귀, 그 휴식 때문이다"라고 카뮈는 인정한다. 바위가 **다시** 굴러 내려갔을 때 카뮈는 시시포스가 터벅터벅 걸어 내려간다고 칭찬한다. 산기슭에 남겨진 시시포스는 매번 다시 바위를 굴리면서 그 노력 가운데서 기쁨을 만들어 낸다. "시시포스의 말 없는 기쁨은 송두리째 여기에 있다. 그의 운명은 그의 것이다. 그의 바위는 그의 것이다."[14] 그는 결코 도착하지 못하고, 결코 반대쪽 해변에 도달하지 못하며, 결코 산꼭대기에 머물지 못할 것이다. 하지만 "산정山頂을 향한 투쟁 그 자체가 인간의 마음을 가득 채우기에 충분하다. 행복한 시시포스를 마음속에 그려 보지 않으면 안 된다."[15]

**과연 그럴까?**

카뮈처럼 우리는 절망을 기쁨으로 개조하려고 노력하곤 한다. 결코 집에 있는 것처럼 편안히 느끼지 못하는 우리는 자신의 소외를 하나의 철학으로 만든다. "길이 곧 삶"이라는 말은 당신이 자신을 편안히 느끼지 못할 때, 그것이 참이라고 자신을 설득하려고 노력하는 표어다. 하지만 카뮈조차도 그 충동을 인정하는 집에 대한 갈망을 지우기가 어려웠다.

하지만 카뮈의 철학이 실제 이민자들, 즉 도착하지 못하는 경우가 너무나도 많지만 오늘날 목숨을 걸고 물에 잠기기 직전인 배를 타고 카뮈가 그토록 사랑한 지중해를 건너는 사람들에게 주는 메시지라고 상상해 보라. 아니면, 이제 막 걸음마를 시작한 아이들을 데리고 살인이 난무하는 온두라스에서 미국 남쪽 국경까지 끔찍한 여행을 하는 어린 부모들을 생각해 보라. 이들은 사막을 여행하는 동안 병이 들고 지친 몸으로 국경을 넘어 난민 지위를 신청하지만, 거절당하고 계속해서 송환되고 만다. 그들이 시시포스를 영웅으로 바라볼까? 사람을 가득 실은 뗏목에 올라 이번에는 뭍에 도착할 수 있을지, 아니면 죽게 될지 걱정하면서 위험천만한 지중해를 건널 때마다 과연 난민들의 마음이 충만해질까? 계속해서 울타리를 벗겨 내기만 하면 그들이 어디에서 기쁨을 발견할 수 있는지 마침내 깨닫게 되는 것일까?

아니면, "길이 곧 삶"이라는 이런 시시포스적 철학들이란, 이를 존재하는 모든 것으로 여겨도 될 정도로 안전한 사람들만이 누릴 수 있는 부르주아의 사치품에 불과한 것 아닐까? 이민자의 갈망과 희망은 더 근

아우구스티누스와 함께 떠나는 여정

원적으로 인간적인 무언가를 우리에게 보여 주는 것 아닐까? 어쩌면 안식, 피난처, 도착, 집에 대한 우리의 갈망은 지울 수 없는 굶주림일지도 모른다. 마음은 또 다른 길이 존재할지도 모른다고 고집스럽게 주장하는 팔림프세스트palimpsest(처음에 쓴 것을 지우고 다른 내용을 덮어 기록한 양피지—역주)일지도 모른다. 집이 어디인지를 보여 주는 지도가 인간 마음에 새겨져 있다면, 우리가 아직 도착하지 못했다는 사실이 그것을 허구로 만들지 못한다. 어쩌면 카뮈는 너무 일찍 포기했는지도 모른다. 그와 마찬가지로 아프리카인이었던 아우구스티누스가 더 나은 안내자일 수도 있다.

소외는 현실이다. 절망감, 허무함, 결코 도착할 수 없다는 생각, 자신에게 결코 만족하지 못하는 마음—이런 것들은 집으로 돌아오라는 경건한 주장으로 은폐해야 하는 상상력의 산물이 아니다. 깨지고 조각난 경험과 자신에게 불편함을 느끼는 태도에서 벗어날 방법은, 시시포스처럼 이를 재정의하는 것도, 거듭남으로 변덕스러운 인간 조건을 초월하는 것도 아니다. 벗어나는 길, 집으로 돌아가는 길, 자신에게로 돌아가는 길이 존재한다면 그것은 카뮈가 직면한 것을 **통과하는** 길이어야 한다.

　물론, 집에-있지-않음이라는 이 불편한 감정을 억누르는 가장 대중적인 방식은, 우리 자신이 세상을 편안하게 여기도록 만드는 것이다. 하지만 이는 대체로 소외라는 불편한 사실에서 우리 관심을 분산시키는 것에 불과해 보인다. 하이데거가 말하듯이—아우구스티누스에게 배운 대로—나는 "일상성everydayness"에 몰두해 있다. 나는 기꺼이 자아라는 짐을 나한테서 가져갈 준비가 되어 있는, "분주한 활동을 만들어 내는 사람들"에게 몰두한다.[16] 우리는 세상의 위안과 오락과 잡담에 몰두하여 자신의 소외를 잊어버리는 법을 배운다. 자기 소외를 집 같은 위로라는 환상을 제공하는 또 다른 자기 소외와 맞바꾼다. 디즈니부터 라스베이거스까지 모두가 "당신 집은 이곳입니다"라고 우리에게 거짓말을 한다. 우리는 다른 모든 사람으로 하여금 우리에게 정체성, 혹은 적어도 정체성이 필요하다는 것을 잊어버리게 해 주는 무언가를 팔도록 허용함으로써, 우리가 누구인지 알지 못한다는 것을 은폐하려고 노력한다.

그렇기에 카뮈의 정직함은 좋은 선물이다. 그는 우리 삶에 갑작스럽게 나타나 우리가 일상성을 통해 맺은 이 거래를 불안하게 만드는 것들을 명명한다. 그리고 그것에 대해 말할 수 있게 해 준다. 마치 늦은 오후 회의를 하는 중에 탁자에 앉은 모든 사람이 우리가 혐오하거나 이해할 수 없는 이방인으로 변하고, 우리는 만사의 무의미한 단조로움에 신물이 나서 "왜 굳이 이런 데 신경을 써야 하지?"라고 묻게 되는 것과 같다. 혹은 공항에서 세상의 슬픔을 느끼고, 착각에 빠져 자신을 중요한 사람이라고 생각하는 이 포유동물들이 서둘러 터미널을 빠져나가는 것을 바라보며 이런 분주한 활동이 무의미할 뿐이고 그 자체가 우주에 대한 비유와 같다고 생각하는 것과 다름없다.

카뮈가 정직하게 직시한 것은, 하이데거가 불안Angst이라고 부른 것, 즉 그런 순간들에 나타나 우리가 세상에 몰두하여 집 같은 거짓 위안으로 삼았던 모든 것에 의문을 제기하는 불안이다. 실제로 하이데거는 프로이트를 반향하면서, 생산적이며 진실을 드러내는 이런 불안을 '두려운 낯섦'으로 설명한다. 이 말은 문자적으로 '집에-있지-않다'는 뜻이다. 우리가 주의를 산만하게 하는 것으로 자신을 속이며 집에 있다고 생각할 때, 자신을 속이면서 집에 대한 굶주림을 오락과 맞바꾸었기 때문에 우리가 '안정되어 있다'고 느낄 때, 불쑥 우리를 찾아오는 두려운 낯섦, 집에-있지-않다는 느낌은 "우리가 누구인가?"라는 물음을 다시 한번 직면하는 계기를 만들어 주는 선물이 된다. 무의미함을 폭로하여 우리를 불편하게 만드는 불안은 통과해야 할 문이다. 그것은 당신 자신을 발견할 가능성을 열어 준다. 집에-있지-않음은 마침내 당신이 당신 자신이 되라는 **부르심**을 듣는 공간이 될 수 있다. 카뮈가 우리에게 스스로 몰두하는 것에서 깨어나 **호소하지 않고** 사는 법을 배우라고 충고한다면, 하이데거는 불안이라는 경종이 우리 너머에서 오는 "호소the Appeal", 즉 우리를 무언가로 부르는—우리를 우리 자신에게로 부르는—초월에 귀 기울이는 법을 배울 방법일지도 모른다고 주장한다.[17]

불안이라는 두려운 낯섦, 집에-있지-않음이라는 고통스러운 감각이 선물, 곧 자신에 관해 무언가를 발견하라는 일종의 초대장일 수도 있다. 우리가 그것을 떨쳐 버릴 수 없다는 사실은 본질적으로 "집은 없어. 절대 도착하지 못할 거야. 지금을 즐겨!"라고 충고하는 카뮈의 시시포스 같은 대응에 이의를 제기한다. 그리고 그런 조언이 이민자의 치명적인 좌절을 하찮게 만들어 버린다는 사실 때문에 우리는 이처럼 결코 도착할 수 없음을 받아들이고 지금을 즐기라는 태도 이면에 부르주아적 세계주의가 자리 잡고 있지는 않은지 의심할 수밖에 없다. 사르트르의 지향성intentionality 개념에 대한 베이크웰의 설명은 시사하는 바가 크다. "우리에게는 안락한 집이 없다. 먼지투성이 길을 걷고 있다는 사실 자체가 우리의 존재를 정의해 준다."[18] 당신이 안락한 파리의 카페를 즐기고 있다면, "길이 곧 삶"이라는 말은 흥미진진한 철학이 될 것이다.

인간의 조건을 오디세우스(확실하고 깔끔한 귀환)나 시시포스(집에 대한 바람을 극복하는 법을 배워 가는 과정)가 아니라, 난민 경험과 비슷하게 이해해야 하는 것 아닐까? 인간으로 살아간다는 것은 우주의 이민자―상처 입기 쉬우며, 위험에 노출되어 있고, 안정되어 있지 않고, 절망적이며, 전에 한 번도 가 보지 못한 집을 찾고 있는 이민자―가 되는 것을 뜻하지 않을까? 난민의 갈망―굶주림과 폭력, 매일같이 반복되는 상실의 경험을 탈피하고자 하는 갈망―은 선하며 정의롭다. 그것이 너무나 철저히 인간적이기 때문이다. 심지어 그것은 우리의 영적 상태에 관해 중요한 무언가를 말해 준다. 즉, 영혼의 상실을 탈피하고 안정된 집을 찾고자 하는 우리의 떨쳐 버릴 수 없는 바람이 부조리하지 않다는 것이다.

계속해서 찾아 헤매는 과정에서 우리가 경험하는 기진맥진함, "길이 곧 삶"인 것처럼 살려고 할 때의 피로함, 녹초가 되어 그저 누군가가 우리를 발견하여 집으로 데려가기를 바라는 마음―이런 끈질긴 바람은, 과연 그것이 실현될 수 있을지 의문을 품게 만든다.

슈테판 츠바이크Stefan Zweig의 비망록 《어제의 세계 The World of Yesterday》 (지식공작소)는 난민의 이러한 경험, 도망쳐서 유랑할 수밖에 없는 사람의 빈약한 실존을 감동적으로 포착해 낸다. 츠바이크는 19세기 말 빈에서 자랐지만 20세기 초 유럽에 닥친 긴장과 야만성―제1차 세계대전, 러시아 혁명, 마지막으로 히틀러의 나치주의라는 유령(츠바이크는 1942년에 사망했다)―에 의해 뿌리를 뽑힌 채 살아간 유대인 이민자였다. 비망록

아우구스티누스와 함께 떠나는 여정

은 뿌리를 뽑힌 채 길 위에서 살아가던 그의 삶, 대륙을 떠돌고 런던으로, 결국에는 브라질로 이주했던 그의 삶을 기록한다. 츠바이크는 이민자로 사는 것이 어떤 느낌인지를 이렇게 설명한다.

모든 형태의 이민은 본질상 불가피하게 당신의 평정 상태를 망가뜨리는 경향이 있다. 당신은 무언가를 잃어버리는데, 이것은 경험하지 않고서는 이해할 수 없다. 발아래 당신이 태어난 나라 땅을 더 이상 밟고 있지 않을 당신은 곧추선 자세를 많은 부분 잃어버리게 된다. 자신감이 더 적어지고 자신에 대해 더 불신하는 마음을 갖게 된다. 그리고 본질적으로 나에게 낯선 서류나 여권을 가지고 살아야 했던 첫날부터 나는 더 이상 전적으로 나 자신에게 속해 있지 않다고 느껴 왔다고 망설임 없이 고백할 수 있다. 나의 타고난 정체성의 중요한 부분이 본래의 참된 자아와 더불어 영원히 파괴되고 말았다. 나에게 정말로 어울리는 것보다 덜 외향적인 사람이 되었고, 오늘날 나는—과거에는 세계 시민이었지만—외국에서 공기를 마실 때마다 특별히 감사해야만 하는 것처럼 느낀다.[19]

길 위에서 살아가는 방식은 한 가지 이상이다. 물론 이런 경험으로 인해 우리가 약해진다고 느낄 수도 있다. 그것은 츠바이크가 불쾌하게 여기는 의존이라고 묘사하는 일종의 노출됨, 다른 이들이 호의를 베푼 덕분에 자신이 존재한다는 느낌, 숨 쉬는 공기에조차 감사해야만 한다는 느낌이다. 하지만 "전적으로 나 자신에게 속해 있다"는 것은 과연 무슨 뜻일까? 침착하면 안정을 찾을 수 있을까? 그렇지 않다면, 이런 경험조차도 다른 존재 방식, 즉 내가 무언가에 의존한다는 사실에 더 이상 분개하지 않고 오히려 그것이 피조물 됨의 조건임을 배우게 되는 존재의 방식으로 이끄는 관문이 될 수 있지 않을까? 이것은 나의 자율성에 대한 모독일지도 모르지만, 어쩌면 나의 자율성이 나의 불안에 대한 해법이 아니라 그 근본 원인일지도 모른다. 의존성이 곧 내가 혼자가 아님을 뜻하기 때문에 그 자체가 선물은 아닐까? 다른 곳에서 환영받는 경험을 통해 내가 참된 인간이 되는 법을 배우는 것은 아닐까?

부조리, '두려운 낯섦', 집에 있지 않음이라는 기묘한 경험이 그 나름의 경종일 수 있는 것과 마찬가지로, 이민의 경험도 자아 내부의 무언가를 개방시키고, 하이데거가 즐겨 말했듯이 우리를 "그들"의 익명성 가운데 잠겨 있게 만드는 습관을 떨쳐 버릴 수 있도록 도와줄 수 있다. 츠바이크는 이렇게 말한다.

의도적으로 나는 빈에 영구적으로 정착하는 것처럼 느끼고 이로써 특정한 장소와의 정서적 연결 고리를 만들지 않으려고 노력했다. 오랫동안 나는 모든 것이 일시적이라고 느끼도록 나 자신을 의도적으로 훈련한 것이 내 안에 하나의 결점이 되었다고 생각했지만, 나중에 내가 집으로 삼았던 모든 곳을 계속해서 떠날 수밖에 없고 내 주변의 모든 것이 무너지는 것을 보게 되었을 때 정착하지 못하고 있다는 이 신비로운 감정이 오히려 유익해졌다. 그것은 내가 일찍부터 터득한 교훈이었고, 덕분에 나에게는 상실과 이별이 쉬워졌다.[20]

난민의 영성을 상상해 보라. 집에-있지-않음의 경험을 존중할 뿐만 아니라 집을 찾고 자아를 찾을 수 있다는 소망을 인정하는, 인간의 갈망과 소외에 대한 이해를 상상해 보라. 이민자는 자신이 한 번도 가 본 적

아우구스티누스와 함께 떠나는 여정

이 없는 집을 향해 이주하고 있다. 그는 낯선 땅에 도착할 텐데, 특히나 거기서 누군가가 그를 맞이하며 "집에 잘 왔어"라고 말하기 때문에 스스로 놀라워하며 "드디어 집에 도착했어"라고 말할 것이다. 집으로 돌아가는 것이 목적이 아니다. 당신이 태어나지 않은 집에서 환영받는 것, 낯선 땅에 도착해 "여기가 바로 네가 있을 곳이란다"라는 말을 듣는 것이 목적이다.

하지만 이는 인간 조건이 희박함으로 가득 차 있으며 우리의 소망인 너머의 공간과 연결되어 있지만, 그렇다고 해서 이 여정에서 만나는 고난들이 마술처럼 견디기 쉬워지는 것은 아니라는 뜻일 것이다. 일상에 '정착하고' 여기서 안정을 찾겠다는 환상은 당신이 이미 도착했다고 상상해 보려는 시도다. 하지만 당신이 바다 너머 다른 땅을 위해 창조되었다면 이런 환상은 당신에게 실망을 안겨 줄 수밖에 없다. 이것은 생의 부침 가운데 정착하거나 당신이 찾을 수 있는 것에 만족하느냐의 문제가 아니다. 다른 곳에 대한 갈망에 불을 지피는 두려움과 불의를 지닌 채 살아가느냐의 문제도 아니다. 이것은 **어떻게** 이 여행을 해 나갈지, 어떻게 가벼운 몸으로 여행하는 난민의 자세를 취할지를 아는 것에 관한 문제다.

가벼운 몸으로 여행하는 법을 배운 츠바이크의 모습에서 우리는 이에 대한 간접적인 예증을 확인할 수 있다. 우리는 강요된 여행 때문에 그가 경험한 박탈에 관한 이야기를 듣지만, 관대한 여행이 어떤 모습인지도 엿볼 수 있다. 츠바이크는 레오나르도의 스케치북 한쪽, 리볼리Rivoli에서 나폴레옹이 병사들에게 내린 명령, "모든 면이 수정 사항으로 뒤범벅된 전쟁터"였던 발자크의 소설 수정본, 바흐의 칸타타, 헨델의 아리아 등 자신이 수집한 자필 원고에 관해 회고한다. 그는 자신의 소장품에 다른 물건을 계속 추가하겠다고 약속하는 기관에 수집한 물건을 기증하기를 바랐다. "그렇다면 그것은 죽은 것이 아니라, 내가 죽고 나서도 50년, 100년 동안 정교해지고 확장되는 살아 있는 유기체가 될 것이며 점점 더 아름다워지는 통일체가 될 것이다."[21]

하지만 큰 시련을 겪은 우리 세대한테는 미래를 위해 그런 계획을 세우는 것이 허락되지 않았다. 히틀러의 시대가 시작되고 내가 집을 떠났을 때 수집하는 나의 즐거움도 사라졌고, 지금까지 내가 했던 것이 지속될 수 있다는 확실성도 사라져 버렸다. 한동안은 친구들 집 금고에 소장품 중 일부를 보관했지만, 계속 개발되지 않으면 박물관과 소장품은 딱딱하게 굳어지고 말 것이라는 괴테의 경고를 기억하고 나의 소장품에 작별을 고하기로 결심했다. 소장품을 완벽하게 만들기 위한 노력에 전념할 수가 없었기 때문이다. 나는 떠나면서 그 일부를 빈 국립도서관에 기증했다. 대부분은 친구와 동시대인들에게서 선물로 받은 물건들이었다. 일부는 팔았으며, 나머지 소장품에 무슨 일이 일어났는지, 지금 무슨 일이 일어나고 있는지는 더 이상 관심이 없다. 잃어버린 것에 안타까워하지 않는다. 우리가, 모든 예술과 모든 소장품에 대해 적대적인 시대에 추격을 당하고 망명할 수밖에 없었던 우리가 배워야 했던 새로운 기술이 있다면, 그것은 한때 우리 자랑이자 기쁨이었던 모든 것에 작별을 고하는 기술이기 때문이다.[22]

난민의 영성은 현재를 두고 거짓 약속을 하지 않는다. 그것은 지금 평화와 기쁨을 누릴 수 있다는 번영 복음이 아니다. 오히려 현재에 정착하고 현재에 만족할 수 있다고 상상하게 만드는 유혹에 대해 경고한다. 망명자의 영성은 이를테면 우리 세대에 허용되지 않은 것―이 눈물의 골짜기에서 살아가는 인간의 조건에 허용되지 않는 것―에 관해 솔직하다. 작별하는 기술을 배우는 것, 하지만 또한 누군가가 우리를 맞이하며 "집에 잘 왔어"라고 인사할 그날을 고대하는 법을 배우는 것―그 사이에 항해하는 법을 배우는 것―에 소망이 있다.

카뮈처럼 아우구스티누스도 이름을 날리기―이 단어의 두 의미 모두에서 '도착하고arrive'( 영어로 '도착하다'와 '성공하다'의 뜻을 지닌다―역주) 이로써 자신의 정체성을 확보하기―를 바라며 유럽으로 모험을 떠난 아프리카인이었다. 그리고 카뮈처럼 그는 그곳에서 새로운 소외감을 발견했을 뿐이다. 문화적 영향력의 중심지(처음에는 로마, 그다음에는 밀라노)에 온 시골 사람인 그는 자신이 권력 상층부에 진입하는 데 한계가 있음을 깨달았다. 그의 전기를 쓴 피터 브라운이 지적하듯이, "4세기에는 완전히 라틴화된 아프리카인조차도 이방인 취급을 받았다. 바깥 세계의 의견은 만장일치였다. 그들이 생각하기에 아프리카는 아프리카인들에게 과분한 땅이었다."[23] 그의 억양은 수상하게 여겨졌고 그가 하는 말에 좀처럼 가시지 않는 촌스러운 후광을 더했다.[24] 황제의 궁정에서 일자리를 얻는 성공을 거둔 후에도 그는 분주한 밀라노에서 타가스테의 삶을 떠올리게 해 주는 아프리카 출신 옛 친구들과 어울렸다.

하지만 아프리카로 돌아왔을 때 그는 여기서도 사람들이 자신을 수상하게 여긴다는 것을 알게 되었다. 그가 로마 권력을 통해 혜성처럼 성공하여 돌아온 것이 일부 아프리카 사람(베르베르족과 도나투스주의자)들에게는 그가 반대편에 투항했다는 증거처럼 보였다. 이제 그는 고향에서조차 '낯섦'으로 오염되어 있다. 이렇게 그는 세계 사이, 계급 사이에 끼어 있었고, 이민과 귀환 때문에 소속감의 갈라진 틈으로 추락했다. 우리는 츠바이크가 동료 여행자를 묘사한 것처럼 그를 묘사할 수도 있을 것이다. "두 세계 사이의 양서류."[25]

아우구스티누스는 이 경험이 인간 조건을 해석하는 열쇠, 즉 그가 성경을 읽고 자신을 이해하고 인류의 우주적 여행에 관한 무언가를 깨달을 수 있는 자리가 됨을 깨달았다. 역사가 후스토 곤잘레스Justo González는 도발적인 동시에 창의적으로 시대착오적인 제안을 통해 아우구스티누스의 삶을 메스티소mestizo의 형성 과정으로 보며, 이러한 희박한 혼종성의 경험이 신학적 창의성에 부담이 되는 동시에 자원이 되었다고 주장한다. 곤잘레스는 이 개념을 이렇게 요약한다.

메스티소가 된다는 것은 두 현실에 속하는 동시에 그 둘 중 어디에도 속하지 않는 것이다. 텍사스에서 유럽계 미국 문화에 속한 사람들 사이에서 자란 멕시코계 미국인은 그가 멕시코인이라는—즉, 그가 사실은 텍사스에 속해 있지 않다는—말을 반복적으로 듣는다. 하지만 이 멕시코계 미국인이 자신의 땅과 민족을 찾고자 국경을 건넌다면 그는 미국화되었다고—혹은 멕시코인들이 흔히 말하듯이 '포초pocho'가 되었다고—거부당하거나 적어도 비판을 받고 이내 실망하게 된다.[26]

곤잘레스는 "아우구스티누스의 불안함은 그가 《고백록》에서 말하듯이 단지 자신이 하나님과 멀어졌기 때문이 아니라, 그 안에서 두 문화,

두 전통, 두 세계 전망이 충돌하고 뒤섞이는 한 사람—간단히 말해서, 한 메스티소—의 내적 투쟁 때문이기도 했다"라고 지적한다.[27] 아우구스티누스의 고향조차 혼종이었으며, 덕분에 그는 나중에 겪게 되는 이민과 귀향 경험에 대비할 수 있었다. 또한 이 모든 것이 그리스도인의 삶을 이민의 삶, 즉 한 번도 보지 못한 집을 찾아 나선 삶으로 바라보는 그의 신학에도 영향을 미쳤다. 기쁨이란 당신이 한 번도 가 보지 못한 집에 도착하는 것이다.

아우구스티누스가 넥타리우스Nectarius에게 보낸 편지에서 이러한 역설적 개념—한 번도 살아보지 못한 고향—을 확인할 수 있다. 이 편지에서 아우구스티누스는 넥타리우스가 자신의 조국patria, 고향에 헌신하는 것에 대해 칭찬하면서도 그에게 또 다른 나라, "훨씬 더 나은 도성", "너머에 있는 확실한 나라"를 바라보라고 권면한다. 아름다운 역설은, 이 천상의 도성이 넥타리우스에 의해 또 **다른** '고향'으로 발견되기를 기다리고 있으며, 이미 그의 아버지를 환영하며 맞이하였듯이 그를 맞이할 준비를 하고 있다는 것이다.[28] 고향은 그저 당신의 출신지가 아니다. 당신은 그곳을 위해 창조되었다. 기쁨을 찾을 수 있는 당신의 고향은 당신이 전에 한 번도 가 본 적이 없어도 도착하는 즉시 '집처럼' 느껴지는 곳이다. 이것은 단순히 회귀의 기쁨이 아니라, 집을 찾은 난민의 기쁨이다. 아우구스티누스는 이것이 망명자들만의 상황이라고 생각하지 않는다. 이것은 인간의 조건이다. 우리는 집에-있지-않음**과** 고향에 대한 내재한 갈망을 헤쳐 나가며, 여기 세상에서의 안락함과 여기가 아닌 어딘가에 대한 동경 사이에서 오락가락하고, 또 다른 세상을 위해 창조되었지만 이 세상에 몰입한 채 살아가며, "아직 멀었어요?"라고 묻기도 하고 "꼭 가야만 하나요?"라고 묻기도 하는 나그네들이다.

아우구스티누스의 상상처럼 이러한 사이에 있음between-ness 자체가 움직임의 역동적 공간이다. 다른 두 방향에서 나를 끌어당기고 있는데, 중요한 것은, 내가 다른 어딘가를 향한 불가해한 갈망을 지닌 채 여기에 있다(하이데거라면 여기에 "던져져 있다"라고 말했을 것이다)는 이 느낌을 어떻게 헤쳐 나갈 것인가 하는 문제다. 비록 '여기'가 내가 살아 본 유일한 곳이지만 나는 여기서 이방인이다.[29] 시시포스의 만들어 낸 행복—자신이 처한 상황에 만족하고 자신이 받는 처벌을 기쁨**으로** 여기겠다고 다짐한—과 대조적으로 아우구스티누스는 인간의 조건이 단지 고향의 안정이 아니라 평화와 안식, 기쁨을 추구하는 망명자의 상황과 비슷하다고 본다. 하나님 안에서 찾을 수 있는 행복한 삶의 독특한 특징 중 하나는 다른 방식으로는 결코 얻을 수 없는 기쁨과 희락—**발견됨**에서 생겨나는 안식과 만족—이다. 아우구스티누스는 "참으로 행복한 삶이란 주님 안에서 우리의 기쁨을 찾는 것, 주님 안에 근거하며 주님으로부터 시작되는 기쁨을 누리는 것입니다. 그것이 참된 것이며, 다른 것은 존재하지 않습니다"라고 결론을 내린다.[30] 하나님께 발견된 이들은 그분 안에서 "오직 당신만이 그들에게 줄 수 있는 그 기쁨"을 발견한다.

아우구스티누스는 이러한 탐색을 기쁨이라고 불리는 나라에 대한 추구, 그 나라를 향한 순례길로 규정한다. 우리는 그 나라에서 평화와 안식을 발견한다. 우리를 집으로 맞아들이시는 하나님 안에서 우리 자신을 발견하기 때문이다. 상처받기 쉬운 상황 때문에 지칠 대로 지친 난민처럼 우리는 **안식**을 갈구한다. "주님은 주님을 위해서 우리를 만드셨으며, 우리의 마음이 주님 안에서 안식할 때까지 우리 마음에는 쉼이 없습니다."[31] 《고백록》 첫 단락에 담긴 이 통찰은 13권 마지막 부분에서 다시 한 번 반복된다. "'주 하나님, 우리에게 평화를 주소서. 주님이 우리에게 모든 것을 주셨기 때문입니다'(사 26:12). 고요함의 평화, 안식의 평화를 주소서."³² 평화를 찾는 영혼의 갈망은 불안과 열광적인 추구로부터의 안식에 대한 갈구다. 그것은 하나님 **안에서의** 안식이다. 그리고 아우구스티누스에게 이 안식을 찾는다는 것—우리를 붙드시는 분에게 우리 자신을 맡긴다는 것—은 **기쁨**을 찾는 것을 뜻한다. "주님의 선물 안에서 우리는 우리의 안식을 찾습니다"라고 아우구스티누스는 결론 내린다. "거기서 주께서 우리의 기쁨이 되십니다. 우리의 안식이 우리의 평화입니다."³³ 아우구스티누스에게 기쁨은 불안의 반대인 평정—두려움이나 염려, 불안으로 숨을 참고 있던 누군가가 내쉬는 날숨—으로 특징지어진다. 더는 무언가를 이루기 위해 애쓸 필요가 없으며 자신이 사랑받고 있음을 깨달은 사람의 복된 안식이다. 우리는 하나님의 은총 안에서 기쁨을 찾는다. 우리는 그분께 아무것도 증명할 필요가 없기 때문이다. 하지만 이것은 마침내 도착한 누군가가—언제든지 자신에게 불리하게 작동할 수도 있는 세상과 체제의 예측할 수 없는 변덕에 의해 희생당할지 모르는 상황에서 피난처를 찾아 불안한 마음으로 국경을 건너는 그 고된 경험을 마치고 드디어 숨을 쉴 수 있게 된 사람이—내쉬는 날숨이기도 하다. 우리가 고대하는 바는 피조물 됨으로부터의 도피가 아니라, 깨진 세상에서 인간으로 살아가는 고통스럽고 비참한 경험으로부터의 도피다. 우리가 바라는 바는 전능하신 주께서 "너는 여기서 안전하단다"라고 우리를 안심시켜 주시는 곳이다.

이것은 마치 내가 몸을 입은 존재가 되어 처벌을 받은 타락한 천사이기라도 한 것처럼 현세적·물질적 세계가 나에게 낯설다는 말이 아니다(이는 아우구스티누스가 궁극적으로 거부했던 플라톤주의에 더 가깝다). 내가 주술화enchantment를 위해 창조되었다는 말이다. 내가 아는 모든 것인 지상의 체화된 물질세계는 내가 그 자체를 목적으로 대하는 성향만 없다면 나에게 '자연스러울' 것이다. 그것이 낯선 나라, 탕자가 유랑하던 그 '먼 나라'가 되는 것은 바로 내가 피조물을 내 집으로 삼으려고 할 때—내가 그 자체를 목적으로 주술화하려고 할 때—다. 프랑스 신학자 앙리 드 뤼박Henri de Lubac이 말하듯이, 우리는 초자연적인 것에 대한 자연적인 욕망을 지닌 존재로 창조되었다.[34] 내가 '자연'이 나에게 필요한 모든 것이라고 스스로 설득하려고 할 때—내가 카뮈처럼 망명이 자연스럽고 다른 모든 집은 허구일 뿐이라고 스스로 설득하려고 할 때—나는 내재된 욕망을 지우려고 하는 셈이다. 그리고 이런 욕망의 억압과 굴절이 온갖 종류의 뒤틀리고 절망적인 자기 부인 전략을 만들어 낸다. 아우구스티누스에게 이러한 '두려운 낯섦'—집에-있지-않음—의 순간은 당신이 되라고 부르심을 받은 자아가 보내온 엽서와 같다.

문제는, 이러한 사이의 긴장이 순례—아브라함처럼 나에게 부르심에 응답해 '가라'고 촉구하는—를 위한 촉매제가 될 것인가, 아니면 그 먼 나라로 도망쳐 나의 망명 상태를 도착으로 바꾸고 무언가가 더 있어야 하고 또 다른 뭍이 나를 부르고 있다는 나의 감각을 억누르려고 할 것인가다. 아우구스티누스는 우리의 불안과 실망이 많은 부분 우리가 이미 집에 도착했다고 자신을 설득하려고 노력한 결과라고 생각한다. 대안은 도피주의가 아니다. 대안은—정주하지 못하지만 소망으로 가득 차 있으며, 희박하지만 탐색을 멈추지 않고, 우리가 한 번도 가 본 적이 없는 고향을 찾고자 열망하는—난민의 영성이다.

아우구스티누스와 함께 떠나는 여정

그의 현실주의 영성과 마찬가지로 아우구스티누스의 난민 영성은 그리스도인의 삶이 어떤 모습인지를 설명해 준다. 다른 사람들과 마찬가지로 제자는 **사이에**, 길 위에 있으며 기진맥진하지만 소망으로 가득 차 있다. 세례는 우리를 길 끝으로 옮겨 주는 우주 캡슐이 아니다. 회심은 우리가 최종 목적지에 도착했다는 뜻이 아니라, 나침반을 확보했다는 뜻이다.

경이로운 밀라노 대성당 아래에는 암브로시우스가 387년 부활 성야 Easter Vigil에 아우구스티누스에게 세례를 베푼 세례반 유물을 방문객이 볼 수 있는 고고학 유적이 있다. 팔각형 모양의 거대한 세례탕은 '제8일의' 갱신에 대한 소망—세례를 받기 위해 교리 교육을 받는 사람이 물의 '무덤'으로부터 다시 일어나 그리스도 안에서 새로운 피조물이 될 것이라는 소망(고후 5:17)—을 이야기한다. 암브로시우스는 기독교에 대한 아우구스티누스의 가장 근본적인 지적 회의론을 깨뜨려 준 사람이었지만, 아우구스티누스는 암브로시우스를 통해 사랑을 보여 주고 자신을 환영하고 껴안아 주는 아버지를 보았다고 말한다.[35] 밀라노에서 아프리카 출신 외부자로 정주하지 못하고 불안했던 아우구스티누스는 자신이 그곳을 위해 창조된 그 나라, 오랫동안 그리워했던 그 나라의 대사 암브로시우스에게 환영을 받았다. 어쩌면 그 성당에 갔을 때 내가 본당 벽에 보존된 성 암브로시우스의 크리스몬Chrismon(그리스도에 대한 상징물—역자)에 매혹된 것도 그 때문이었을 것이다(그림 4를 보라). 키 로(그리스도에 해당하는 헬라어 단어의 첫 두 글자ᵡᵖ로 이뤄진 기호)와 요한계시록 22장 13절의 알

파와 오메가로 이루어진 이 크리스몬이 나한테는 나침반과 매우 비슷해 보였다. 암브로시우스가 아우구스티누스를 '길'이신 그분께로 이끌고 그가 새로운 지향성을 가지고 길을 떠날 수 있게 해 주었음을 상징적으로 보여 주는 것처럼 보였다. 그는 세례의 물로부터 그의 천상적 시민권을 선언하는 새로운 여권을 지닌 이민자로 떠올랐다(빌 3:20). 그는 먼 길을 가고 나서야 잠들 수 있을 테지만 이제 집이 어디 있는지를 알고 있다.

그리스도인은 순례자일 뿐 아니라 난민, 피난처를 찾고 있는 이민자이기도 하다. 그리스도인의 삶은 순례일 뿐 아니라, 이민의 여정이기도 하다. 아우구스티누스는 자신의 글에서 그리스도의 삶에 관해 이야기할 때 '페레그리나시오*peregrinatio*'(우리말로는 여행, 편력이라는 뜻—역주)라는 라틴어 단어를 자주 사용하며, 대부분의 번역본에서는 '페레그리나시오'와 어원이 같은 단어를 순례로 번역한다. 하지만 이것은 아우구스티누스가 묘사하는 여정에 꼭 들어맞지 않는다. 순례는 오디세우스 같은 여정, 즉 거룩한 공간에 도착한 다음 집으로 돌아가는 여정인 경우가 많다. 이것은 영혼이 일자—者에게 '돌아가는' 신플라톤주의의 여정과 흡사하다. 하지만 아우구스티누스의 '페레그리나시오'는 회귀의 여정이 아니다. 그는 아브라함처럼 자신이 한 번도 가 본 적이 없는 곳을 향해 길을 떠났다.[36] 우리는 그저 종교적인 장소를 향해 성스러운 행진을 하고 있는 순례자가 아니다. 우리는 '파트리아*patria*', 즉 우리가 한 번도 가 본 적이 없는 고향을 향해 가고 있는 이민자, 이방인, 거류민이자 나그네다. 하나님이 우리가 찾고 있는 그 나라이며, "우리 이민 생활의 참된 위안을 찾을 수 있는 바로 그곳"이다.[37]

사실, '페레그리니*peregrini*'로서 우리는 단순히 단독 이민자인 **나**가 아니라 **우리**다. '페레그리나시오'는 사회적 사건이다. 아우구스티누스에게 "참된 그리스도인의 본질적 특징은 '페레그리누스*peregrinus*', 즉 '소시에타스 페레그리나*societas peregrina*'에 속해 있는 그의 신분이다."**38** 이스라엘처럼, 모든 곳의 이민자처럼 우리는 홀로 이 불안정한 길을 용감하게 여행할 수 없다. 회심은 홀로 길을 떠나는 것이 아니라 이 대열에 참가하는 것이다. 최근 어떤 학자가 주장했듯이, 이 공동체, 이 하나님의 도성*civitas Dei*, 이 '소시에타스 페레그리나'는 천막 도시, 길 위의 난민 수용소다.**39** 션 해넌Sean Hannan이 주장하듯이, 이것은 도시지만 우리는 그 모형을 뉴욕이나 밀라노가 아니라 오늘날 이 세상의 난민 수용소에서 찾는 편이 더 나을 것이다. "케냐의 다답Dadaab(인구: 245,000명), 우간다의 비디비디Bidi-Bidi(285,000명), (아우구스티누스의 타가스테 가까이에 있는) 알제리 마그레브의 사라위Sahrawi 수용소(당국자에 따라 50,000-100,000명으로 다르게 추산)를 생각해 보라."**40** 각각은 어떤 의미에서 구조화되고 조직화되고 통치되는 도성이다. 하지만 거대한 석조 대성당보다 천막으로 이뤄진 이 도성들의 희박성이 우리가 '페레그리니'임을 더 잘 상기시켜 줄 것이다.

천막 도시이자 난민 수용소인 하나님의 도성은 신앙의 삶이 얼마나 위험하며 취약한지를 잘 말해 주고, 아우구스티누스가 우리의 여정을 이해하는 관점의 본질적인 양상을 드러낸다. 마틴 클로슨M. A. Claussen이 지적하듯이, 그의 설교에 사용된 동의어를 통해 아우구스티누스가 '페레그리나시오'를 어떻게 이해하는지를 살펴보면 고단한 그리스도인의 삶을 묘사한 그림을 볼 수 있다. "그것은 노고와 부담으로 가득 차 있고, 불확실하며 길고, 배고픔과 목마름, 선동과 유혹, 사막이며 한숨과 눈물, 통곡, 환란으로 가득 차 있다."**41** 이것은 조엘 오스틴Joel Osteen이《긍정의 힘 *Your Best Life Now*》(긍정의힘)으로 포장하여 판매하는 가짜와는 전혀 다르다. 그리스도인의 삶이 어떤 모습인지 보여 주는 스냅사진을 원한다면 (조시 리터<sup>Josh Ritter</sup>가 그의 히트곡 "라디오의 황금시대<sup>Golden Age of Radio</sup>"에서 말했듯이) "쇼핑몰과 경기장 같은 대형교회"를 주목하지 말라. 프랑스 칼레<sup>Calais</sup>나 텍사스주 맥캘런<sup>McAllen</sup>에 있는 고통 중에서도 소망으로 가득 차 있는 사람들을 보라. 이것이 츠바이크가 포착해 낸 상처받기 쉬움이다.

신청자 대기실에서 얼마간 기다린 다음 이런 문제를 다루는 영국 정부의 사무실에 들어갈 수 있게 된 후에야 나는 비로소 나의 여권을 나를 외국인<sup>alien</sup>으로 묘사한 문서와 교환하는 것이 무엇을 뜻하는지를 제대로 이해하게 되었다. 전에는 나에게 오스트리아 여권을 가질 권리가 있었다. 모든 오스트리아 영사관 직원이나 경찰관은 완전한 시민권을 지닌 오스트리아 시민인 나에게 여권을 발급할 의무가 있었다. 하지만 나는 외국인인 나에게 이 영국 문서를 발급해 달라고 부탁해야만 했다. 하룻밤 사이에 나는 사회적 척도에서 한 단계를 더 내려갔다. 어제만 해도 나는 국외에서 번 돈을 이곳에서 쓰고 세금을 내는, 어느 정도는 신사의 신분을 지닌 외국의 손님이었지만, 이제는 이민자, 난민이 되었다.<sup>42</sup>

츠바이크는 아우구스티누스가 이민자들의 도시인 하나님의 도성의 특징이라고 여겼던 바를 강조한다. 이 도성은 그 **의존성**을 잘 알고 있다. 이 천막의 도시들은 그리스도의 몸인 이민자 가정의 희박성을 우리에게 상기시켜 줄 뿐 아니라, 이민자란 자신의 의존성을 자각하고 소망 때문에 활력을 얻는 사람이라는 것도 상기시켜 준다.

곤잘레스는 아우구스티누스의 경험이 그의 신학적 상상력을 불타오르게 한 연료였다고 본다. "아우구스티누스는 이 모든 것을 자신의 메스티소 정체성—그는 아프리카인인 동시에 로마인이었으며, 따라서 둘 다이기도 했고 둘 다가 아니기도 했다—과 결합해서 로마 문명에 의존하지 않으며 심지어 서고트족(아우구스티누스의 《하나님의 도성》을 서고트족에 의한 로마 약탈 사건에 대한 신학적 성찰로 보기도 한다—역주)도 그 안에서 자리를 차지할 수 있는 역사 철학과 하나님의 활동에 대한 전망을 구축했다."[43] 이민자, 지상 도성의 나그네, 천상 도성의 시민은 가볍게 살아간다. 어디에서도 집처럼 느끼지 않고 피난처, 하나님의 도성이라는 집을 찾고 있는 그리스도인 역시 일종의 성화된 무관심으로 어디에서나 자신의 천막을 세울 수 있다. 이러한 무관심은 정적주의나 도피주의가 아니다. 아우구스티누스가 대단히 구체적이며 현세적인 의미에서 피난처sanctuary를 찾는 이들에게 특히나 민감했다는 점은 주목할 만한 가치가 있다. 그는 성당을 피난처로 지켜 냈고 위험할 때조차도 지나치게 관대할 정도로 피난처를 제공했다. 언젠가 그가 자신의 회중에게 말했듯이, "교회를 피난처로 삼는 세 부류의 사람들이 존재한다. 즉, 악한 이들을 피해 도망친 선한 이들과 선한 이들을 피해 도망친 악한 이들, 악한 이들을 피해 도망친 악한 이들이다. 어떻게 이 매듭을 풀 수 있을까? 모두에게 피난처를 제공하는 편이 더 낫다."[44] 하나님이 집을 찾아 여정에 나선 그분의 백성에게 약자들, 즉 과부와 고아와 이방인의 운명에 특히 민감하라고 명령하신 것은 우연이 아니다.

인류학자들은 그들이 "이방인 가치stranger value"라고 부르는 것에 관해 이야기한다. "내부자들은 세상을 자신의 관점이 아닌 다른 관점에서 보기가 어렵지만, 이방인에게는 고정된 입장도, 지켜야 할 영토도, 보호해야 할 이익도 없다. 방문자이자 거류민으로서, 언제나 옮겨 다니는 사람으로서 그는 좋은 시민보다 훨씬 더 자유롭게 다른 사람의 자리에 설 수 있다."[45] 순례자와 거류민은 통찰력이라는 선물을 가져다줄 수 있는 외부인의 지위를 지니고 있다. 인류학자 마이클 잭슨Michael Jackson은 한나 아렌트를 원용하면서 "망명자의 일"인 "방문의 상상력"에 관해 이야기한다. "문화기술지ethnography라는 기술은 이 세상을 집처럼 편안하게 느끼지 않는 상황을 장점으로 만들어 이러한 탈영토화deterritorialization를 좋은 이야기로 바꿔 내는 것이다."[46]

이 책의 나머지 부분에서 나의 목표는, 당신에게 아우구스티누스를 우리의 현재와 **우리**를 서술하는 고대의 문화기술자—그가 이 세상을 결코 집처럼 느끼지 못하는, 장차 올 왕국을 향해 이주하던 시민이며, 그럼에도 불구하고 말하자면 우리의 우편물을 이미 읽어 본 것처럼 보이는 우리 시대의 이방인이기 때문에 "이방인 가치"를 지닌 사람—로 소개하는 것이다. 《길 위에서》에서 샐은 딘이 "길 위에서 태어났기 때문에 길동무로는 완벽한 녀석"이라고 생각했다. 어떤 의미에서 아우구스티누스 역시 길에서 태어났다. 사실, 그는 우리 모두가 길에서, 스스로 부과한 망명 생활 속으로 들어가는 길 위에서 태어났으며 온갖 잘못된 곳에서 집을 찾고 있다고 생각한다. 딘과 아우구스티누스의 차이는 길에 대한 그들의 경험이 아니라, 그들이 그 경험을 어떻게 받아들이느냐다. 당신이 여전히 이 추구를 흥미진진하다고 생각한다면, 여전히 "길이 곧 삶"이라고 확신한다면, 당신에게 삶이 또 다른 경험, 또 다른 재미,

또 다른 정복을 추구하는 신나는 여행처럼 느껴진다면, 딘이 당신의 안내자이자 본보기처럼 보일 것이다.

하지만 당신이 여행에 지쳤다면, 전망이 예상 가능해지고 지겨워졌다면, 밤에 차 안에서 친구들을 바라보며 "젠장, 지금 뭐 하고 있는 거지? 그냥 날 내려 줘"라고 말할 때가 있다면, 추적에 지쳤고 여행 때문에 빈털터리가 되었고 실망하는 것도 이제는 지겨워졌고 성취가 아니라 환영에서 쉼을 찾고 싶다는 마음 때문에 불안해하고 있다면, 아우구스티누스는 당신이 한동안 함께 여행할 수 있는 이방인이 되어 줄 것이다. 그가 명랑한 분위기를 불어넣고 기분 좋은 이야기를 들려주어서나, 당신이 지름길로 쉬는 곳까지 빨리 가게 해 주기 때문이 아니다(타임머신을 타고 향수에 젖은 과거나 때 묻지 않은 미래로 시간 여행을 하게 해 주겠다고 약속하는 모든 종교인을 경계하라). 아우구스티누스는 길에 완벽하게 어울리는 남자다. 그는 떠나 보았고, 길에서 느끼는 우리의 모든 두려움과 불안에 공감할 수 있기 때문이다. 당신이 그에게 할 말 중에서 그가 이미 들어 보지 않은 말은 거의 없을 것이다. 당신은 그가 얼마나 인내심이 큰 청자인지를 깨닫고 놀랄 것이다. 그는 길에서 태어났으며, "길이 곧 삶"이라고 말하는 철학을 속속들이 이해하고 있다. 그는 자신이 누구인지, 누구 소유인지, 어디로 가고 있는지 알고 있으며, 그가 쓴 거의 모든 글은 길 위에 있는 동료 이민자들이 평화처럼 느껴지는 지향성을 발견할 수 있도록 돕기 위해서 쓴 글이다. 말하자면, 아우구스티누스가 방황하는 마음을 위한 히치하이커의 우주 안내서를 제공하고 있다고 생각하면 된다.

# 나에게
# 가는 길의
# 우회로들

자신을 찾아 길을 나선 우리는

굶주린 영혼을 위한 중간역들을 방문하고

이 모든 것이 어디로 이어질지—

우리의 노력이 끝날 때가 오기는 하는지—

궁금해한다.

# 4. 자유: 도망치는 법

## 해방되기 원할 때 나는 무엇을 원하는가?

길은 해방을 뜻하기에 상징적이다. 《길 위에서》에서 〈이지 라이더*Easy Rider*〉와 〈델마와 루이스*Thelma and Louise*〉에 이르기까지 길은 인습과 의무, 가정의 억압에서 벗어남을 상징한다. 자유란 속박을 거부하고 자동차 지붕을 열어젖힌 채 바람에 머리카락을 휘날리며 "활짝 열린 공간 Wide Open Spaces"(딕시 칙스*Dixie Chicks*의 노래 제목)으로 나아감을 뜻한다. 서부로 길을 떠나거나 대학 진학을 위해 차에 짐을 싣고 집을 떠나거나 뉴욕행 버스에 올라타거나 유럽으로 배낭여행을 가거나 멤피스행 히치하이크를 하는 것을 뜻한다.

근대가 이 신화를 거의 보편적으로 만들었지만, 자유의 땅이며 독립 투쟁을 통해 태어났고 철도와 주州간 고속도로망으로 대륙을 집어삼킨 나라인 미국에서 이 신화는 특히나 강력하다. 80번 주간 고속도로를 타고 토아노 산맥*Toano Range*에 올라 눈앞에 펼쳐진 160킬로미터에 이르는 유타의 소금 평원을 바라본다면, 거대한 지평선이 마치 아치형 하늘 아래 끝없이 펼쳐진 무한한 공간처럼 느껴질 것이다. 당신의 영혼은 잠재력으로 부풀어 오른다. 그래서 운전면허 취득은 누구나 갈망하는 통과의례, 우리 문화에 남아 있는 몇 안 되는 통과의례다. 자동차 열쇠를 꽂고 집 주차장을 빠져나갈 때 독립을 향한 진입로에 들어선다. 길에서 당신은 벽의 제약에서 벗어나, 더 중요하게는 늘 당신을 따라다니던 그 남자와 당신의 엄마, 옆집 아저씨의 감시의 눈을 벗어나 더 이상 '그들의' 규칙에 속박당하지 않고 움직일 수 있다. 우리가 자동차를 숭배한다면, 그 이유는 이 반짝이는 신이 우리에게 자유를 주기 때문이다. 따라서 우리는 우리를 해방시키는 운송 수단이자 자율의 상징인 콜벳Corvette과 머스탱Mustang, 모터사이클에 바치는 제단을 쌓는다. "차 열쇠 받아"라는 말은 당신이 마침내 당신 자신이 될 수 있게 해 주는 유사-성례전적 선언이다. 고속도로는 나의 길이다.

물론 이미 길 자체가 당신이 어디로 가야 하는지에 관한 다른 누군가의 생각이다. 고속도로는 백지상태가 아니라 수많은 다른 사람들이 걷고 또 걸어서 만들어진 통로들의 연결망이다. 아이러니는, 탁 트인 도로를 혼자 달릴 때조차도 당신은 누군가를 따라가고 있다는 사실이다. 아스팔트의 부름에 응답할 때 우리는 '그들'을 따라간다. 하지만 지금 우리는 너무 앞서가고 있다.

아우구스티누스와 함께 떠나는 여정

아우구스티누스는 자유와 떠남을 동일시하는 태도가 얼마나 오래되었는지를 상기시켜 준다. 셸비 머스탱과 66번 국도, 이유 없는 반항이 등장하기 오래전에 이 탕자는 아버지의 무서운 얼굴과 어머니의 꾸중을 벗어나고 싶어서 안절부절못했다. 자유가 속박의 부재라면 집에서는 결코 자유를 찾을 수 없을 것이다.

카르타고에 학생으로 온 아우구스티누스는 수백 년이 지난 후 나타날 수많은 대학 동아리 환영식을 예상하게 하는 경험을 하게 된다. 속박에서 벗어나 팔 뻗을 공간을 갖게 된 그는 의기양양하게 더 많은 공간을 채우며 온갖 종류의 새로운 기회와 기쁨을 추구한다. 그는 "사랑과 사랑에 빠졌다"라고 회상한다. "나는 사랑을 향해 돌진했고, 사랑에게 사로잡히기를 갈망했다."[1] 우리가 '동의'를 누르고 자발적으로 구글과 애플의 변덕에 자신을 맡기는 것처럼, 우리가 그것을 선택하는데도 '자유'를 사로잡힌다고 여기는 것이 재미있다.

이렇게 젊은 아우구스티누스는 새롭게 발견한 자유를 사용해 그를 징집할 추구에 자신을 바친다. 그의 욕구는 왕성해진다. 그는 극장의 쇼에 매혹되어 그를 열정의 노예로 만들 오락에 자신을 넘겨줄 것이다. 그는 사랑과 사랑에 빠지지만, 동시에 우리가 소셜 미디어에서 애도하기를 사랑하는 것과 같은 방식으로 고통과 사랑에 빠진다.[2] 자유는 자신이 원하는 방식으로 기분 좋은 자극을 받고 오락을 즐기고 몰두할 권리다. 자유는 무언가**로부터의** 자유이며, 그것**으로부터** 벗어나는 방법은 떠나는 것이다.

이런 자유의 개념이 우리가 지금 알고 있는 유일한 자유, 즉 자기 결정으로서의 자유다. "가족계획협회 대 케이시*Planned Parenthood v. Casey*" 판결(1992년)의 다수 의견에서 앤서니 케네디^Anthony Kennedy 대법관은 무엇이 나 자신의 선인지를 결정할 자유를 이렇게 공식화한다. "자유의 핵심에는 실존과 의미, 우주, 인간 생명의 신비에 관한 자신의 개념을 정의할 권리가 자리 잡고 있다."[3] 자유란 "손 떼. 내가 알아서 할 거야. 나는 내가 뭘 원하는지 알고 있어"라고 말하는 것이다. 나에게 무엇이 선인지를 내가 결정할 수 있을 때, 모든 선택이 기회와 가능성의 백지수표일 때 나는 내가 자유롭다는 것을 알게 될 것이다.

사실 우리는 이런 자유를 '진정성'이라고 부르며, 이것이 하이데거와 사르트르 같은 실존주의 철학자들로부터 시작된 낙수 효과라는 것조차 깨닫지 못하고 있다. 하이데거는 읽기 쉽지 않은 문체로 쓴《존재와 시간》에서 수많은 할리우드 각본이 따르게 될 이야기의 줄거리를 제시한다. 죽음을 향해 있음이라는 독일 사람 특유의 무거운 주제 안에 묻혀 있지만, 하이데거가 정말로 관심을 기울이는 바는 어떻게 죽음을 직시하는 태도가 대중 사회('그들'이 언제나 당신에게 해야 한다고 말하는 바라는 표현에서처럼 하이데거가 '그들'이라고 부르는 것)의 지리멸렬한 습관을 따르는 것에 몰두할 때 내가 생각하지도 못했던 방식으로 **가능성**을 드러낼 수 있는가에 관한 문제다. 핵심은 죽음에 집착하거나 죽음이 어떤 모습인지를 상상해 보는 것(하이데거는 이것이 불가능하다고 생각한다)이 아니다. 그의 주장은, 자신의 죽음을 직시할 때 아무것도 나에게 확정된 것이 없음—가능성의 지평이 무한함—을 내가 깨달을 가능성이 존재한다는 것이다. 죽음을 향해 있음이란 기대 안에서 사는 것, 가능성을 향해 사는 것을 뜻한다고 하이데거는 말한다.[4] 이는 무엇이 가능한지는 나에게, 오직

아우구스티누스와 함께 떠나는 여정

나(하이데거의 말처럼 나의 "가장 고유한<sup>ownmost</sup> 가능성")에게만 달려 있음을 깨닫는 것이다. 내가 그것을 깨달을 때만, 내가 '부름'에 응답할 때만 나에게 주어지는 가능성이 존재한다.[5] 하지만 이 부름은 다른 누군가한테서 오지 않는다. 이것은 또 다른 순응 방식이 아니다. 내가 나 자신을 부른다. 그리고 나 자신의 방식으로 **어떤** 가능성을 실현하는 것, 이것이 진정성이다.[6] 당신이 무엇을 선택하는지는 중요하지 않다. 중요한 것은 당신이 선택한다는 사실 자체다. 자유는 선으로 간주되는 것을 당신 스스로 만들어 낸다는 뜻이다.

이것은 아우구스티누스가 처음 카르타고로, 나중에는 로마로 떠날 때 자유라고 생각했던 것과 다르지 않다. 그가 예상하지 못했던 것, 그리고 그가 이를 경험하면서도 무시하려고 노력했던 것은 이 모든 것이 자신을 기진맥진하게 만든다는 사실이다. 그가 자유라고 상상했던 것—속박의 제거—이 처벌처럼 느껴지기 시작했다. 경계의 소멸은 젊은 아우구스티누스에게 해방처럼 보였다. 하지만 그는 그 결과로 무정형 속에서 자신이 해체되는 것처럼 느껴졌다. 사촌 집 뒤뜰에 있는 작은 수영장에서 헤엄치다가 자꾸만 벽에 부딪힐 때 당신은 벽이 없었으면 하고 바라기 시작한다. 하지만 함부로 헤엄치다가 마침내 벽을 무너뜨릴 때 비로소 그 수영장이 더 커질 수 없다는 것을 깨닫는다. 그저 사라지고 말았다. 축축한 잔해만 남아 있을 뿐이다. "나는 폭풍에 흔들리며 사방으로 뛰어다니며 상스러운 애정 행각을 벌이다가 거품처럼 사라진다고 느끼게 되었다"라고 그는 과거를 회상하며 고백한다.[7] 나 자신이 될 수 있는 자유가 나 자신을 잃어버리고 해체되고 자신의 정체성이 손가락 사이로 미끄러지듯이 흘러내리는 것처럼 느껴지기 시작한다.

그저 실패를 인정하게 되었다는 말이 아니다. 오히려 문제는 당신이 원하는 바로 그것을 얻게 되었다는 것이다. 아우구스티누스는 자신의 경험을 새로운 틀로 바라보면서 자유에 관해 근원적으로 다른 방식으로 생각하게 된다. 당신의 자유가 당신을 집어삼키고 보호 난간을 상실한 결과 구덩이에 빠지게 되었을 뿐임을 깨달을 때, 자유가 이렇게 망가진 결과에 불과한 것인지—아니면 자유가 속박의 부재와 선택 가능성의 증가가 아닌 다른 무언가일 수도 있는지—당신은 궁금해하기 시작한다. 조너선 프랜즌Jonathan Franzen의 소설 《자유*Freedom*》(은행나무)에서 패티 버글런드는 자기 연민의 순간에 이러한 자유의 환상을 깨닫는다. "자기 연민은 어디서 왔을까? 이 어마어마한 자기 연민은 어디서 왔을까? 거의 모든 기준에서 그는 호화로운 삶을 살았다. 그는 매일 고상하고 만족스러운 방식으로 살아왔지만, 그의 모든 선택과 모든 자유를 통해 얻은 모든 것이 비참할 뿐이었다. 이 자서전 작가는 자신이 너무나도 자유로웠다는 것에 스스로 연민을 느낀다고 결론을 내릴 수밖에 없었다."[8]

선택 가능성의 증가와 결합된 속박 없는 행동이라는 사치는 해방을 위한 공식일 것이다. 하지만 수많은 다른 이들처럼 패티는 이것이 다른 종류의 불행으로 귀결될 뿐임을 깨닫는다. 오랫동안, 그런 '자유'가 제공하는 쾌락이 충만함의 유혹을 줄 수 있다. 우리가 그토록 오래 거부당해 왔다고 상상했던 새로운 가능성이 멍에를 벗음으로써 열리게 되면, 그것은 새로운 잠재력의 실현처럼 느껴진다. 마치 **이것**이 모든 것의 목적이며 우리가 만들어진 목적, 자유의 참모습인 것처럼 느껴진다. 하지만 식욕을 제어해 줄 엄마도 없이 저녁 뷔페를 찾아간 아이처럼, 그는 서서히 자신의 자유가 구역질 나게 느껴지는 지점에 도달한다. 게걸스럽게 먹고 나서 그는 자신의 선택에 대해 다시 생각하고 있다. 그런 자유의 저 멀리에서, 때로는 그 길로 한참을 가고 나서 발견하는 것은 후회뿐이다. 이런 종류의 자유가 만들어 내는 그림자는 매우 어두울 수도 있다. 아우구스티누스는 이렇게 깨달았다. "나는 주님의 길이 아니라, 나 자신의 길을 사랑했습니다. 내가 사랑한 자유는 도망치는 자유였을 뿐입니다."[9] 쫓기고 추적당하여 지칠 대로 지쳤다. 불쾌한 종류의 자유처럼 들린다.

사실 이런 자유는 또 다른 형태의 노예 상태로 변질되고 마는 경우가 많다. 카르타고에서 방탕하게 생활하던 아우구스티누스는 스스로 "만족이라는 사슬"에 묶여 "이 괴로운 족쇄를 기꺼이 받아들였다."[10] 이러한 잃어버린 자유—특히 그것을 마치 해방**인 것처럼** 경험하는 잃어버린 자유—의 동학dynamic은 남은 평생 아우구스티누스를 사로잡을 것이다. 실제로 그가 자신의 회심이라는 대격변, 즉 은총이 일으킨 사랑의 혁명을 돌이켜볼 때, 이 모든 것은 자유의 문제로 귀결된다. 왜냐하면 그는 결국 자신이 사슬에 묶여 있음을 깨닫게 되었기 때문이다. 그는 집이라는 속박에서 벗어남으로써 자신을—그리고 자유를—발견할 수 있기를 바랐지만, 밀라노에 도착했을 때 아우구스티누스는 자신이 자신을 다스리는 최악의 주인임을 깨닫게 되었다. 그의 유일한 소망은 탈출이었지만, 그것이 불가능하다고 결론 내리게 되었다. 그는 시시포스다. 하지만 그에게 돌을 준 사람은 바로 자신이었다.

당신이 어떤 사람이 되고 싶은지를 알지만, 당신이 바로 이를 막는 유일한 사람이라는 것을 깨닫는 것―당신의 영혼 속속들이 다른 누군가가 되기를 원하여 당신이 스스로 만들어 낸 '당신'한테서 도망치지만 결국 당신이 미워하는 자아로 반복해서 되돌아가는 것―은 끔찍하고도 두려운 일이다. 이른바 당신의 '존재를 위한 잠재력'을 한 방울도 남김 없이 마시는 독립의 전율과 자아실현의 실험 이후에 기진맥진함을 느끼기 시작하고 결국 이런 느낌이 일종의 자기혐오로 변할 때 당신이 다른 삶을 원하지만 당신이 만들어 낸 삶에 매여 있음을 **알게 되는** 지점에 도달할 수 있다.

이것이 아우구스티누스가 마침내 도달한 지점이었다. 다른 삶의 방식을 엿보았을 때, 그 길을 선택하고 권력과 특권과 성공을 포기하면서 십자가에서 수치를 당하신 그분을 따르는 동료들의 본보기를 바라볼 때, 그는 자신 안에 새로운 욕망이 끓어오르는 것을 느꼈다. "나는 그런 자유를 간절히 사모했지만 다른 누군가가 강요한 족쇄가 아니라 나 자신의 선택이라는 족쇄에 매여 있었다"라고 그는 회상한다.[11] 그는 다시 묶이고 갇히고 구속당하고 있다고 느꼈다. 하지만 이제 그렇게 만든 사람은 어머니나 그 사람이 아니다. 그것은 나다*c'est moi*. 그가 추구하던 자유는 변장한 족쇄였다. 이제 아우구스티누스가 제시하는 것은 자신의 이른바 자유에 대한 재해석이다.

어떻게 그의 자유는 결국 감옥이 되고 말았을까? 아우구스티누스는 자신이 가 본 길의 연대기처럼 읽히는 사슬의 고리들을 묘사한다. "뒤틀린 의지의 결과는 열정이다. 열정의 노예가 될 때 습관이 형성되고, 아무런 저항도 받지 않는 습관은 필연이 된다. 말하자면 서로 연결된 이 고리들(따라서 나는 이를 사슬이라고 부른다)에 의해 나는 혹독한 속박에 묶여 있었다."[12] 그를 묶는 사슬의 첫 고리는 자신의 자유의지였다. 이 궤적은 익숙하게 느껴질 것이다. 그 선택을 했던 그날 밤, 그는 말하자면 피의 맛, 살의 맛을 보았다. 그로 하여금 다시 시도하게 만드는 열정을 맛보았다. 결국, 열정의 만족은 습관의 예측 가능성으로 변한다. 아마도 이때쯤이면 그것은 더 이상 쾌락이 아닐 것이다. 허니문은 끝났다. 짜릿한 흥분은 이제 참신함이라는 광채를 잃어버렸다. 한 번으로는 충분하지 않다. 하지만 이제 습관은 필연이 되었으며 내가 무엇을 **원하는지**는 상관이 없다. 나는 이것을 추구할 것이다. 왜냐하면 이것이 나에게 필요하기 때문이다.

처음에는 그가 다른 누군가를 탓하고 있는 것처럼 보인다. "원수가 나의 의지를 지배하고 있으며 나를 죄수로 붙잡아 둘 사슬을 만들었다." 하지만 그 이유는 그가 원수에게 열쇠를 주었기 때문이다. "습관이 이렇게 나에게 맞서게 된 것은 내 책임이었다. 내가 원치 않는 곳에 가게 된 것은 내가 그러기로 동의했기 때문이었다."[13] 내가 바로 나 자신의 간수다.

여기서 아우구스티누스는 중독자의 '자유'를 묘사한다. 필연이 된 습관, 불가능한 자유에 대한 갈망, 새로운 의지에 대한 열망, 그것을 극복하지 못할 것 같다는 절망. 계속해서 그는 침대 밖으로 나갈 수 없는 누군가의 모습을 그린다. 이는 실존주의적 숙취처럼 들린다. "세상의 짐은 잠을 잘 때 흔히 느낄 수 있는 달콤한 나른함으로 나를 짓눌렀다." 그는 "깨어나고 싶지만 깊은 잠에 압도되어 다시 쓰러져 자는 사람들"처럼 느껴졌다. 그는 그러는 자신을 미워하지만 동시에 "조금 더 오래 걸리는 것을 기쁘게 여긴다."[14] 하지만 그는 이것이 그저 단순한 게으름이 아니라는 것을 깨닫는다. 이것은 잠에서 깼을 때 사지가 무겁고 낯설고 당신의 바람대로 움직이지 않는 것을 발견하는 것처럼 일종의 비자발적 마비다. 당신이 무엇을 원하는지를 말할 수 없고 당신의 외침조차도 안에서만 울려 퍼질 뿐이다. 누군가가 당신을 발견하고 무덤이 되어 버린 침대로부터 당신을 구해 줄 수 있을까 궁금해한다. 플릿 폭시스Fleet Foxes는 이를 "무력함의 블루스helplessness blues"라고 부른다.

21세기에 아우구스티누스를 읽는다는 것은 우리의 모든 자유를 중독처럼 보이게 만드는 관점을 얻는 것이다. 자유를 부정적인 자유—구속으로부터의 자유, 간섭받지 않고 내가 원하는 것을 선택할 수 있는 자유—로만 상상할 때[15] 이른바 우리의 자유는 결국 속박으로 귀결되고 만다. 자유가 그 이상의 지향성이나 목표가 없는 단순한 자발성일 때, 나의 선택은 만족을 찾기 위한 또 다른 수단에 불과해지고 만다. 내가 계속해서 유한하고 창조된 것들—섹스든, 사랑이든, 아름다움이든, 권력이든—에서 만족을 찾으려 할 때 점점 더 이런 것들에 실망하는 **동시에** 점점 더 이런 것들에 의존하는 악순환에 갇힐 것이다. 나는 점점 더 효용이 줄어드는 것들을 계속해서 선택하며, 그것이 습관적이고 궁극적으로는 필수적인 것이 될 때 나는 선택할 수 있는 능력마저 잃어버리게 된다. 이제 그것이 나를 소유한다.

레슬리 제이미슨은 탁월한 책《회복The Recovering》에서 중독(과 회복)에 관한 내부자의 이야기를 들려주는 동시에 여러 작가가 자신의 포로 상태에 대해 증언하는 다양한 방식을 고찰한다. 그는 이렇게 말한다. 중독은 "언제나 이미 했던 이야기다. 왜냐하면 그것이 필연적으로 반복되는

아우구스티누스와 함께 떠나는 여정

이야기일 수밖에 없기 때문이며, 동일하게 파괴되고 환원적이며 재활용되는 핵심으로—궁극적으로, 누구에게나—돌아갈 수밖에 없기 때문이다. **욕망하라. 사용하라. 반복하라.**"[16] 나중에 의사가 그에게 설명하듯이, 중독은 언제나 "선택 가능성의 축소"로 귀결된다. 삶은 당신이 그것 없이는 살 수 없는 것에 대한 집착으로 축소되고, 하루와 평생의 주기는 결코 만족을 주지 못하며 결코 충분하지 않은 이것을 확보하기 위한 노력에 초점이 맞춰진다.[17] 이런 수치의 이면에는 그 나름의 도착적인 환상, 즉 중독을 만족시키기 위해 필요한 비범한 재능에 대한 중독자의 자부심이 자리 잡고 있다.

하지만 혼자 힘으로는 이를 벗어날 수 없다. 이런 속박에서 벗어난 모든 중독자는 이를 깨달아 알고 있다. 제이미슨은 이렇게 지적한다. "익명의 알코올중독자들의 빅 북The Big Book of AA(에이에이연합단체 한국지부에서《익명의 알코올중독자들》이라는 제목으로 번역 출간함—역주)은 처음에《벗어나는 길The Way Out》이라고 불렸다. 무엇에서 벗어난다는 말인가? 단지 음주만이 아니라 폐소공포증을 유발할 것처럼 답답한 자아라는 공간으로부터 벗어난다는 말이다."[18] 자신의 종말에 다가가는 것이 무질서한 자유에서 벗어나는 길이다. 이것이 아이러니다. 선택의 자유는 정말로 자유로운 의지를 나에게 줄 누군가가 필요한 지점까지 나를 몰아간다. 그리고 이 자유란 그저 선택할 자유가 아니라—왜냐하면 애초에 그것이 나를 여기까지 이르게 했기 때문이다—선을 선택할 자유다. 만약 자유가 그저 무언가**로부터의** 자유 이상의 것이 되고자 한다면, 자유가 무언가**를 위한** 자유를 행사할 수 있는 힘이라면, 나는 자율을 다른 종류의 의존과 맞바꿔야 한다. 자신의 종말에 이른다는 것은, 내가 참으로 자유로워지고자 한다면 나 자신이 아닌 누군가에게 의존할 수밖에 없음을 깨닫는 것을 뜻한다. 제이미슨은 자신의 깨달음을 이렇게 회상한다. "나는 나의 의지력보다 더 강한 무언가를 믿어야만 했다." 자신의 의지력은 그의 해방을 보장하기에 부적합했다. "이 의지력은 맹렬하고 활기차게 작동하는 미세하게 조정된 기계로서 수많은 일을 해 왔지만—내가 전 과목 A를 받고 논문을 쓰고 크로스컨트리 경기 훈련을 완료할 수 있게 해 주었지만—이것을 음주에 적용했을 때 나는 내가 내 삶을 기쁨이 없는 꽉 움켜쥔 작은 주먹으로 만들고 있다고 느낄 뿐이었다." 회복의 전환점은 그가 자신의 종말에 이르렀을 때였다. 그때 그는 익명의 알코올 중독자들 모임에서 더 고차원의 힘이라고 부르는 것을 향해 밖으로, 위로 방향을 전환했다. "금주를 박탈 이상의 무언가로 전환해 준 더 고차원의 힘은 **내가 아니었다**. 내가 아는 것은 그뿐이다."[19]

여기서 아우구스티누스의 성찰은 통렬하면서도 고무적이다. "은총의 도움을 욕망하는 것이 은총의 시작이다."[20] 만약 당신이 자신의 종말에 이르러 도움이 존재하는지 궁금하게 여기고 이따금 초월적인 무언가로부터의 은총을 바라는 자신의 모습을 발견하며 놀란다면, 이는 이미 은총이 작동하고 있다는 신호다. 계속 요청하라. 믿지 않아도 요청할 수 있다. 이를 기억하라. 당신은 믿도록 도와 달라고 요청할 수도 있다. 도움을 원하는 것 자체가 신뢰의 첫 단계다. 은총을 갈구하는 것이 첫 번째 은총이다. 당신이 자기 충족성의 종말에 이르는 것이 첫 번째 계시다.

외부와 위로의 이러한 방향 전환은 아우구스티누스적이다. 이것은 해

아우구스티누스와 함께 떠나는 여정

방시키는 의존의 자세, 놓아 주는 의존이다. 일단 당신이 아닌 누군가가 필요하다는 것을 깨달으면 구속을 다르게 바라보게 된다. 전에는 당신을 에워싼 벽처럼 보였던 것이 당신을 붙잡아주는 비계<sup>飛階</sup>처럼 보이기 시작한다. 자유가 아무런 의무가 없는 자기실현의 축복처럼 보였다면, 그런 구속받지 않는 자유 자체가 속박이 될 때 이제 당신은 의무를 당신에게 목적과 중심, 정체성의 뼈대를 제공하는 속박으로 보게 된다. 아우구스티누스는 자신의 젊은 자아가 자신의 영혼을 모래에 쏟아부었던 것을 돌아보면서 이렇게 외친다. "누군가가 나의 무질서에 제약을 가하기만 했더라면…그랬다면 가장 저급한 것들 안에서 아름다움을 찾던 나의 덧없는 경험을 선한 목적으로 바꾸고, 그런 것들의 매력에 탐닉하는 것을 제한할 수 있었을 것입니다." 하지만 "비참하게도 나는 끓어오르는 나의 충동의 추진력을 따르며 주님을 버렸습니다. 나는 주님의 법에 따라 세워진 경계를 모두 넘어 버렸습니다."<sup>21</sup>

아마도 우리는 얼마나 많은 이들이 누군가가 그들에게 경계, 즉 구속이라는 선물을 주고 그들의 욕망을 다른 방향으로 전환해 자아의식을 떠받쳐 주기를 바라는지를 깨닫고 놀랄 것이다. 여기에는 세대 사이의 동학이 존재할지도 모른다. 베이비부머 세대—부정적 자유라는 그들의 혁명이 세상을 개조했다—는 젊은 세대가 같은 것을 원한다고 상상하지만, 실제로는 젊은이들이 구속이라는 선물, 경계라는 자비를 요구하고 있음을 알게 된다.<sup>22</sup>

이는 아우구스티누스가 아버지에게 느꼈던 좌절감과도 다르지 않다. 아우구스티누스의 아버지는 아들에게 욕망을 다른 방향으로 전환하라고 권하기보다 "이 가엾은 세상이 세상의 창조주이신 주님을 잊어버리고 오히려 주님이 창조하신 것과 사랑에 빠지는 무질서한 환희"와 함께 거품 나는 포도주처럼 사라져 가는 삶을 살도록 부추겼을 뿐이다. 그것은 "심연으로 미끄러져 내려가는 뒤틀린 아집이라는 보이지 않는 포도주"가 주는 환희였다.[23] 아우구스티누스를 양육한 이는 여전히 부정적인 자유에 취해 있으며 이것이 전혀 자유가 아님을 깨닫게 되는 지점에 아직 이르지 못한 사람이었다. 나중에 그가 북아프리카 수도사들에게 보낸 편지에 썼듯이, "자유로운 선택은 악을 위해서는 충분하지만, 선을 위해서는 전혀 충분하지 않다."[24] 자유로운 선택이 나를 이런 곤경으로 몰아넣었지만 나를 꺼내 줄 수는 없다는 것을 그는 깨닫는다.

아우구스티누스에게는 도움이 필요하다. 가장 혁명적인 소망은 새로운 의지—선을 택하겠다는 욕망뿐만 아니라 그렇게 할 수 있는 **능력**도 갖춘 의지—일 것이다. 하지만 아우구스티누스에게 필요한 도움은 누구한테서나 올 수 있는 것이 아니다. 그것은 그에게 이 능력을 줄 수 있는 능력을 지니신 분, 나눠 줄 수 있는 자비를 가지고 계신 분, 주는 자이신 분에게서 와야만 한다. 그에게는 탕자의 아버지를 닮은 분, 처음부터 주는 자이신 분이 필요하다. 그렇게 그는 정원에서 다시 한 번 이를테면 멀리 떨어진 곳에서 고향을 볼 수 있었다.

하지만 그 목적지에 이르기 위해 우리는 배나 전차나 발을 사용하지 않습니다. 내가 집으로부터 우리가 앉아 있던 곳까지 갈 때 이동한 거리를 이동할 필요조차도 없었습니다. 유일한 필요조건, 즉 갈 뿐만 아니라 거기까지 도착하는 데 필요한 유일한 조건은 가고자 하는 의지를 갖는 것이었습니다. 이쪽저쪽으로 뒤척이는 의지, 한쪽은 올라가고 다른 쪽은 내려가는 반쯤 상처 입은 의지가 아니라, 강하고 순전한 의지를 갖는 것이었습니다.[25]

아우구스티누스와 함께 떠나는 여정

아우구스티누스에게는 의지를 부활시키실 수 있는 분, 그가 한 번도 가져 본 적이 없는 자유를 선물로 주시는 분의 도움이 필요하다. 그는 대안을 시도해 보았으며, 이제 지칠 대로 지쳐 있다. "주님이 없다면 나는 나 자신에게 자멸로 이끄는 안내자 말고 무엇이 될 수 있겠습니까?"[26] 당신은 정말로 당신에게 당신 자신을 맡기겠는가?

아우구스티누스의 설명은 우리 경험의 복합성을 진지하게 다룬다. 그는 무엇을 해야 할지 **아는** 것으로는 충분하지 않다고 인정한다. 그는 마치 내가 둘이(혹은 그 이상!) 있는 것처럼 분열되었다고 느끼는 경험에 관해 이야기한다. "섬기고자 하는 자아는 섬기지 않으려 하는 자아와 동일했습니다. 그것은 나였습니다. 나는 전적으로 그렇게 하려고 하지도 않았고, 전적으로 그렇게 하지 않으려고 하지도 않았습니다. 그렇게 나는 나 자신과 갈등하고 있었고, 나 자신과 분리되어 있었습니다." 하지만 이런 분리와 자기 소외조차도 "나의 의지에 반하여 일어난" 일이었습니다.[27] 회심 직후에 쓴 초기 저술에서 아우구스티누스는 이를 가리켜 우리 불행의 역설이라고 말했다. "어떻게 사람은 자신의 의지에 따라 불행한 삶을 살아가는 고통을 겪게 되는 것일까? 그 누구도 불행하게 살겠다고 작정하지 않는데 말이다."[28] 그들은 불행하기로 작정했기 때문이 아니라, 그들의 의지가 궁극적으로 그들을 행복하게 만드는 것을 선택할 수 없는 그런 조건 아래에 있기 때문에 불행하다.

그는 이 고통스러운 조건 아래에서 "분열되어" 있다. "옛사랑들"이 여전히 그를 붙잡고 있다. "습관의 압도적인 힘은 나에게 이렇게 말하고 있었습니다. '너는 네가 그것들 없이 살 수 있을 거라고 생각하는가?'" 그의 마음은 일그러지고 슬피 우는 몸에서 벌어지는 사랑들의 전쟁터였다.[29] 그 회복 프로그램에서 말하는 것처럼 과연 **벗어나는 길**이 존재할까?

은총이 이 물음에 대한 답이다. 은총은 도와 달라는 요청에 대한 대답이다. 은총은 그저 용서, 덮어 줌, 무죄 선언이 아니다. 그것은 의지와 원함의 주입이자 이식, 부활, 혁명이다. 그것은 당신을 만드셨고 사랑하시는 더 고차원의 힘이 새로운 의지라는 선물을 가지고 당신의 영혼을 찾아오시는 것이다. 은총이 곧 자유다.

하지만 역설(혹은 아이러니)은—특히 자율이라는 신화 속에 갇혀 자유를 무언가**로부터의** 자유로밖에 상상할 수 없는 이들에게는—이러한 자유의 은혜로운 주입이 구속이라는 선물, 법이라는 선물, 우리를 존재하도록 부르는 명령이라는 외피를 두르고 찾아온다는 것이다.[30] 이것이 아우구스티누스의 경험이었다. 그 전설적인 정원에서 그는 아이들이 호기심을 유발하는 노래를 부르는 소리를 듣는다. "집어 들고 읽어. 집어 들고 읽어." 그 운명적인 순간을 그는 이렇게 해석한다. "나는 그것을 하나님의 명령으로 **해석했을** 뿐이다."[31] 괴로워하던 영혼은 하나님의 명령에 순종함으로써 새로운 생명으로 태어날 것이다. 그 명령은 무엇이었나? 읽으라는 명령이었다. 따라서 아우구스티누스는 거의 만화 같은 방식으로 옆에 놓인 바울 서신서를 집어 들고 펼쳐서 그가 본 첫 번째 절을 읽는다. 그리고 놀랍게도 그 역시 명령이었다. "방탕하거나 술 취하지 말며 음란하거나 호색하지 말며 다투거나 시기하지 말고 오직 주 예수 그리스도로 옷 입고"(롬 13:13-14). "나는 더 읽고 싶지도 않았고

아우구스티누스와 함께 떠나는 여정

읽을 필요도 없었다. 즉시 이 문장의 마지막 단어들과 함께 모든 불안을 덜어 주는 빛이 내 마음속으로 밀려드는 것 같았다."[32]

아우구스티누스는 은총과 순종, 자유와 구속이라는 거짓 이분법을 해체한다. 그는 근대에 이르러 우리가 잊어버린, 전혀 다른 자유의 개념을 가지고 있기 때문이다. 그것은 곧 허용이 아니라 능력으로서의 자유, 은총을 입어 능력을 얻게 된 자유, 무언가를 **위한** 자유다. 그러한 자유는 경계를 무너뜨리거나 속박을 제거하여 확장되지 않는다. 오히려 그것은 선한 의지가 그 자체로 선물인 속박에 의해 방향을 전환하여 선을 지향하게 될 때 풍성해진다. 그것은 규칙을 따르는 따분한 삶이 아니다. 그것은 마치 당신이 뱅뱅 돌 수 있게 해 주는 롤러코스터의 레일처럼 위험을 무릅쓸 정도로 안정적이며 대담하게 행동할 수 있을 정도로 굳건히 중심이 잡힌 삶으로의 초대다. 그것은 당신의 존재를 지켜 주는 은총, 당신에게 자아를 되돌려 주는 선물이다. 그래서 아버지는 탕자가 돌아왔을 때 이렇게 외친다. "이 내 아들은 죽었다가 다시 살아났으며 내가 잃었다가 다시 얻었노라"(눅 15:24).

여기에 자율을 믿는 우리의 특권 의식에 대한 스캔들이 존재한다. 이 새로운 의지, 은총으로 주어진 이 자유는 순전히 선물이다. 획득하거나 성취할 수 없기에, 능력주의라는 우리의 감수성에 대한 모욕이다. "인간의 의지는 그것의 자유를 통해 은총을 얻는 것이 아니라 은총을 통해 그것의 자유를 얻는다."[33] 아우구스티누스가 반평생 펠라기우스주의—인간의 의지가 그것의 선을 선택하기에 충분하다는 주장—라는 이단과 싸웠다면, 이는 그가 그런 주장을 사람들을 그들의 방탕한 의지에 속박당한 채 내버려 두는 큰 거짓말로 보았기 때문이다. 그리고 현대인인 우리는 그 누구보다도 더 펠라기우스주의적이다.

하지만 그 정원에서부터 장차 올 하나님나라까지는 갈 길이 멀다. 아우구스티누스는 잠들기 전에 가야 할 길이 멀었다. 처음에 그는 지금 여기서 완전에 이르고자 하는 노력에 열중했을지도 모르지만, 결국 그의 개인적 경험과 목회적 돌봄이라는 현실을 통해 그는 이 싸움이 끝났다는 환상을 철저히 버리게 되었다. 우리는 그의 편지와 설교, 이후의 글을 통해서 그가 이 갱신된 자유가 순례자의 현세적 여정을 반영한다고 이해했음을 알 수 있다. 영혼의 이야기는 여전히 계속되고 있다. 은총은 경기를 끝내는 것이 아니라 경기를 반전시킨다. 나는 예전의 내가 아니다. 나는 내가 되도록 부르심을 받은 그런 존재가 되어 가는 중이지만 아직 거기에 이르지는 못했다고 아우구스티누스는 조언한다. 그의 영적인 현실주의는 그곳에 도착하리라는 지칠 줄 모르는 그의 소망을 강화하지만, 결코 서둘러 도착할 수 있으리라는 환상을 품게 하지는 않는다.

은총을 입어 자유라는 선물을 받은 영혼은 여전히 길 위에 있으며, 내가 미워하며 숨기고 싶은 나 자신의 여러 부분으로부터 궁극적으로 해방되기를 갈구한다. 아우구스티누스에게 이런 갈망은 종말론적이다. 장차 올 나라에 대한 갈망이다. "죄의 노예가 될 수 없을 때 자유로운 선택보다 더 자유로운 것이 있을까?"[34] 아무것도 바뀌지 않았다는 말이 아니다. 은총은 나 자신 안에서는 발견할 수 없었던 힘을 제공한다. 따라서 지금 나는 이 길 위에서 타락과 재림 Parousia 사이에 매달려 있다. 나는 아담보다 더 나은 상태이지만, 아직 본향에 이르지 못했다. "그러므로 첫 번째 의지의 자유는 죄를 짓지 않을 수 있는 자유다. 하지만 최종적 자유는 그보다 훨씬 더 큰 자유, 즉 죄를 지을 수 없는 자유일 것이다."[35] 지금 내가 그리스도 안에서 은총을 통해 얻은 자유는 창조 때 주어진 "첫 번째 자유"보다 더 낫다. 물론 그 첫 번째 자유조차 은총이었다.[36] "더 강력한…두 번째 자유"는 내가 지금이라도 선을 선택할 수 있게 해 준다. 그것은 "의지하는 바가 일어날 수 있게 하는 은총, 너무나도 간절히 바라며 극복할 수 있게 하는 은총"이다.[37] 하지만 나는 여전히 "최종적인" 자유를 기다리고 있다. 그때가 오면 내 옛 의지의 흔적은 사라지고, 내가 용서받았음을 "알고" 있음에도 아침에 일어나 나 자신을 미워하며 수치스러워하는 일이 더는 없을 것이다. 이 은총은 여명처럼 이미 시작되었다. 나는 영원히 끝나지 않는 대낮처럼 눈부신 빛을 기다리고 있으며, 내 옛 자아의 그림자가 소멸되기를 기다리고 있다.

그리스도인의 삶은 소망의 순례길이다. 우리는 첫 번째 자유와 최종적 자유 사이에서 살아간다. 우리는 여전히 길 위에 있다. 두 번째 은총에 감사하며 우리는 최종적 은총을 기다린다.[38] 그리고 우리는 순교자들을 본받아 담대하게 길 위에서 기다린다. 그들은 우리에게 우리가 잘 선택할 수 있는 능력을 발견할 수 있을 것이라는 소망을 준다.

사실 낙원에는 존재하지 않았던 수많은 큰 유혹에 맞서기 위해서는 더 큰 자유—견인이라는 선물에 의해 지켜지고 강화됨으로써 그 모든 사랑과 두려움과 오류와 더불어 이 세상을 이길 수 있게 해 주는 자유—가 필요하다. 성인들의 순교가 우리에게 이것을 가르쳐 준다. 결국 아무런 두려움 없이, 더 나아가 무시무시한 하나님의 명령에 맞서 자유로운 선택을 사용함으로써 아담은 자신의 큰 행복, 죄를 짓지 않을 수 있는 능력을 지켜 내지 못했다. 하지만 순교한 성인들은 세상이 야만적으로 그들을 공격했음에도—나는 세상이 그들을 "두렵게 만들었다"고 말하지 않을 것이다—자신의 믿음을 굳게 지켜 냈다.…이것이 하나님의 선물이 아니라면 어디에서 왔겠는가?[39]

이 순교자들은 우리에게 소망을 준다. 사실, 그들은 우리와 똑같기 때문이다. 그들의 의지가 노예처럼 사로잡혀 있었지만, 그들은 "'아들이 너희를 자유롭게 하면 너희가 참으로 자유로우리라'[요 8:36]라고 말씀하신 그분에 의해 해방되었다."[40]

길 위에서 그런 소망을 지니고 살아가는 것은 어떤 모습일까? 그렇게 살려면 연습이 필요하다. 우선, 그런 삶은 자신에 대한 분명한 앎이 특징이다. 아우구스티누스는 자신에 대한 이런 지식을 암브로시우스에게서 배웠다. 그가 마르세유에 있는 일군의 수도사들에게 보낸 편지에서 밀라노 주교의 말을 인용했듯이, "'우리 마음과 생각이 우리 능력에 있지 않다.' 겸손하며 참으로 경건한 사람은 누구나 이 말이 전적으로 옳다고 인정한다."[41] 이 글의 마지막 부분에서 그는 실천적인 조언을 담고 있는 암브로시우스의 통찰을 다시 한 번 인용한다. 그는 "우리 마음과 생각이 우리 능력에 있지 않다"라고 말했던 바로 그 사람이 "자신의 마음속에서 언제나 위로 올라갈 수 있는 사람처럼 행복한 사람이 어디 있겠는가? 하지만 하나님의 도우심 없이 누가 이를 가능하게 만들 수 있

아우구스티누스와 함께 떠나는 여정

겠는가?"라고 말했다고 지적한다.[42] 그렇다면 우리는 어디에서 우리 마음을 위로 향하게 하는 법을 배우는가?

이 말은 우리 모두에게 익숙할 텐데, 이것이 바로 성만찬을 시작할 때 하는 기원의 말인 '마음을 드높이*sursum corda*'다. "여러분의 마음을 높이 드십시오. 우리 마음을 주님께 올립니다!" 길 위에서 이 자유를 삶으로 실천하는 법을 우리는 어디에서 배우는가? 우리를 자유롭게 하는 은혜로운 의존을 우리는 어디에서 배우는가? 아우구스티누스는 그것은 마법이 아니라고 조언한다. "신자들의 성례전" 그 이상을 구하지 말라.[43] 예배의 가락이 바로 우리가 자유로워지는 법을 배울 수 있는 리듬이다.

자유에는 실천이 필요하다. 의존에 의한 해방이 바로 우리의 각본이다. 이것은 우리의 상향적인 의지력은 말할 것도 없고 의례주의적인 획득과도 아무런 상관이 없다. 그와 반대로 성례전의 핵심은 그것이 새로운 습관을 강화하는 체화된 은총의 통로라는 것이다.[44] 이러한 통찰이 익명의 알코올중독자들 모임에 대한 제이미슨의 설명에도 반영되어 있음을 확인할 수 있다.

모임은 아주 다양한 방식으로 이뤄졌다. 어떤 모임에서는 누군가 나와서 자신의 이야기를 하고 그런 다음에 다른 이들이 그에 대한 반응을 나눴다. 다른 모임에서는 모든 사람이 돌아가면서 빅 북에 실린 알코올중독자의 이야기를 읽거나 누군가가 수치나 과거를 잊지 못함, 분노, 습관 바꾸기 등 한 가지 주제를 골랐다. 나는 각본, 즉 따라야 할 일군의 동작이 있어야 하는 것이 중요한 이유를 깨닫기 시작했다. 첫째, 우리는 이 기원의 말을 암송한다. 그런 다음, 이 책의 한 구절을 읽는다. 그다음에는 손을 든다. 그것은 사귐의 의례를 백지상태에서 만들어 낼 필요가

없다는 뜻이다. 당신은 전에 이미 효과가 있었던 것의 동굴 안에서 살고 있다.[45]

이미 당신을 위해 만들어진 길을 따라가는 것과 비슷하다. 길에서 당신은 언제나 이미 누군가를 따르고 있다. 문제는 이것이다. "당신은 누구를 따르고 있으며, 그들은 어디를 향하고 있는가?"

이것은 부정적인 자유와 밀접히 연결된 진정성의 신화를 해체한다. 이 이야기에 따르면, 내가 '진심이라면' 나는 참되며, 내가 백지상태에서 무언가를 만들어 내고 전적으로 내 것인 내 '안의' 무언가를 표현하는 것처럼 행동할 때만 나는 진심이다. 아우구스티누스—와 제이미슨—는 이것을 거꾸로 뒤집는다. 당신은 **존재하기** 위해 **행한다**. 제이미슨은 더 고차원의 능력에 의존하는 법을 배우기 위해서는 무릎 꿇고 기도하는 어색하고 귀찮은 행동을 해야만 한다는 것을 깨달았다. "하루에 두 번 내 몸을 특정한 자세로 만드는 것을 나는 신체적인 거짓말, 거짓된 가장이 아니라 헌신을 표명하는 방식으로 이해한다."[46] 그는 자신이 믿지 않는 것을 말해서는 안 된다는, 쉽게 떨치기 어려운 생각을 이겨 내야 했다.

여러 해가 지나서 회복이 이 개념을 거꾸로 뒤집었다. 이 과정에서 나는 내가 무언가를 믿을 **때까지** 그것을 행할 수 있다고, 목적 지향성은 의도하지 않은 욕망만큼이나 진정성이 있는 것이라고 믿게 되었다. 행동이 믿음에 대한 증거가 되기보다는 오히려 행동이 믿음을 부추길 수 있다. 데이비드 포스터 월리스David Foster Wallace는 한 모임에서 "전에 나는 기도하기 위해서는 믿어야 한다고 생각했다. 이제는 내가 그것을 거

아우구스티누스와 함께 떠나는 여정

꾸로 이해하고 있었음을 알게 되었다"라는 말을 들었다.…모임에, 의례에, 대화에 참여하는 것—그것은 당신이 이를 행하는 동안 어떻게 느끼든지 상관없이 참된 행동일 수 있다. 당신이 그것을 믿는지 아닌지를 알지 못한 채 무언가를 행하는 것—그것은 진정성의 부재가 아니라 진정성의 증거다.[47]

어떻게 당신은 당신을 사랑하시는 하나님의 은총에 의지하고 당신의 마음을 밖으로, 위로 향하게 함으로써 자유 안으로 들어가는 길을 실천할 수 있을까? 그리스도의 몸이라는 실천 공동체에 들어가 당신을 위해 자신을 내어주신 그분께 당신의 마음을 높이 들라. 그런 의례에 자신을 내어 맡기고 그런 의무를 꾸준히 행하는 실천이 자유와 해방을 가져다 준다는 것을 깨닫고 놀라게 될 것이다.

그레타 거윅Greta Gerwig의 감동적인 영화 〈레이디 버드Lady Bird〉에서 우리는 도피로서의 자유를 추구하는 젊은 여성을 만난다. 따분하고 낙후된 새크라멘토를 지겨워하며, 잔소리하는 어머니에게 신경질을 부리고, 야심 없는 아버지의 모습에 당혹스러워하는 젊은 주인공은 주어진 이름조차도 강요된 것이라고 거부한다. 새크라멘토가 아니라면 그곳이 어디든지 하루빨리 대학으로 도망치고 싶어서 안달이 난 그에게 '레이디 버드'라고 불러 달라는 요구는 반항의 몸짓 중 하나에 불과했다. ("그게 부모님이 주신 이름이니?"라고 한 선생님이 묻는다. "내가 붙였어요. 그건 내가 나에게 준 이름이에요." 자유란 당신 자신한테서 받은 선물이다.)

하지만 영화 마지막에 그는 대학 캠퍼스를 떠나지 않은 채 '집으로 돌아온다.' 그는 부모님께 전화해 음성 메시지를 남긴다. "엄마, 아빠, 저예요, 크리스틴. 엄마, 아빠가 주신 이름이죠. 좋은 이름이에요." 어쩌면 강요되었다고 생각한 것이 결국은 선물이었을지도 모른다. 어쩌면 당신의 선택 없이 이름이 지어진 것은 당신이 사랑받고 있다는 증거일지도 모른다.

그런 다음, 그는 더 직접적으로 어머니에게 말한다. 말하는 사이, 존 브라이언Jon Brion의 〈화해Reconcile〉가 처연한 배경음악으로 깔리는 가운데 금빛으로 물든 새크라멘토의 이미지가 펼쳐진다. "엄마, 처음 새크라멘토에서 운전했을 때 감동적이지 않았어요? 난 그랬어요. 엄마에게 말하고 싶었는데, 우리는 대화를 나누지 못했어요. 내가 평생 경험한 굴곡들과 이야기들…전부 다 말예요."

그런 다음 크리스틴이 조용히 경탄하며 감사하는 마음으로 새크라멘토에서 운전하는 이미지와 그의 어머니가 똑같이 운전하는 이미지가 분할 화면으로 보인다. "이 말을 하고 싶었어요. 사랑해요. 고마워요… 고마워요."

새크라멘토라는 '속박'이 그에게 정체성을 준 비계였음을 깨닫게 된 것이다. 가톨릭 사립학교에서 받은 교육 덕분에 그는 긍휼을 베푸는 사람이 되었다. '강요'처럼 느껴진 어머니의 사랑 덕분에 그는 당당히 자신이 될 수 있었다. 집이 그를 자유롭게 만들었다.

아우구스티누스는 도망친 후에야 아버지가 자신을 기다리고 있음을 알게 되었다. "오직 주님만이 주님을 멀리 떠난 이들과 함께 계시며… 그들이 수많은 거친 길을 여행한 후에도 언제나 함께 계십니다"라고 그

아우구스티누스와 함께 떠나는 여정

는 증언한다. "그리고 주님은 따뜻하게 그들의 눈물을 닦아 주십니다. 그러면 그들은 더 많이 울며 눈물 속에서 기뻐합니다.…내가 주님을 찾을 때 나는 어디에 있었습니까? 주님은 내 앞에 계셨지만 나는 나 자신한테서 떠났습니다. 나는 나 자신조차 찾을 수 없었으니, 하물며 주님은 더 찾을 수 없었습니다."[48] 하지만 결국 자유롭기 위해서는 떠나야 하는 것이 아니라 발견되어야 함을 깨닫는다.

실존주의자들 사이의 그리스도인이었던 가브리엘 마르셀은 길에 대한 우리의 갈망을 이해했다. 마르셀은 인간을 '호모 비아토르*homo viator*', "돌아다니는 사람"으로 묘사한다. 하지만 그는 자유에 관한 사르트르의 견해를 강력히 비판했다. 자유는 도망치기 위해 터널을 파는 것이 아니라고 그는 조언한다. 자유란 자신 안으로 파고들어 가는 것이다. 마르셀은 1942년에 한 강연에서 시몬 베유Simone Weil의 친구 귀스타브 티봉Gustave Thibon의 지혜에 관해 이야기한다.

당신은 속박을 당하고 있다고 느낍니다. 당신은 탈출을 꿈꿉니다. 하지만 신기루를 경계하십시오. 자유로워지기 위해서 도망치거나 달아나지 마십시오. 대신 당신에게 주어진 좁은 공간을 파고들어 가십시오. 당신은 거기서 하나님과 모든 것을 발견할 것입니다. 하나님은 당신의 지평선에서 떠다니지 않으십니다. 당신의 본질 안에 잠들어 계십니다. 허영은 달아나지만 사랑은 파고들어 갑니다. 당신이 자신에게서 달아난다면 당신의 감옥이 당신과 함께 달릴 것이며 당신이 달아나는 그 바람 때문에 닫힐 것입니다. 당신이 자신 안으로 깊이 내려간다면 그것은 낙원 안에서 사라질 것입니다.[49]

혹은 어느 떠돌이 랍비의 말처럼, "나를 위하여 자기 목숨을 잃는 자는 얻으리라"(마 10:39).

# 5. 야심: 열망하는 법
## 주목받기 원할 때 나는 무엇을 원하는가?

야심은 찬사도 많이 받고, 비방도 많이 받는다. 당신의 입장은 당신이 어떤 귀신을 내쫓으려고 하는지에 달려 있다. 당신이 바벨탑을 쌓은 사람들처럼 스스로 이름을 내려는 성향을 지닌, 교만하며 권력에 굶주린 자기중심적인 사람들에 둘러싸여 있다면, 야심은 추하고 기괴하고 포악하게 보일 것이다. 하지만 당신이 자신의 은사를 적극적으로 활용하지 않고 부르심에 제대로 응답하지 못하는, 차분하며 수동적이고 수줍음 많은 사람들에 둘러싸여 있다면, 야심은 신실하게 보일 것이다. 야심이 추악할 때도 있지만, 야심에 대한 비판이 더 추악할 때도 있다. 권력을 지닌 백인 남성이 다른 사람(이를테면, 히스패닉 여성)들을 가리켜 그들이 '거만하다'고 격정할 때처럼 말이다.

야심은 단일한 무언가가 아니다. 야심을 단순히 찬양하거나 악마화할 수 없다. 작가와 시인들이 야심에 관해 묵상한 내용을 담은 최근의 한 책은 야심의 다양한 양상을 잘 포착해 내고 있다. 야심을 보석으로 생각해 본다면, 다양한 작가들이 마치 돋보기를 들이대고 그것을 다양한 각도에서 살펴보고 자신의 개인적인 역사에 비추어 이 현상에 접근하는 모습을 그려 볼 수 있다. 젊었을 때 자신의 경험을 끌어와서 젊은 여성들이 야심을 갖도록 격려하는 재능에 관해 성찰하는 진 머리 워커 Jeanne Murray Walker처럼, 어떤 이들은 야심이 매혹적인 반짝임이라고 생각한다. 예를 들어, 워커는 "내 어머니의 야심은 자녀들이 야심을 품는 것이었다"라고 회상한다. 계속해서 그는 "내 야심은 시간이 지나도 사랑받는 시를 쓰는 것이다.…이 야심은 세상에서 권력을 추구하고자 하는 충동이 아니다. 그것은 차라리 호기심이 추동하는 여정처럼 느껴진다"라고 말한다. 이는 잘 지켜 내고 불을 붙여야 할 야심이다. 스캇 케언스 Scott Cairns는 "우리는 위대함으로 부르심을 받았거나 아예 부르심을 받지 않았다"라고 말한다.[1]

다른 이들은 야심을 더 가까이 들여다보며 그 안에서 불순물, 심지어는 위조품을 발견한다. 에밀리 그리핀 Emilie Griffin은 사람들이 다이아몬드라고 생각하는 야심을 주의 깊게 살펴보았지만, 명예욕이라는 모조품만 발견했을 뿐이라고 말한다. 야심에는 이러한 그림자가 존재한다. 유진 피터슨 Eugene Peterson은 "돌아보니 나는 야심의 모조품에 불과한 분주함에 사로잡혀 있었을 뿐이다"라고 고백한다. 에린 맥그로 Erin McGraw는 "야심은 우리를 끔찍한 곳으로 데려간다"라고 주장한다(나는 "데려갈 수도 있다"라고 말하는 편이 더 낫다고 생각한다). 루시 쇼 Luci Shaw는 "제어되지 않은 야심의 사생아인 유명세와 명성"에 대해 경계하며, 그리핀은 명성이라는 "여신"에 대해 경고한다. 이는 유명인에 대한 열광적 숭배에 빠지기 쉬운 복음주의 하위문화와 관련해 특히나 적절한 경고다.[2]

야심이라는 현상을 계속 관찰하다 보면, 몇 가지 특징을 발견할 것이다. 첫째, 야심의 반대는 겸손이 **아니라**, 태만, 수동성, 소심함, 무사 안일이다. 때때로 우리는 야심에 찬 사람들이 교만하고 오만하다고 생각하고, 결코 위험을 무릅쓰지도, 열망하지도, 깊은 곳으로 뛰어들려고 하지도 않는 우리 같은 사람들은 겸손이라는 도덕적으로 우월한 망토를 입게 된다고 상상하며 자신을 위로하려고 한다. 하지만 이런 상상은 용기 부족, 심지어는 게으름을 은폐하기 위한 얄팍한 속임수에 불과한 경우가 많다. 그저 안전만 추구하는 것은 겸손이 아니다. 둘째, 좋은 야심과 나쁜 야심을 구별하고 신실한 열망과 자신만을 위한 자기 강화를 나누는 것이 바로 야심의 목적*telos*이다. 아우구스티누스는 결코 열망하기를 그치지 않았다. 바뀐 것이 있다면 그가 추구하는 목표이자 목적이었다. 내가 성취를 갈망할 때 나는 무엇을 사랑하는가? 이것이 아우구스티누스주의적인 물음이다.

아우구스티누스는 어머니의 젖과 함께 야심을 들이마셨다. 촌뜨기였던 그가 카르타고에서, 그다음에는 로마에서 성공을 갈망하고 결국 밀라노에서 성공의 사다리에 오르게 된 것은 부모의 부추김이 작지 않은 역할을 한 덕분이었다. 그 이전과 이후의 많은 사람처럼 아우구스티누스에게 야심의 지도를 그려 준 사람은 바로 그의 부모였다. 아우구스티누스가 어머니를 비판하는 몇 안 되는 경우 중 하나가 부모가 그를 학교에 보낸 이유에 관해 회상할 때다. "부모님은 내가 억지로 배워야 했던 것이 나에게 무슨 쓸모가 있을지를 전혀 생각하지 않았다. 그분들이 염두에 두고 있던 목적은 그저 부와 영광에 대한 탐욕을 채우고자 함이었다.

하지만 그 탐욕을 채우는 것은 불가능하며, 부는 영혼의 빈곤에 불과하고 영광은 부끄러워해야 할 무언가일 뿐이다."[3] 이로 인해 그의 영혼이 위험해질 수 있다는 것은 안중에도 없었다. "내 가족은 파멸을 향해 내달리는 나를 구해 주려 하지 않았다.…내가 최대한 효과적으로 말하는 법을 배워야 한다는 데만 관심을 기울였다."[4] 테니스가 아버지의 꿈이었기 때문에 테니스를 싫어했던 안드레 애거시[Andre Agassi]처럼, 아우구스티누스는 자신의 부모가 공부를 너무나 도구적으로, 즉 성공의 사다리를 올라갈 수 있으리라는 바람을 성취하기 위한 수단으로 취급했기 때문에 공부를 싫어했다. 그는 자신의 부모가, 견디는 것 말고 다른 선택을 할 수 없었던 아들을 통해 대리 만족하는 삶을 살고 있다고 생각했다.

아우구스티누스가 열다섯 살이었을 때 그의 가족은 마다우로스[Madauros]에서 공부하던 그를 집으로 다시 불렀다. 그가 카르타고에서—다음 단계의—더 나은 교육을 받을 수 있도록 돈을 모으기 위해서였다. 이 상황을 설명하는 그의 말투는 경멸로 가득했다. "그 기간에 더 멀리 있는 카르타고에서 유학할 준비를 하기 위해 자금을 모았다. 아버지는 돈보다 내 유학에 더 관심이 많았다." 많은 부자가 이런 식으로 자녀 교육에 투자하지 않았기 때문에 이웃 사람들은 이렇게 투자하는 파트리시우스[Patrick]를 칭찬했다. "하지만 아버지는 내가 교양 있는 화술—비록 나의 교양[culture]이라는 것은 하나님에 의해 교화되지 않은[uncultivated] 사막일 뿐이었지만—을 갖게 되는 한 내가 주님 앞에서 어떤 성품을 기르고 있는지, 혹은 내가 얼마나 순결한지에는 관심이 없었다."[5]

후스토 곤잘레스는 이를 이민자 자녀에게 흔한 경험—대리 만족적이며 강요된 야심—으로 이해한다. "모니카한테서 사회적 메스티사헤

아우구스티누스와 함께 떠나는 여정

mestizaje(원래는 에스파냐인과 아메리카 원주민 사이의 문화적 혼종을 가리킴—역주)의 징후를 확인할 수 있다. '아프리카인들' 중 일부는 로마의 사회적 사다리를 오르려고 노력했으며, 이는 오늘날 이민자들이 자기 조상의 문화적 가치를 고수하면서도 자녀들이 사회적·경제적으로 성공할 가능성을 얻게 하려고 이민한 나라의 언어를 배우고 자신의 문화를 제쳐두도록 강요하는 것과 마찬가지다."[6] 모니카는 호랑이 같은 엄마tiger mom(엄격한 규율과 통제를 통해 자녀들이 좋은 학교 성적을 유지하도록 압박하는 아시아계 미국인 어머니를 가리키는 용어—역주)였다.

하지만 강요된 야심은 다른 곳에서 올 수도 있다. 월리스 스테그너Wallace Stegner는 학자 부부의 평생을 다룬 소설《안전으로 건너가기 Crossing to Safety》에서 저명한 고전학 교수의 딸 채리티가 젊은 영문학 교수인 남편 시드에게 주입하는 야심을 추적한다. 그녀가 보기에 그의 잘못은 종신 재직권보다 문학을 더 사랑하는 것이다. 그들의 친한 친구인 래리와 샐리 모건 부부는 이런 강요된 야심이 시드에게 어떤 영향을 미쳤는지를 설명한다. 샐리는 "그는 언제나 자신을 다른 이들과 비교하거나 다른 이들과 비교를 당해"라고 말한다. "채리티는 가끔 시드를 당신과 비교하는데 그건 공평하지 않아. 당신은 만드는 사람이고, 그는 소비하는 사람, 일종의 감식가잖아."[7] 채리티는 시드에 대한 기대를 분명히 하며 그에게 야심을 이루기 위한 할 일 목록을 주고 여름 동안 브라우닝Browning에 대한 비평을 쓰라고 말하지만, 시드는 그저 시를 쓰고 단테를 원전으로 즐길 수 있을 정도로 이탈리아어를 배우고 싶어 할 뿐이다. 그는 그 말의 가장 참된 의미에서 예술 애호가다. 그는 이런 것들을 **즐기기** 원할 뿐이다. 이전 대화에서 래리는 샐리에게 브라우닝에 관한 시드의 논문이 평범하다고 말한다. "'문제가 뭐야?'라고 샐리가 묻는다.

'특별한 게 없어. 다 일반적이야. 논문에 그의 마음이 담겨 있지 않아. 그녀의 마음만 들어 있어.'"[8]

강요된 야심에 관해 가장 슬픈 사실은, 그럼에도 그것이 우리를 형성한다는 것이다. 우리가 분노한다고 해서 거기에 영향을 받지 않는 것이 아니다. 다른 사람들이 우리 마음의 경로를 설정했다고 해서 우리가 그 길로 달리지 않는 것은 아니다.

원래는 부모가 아들에게 야심을 강요했지만, 결국에는 아들도 그것을 자신의 야심으로 삼게 되었다. "나는 저주받을 만하며 교만한 목적으로, 즉 인간의 허영을 기쁨으로 삼고자 하는 목적으로 탁월한 웅변가가 되고 싶어 했습니다."[9] 20대에 그는 온 힘을 다해 이 목적을 추구한다. 그는 "흔히들 자유 교양이라고 부르는 학문의 선생"이었지만 사실 다른 무언가를 추구했다. "우리는 인기라는 공허한 영광을 추구했고, 풀로 만들었을 뿐인 화관을 얻기 위해 운문 대회에 참가할 때 극장에 모인 청중의 박수갈채를 갈망했다."[10] 우리는 야심을 통해 무엇을 찾고 있는가? 이 야심의 목적지에서 무엇을 발견하기를 기대하는가? 우리 자신의 경험과 마찬가지로, 아우구스티누스의 경험에서 그 답은 복합적이다. 야심과 밀접하게 연결된 희망과 갈망의 다발이 존재하지만, 많은 경우 이 모두는 이기고 주목을 받고자 하는 쌍둥이 욕망, 지배와 주목—왕관을 얻고 우리가 그렇게 하는 것을 사람들이 보는 것—으로 간추려진다.

굶주린 마음의 이 특별한 지형을 그려 내는 아우구스티누스의 지도

아우구스티누스와 함께 떠나는 여정

는 그 어느 때보다 유용한데, 변한 것이 거의 없기 때문이다. 아우구스티누스는 야심에 관해 성찰할 때, 사실 **명성**의 동학을 천착하고 있는 셈이다. 무엇이 이보다 더 동시대적일 수 있겠는가? 우리는 만인이 유명한 시대에 살고 있다. 우리는 불멸의 희망을 삼시간에 유행할 사진 한 장과 맞바꿨다. 인스타그램이 주목을 위한 플랫폼이 아니고 무엇이겠는가? 아케이드 파이어Arcade Fire의 노래 〈물질적인 안락함Creature Comfort〉은 주목에 대한 추구가 '코나투스 에센디conatus essendi', 즉 우리의 존재 이유와 거의 동의어가 된 상황에 대한 오싹한 평가다. 그리고 그것을 가질 수 없다면 우리는 차라리 존재하지 않는 편이 낫다. 우리는…

거울 앞에 서서
반응을 기다리지.
'하나님, 나를 유명하게 만들어 주세요.
그렇지 않다면 그저 죽음이 고통스럽지 않게 해 주세요'라고 말하며.

증상을 묘사하기는 쉽다. 병을 진단하는 것이 어렵다. 중요한 물음은 이것이다. 주목을 원할 때 우리는 무엇을 원하는가? 주목받기라는 이 게임에서 이기기를 갈망할 때 우리는 무엇을 바라는가?

아우구스티누스에 따르면, 이 욕망의 뿌리에 도달하는 유일한 길은 그것을 영적 갈망으로 이해하는 것이다. 그렇기에 무질서한 야심을 일종의 우상숭배로 읽어 낼 때만 그것을 바르게 이해할 수 있다. 우리의 야심이 평화에 이르는 길을 가로막는 장애물, 우리가 찾는 안식과 기쁨을 빼앗는 걸림돌이 된다면, 그것은 우리가 본래 창조된 목적 대신에 다른 무언가를 목적으로 삼았기 때문이다.

우상숭배라는 관점에서 야심을 논하는 목적은 비난하기 위해서가 아니다. 진단하기 위해서다. 우리의 우상숭배는 거짓을 믿겠다는 의식적인 결단보다는 결국 우리를 실망시킬 수밖에 없는 것에 소망을 두고자 하는 습득된 성향에 더 가깝다. 우리의 우상숭배는 지성의 문제가 아니라 정서—무질서한 사랑과 헌신—의 문제다. 우상숭배란 가르침을 통해 배우기보다 정서적으로 습득하는 것이다. 우리는 실천을 통해 우상숭배 안으로 들어가며, 그 안에서 헤엄치는 물을 통해 우상숭배를 흡수한다. 따라서 우상숭배는 우리를 둘러싼 환경의 풍조를 반영하는 경우가 많다. 우상숭배라는 렌즈로 야심을 성찰하는 것은 심판하는 태도로 남들에게 손가락질하는 것이 아니라, 무질서의 신학적·영적 성격을 규명하고자 하는 노력이다. 아우구스티누스는 우리가 이런 물음에 관해 생각해 보기를 원한다. 당신의 야심 안에 더 많은 무언가, 다른 누군가에 대한 욕망이 묻혀 있지는 않을까? 어쩌면 그렇기에 우리는 끊임없이 실망하게 되는 것 아닐까?

아우구스티누스는 우리가 기쁨을 위해 창조되었다고 생각한다. 기쁨이란, 자신 앞에 있는 기쁨을 위하여 우리를 위해 자신을 내어주신 그분께 우리가 우리 자신을 내어드릴 때 발견하는 안식의 다른 이름이다. 절대로 우리를 떠나지도, 버리지도 않으실 삼위일체 하나님 안에서 우리 갈망의 만족을 찾을 때, 절대로 우리를 실망시키지 않으시는 사랑의 하나님, 불멸의 하나님을 우리 기쁨으로 삼을 때, 우리는 참 기쁨을 발견한다. 그것이 바르게 질서 잡힌 사랑이며, 바르게 질서 잡힌 예배다.

그렇다면 우상숭배란 무엇인가? 우상숭배가 단지 진리의 차원에서 그것이 '거짓' 예배이거나 그저 계명 위반이기 때문에 문제인 것은 아니다(물론 둘 다 문제의 일부이기는 하다). 실존적으로 우상숭배의 문제는, 그것이 허무한 활동, 근원적인 불만족과 불행으로 귀결되는 성향이라는 것이다. 말하자면, 우상숭배는 '효과가 없다.' 그래서 쉼이 없는 마음을 만들어 낸다. 우상을 숭배할 때 우리는 이용해야 할 것을 누리려 한다. 우리는 궁극적이지 않은 것을 궁극적인 것으로 취급한다. 사라져 버릴 피조물에 무한하고 영원한 기대를 건다. 피조물을 통해 그것의 **창조주**를 바라보기보다는 **피조물**의 특정한 양상에 만족한다. 아우구스티누스는 여정이라는 은유로 이를 설명한다. 무질서한 사랑은 목적지가 아니라 배와 사랑에 빠지는 것과 같다.[11] 문제는 배가 영원하지 않을 것이며 이내 폐소 공포증을 느끼게 만든다는 것이다. 우리 마음은 건너편 해안을 위해 창조되었다.

우리의 야심이 이를테면 주목이나 지배에 만족할 때—우리의 목표가 주목을 받거나 이기는 것, 혹은 둘 다라고 상상할 때—실제로는 우리의 시야를 **낮추고** 있는 셈이다. 우리의 야심은 세상을 겨냥하며, 사람들이 우리를 바라보는 것에서, 이런 주목 경쟁에서 다른 모든 이들을 이김으로써 성취감을 발견할 것이라고 기대한다.

하지만 무상하게도 그들의 관심이 우리에게서 떠나갈 때 무슨 일이 일어나는가? 당신이 월계관과 메달, 장학금, 승진을 얻은 후에는 무슨 일이 일어나는가? '좋아요'가 얼마나 많아야 충분할까? 팔로워가 얼마나 많아야 당신이 가치 있는 사람으로 느껴질까?

당신이 많은 사람이 아니라 한 분께만, '좋아요'를 받는 게 아니라 사랑받도록 창조된 것은 아닐까? 그렇기에 그 모든 주목으로도 부족했던 것이 아닐까? 혹은 왜 모든 '승리' 이후에, 당신이 성취의 산이라고 여겼던 것 꼭대기에 도착할 때마다 일종의 산후 우울증을 느끼는 것일까? 왜 승리한 다음에도 당신은 그토록 불안하게 느끼는 것일까?

이기기를 원할 때 나는 무엇을 원하는가? 때때로 야심은 단순히 경쟁의 문제일 뿐이다. 그럴 때 야심은 또 다른 형태의 지배욕*libido dominandi*이 되고 만다. 어느 지점에 이르면 달성하고자 하는 바의 구체적인 내용에는 더 이상 관심을 기울이지 않고, 그것을 먼저 하고, 그것을 가장 잘하고, 그것을 하려고 하는 다른 사람들보다 더 잘하는 데에만 관심을 기울인다. 시상대 맨 위에 서거나 임원 사무실에 앉는 것이 당신이 성공했다는 증거가 될 것이다.

그렇지 않겠는가?

벤 쉴라픽Ben Schlappig이라는 항공사 우수 고객 이야기는 이에 관한 경고가 될 수 있다. 벤 워포드Ben Wofford가 〈롤링 스톤*Rolling Stone*〉 지에 기고한 흥미로운 글에 따르면, 당시 25세였던 쉴라픽은 "항공사들을 따돌리는 것을 사명으로 삼고 있는 강박적인 우수 고객들로 이뤄진 엘리트 집단 중에서 가장 큰 스타 중 한 사람이다. 그들은 단 한 가지 목표를 위해 경쟁을 자처한 사람들이다. 그 목표는 적발되지 않고 가능한 한 많이 무료 탑승권을 사용하는 것이다."[12] 쉴라픽은 여행 해킹의 대가다. 그와 같이 마일리지 모으기에 열심인 사람들은 여행 해킹을 그저 "취미"라고 부른다. 워포드는 "그의 팬들은 그저 여행기를 읽는 사람들이 아니다. 그들은 게임을 하는 사람들이며, 쉴라픽은 그들에게 이기는 법을 가르쳐 준다"라고 본다.

시애틀에 있는 아파트 임대 계약이 끝난 2014년 4월에 그는 시애틀-타코마 공항으로 걸어 들어가 워포드의 말처럼 "그 이후로 내려오지 않고 있다." 지난해 "그는 비행기로 65만 킬로미터를 이동했으며, 이는 세계 일주를 열여섯 번 할 수 있는 거리다. 마지막으로 호텔이 아닌 곳에서 잠을 잔 것은 43주 전이었으며, 하루에 평균 여섯 시간을 하늘에서 보내고 있다." 하지만 쉴라픽은 자신이 유목민이라고 생각하지 않는다. "기압을 인위적으로 조정한 기내의 바람 없는 공기를 들이마시는 순간 그는 집에 와 있다고 느낀다."

비행에 대한 그의 열정은 마음의 상처에서 시작되었다. 벤은 만 세 살때 당시 열네 살이었던 큰형을 잃었다. 벤의 형은 거의 항상 자리를 비웠던 아버지를 대신했지만, 이제는 형마저 떠나고 말았다. 벤은 어찌할 바를 몰랐다. 쉬지 않고 소리를 지르는 바람에 결국에는 어린이집에서 쫓겨났다. "벤의 상태가 최악일 때면 바버라[그의 어머니]는 아들을 진정시킬 수 있는 것처럼 보이는 유일한 행동을 했다. 그들은 공항으로 차를 몰고 가서 조용히 앉아 비행기가 이착륙하는 모습을 바라보았다." 그는 하늘 위에서 무엇을 찾으려는 걸까?

쉴라픽은 월가의 헤지 펀드 매니저처럼 투자 수익금을 최대화하기 위해 비행기 마일리지를 현금으로 바꾸는 게임의 대가가 되었다. 그는 탁월한 성과를 냈고 블로그를 통해 많은 팬을 거느리게 되었으며 백만 장자가 되었다. 전 세계에 유명한 쉴라픽은 기내 승무원에게 환대를 받고, 일등석 라운지 직원들에게도 낯익은 사람이 되었다. 하지만 워포드는 뭔가 중요한 것이 빠져 있다고 지적한다. "그의 여행기는 같이 여행하는 사람이 전혀 없는 수많은 사진을 통해 한 가지 주제를 드러낸다. 텅 빈 라운지와 일등석 기내식 메뉴, 수놓은 공단 베개—특급 존재라는 무생물 토템." 하지만 그는 승리했다.

"쉴라픽은 자신의 삶이 이런 식으로 영원히 계속될 수 있다고 거듭 주장한다. 하지만 언젠가는 정착하기 원한다고 솔직히 말하기도 한다."
그는 델리의 인디라 간디 국제공항에서 보았던 장면을 그리워하며 회
상한다. "스무 명쯤 되는 온 가족이 공항에 누군가를 마중 나왔다. 표지
판을 든 사람도 있고, 풍선과 꽃을 든 사람도 있었다. 그 장면이 참 아름
다워 보였다." 하지만 그런 인사는 언제나 **집으로** 돌아오는 사람들을 환
영할 때 나누는 인사다.

　"'세상은 너무나도 크며 나는 계속 여행을 다닐 수 있다'라고 쉴라픽
은 말한다. '동시에 그러다 보면 세상이 너무나도 작다는 것을 깨닫게
된다.' 한참 아무 말도 없던 그는 이렇게 말한다. '나는 내가 가질 수 없
는 것을 원하고 있다. 이런 삶에는 만족스러운 것이 아무것도 없다.…하
지만 나는 내가 꽤나 행복한 사람이라고 생각하고 싶다'라며 그는 빙긋
웃는다. '그 모든 것에도 불구하고.'"

아우구스티누스는 야심 때문에 밀라노로 왔지만, 성공이 그를 불안하게
만들었다. 아우구스티누스 시대의 밀라노는 지금의 밀라노와 그다지 다
르지 않았다. 혹은 런던이나 뉴욕이나 워싱턴 디시와도 다르지 않았다.
우리가 야심의 대상으로 삼는 도시들은 항구적이다. 이런 도시들은 언
제나 남들에게 주목을 받아야 하는 곳이다. 아우구스티누스 시대에는
황제에게 주목을 받고 궁정 안 경쟁자들에게 주목을 받는 것이 목표였
다면, 오늘날의 밀라노도 크게 다르지 않다. 패션과 디자인의 중심지인
그곳은 주목과 시샘을 받도록 사람들을 치장하는 공간이다. 그곳의 패

션 구역은 주목을 끌려는 경쟁이 가장 치열하게 벌어지는 전초 기지다. 도시 중심에 있는 대성당과 경쟁하듯 솟아 있는 피렐리 타워Pirelli Tower는 건축적 야심의 표현이다. 후기산업적 밀라노의 소비주의를 비판하는 피에르 파올로 파졸리니Pier Paolo Pasolini의 예언자적인 영화들은 이 점에서 거의 최신 개정판《고백록》과도 같다. 존 풋은 "대중 계급의 모든 심층적인 문화적 가치는 하나의 모형, 즉 '자유로움'을 핑계로⋯페라리를 소유할 꿈을 꿀지, 포르쉐를 소유할 꿈을 꿀지를 결정하는 것으로 환원되고 말았다"라고 요약한다.[13]

흔히들 말하듯이, 아무리 많이 바뀌어도 본질은 그대로다*plus ça change*. 모든 시대에 밀라노—우리를 바라볼 더 많은 사람을 모으는 갈망의 중심지, 주목을 위한 경쟁 무대가 되는 도시—가 존재한다. 우리가 시골에서 벗어나고 싶어서 안달하고 있다면, 많은 부분에서 이는 우리가 사는 외로운 촌구석에는 우리를 보아 줄 사람이 없기 때문이다.

아우구스티누스는 그런 종류의 야심을 가지고 밀라노로 간다. "나는 영광과 돈, 결혼을 갈망했습니다." 결혼은 돈을 갖기 위한 또 다른 수단이었다. "그리고 주님은 나를 비웃으셨습니다. 이런 야심으로 나는 쓰디쓴 어려움을 겪게 되었습니다. 그것이 주님의 자비였습니다."[14] 어려움은 실패가 아니라 성공으로부터 찾아왔다. 그는 성공하지 못해서 불행한 게 아니었다. 그는 '성공한' 그곳에서 불행했다. 그리고 그는 불행하지 않은 척하는 데 점점 더 능숙해졌다.

그는 가장 고대하던 성취를 이루어 낸 날 자신의 불행함을 분명히 깨닫게 되었다. 바로 그가 황제를 찬양하는 연설을 한 날이었다. 요즘으로 치면, 모든 방송국이 생중계할 만한 그런 대중 연설이었다. 그는 타가스테에서 먼 길을 거쳐 여기까지 왔다. 마침내 성공했다. 그의 어머니는 더할 나위 없이 그를 자랑스러워했을 것이다.

"나는 얼마나 불행했던지요!"라고 그는 회상한다. "행사를 앞두고 느낀 불안감 때문에 심장이 두근두근했습니다." 행사가 시작되기 전 걱정 때문에 땀을 흘리고 배까지 아픈 상태로 밀라노 거리를 걷다가 그는 거리에서 가난한 거지 옆을 지나갔다. "내가 생각하기에 이미 취해 있던 그는 농담하며 웃었습니다." 평생 꿈꾸던 일을 이루게 된 날, 아우구스티누스는 비로소 깨달았다. "그때 나를 걱정시켰던 그런 노력처럼 우리의 모든 몸부림 속에서 야심은 나에게 불행이라는 짐을 질질 끌고 다니고, 그 짐을 끌고 다니면서 그것을 훨씬 더 나쁘게 만들도록 부추겼습니다. 하지만 우리에게는 걱정 없는 즐거움에 도달하는 것 말고 다른 목표가 없었습니다. 그 거지는 우리보다 먼저 그 목표를 이뤘지만, 어쩌면 우리는 결코 그것을 성취하지 못할 것입니다."[15] '실패자'인 거지는 아침부터 웃고 있지만, '성공한' 아우구스티누스는 불안으로 괴로워하고 있다. "그는 아무 걱정이 없었지만 나는 걱정 때문에 제정신이 아니었습니다." 그는 그때를 돌아보면서 우리가 단순함과 즐거움 대신 불안과 두려움을 선택한다는 사실이 재밌다고 말한다. 우리는 마치 광적인 야심이 기쁨을 가져다줄 것이라고 상상하는 것 같다.

아우구스티누스와 그의 친구들은 "이 모든 것과 함께 지옥으로!"라고 생각하곤 했다.[16] 그들 안에는 철학적인 암시가 울려 퍼지고 있었다. 그들은 다른 것들에 관심을 기울이기 시작했다. 박식하며 따뜻한 암브로시우스는 심지어 그들이 기독교를 고려해 보게 했다. 월가나 케이가K Street(워싱턴 디시의 로비스트 사무실 밀집 지역―역주)로 진출할 계획을 세우고 있었지만 온화한 플라톤 학자와 친구가 된 다트머스Dartmouth의 대학생들처럼 그들은 밤마다 모여 다른 것들을 추구하는 삶에 관해 성찰하곤

아우구스티누스와 함께 떠나는 여정

했다. '성공'을 향해 가는 그들의 길에 의심의 씨앗이 뿌려졌다. 다른 종류의 야심이 그들 안에서 끓어오르고 있었다.

하지만 아침이 찾아오면 야심의 옛 습관이 실용주의를 가장해 다시 그들을 사로잡았다. "하지만, 잠깐"이라며 그들은 서로 일깨웠다.

이런 것이 그 자체로는 즐겁습니다. 꽤나 달콤하기도 합니다. 그 방향을 향한 우리의 추구를 갑자기 중단시키지는 않습니다. 다시 그런 방향으로 되돌아간다면 이는 매우 당황스러운 일일 것입니다. 고위 공직에 임명되고자 하는 목표에 이미 얼마나 가까워졌는지 생각해 보십시오. 이 세상에서 그보다 더 많은 것을 바랄 수 있겠습니까? 많은 권력자 친구들이 우리를 후원하고 있습니다. 한 가지를 위해 노력을—큰 노력을—쏟아붓는다면, 우리는 하급 총독직까지도 얻을 수 있을 것입니다.[17]

그때 아우구스티누스는 다른 이들이 야심의 나침반을 실제로 재조정한다는 이야기를 듣는다. 같은 아프리카인이었던 폰티시아누스Ponticianus가 그와 그의 친구들을 방문한다. 폰티시아누스는 그들이 도박할 때 사용하는 탁자 위에서 바울 서신서를 발견한다. 마치 대학 동아리 방 엑스박스Xbox 위에 올려놓은 아우구스티누스의 《고백록》을 보는 것과 비슷했을 것이다. 어쩌면 이 젊은이들은 폰티시아누스가 생각했던 것보다 더 복잡했을지도 모른다. 그래서 그는 자신이 젊은 시절 트리어Trier에서 아우구스티누스나 그의 형제들과 똑같은 야심을 가지고 제국 정부의 특수 부서에서 일하던 때 중대한 경험을 했던 이야기를 그들에게 들려준다.[18] 어느 날 아침 "황제가 원형 경기장 행사 때문에 지체하게 되었을 때"(갑자기 그림자가 드리워진다!) 폰티시아누스와 그의 친구 몇

몇은 성벽 밖으로 산책하러 나갔다. 그들은 둘씩 짝을 지어 움직였는데, 다른 두 사람은 먼 곳으로 가 수도사들이 살고 있던 작고 허름한 집에 이르게 되었다. 허락을 받고 안으로 들어간 폰티시아누스의 친구는 선반을 둘러보다가 아타나시우스<sup>Athanasius</sup>가 쓴 이집트 수도사의 전기《안토니우스의 생애*The Life of Antony*》를 집어 들었다. 그는 즉시 그 책에 빨려 들어갔고 "불이 붙었다."

갑자기 그는 거룩한 사랑과 정신이 번쩍 들게 하는 부끄러움으로 가득 차게 되었습니다. 자신에게 화가 난 그는 친구에게 눈을 돌려 이렇게 말했습니다. "부디 나에게 말해 주게. 이 모든 노력으로 우리는 무엇을 성취하기를 기대하고 있는 것일까? 우리 삶의 목적이 무엇일까? 우리가 국가를 섬기는 동기는 무엇일까? 궁에서 황제의 친구가 되는 것보다 더 높은 직위에 오를 것이라고 기대할 수 있을까? 그리고 그 자리에 올랐을 때 깨지기 쉽고 위험으로 가득 차 있지 않은 것이 무엇일까? 훨씬 더 위험이 큰 직위에 오르기 위해 우리는 얼마나 많은 위험을 감수해야만 하는 걸까? 그리고 우리는 언제 그런 자리에 오를 수 있을까? 하지만 내가 하나님의 친구가 되기를 바란다면, 나는 당장이라도 그렇게 될 수 있을 거라네."[19]

우리 삶의 목적이 무엇일까? 그런 동경을 향해 우리 삶을 겨냥할 때 우리는 무엇을 얻으려고 하는 것일까?

문제는 우리가 삶에서 무언가를 겨냥하는지 여부가 아니다. 우리의 실존은 팽팽하게 당긴 활시위에 걸린 화살과 같다. 어디론가 날아갈 것이다. 마치 그것이 더 덕스러운 것처럼(혹은 가능하기라도 한 것처럼) 야심을

아우구스티누스와 함께 떠나는 여정

억누르는 것, '정착'하는 것에 관한 문제가 아니다. 궁극적으로 우리를 실망시킬 수밖에 없는 무질서한 야심에 대한 대안은 거룩한 무기력이나 경건한 수동성이 아니다. 대안은, 다른 이유로 다른 목적을 갈망하는 재조정된 야심이다.

하나님의 친구가 되기를 갈망하는 삶은 어떤 모습일까? 그런 삶은 어떤 변화를 일으킬까? 이 젊은 구도자는 이미 한 가지 차이를 감지하고 있다. 이것은 안정감, 다른 모든 야심이 초래하는 불안을 벗어난 쉼을 동반하는 유일한 야심이다. 다른 모든 야심은 깨지기 쉽고 위험으로 가득 차 있기 때문이다. 사람들의 주목은 변덕스럽다. 사람들에 대한 지배는 언제나 일시적이다. 영원히 승리할 수는 없다(권투 선수 록키에게 물어보라). 성공은 금세 우리를 쌀쌀맞게 대하는 여신이다. 그러나 하나님과의 사귐을 갈망하는 것은 절대로 잃어버릴 수 없는 무언가를 향한 야심이다. 그것은 당신을 바라보며 당신을 알고 당신을 영원히 사랑할 누군가의 관심을 받는 것이다. 간단히 말해서, 그것은 일시적이며 기분에 좌우되는 변덕스러운 인간의 관심과 반대다. 하나님의 관심은 당신의 공적에 좌우되지 않는다. 과시로 하나님의 시선을 끌려고 노력할 필요가 없다. 그분은 "나 좀 봐! 나 좀 봐 주세요!"라고 소리를 질러야 겨우 관심을 끌 수 있는, 운동 경기에 정신이 팔린 아버지가 아니다. 하나님의 관심은 당신이 쉼을 찾을 수 있는 곳이며, 아우구스티누스가 나중에 말했듯이 "아버지의 무릎에 있을 때" 당신은 다른 누군가의 관심을 받는 것에 관해 걱정할 필요가 없다.[20] 당신은 안식할 수 있다.

안드레 애거시는 감동적인 비망록 《오픈*Open*》(진성북스)의 마지막 부분에서, 2006년 유에스 오픈US Open 대회 당시 프로 선수로서 마지막 경기를 앞두고 있던 한 장면을 회고한다. 그의 이야기는 강요된 야심에 관한 이야기, 자신에게 테니스를 하도록 강요했던 아버지와 평생 멀어지게 된 사연이었다. 그리고 이제 그는 은퇴를 눈앞에 두고 있다.

다음 날 아침 포 시즌스 호텔 로비를 비틀거리며 걸어 나올 때 그늘진 곳에서 한 남자가 나타났다. 그가 내 팔을 잡는다.

"그만둬"라고 그가 말한다.

"뭐라고요?"

아버지, 혹은 아버지의 유령이었다. 아버지는 창백해 보였다. 몇 주 동안 잠을 못 주무신 것처럼 보였다.

"아버지? 무슨 말씀이세요?"

"그만둬. 집으로 가. 넌 해냈어. 이제 다 끝났어."[21]

야심이라는 우리 문화에는 두 단계 속도만 존재한다. 이기든지, 그만두든지다. 하지만 이기고자 하는 야심은 주목받고자 하는 갈망—아버지한테 주목받기를 바라고 그분에게서 "잘했어. 넌 해냈어"라는 말을 듣고자 하는 평생의 막연한 갈망—일지도 모른다.

하지만 그분은 그런 이유로 당신을 사랑하시지 않는다. 당신은 이길 필요가 없지만, 그만둘 필요도 없다. 공로를 쌓으려고 노력하기를 그치고, 그분의 사랑을 얻어 낼 수 있다고 생각하기를 그치기만 하면 된다. 당신은 안식할 수 있지만 그만둘 필요는 없다. 경기하는 이유를 바꾸기만 하면 된다.

물론, 하루아침에 경기를 바꿀 수는 없다. 주목을 추구하는 지배의 습관은 뿌리가 깊으며, 이를 제거하려는 우리의 노력은 성령의 은총이 있을 때조차도 이를 근절하지 못하는 것처럼 보일 때가 많다. 이것은 계속해서 싹을 틔운다.

내가 아우구스티누스를 너무나 사랑하는 이유 중 하나는, 야심과 주목을 받고 칭찬을 받을 때 무럭무럭 자라나는 독특한 교만에 대한 자신의 계속된 투쟁을 솔직하게 털어놓기 때문이다. 이생에서는 재정향된 갈망조차도 야심의 어두운 이면이 언제나 따라다닌다. 후대의 아우구스티누스주의자 블레즈 파스칼은 동일한 종류의 자아에 대한 통찰력을 통해 이렇게 설명한다. "허영은 인간의 마음에 너무나도 깊이 닻을 내리고 있어서 병사와 장교, 요리사, 주방 보조 모두가 무언가를 자랑하고 누군가가 자신을 존경해 주기를 원한다. 철학자들도 마찬가지다. 이런 모습에 반대하는 글을 쓰는 사람도 글을 잘 썼다는 명성을 원하며, 그 글을 읽는 사람도 그 글을 읽어 보았다는 명성을 원하고, 이 글을 쓰고 있는 나도, 이 글을 읽는 사람들도⋯아마도 이런 욕망이 있을 것이다."[22]

감히 《고백록》과 같은 글을 쓸 용기가 있는 사람들은 이런 식의 자신에 대한 의심 때문에 괴로워한다. 그는 이것을 받아들인다. 아우구스티누스는 늘 자기 과시의 위험을 걱정했다.[23] 그렇기에 10장에서 그가 과거로부터 현재로 돌아오는 것이 이상하게도 위로가 된다. 왜냐하면 여기서 아우구스티누스 주교는 계속되는 자신의 투쟁과 유혹에 대해—자신의 사랑이 여전히 가짜 금에 넘어가고, 땅에 있는 목표에 만족하는 자신의 지향성이 여전히 견고하지 못하다고—고백하기 때문이다.

세상에 대한 사랑—"육신의 정욕과 안목의 정욕과 이생의 자랑[아우구스티누스가 사용한 불가타 역에서는 세속적인 야심 *ambitio saeculi* 으로 번역한다]"(요일 2:16)—을 피하라는 요한의 명령에 대해 묵상하면서 아우구스티누스 주교는 자신이 여전히 세 번째 유혹에 빠지는 경향이 있다고 고백한다. "다른 이유가 아니라 바로 기쁨 때문에 사람들에게 두려움이나 사랑의 대상이 되고자 하는 바람은 그런 힘으로부터 나오며, [이제 그가 깨닫게 되었듯이] 그것은 전혀 기쁨이 아니다. 그것은 비참한 삶일 뿐이다." 그런 삶은 당신을 공허하게 만들고, 관심을 사로잡는 겉모습을 유지하기 위해 당신의 에너지를 하나도 남김없이 표면에 쏟아붓게 한다. 이런 우상숭배에 빠져 있을 때 우리는 자신을 우상으로 만드는 경향이 있다. "주님을 위해서가 아니라 주님 대신에 사랑을 받고 두려움의 대상이 되는 것이 우리의 기쁨이 됩니다."²⁴ 다른 이들의 주목이 우리를 행복하게 만들 것이라는 거짓말에 사로잡힐 때조차도 우리는 스스로를 작은 신으로 만든다.

그리스도인이 여전히 이런 유혹에 빠지기 쉽다면, 그 역할상 일종의 홍보가 필수인 사제나 목회자—역할 때문에 자신의 모습을 보여 주어야 하고 자신의 말을 들려주어야 하며 영향력을 행사해야 하는 사람들—는 그런 유혹을 얼마나 더 많이 받겠는가? 하지만 아우구스티누스는 야심의 어두운 면을 피하는 방법이 탁월성이나 공적 영향력으로부터 나오는 권력을 기피하는 것이기라도 한 것처럼 이런 유혹을 피하기 위해 스스로 지도자의 위치에서 물러나는 손쉬운 방법을 택하려고 하지 않는다. "우리가 인간 사회에서 어떤 직위를 가지고 있다면, 우리는 사람들에게 사랑을 받고 두려움의 대상이 되어야만 한다." 유혹을 피하고자 직위를 포기한다면 이는 그 자체로 무책임의 죄이며 요나처럼 하나님의 부르심을 피하려는 것과 다름없다. 묘수는, 탁월하다고 칭찬받는 것이 당신의 야심의 최우선 목표가 되지 않게 하면서 직위를 갈망하고, 그 직위를 수행함에 있어서 탁월성을 갈망하는 것이라고 아우구스티누스는 지적한다. 그는 "우리의 영광이 되소서. 우리가 사랑받는 것이 주님을 위한 것이 되게 하소서"라고 기도한다. 그리고 우리 삶에 대한 하나님의 부르심을 탁월하게 추구하여 사람들에게 칭찬을 받게 된다면 그조차도 선물로 받아들이는 법을 배우자. "존경이 좋은 삶과 좋은 행동의 일반적이며 적합한 부산물이라면, 그것을 만들어 낸 좋은 삶을 거부하지 말아야 하듯이 그런 존경도 거부하지 말아야 한다."[25]

아우구스티누스의 영적 현실주의가 여기서도 작동한다. 존경받는 주교인 그는 자신이 칭찬과 사랑에 여전히 사족을 못 쓰는 사람이라고 인정한다. 그조차도 자신이 올바른 이유로 올바른 일을 하고 있는지 항상 확신하지는 못한다. 혹은 달리 말하면, 그는 동시에 두 가지 이유로 무언가를 할 때가 많다고 확신한다. 그에게 "당신은 이것을 하나님을 위해서 하고 있습니까? 아니면, 당신의 허영을 위해서 하고 있습니까?"라고 묻는다면 아우구스티누스는 정직하게 "그렇습니다"라고 답할 것이다. 실제로, 그는 계속해서 자신에게 이렇게 묻는 것처럼 보인다. "왜 나는 지금 이 《고백록》을 쓰고 있는 걸까? 나는 무엇을 바라고 있는 것일까? 나는 누구에게 주목을 받으려고 하는 걸까?" 그가 지금 살아 있다면, 그는 많은 시간을 들여 곧 나올 겸손에 관한 자신의 책에 관해 인스타그램에 게시물을 올리고 있다고 기꺼이 인정할 것이다. 하지만 그는 자신의 순수함을 확신해서가 아니라 그의 동기에도 불구하고 그가 하는 최선의 노력을 사용하시는 하나님의 은총을 확신하기 때문에 그런 위험을 무릅쓸 것이다.

하나님의 사랑 안에 안식한다고 해서 야심을 억누르지는 못한다. 하지만 다른 불이 우리의 야심을 타오르게 한다. 나는 하나님이 나를 사랑하시게 만들려고 노력할 필요가 없다. 오히려 하나님이 나를 무조건 사랑하시기 때문에 자유롭게 위험을 무릅쓰고 깊은 곳으로 뛰어들 수 있다. 해방되어 감사함으로 나의 은사를 사용하기를 갈망할 수 있고 세상을 위해 하나님의 선교에 동참할 수 있다. 하나님에 의해 발견되었을 때 당신은 마음껏 실패해도 된다.

# 6. 섹스: 관계 맺는 법

## 친밀함을 갈망할 때 나는 무엇을 원하는가?

유명한(악명 높은?) 프랑스 철학자 자크 데리다가 자기 집 거실에 앉아 있다. 데리다의 집이 있는 파리 교외의 리소랑지스^Ris-Orangis^에 저녁이 찾아왔다. 그는 피곤해 보이지만 인내심 있게 집중하고 있다. 기록 영화 〈데리다^Derrida^〉의 제작자이자 감독인 에이미 지어링 코프먼^Amy Ziering Kofman^이 그에게 이렇게 묻는다. "철학자—하이데거나 칸트나 헤겔—에 관한 기록 영화를 볼 수 있다면, 영화에서 어떤 내용을 보고 싶나요?"

데리다는 한참을 곰곰이 생각하더니 이렇게 짧고 단호하게 말한다. "성생활이요."

코프먼은 물론 당황했고, 데리다는 이렇게 설명한다. "그들은 성생활에 관해서는 이야기하지 않으니까요. 나는 그들이 이야기하지 않는 문제에 관해서 듣고 싶어요. 왜 철학자들은 자기 글에서 자신을 무성의 존재로 제시할까요? 왜 글에서 사적인 삶을 지워 버렸을까요?" 그의 관심은 외설과는 거리가 멀다("헤겔이나 하이데거에 관한 포르노 영화를 만들어야 한다는 얘기가 아닙니다"라고 그는 해명한다). 그것은 사랑의 문제다. "한 사람의 사적인 삶에서 사랑보다 더 중요한 것은 없으니까요.…나는 그들이 자기 삶에서 사랑이 어떤 역할을 했는지 이야기해 주었으면 좋겠어요."

아우구스티누스보다 더 대담하게, 더 상처받기 쉬운 방식으로, 더 솔직하게 그런 이야기를 한 철학자가 있을까? 그는 자신이 과거에 한 철없는 행동을 이야기할 뿐만 아니라 계속 몽정을 한다고 인정하는 주교이기도 하다.[1] 그리고 아우구스티누스는 데리다의 가설을 확증하면서 자신의 성생활은 비록 무질서하기는 했지만 결국은 **사랑**의 문제와 직결된다고 결론 내린다. "기쁨에 대한 나의 추구를 지배한 단 하나의 욕망은 그저 사랑하고 사랑받고자 하는 욕망이었다."[2] 여기에서는 넌지시 완곡어법을 사용하고 있으며, (비록 프로이트보다 1,500년 정도 앞서기는 하지만) 어쩌면 어느 정도의 승화—우디 앨런의 영화에서 자주 볼 수 있는 능숙한 굴절—를 확인할 수 있을지도 모른다. 데리다는 자신의 성생활에 관해 기꺼이 이야기할 철학자를 찾고 있었지만, 그는 아우구스티누스가 그런 이야기를 너무 많이 했다고 불평했을지도 모른다. 더 많은 것을 상상에 맡겨 둘 수도 있었을 텐데 말이다.[3]

하지만 이른바 원죄의 '고안자'이자 독신인 잔소리꾼, 고대의 여성 혐오자에게서 섹스에 관해 무엇을 배울 수 있을까?[4] 억압에서 해방된 우리가 수도사에게서 과연 무엇을 배울 수 있을까?

솔직히 말해서, 이 문제에 관해 아우구스티누스와 함께 여행하는 것은 당신이 거의 알지 못하는 큰할아버지와 함께 당신의 조부모가 사는 시골집으로 여행하는 어색한 경험과 비슷하다. 한 시간 동안 함께 차를 타고 간 후에 당신은 그가 당신으로서는 도저히 이해할 수 없고, 심지어는 혐오스럽게 느껴지는 견해를 가지고 있음을 깨닫는다. 그는 당신이 사는 세상과 전혀 상관이 없어 보인다. 하지만 네 시간쯤 지났을 때 그는 당신이 한 번도 생각해 보지 않았던 통찰을 무심코 던진다. 그 통찰은 설명할 수 없는 방식으로 당신의 세상을 기울이며, 당신이 문제를 재고하고 있다는 사실 자체를 못마땅하게 만든다. 그의 진부한 은유는 무언가 으스스한 진실을 담고 있다. 당신의 실존을 움직인다. 당신은 그 역시 한때는 젊었으며 그의 세상도 당신의 세상과 그다지 다르지 않다는 것을 깨닫는다. 여섯 시간쯤 지나 그가 다 잘못 이해하고 있다고 확신한 채 큰소리로 논쟁을 한 후에, 그럼에도 당신은 그의 조언을 통해 그가 실망에 관해, 실망 때문에 느끼는 행복에 관해 중요한 진리를 알고 있다고 인정하기 시작한다. 여름의 석양이 내려앉는 시골집에 도착했을 때 당신의 대가족은 호숫가 주변 야외 의자에 모여 앉아 깔깔거리고 있다. 당신은 그저 차를 태워 준 것 이상으로 많은 부분에 대해 큰할아버지께 고마워한다.

나 역시 이 문제에 관해 아우구스티누스에게 동의하지 않고 실망을 느끼는 부분이 있다. 우리의 근본적인 차이—그리고 아우구스티누스와 함께 여행한다는 것이 언제나 그와 같은 생각을 하는 것이 아닌 이유—가 전면에 부각된 순간을 아직도 기억하고 있다. 빌라노바대학교에서 박사 과정 학생으로 하이데거가 아우구스티누스에게 진 빚을 연구하면서, 나는 당시 로마의 아우구스티누스 교부학 연구소Augustinianum 학장이었던 사제이자 아우구스티누스 학자인 로버트 도다로Robert Dodaro 신부한테서 배울 기회가 있었다. 도다로 신부는 빌라노바에서 여름 동안 강의했으며, 그때 나는 아우구스티누스에 관한 교부학 연구 자료를 집중적으로 공부할 수 있었다. 나에게 아우구스티누스의 논문뿐 아니라 설교와 편지도 읽으라고 가르쳐 준 사람이 바로 도다로 신부였다. 그래서 논문 학기를 준비하면서 나는 가족과 함께 1년 동안 로마에 머물며 아우구스티누스 연구소에서 공부할 계획을 세웠다. 장학금 지원과 세부적인 준비를 시작했다. 필라델피아 남부에 있는 이탈리아 대사관에 방문했을 때 깜짝 놀랐던 것이 아직도 기억난다. 모든 직원이 두꺼운 방탄유리 안에 들어가 있는 모습이 마틴 스코세이지Martin Scorsese 영화의 한 장면을 떠올리게 했다. 형식적인 행정 절차가 얼마나 복잡했던지 거기서 거의 포기할 뻔했다.

하지만 또 다른 놀라운 사건 때문에 계획이 어그러지게 된다. 아내가 퇴근하고 집에 와서 "나 임신했어요"라고 말한 그날 오후를 나는 아직도 기억하고 있다. 넷째를 갖게 되었으니, 로마행은 불가능하다는 것을 둘 다 직감했다. 하지만 우리 둘은 괜찮다고 생각했고, 점점 성장하고 있던 우리 가정이 예상치 못하게 확장되는 것에 감사하고 들뜬 마음이었다.

그해 봄, 도다로 신부는 빌라노바에서 열린 학회에 참석하기 위해 다시 필라델피아를 찾았고, 나는 그를 만나 직접 소식을 전할 수 있었다. 나는 변명하는 말투로 넷째를 가진 것을 이제 막 알게 되어서 아우구스티누스 연구소에 갈 수 없게 되었다고 말했다. 씩 웃기는 했지만, 그의 눈이 휘둥그레졌던 것을 기억하고 있다. 그의 웃음에는 상황에 대한 평가가 담겨 있었다. 두 세계, 곧 독신의 아우구스티누스 학자와 '다산의' 젊은 개신교인의 세계가 충돌하고 있었다. 마치 내가 아우구스티누스가 옳다는 것을 증명하고 있는 것 같았다. 성과 결혼과 '세상 일'은 우리가 더 높은 선에 집중하지 못하게 한다. 아내와 나의 육체적 쾌락에 대한 사랑, 서로에 대한 사랑이 정신의 일에 집중할 기회를 훔치고 있었다.

나는 전혀 후회하지 않았다. 열등감도 느끼지 않았다. 나는 부르심에 응답했으며, 예상하지 못한 아이들의 외침에 귀 기울이라고 나에게 가르쳐 준 사람은 바로 아우구스티누스였다.[5]

때로는 아우구스티누스한테서 배운다는 것이 아우구스티누스를 해체하는 것을 뜻한다. 내가 용기를 내어 그의 실수를 지적할 수 있을 정도로 우리는 오랫동안 함께 길을 걷고 있다. 하지만 그 먼 길을 걸으면서 나는 이 독신의 성인이 섹스에 관해 나에게 많은 것을 가르쳐 주었다는 것에 여전히 감사한 마음이다.

섹스하고 싶을 때 우리는 무엇을 원하는가? 더 노골적으로 묻자면, 행복이란 가능한 한 섹스를 많이 하는 것과 같다고 상상할 때 우리는 무엇을 기대하는가? 성취가 오르가슴의 증가처럼 보인다고 말하는 지배적 서사를 믿을 때 우리는 어떤 이야기를 받아들이는 것일까? 그런 이야기 안에서 살아가는 것은 어떤 느낌일까?

성적 갈망은 자연스럽게 찾아오며 그 안에 복합적인 욕망이 내재해 있다. 우리는 사랑하는 사람과 사랑받는 사람의 경계가 흐릿해지는 친밀함을 갈구한다. 우리는 자신을 내어주고, 얽히고 포개진 사지 안에서 자신을 잃어버리고, 이를테면 우리 사랑을 방언으로 말하고 싶어 한다.[6] 동시에 그것은 만족을 갈구하는 굶주림이다. 우리의 자아는 우리의 평범한 삶에서 휴면 중인 말초신경의 자극을 추구할 때 가장 자기중심적이다. 우리가 나머지 시간을 보내는 단조로운 일상에 불꽃을 쏟아부어 줄 것이라고 기대하는 해방과 예외, 폭발을 갈망한다. 섹스는 상처받기 쉬움과 자기주장, 자신을 내어주는 것과 더 많은 것을 원하는 것의 역설적 결합이다.

마다우로스에 온 젊은 학생 아우구스티누스는 마치 자신의 몸이 이미 알고 있는 가능성들의 소문을 들은 것처럼 이 모든 것을 누리게 되리라고 생각했다. 청소년기에 흔히 그렇듯이 섹스의 유혹은 알지 못하는 것, 신비로운 것이라는 분위기로 둘러싸여 있으며, 그렇기에 우리는 그 안에 더 많은 소망과 기대를 쏟아붓는다. 말하자면 그런 굶주림이 물 안에 있었고, 그는 다른 모든 사람과 마찬가지로 그 안에서 헤엄쳤다. 따라서 "사춘기의 끓어오르는 충동"이 모습을 드러내는 것은 결코 놀라운 일이 아니었다.[7] 그가 나중에 "광적인 정욕"이라고 묘사한 것이 그를 사로잡았다. "내가 완전히 항복한 후 그것이 나를 지배하게 되었다."[8] 마찬가지로 그의 가족이 마침내 자금을 모아 그를 카르타고에 있는 대학으로 보냈을 때, "내 주위에 불법적인 사랑의 도가니가 끓어오르고 있었으며" 아우구스티누스는 그것을 기꺼이 들이마시려고 했다. 그는 "나는 사랑과 사랑에 빠졌다"라고 회상한다.[9] 그때를 회고하면서 그는 그 배후의 굶주림, 특정한 종류의 결핍에서 기인한 굶주림이 있다고 말한다. 초월적인 것, 찬란한 것, 신비로운 것에 대한 영혼에 내재한 굶주림이 관능적인 것, 육체적인 것, 반향하는 절정의 떨림으로 굴절되었다. 자신을 내어주고자 하는 타고난 욕망이 있지만, 자신의 몸을 포기하는 것에 만족한다. 그는 무한한 아름다움Beauty을 무시한 채 유한한 아름다움을 더 열렬히 추구했다. 그는 우주와 오르가슴을 맞바꾸었다.

그는 레슬리 제이미슨의 말처럼 "선택지의 축소"에도 불구하고 기대치가 확대되는 현상을 경험했다. 이를 통해 그의 실망과 기진맥진함을 이해할 수 있다. 성적 갈망의 만족은 사실 더 근본적이며 초월적인 갈망을 외면하기 위한 수단이었기 때문에, 그는 언제나 너무 많은 것을 기대하며, 섹스가 절대로 줄 수 없는 것을 섹스에 요구했다. 따라서 아우구

아우구스티누스와 함께 떠나는 여정

스티누스가 사춘기에 접어들었을 때 섹스가 지니고 있던 신비와 비길 데 없는 기쁨이라는 매력은 여러 해가 지나 실망 단계를 거친 후에는 다르게 보이기 시작했다. 성적 방종은 그 약속을 지키지 못했다.

이것은 존 휴즈John Hughes의 영화에 등장할 법한 괴짜 숫총각이 난봉 꾼에게 섹스가 그렇게 중요하지는 않다고 말하는 것처럼, 고지식한 사람이 완고한 태도로 내린 결론, 아무 경험도 없는 독신 남자의 희망 사항이 아니다. 그와 반대로 아우구스티누스는 흔히들 말하듯이 "경험에서" 말한다. 성적 방종이 만연한 오늘날의 문화("그의 문화처럼"이라는 말을 덧붙일 수도 있겠다)에서는 귀에 거슬리는 소리겠지만, 그의 결론은 성적 추구에서 무언가 더 많은 것을 찾으려고 한 다른 사람들도 비슷하게 지적하는 바다. 실제로 아우구스티누스와 러슬 브랜드Russell Brand 같은 현대인 사이에는 놀라울 정도로 비슷한 점이 존재한다. 바람둥이로 얻은 유명세를 이용해 더 유명해진 브랜드는 삶의 다른 중독들로부터 자유로워진 후 자신의 성적 욕구를 새롭게 바라보게 되었다. 브랜드는 팟캐스트에 출연해 조 로건Joe Rogan과 나눈 대화에서 자신이 방탕한 생활을 통해 무엇을 찾고 있었는지에 관해 이렇게 말한다. "성적 방종이 주는 큰 선물은, 당신이 그 모든 낯선 사람들과 친밀함을 경험하게 되고 그것이 흥미진진해 보인다는 것이다. 그리고 언제나 나의 성적인 관계는 지배의 관계라기보다는 예배의 관계였다. 나는 숭배하고, 숭배한다."[10] 성적 욕망의 예전적 양상을 바라보는 이런 인식에 대해 아우구스티누스는 놀라워하지 않았을 것이다. 하지만 브랜드가 계속해서 묻듯이, 이런 관계에서 나는 누구를 예배하고 있는가? 나는 무엇에게 자신을 내어주고 있는가? 이것은 헌신인가? 아니면, 희생인가?

브랜드는 이런 추구 가운데 경험한 고립에 대해 고백한다. 당신은

"이 모든 경험과 만남을" 얻지만 "그 안에서 결코 무시할 수 없는 외로움을 계속해서 느끼게 된다"라고 그는 말한다. 무시할 수 없는 것을 더는 무시할 수 없게 되었을 때 그는 자신이 이를 통해 얻은 바를 정직하게 평가하기 시작한다.

당신의 문화가 당신이 가져야 한다고 말하는 바를 갖게 될 때, 당신이 그것을 경험할 때, 이제 당신은 당근을 그만 쫓아갈 수 있다는 것을 알게 된다. 당신은 그것을 한입 먹어 본 다음 "잠깐만, 이건 터무니없는 거짓말이잖아"라고 말할 것이기 때문이다. 이것은 배우기 어려운 교훈인데, 그 마지막에 오르가슴을 느끼게 하는 모든 것은 어느 정도의 쾌락을 제공하기 때문이다. 하지만 한참이 지나서 내가 치러야 하는 정서적 비용, 다른 사람들이 치러야 하는 영적 비용, 그로 인해서 내가 아버지가 되지 못하고, 남편이 되지 못하고, 정착하지 못하고, 뿌리를 내리지 못하고, 온전한 사람이 되지 못하고, 남자가 되지 못하고, 인간관계를 맺지 못한다는 사실을 깨닫게 되었다. 이를 파악하는 데 한참이 걸렸다. 나는 많은 사람이 그런 경향에서 탈피할 기회를 얻지 못하고 있다고 생각한다. 내가 헤로인 중독자가 된 후 "잠깐만, 너 그걸 다시 하고 있는 거야"라고 자신에게 말하지 않았다면 나는 결코 이를 깨닫지 못했을 것이다. 유명세도, 인기도 마찬가지다.…말하자면 나에게는 견본이 있고 직접 경험해 보았기 때문에 "오, 이건 중독이야. 넌 이것이 너를 더 기분 좋게 만들어 줄 거라고 기대하는구나"라고 말할 수 있게 되었다.

모든 중독과 마찬가지로 성적 방종은 우리가 그것에게 요구하는 바를 제공해 주지 못한다.

고통을 통해 우리 몸은 우리에게 멈추라고, 속도를 늦추라고, 문제에 관심을 기울이라고 말한다. 좌절과 슬픔과 비통함은 순리를 거스르는 삶의 고통이다. 우리가 고통을 부인하고, 설명과 합리화로 그것을 감추고, 더 시끄러운 음악과 더 많은 파트너로 그 소리가 들리지 않게 할 수 있다는 사실은, 슬프지만 동시에 그렇게 할 수 있는 능력이 악마적으로 독창적이기도 함을 의미한다. 우리는 시치미 떼기 대가다. 스스로 행복하다고 설득하기 위해 거의 모든 것을 쾌락인 것처럼 생각할 수 있다. 우리는 그런 척하는 데 정말 탁월하다.

사회가 우리에게 고통이 쾌락이라고, 우리가 느끼는 실망이 행복이라고, 우리가 꿈꾸던 삶을 살고 있다고 말할 때 이러한 자기기만의 초능력은 한층 더 강해진다. 비록 그것이 우리를 죽이고, 우리를 고립시키고, 우리를 그 어느 때보다 더 외롭게 만들지만, 우리 모두가 공모한 거짓말이다. 우리는 그저 이 거짓말을 받아들일 뿐 아니라 전파하고 있다.

에이치비오<sup>HBO</sup> 드라마 〈석세션<sup>Succession</sup>〉의 한 에피소드가 이러한 동학을 잘 보여 준다. 이야기는 남을 잘 용서할 줄 모르는 비정한 가부장 로건 로이가 지배하는 머독<sup>Murdoch</sup>과 비슷한 미디어 제국의 셰익스피어식 가족 드라마를 중심으로 펼쳐진다. (매튜 맥패디언<sup>Matthew Macfadyen</sup>이 탁월하게 연기한) 톰 웜스건스는 이 집안에서 외부자 중 한 사람이다. 중서부 출신으로, 로건의 딸 시오반('쉬브')과 사랑에 빠지게 된 톰은 계속해서 소외당한다. 그는 인정받아 이 가족 기업의 사다리를 오르려고 노력하지만, 사다리의 다음 단계를 붙잡으려고 할 때마다 쉬브의 오빠들에게 짓

밝힐 뿐이다. 하지만 그는 쉬브에게 헌신적이며 그를 설득해 결혼에 성공한다.

그의 총각 파티는 클럽의 화려하고 매혹적인 불빛에도 불구하고 슬프고 어두운 사건이 되고 만다. 톰에게 전혀 관심이 없는 로먼 로이는 행사에 관한 예약을 주도하며, 그 대부분을 거래를 위한 수단으로 삼는다. 최근에 전해지는 실리콘 밸리 이야기와 비슷하게 등장인물들은 뉴욕의 지하세계를 통해 회원제 섹스 클럽으로 들어간다.[11] 총각 파티 의례를 새로운 차원으로 끌어올린 이 클럽은 모든 남자의 꿈을 실현할 수 있는 욕망의 디즈니랜드다. 당신은 톰이 이 이야기를 받아들이고 이 꿈을 자신의 꿈으로 삼도록 자신을 설득하려고 하고 있음을 알아차릴 수 있다. 그는 '이것이 모두가 꿈꾸는 바라면, 나를 보라. 나는 세상에서 가장 운이 좋은 남자가 아닌가!'라고 자신에게 말한다. 하지만 당신은 그의 말을 믿지 않으며, 비록 반복적으로 큰소리로 자신에게 그렇게 말하지만 그 자신도 그 말을 믿지 않는다는 것을 알 수 있다. 시오반에게 끊임없이 전화를 걸어 그녀를 안심시키고 그녀를 원하고 그녀의 목소리를 듣고 싶어 할 뿐이다. 그녀가 그가 무엇을 **할 수 없는지**를 말해 주기를 간절히 바랄 뿐이다. 왜냐하면 사실 자신도 그렇게 하고 싶지 않기 때문이다.[12] 하지만 쉬브는 허락해 줄 뿐이다. 총각 파티 의례는 더할 나위 없이 신성하며, 의례를 위한 송아지를 죽여 쾌락의 신에게 바쳐야 한다.

마침내 그가 방탕한 향락에 굴복해야겠다고 느낄 때 그는 곧 사촌이 될 사람에게 돌아가 방금 자신이 한 역겨운 성행위를 묘사하며 계속해서 모두에게 설득력이 없는 태도로 "너무 짜릿했어"라고 말한다. 이튿날 아침 쉬브를 만났을 때 그는 자신이 지난밤 사용한 그 입으로 그녀와 입을 맞추며 당혹스러워한다.

아우구스티누스는 자신의 쾌락에 수반된 고통이 존재했으며, 오랫동안 이를 무시했다고 말한다. 하지만 그는 과거를 돌아보며 "주님은 언제나 나와 함께 계셨고, 자비롭게 나를 벌하시고 나의 모든 잘못된 쾌락에 쓴맛이 나게 하셨습니다"라고 말한다.[13] 그런 고통에 귀를 기울이게 되는 것은 마치 첫 번째 계시, 그가 브랜드처럼 "잠깐만, 이건 터무니없는 거짓말이잖아"라고 말할 수 있도록 허락하는 가벼운 자극과 같았다.

아우구스티누스는 우리가 속아 넘어간 이야기를 의심의 눈으로 바라보게 해 주는 낯설고 새로운 렌즈를 제공한다. 그것은 중독에 관한 브랜드의 설명과 비슷하지만, 훨씬 더 깊이 파고들어 간 영적 진단이다. 그저 내가 중독에 빠졌으니 치료가 필요하다거나 행복을 이루기 위해 외부의 자극에 지나치게 의존하고 있다는 (따라서 수확체감의 법칙에 따라 실망할 수밖에 없다는) 말이 아니다.[14] 다 맞는 말일 수도 있지만, 내 갈망의 충족 불가능성이 단순한 결함이 아니라 특별한 신호—내가 무한한 무언가를 고대하고 있다는 신호—임을 파악하지 못한다면 여전히 실제로 일어나고 있는 일에 대한 부적합한 진단일 뿐이다. 더 많은 것을 원하는 것이 문제가 아니라, 그것을 잘못된 곳에서 찾고 있다는 것이 문제다.

아우구스티누스는 우상숭배라는 렌즈로 우리의 성적 방종을 바라보라고 권한다. 이는 성적 방종을 수치로 환원하기 위해서가 아니라, 갈망의 깊이와 그 무질서의 의미를 깨닫게 하기 위해서다. 문제는 섹스가 아니라, 내가 섹스에서 무엇을 기대하느냐다. 성적 방종의 문제는 (단지) 그것이 법을 위반하거나 다른 사람을 씹다가 뱉는 행동이기 때문이 아니다. 문제는 그것이 나를 공허하게 만들고, 도착적인 방식으로 영혼의 갈망을 충족하기 위해 나를 신체 기관과 분비샘으로 환원시킨다는 사실에 그치지 않는다. 성적 방종의 근원적인 문제는 그것이 효과가 없으며 실패할 수밖에 없다는 것이다. "당신은 여기서부터 거기까지 갈 수가 없어요." 아우구스티누스는 마침내 정절의 여인Lady Continence이 자신에게 이렇게 말하는 것을 들었다. 그리고 그 시점에 이르면 오랫동안 자신에게 "너무 짜릿해"라고 말해 온 아우구스티누스도 그 말을 들을 준비가 되어 있었다. 그의 생식 기관의 끊임없는 아우성과 옛 습관의 지속적인 자극도 "이제는 그 문제를 건성으로만 건드릴 뿐이었다." 그런 열정의 소리가 충분히 작아져서 그가 또 다른 목소리를 들을 수 있게 되었다. 그것은 "위엄 있으며 정숙한 정절의 여인"의 목소리였으며, "평온하며 교태 없이 쾌활한" 그는 "주저하지 말고 오라고 고결한 방식으로 나를 유인했다."[15] 무언가를 뒤쫓는 삶에 기진맥진한 아우구스티누스는 자신의 사랑을 다른 방향으로 이끄는 유혹에 쉽게 넘어갔다. 구속은 그가 몰두했던 광적인 추구로부터의 해방처럼 보였다. 덧없는 것을 마음껏 즐기려고 했던 영혼의 갈망이 마침내 영원한 것으로 충족될 수 있게 된다면 그는 더 이상 기대했던 바에 관해 실망하지 않아도 될 것이다. 그는 정절의 구애를 받고 있었다.

하지만 성적 방종은 섹스와 동의어가 아니다. 다른 모든 것처럼, 피조물의 선함을 바르게 누릴 때 그것은 선물이 된다. 유한한 피조물의 어떤 양상이 무한한 것에 대한 굶주림을 충족해 주리라고 기대하기를 그칠 때 나는 피조물을 거부하거나 혐오할 필요가 없다. 그와 반대로, 어떤 의미에서 나는 그것을 선물로, 즉 그것을 만드신 창조주를 누리기

아우구스티누스와 함께 떠나는 여정

Enjoy(대문자 E) 위한 한 가지 방법으로서 누릴enjoy(소문자 e) 수 있는 무언가로 되찾게 된다. 내가 더는 피조물에 지나친 기대를 품지 않을 때 그것은 내가 빈손으로, 가볍지만 감사한 마음으로 붙잡을 수 있는 무언가가 된다.

아우구스티누스가 과잉 교정의 태도를 보인다면, 이는 그의 악마들이 그로 하여금 성적 방종과 섹스를 혼동하도록 부추겼기 때문이다. 그 결과가 자신의 회심을 독신으로의 부르심에 대한 응답과 동일시하는 경향이다. 정원에서 시작된 실존적인 갈등은 그가 남은 평생 독신으로 살 것인지, 그렇게 살 수 있는지의 문제가 되고 말았다. 말하자면, 정절의 여인은 예수님이 하신 말씀보다 더 많은 것을 말했다. 은총의 주입은 '도약'하기 위해 그에게 필요한 선물이었다.[16]

육신의 옛 습관을 극복했을지는 모르지만, 마음의 옛 습관은 여전히 남아 있었다. 때로는 아우구스티누스가 칭송하는 건강한 성에 대한 전망—독신을 최고로 여기는—은 그저 성적 방종을 거꾸로 뒤집은 것처럼 보일 뿐이며, 그가 선한 창조의 순리를 따르는 성적 갈망을 상상하지 못했음을 보여 준다. (이러한 독신의 특권화는 개신교 종교개혁이라고 불리는 후대의 아우구스티누스주의적 갱신 운동이 이 문제를 재고하고자 할 때 개혁의 일차적인 목표가 될 것이다.)[17]

섹스와 죄의 동일시는 어떤 면에서 이해할 만하다. 부분적으로는 그의 악마들 때문이었고, 부분적으로는 그 시대에 여전히 유행하던 몸을 평가절하하는 플라톤주의—카일 하퍼Kyle Harper가 "고대 후기의 놀라운 특징이었던 야심적인 금욕의 실험"으로서 "사막에서 시작된 후 지중해 전역에 퍼진" 운동으로 묘사한 것—때문이었다.[18] 물론 이것은 성경을 붙잡고 정직하게 씨름한 결과이기도 하다. 결혼하지 않으신 예수님의 본보기도 있으며, 고린도전서 7장에서 사도 바울은 동정과 독신 생활의 특권에 관해 이야기하기 때문이다. 아우구스티누스는 고린도서를 해석하면서 전략적인 **종말론적** 우선성—"그때가 단축하여진 고로"(고전 7:29)—이었던 것을 생물학적 경멸의 태도로 가득 찬 형이상학적 위계질서로 전환했다. 그 결과 그는 에덴동산에서 어떻게 생식이 이뤄졌는지에 관한 이상한 뒷이야기—열정 없는 생식, 발기 없는 성관계, 악수와 같은 생식기의 결합—를 만들어 낸다. 그는 신체 기관이 욕망이라는 혼란 없이 그저 의지에 복종할 것이라고 상상한다.[19] 하지만 이는 피조물 됨 자체를 악마화하는 결과를 낳고 만다. 초기 글에서 결혼의 선을 옹호할 때조차도 아우구스티누스가 추천하는 삶은 수도원의 축소판처럼 보인다. 실제로 후기의 논쟁에서 그는 율리아누스가 부부들에게 "욕망에 사로잡힐 때마다 밤이 오기를 기다리지도 않고 침대로 뛰어들도록" 부추긴다고 비난한다.[20] 질서 잡힌 성적 욕망에 대한 아우구스티누스의 전망에서는 오후의 기쁨이란 존재하지 않는다.

아우구스티누스는 자신이 성적 충동 앞에서 가장 절제하지 못한다고 느꼈기 때문에, 또한 그가 금단 현상을 극복하고 성적 방종으로부터 회복되었기 때문에 그 당시 점점 더 정통으로 자리 잡고 있던 입장을 반영하는 양자택일의 접근 방식—이 전망은 개신교 종교개혁이 시작될 때까지 거의 이의 제기 없이 그대로 유지된다—을 채택한다. 하지만 우리는 이에 관해 이의를 제기하면서도 여전히 그에게서 많은 것을 배울 수 있다. 독신에 관한 의견차 때문에 정절에 관한 아우구스티누스의 도발적인 설명에 담긴 지혜를 배울 기회를 차단하지는 말라. 이것이야말로 우리가 들어야 할 섹스에 관한 독특한 가르침일지도 모른다.

아우구스티누스가 제시하는 것은 초연함의 태도—성욕의 힘을 인정하면서도 그것이 그 누구도 **규정하지** 못하게 하려는 태도―다.[21] "정절"―아우구스티누스가 사용한 라틴어 단어로서 사라 루덴<sup>Sarah Ruden</sup>은 "자기 절제"로 번역한다―은 독신자만을 위한 것이 아니다. 사실 정절은 그저 섹스에 관한 문제만도 아니다. 정절은 분산하기보다는 한데 묶고, 수많은 굶주린 추구 안에 자신을 해체하기보다는 중심을 잡아야 한다는 일반적인 원칙이다.[22] 독신 밖의 성적인 정절―순결―은 섹스를 우상화하지 않고, 그것이 우리를 규정하도록 내버려 두지 않고, 그것이 우리를 산 채로 잡아먹는 갈망이 되도록 내버려 두지 않는 방식으로 섹스와 관계를 맺는 것이다. 다시 말해, 정절의 선물은, 우리가 섹스를 **필요로 하지** 않도록 훈련시킨다는 것이다. 다양한 충동과 갈망 앞에서 우리가 정직하고 독립적이며 능동적으로 행동할 수 있게 해 준다.

아우구스티누스는 섹스의 목적으로서 생식을 강조하지만, 생식을 넘어서 일종의 치유적 성생활을 위한 여지를 마지못해 인정한다. 이는 그의 목회적 현실주의를 보여 주는 또 하나의 요소다.[23] 그가 《결혼의 선함에 관하여<sup>On the Good of Marriage</sup>》에서 인정하듯이, 부부는 "아이를 낳고자 하는 목적 외에도 성관계를 가질" 것이다. 이것은 "결혼 때문에 반드시 해야 하는 일이 아니라 결혼 때문에 용인되는 일이다." 이것은 "서로의 약한 부분을 돕는 상호 섬김이다."[24] 나는 결혼을 이런 식으로 바라보는 것에 반대하지만, 아우구스티누스의 주장에 담긴 지혜를 이해할 수 있다. 건강한 성은 그것이 나를 집어삼키도록 내버려 두지 않는 것이다. 성욕의 노예가 되지 않을 때 누릴 수 있는 자유가 있다. 또한 우리의 관계에 무질서한 갈망―(우리가 정직하다면) 결혼 관계 안에서도 약탈적일 수 있는 갈망―을 강요하지 않고 섹스를 필요로 하지 않는 법을 배우는 것이 배우자에게도 선물이 될 수 있다. 조셉 클레어<sup>Joseph Clair</sup>가 지적하듯이, "아우구스티누스는 자녀 출산을 지향하지 않는 모든 성행위가 가벼운 죄에 해당한다고 주장함으로써 이기심—자기만족의 형태든, 지배욕의 형태든—으로 가득한 덧없는 순간 없이 결혼 안에서 성적 친밀함을 성취하기가 얼마나 어려운지를 강조하고자 했다."[25]

아내와 내가 함께 완경기를 넘기는 과정에서 나는 이 점에 관해 많이 생각하게 되었다. 아내가 여성의 삶에 자연스럽게 찾아오는 이 단계를 어떻게 경험하고 있는지 눈물을 흘리며 설명했던 그날 아침이 아직도 기억난다. 아내는 자신의 몸이 마치 자신이 예측할 수도 없고 자신이 좋아하지도 않는 방식으로 행동하는 제멋대로의 이방인처럼 느껴진다고 말했고, 이 화학적 현실과 씨름하는 중에도 욕망이 쇠퇴하는 것에 화가 난다고 말했으며, 이로 인해서 내가 낙심하게 되고 우리 관계에 금이 갈까 봐 걱정된다고 말했다. 곧바로 나는 남성이라는 성적 존재로서 나의 사회화에 대해 부끄러움을 느꼈고, 아내의 용기와 솔직함을 존경하는 마음이 들었다. 아내의 솔직함이 나를 겸손하게 만들었고, 우리가 소중히 여기게 된 (아우구스티누스에게 고백하자면, 우리가 나눈 오후의 기쁨을 포함해) 그녀의 몸과 주기를 애도하는 그녀의 슬픔이 나를 고통스럽게 했다. 그리고 그 순간 아우구스티누스의 충고는 나에게 새로운 의미를 갖게 되었다. 아우구스티누스가 권하는 그런 초연함—성욕에 지배되기를 거부하는 태도—이 우리 결혼 생활의 새로운 국면과 이 길의 새로운 단계에서 내가 들어야 할 바로 그 단어임을 깨닫게 되었기 때문이다.

또한 독신이었던 고대의 주교가 우리의 미투#MeToo 운동에 직접적인 통찰을 제공할 수 있다는 것이 나에게는 역설적으로, 혹은 적어도 놀랍게 여겨진다. 이 운동을 통해 남성의 성적 욕망의 조직적인 야만성이 폭로되고 그 본질—지배, 약탈, 무관심, 학대—이 드러나고 있다. 성적 성

　　　　　　　　아우구스티누스와 함께 떠나는 여정

취와 자기표현이라는 신화는 후기 근대의 음탕한 남성들(우리가 **만들어 낸** 남성들이라는 점을 지적해 둘 필요가 있다)의 습관을 억제할 수 있는 일관된 자원을 가지고 있지 못한 것처럼 보인다. 어쩌면 학대에 대한 공포가 우리로 하여금 정절과 일부일처제, 심지어는 결혼의 미덕에 대해 생각해 보게 만들 수도 있다. 아우구스티누스가 《결혼의 선함에 관하여》에서 지적하듯이, "결혼의 목적은, 정욕을 합법적인 관계 안으로 제한하여 그것이 형태도 없이 제멋대로 떠다니지 않게 하고, 끊을 수 없는 믿음의 결혼 관계 안에서 억제하기 힘든 육신의 약함을 다룰 수 있도록 하기 위함이다."[26] 이 주제는 결혼의 선함에 대한 아우구스티누스의 변론에서 반복적으로 강조된다. 그는 우정의 중요성과 언약의 중요성, 이 둘이 배타적으로 표현되어야 한다고 강조한다. [성관계에서] 동의가 충분하지 않은 것은 아닐까? 우리는 언약을 찾고 있는 것은 아닐까? 우리의 결혼이 우리를 보호해 줄 수 있는 것 아닐까?[27]

사실 아우구스티누스는 카르타고에서 살면서 내연 관계를 맺은 사람에게 헌신하면서 일종의 재정향된 사랑에 부치는 서문과 같은 경험을 했다. 당시의 내연 관계란 우리가 현재 문화에 비춰 이해하는 경향이 있는 그런 관계가 아니다. 이 관계는 일종의 세련된 매춘이 아니라 당시의 계급 구조와 야심이 섹스에 스며들었던 방식을 반영한다. 내연 관계 대상자는, 더 '적합한' 결혼 관계를 확보할 수 있는 신분이나 부에 이르기 위해 사다리를 오르려고 노력하는 동안 일시적이지만 배타적인 관계를 맺는 사람이다. 실제로 아우구스티누스가 내연 관계를 맺을 무렵 한 공의회에서는 이런 관계를 맺은 미혼 남성들이 성만찬을 받을 수 있다는 결정을 내렸다는 사실을 지적해 둘 필요가 있다.[28] (또한 모니카는 아들의 결혼 상대자에게 큰 기대를 품고 있었기 때문에 당분간 이런 관계를 유지하는 것에 대체로 만족스러워했다는 점도 지적해 둘 필요가 있다.)[29] 아우구스티누스는 그때를 회상하며 "몇 년 동안 나에게는 한 여인이 있었다. 그가 합법적인 결혼이라고 부르는 관계에서 나의 배우자였던 것은 아니다"라고 인정한다. "그럼에도 그는 나에게 유일한 여자였으며 나는 그에게 충실했다."[30]

둘 사이에는 아들도 있었다. 아들의 이름에는 그들의 관계와 관련된 중요한 의미가 담겨 있다. 아데오다투스[Adeodatus], 하나님의 선물. 그녀와 아데오다투스는 아우구스티누스와 함께 지중해를 건너 로마로 가며 밀라노까지 그와 동행하여 야심을 쫓는 그를 신실하게 따라다닌다. 물론 아우구스티누스는 이 관계를 통해 우정에 관해 중요한 교훈을 배웠고 언약의 중요한 의미를 알게 되었다. 야심만만한 모니카가 마침내 아우구스티누스에게 더 장래가 촉망되는 결혼을 위해 그녀를 버리라고 압박할 때 비통해하는 아우구스티누스의 모습에서 그 관계의 깊이와 친밀함을 알 수 있다. 아우구스티누스가 회고하듯이 그녀는 "내 곁에서 떨어져 나갔다." "깊이 사랑했던 나의 마음은 베이고 상처를 입었으며 핏자국을 남겼다."[31] 하지만 둘이 맺은 관계의 결실인 아데오다투스, 하나님의 선물은 남았다. 이 조숙한 아들은 그의 회심 이후 카시시아쿰[Cassiciacum]에서 나눈 초기 대화에 참여하기도 한다. 그리고 암브로시우스가 아우구스티누스에게 세례를 베풀 때 그의 아들도 세례를 받았다.

그와 내연 관계였던 사람과 그의 아들은 전통 속에서 사라지고 말았다. 그와 함께 로마와 밀라노까지 여행했으며 그의 불안과 갈등 속에서

아우구스티누스와 함께 떠나는 여정

그의 곁을 지켰던 이들은 후대에 만들어진 성상 어디에도 등장하지 않는다. 그들은 고촐리가 그린 산 지미냐노의 프레스코화에서 도드라지게 부재한다. 지중해로 출항하는 배에서도 보이지 않으며 그가 로마를 떠나는 장면에도 등장하지 않는다. 독신에 관한 아우구스티누스의 주장 때문에 역사를 소급하여 재서술하게 된 셈이다.

하지만 우리가 누구이기에 하나님의 선물을 거절할 수 있단 말인가? 아우구스티누스가 누구에게 그렇게 할 수 있단 말인가? 하나님의 선물 *datus deo*을 지워 버릴 수 있단 말인가? 아우구스티누스 자신도 기꺼이 인정하겠지만, 기독교 신앙의 핵심 신비인 하나님의 성육신은 섹스에 관해 놀라운 사실을 말해 준다. "그분은 해방되어야 하는 것과 똑같은 본성을 취하셔야 했다. 그리고 두 성 어느 쪽도 창조주에 의해 무시된다고 생각하지 못하게 하시려고 그분은 스스로 남자가 되셨고 여자에게서 나셨다."[32] 모든 성인은 성관계를 통해 태어났다. 섹스를 우상화하기를 중단할 때 비로소 우리는 그것을 성화할 수 있다.

# 7. 어머니들: 의존하는 법

## 떠나기 원할 때 나는 무엇을 원하는가?

야심이 집을 떠난다는 뜻이라면, 가족에게서 벗어난다는 뜻이기도 하다. 개츠비처럼 많은 사람이 야심을 위해 가족의 성을 삭제하고 가족의 요구 사항을 거부해야 한다고 생각한다. 정체성을 발견하고 만들어 간다는 것은 우리의 독립을 주장하고, 어렸을 때 부과된 의존의 속박을 깨는 것을 뜻한다. 탕자처럼 우리는 사실상 부모에게 "아버지가 죽었으면 좋겠어요"라고 말한 다음, 부모가 우리에게 준 모든 것을 모아서 '자신의' 삶을 만들어 가기 시작한다. 이 이야기의 고대 판본과 문학 판본, 심지어는 할리우드 판본에서도 우리의 독립 선언은 대체로 아버지에 대한 도전, 더 나아가 폭력이다. 경쟁자, 통제자, 주인인 아버지는 우리의 자율을 가로막는 걸림돌, 극복해야 할 적이다.

어머니는 피상적인 경우가 많기는 해도 다르게 묘사된다. 《포트노이의 불평*Portnoy's Complaint*》(문학동네)에서 〈레이디 버드〉까지, 〈내 사랑 레이몬드*Everybody Loves Raymond*〉에서 〈길모어 걸스*Gilmore Gilrs*〉까지 어머니의 숨 막히는 포옹은 자녀를 통제하고 조작하는 수단이기 때문에 어머

　　　　　　　　　아우구스티누스와 함께 떠나는 여정

니는 극복해야 할 대상이다. 어머니의 존재는 부풀어 오르고 압도하며 독립적인 자아가 들이마셔야 할 모든 산소를 흡입한다. 어머니는 입맞춤으로 우리의 자율을 부인한다. 껴안기로 우리의 자립을 훔쳐 간다. 어머니는 우리가 어머니에 대해 분노하는 것 때문에 스스로를 미워하게 만들며, 우리는 그로 인해 더욱더 분노한다. 조너선 프랜즌의 《인생 수정*The Corrections*》(은행나무)에 등장하는 짤막한 대화는 이러한 어머니의 힘을 미묘하게 보여 준다. 다 큰 딸들을 다시 모으려고 애쓰는 중서부 출신 어머니 에니드 램버트는 딸 드니즈에게 이런 질문을 던진다.

"어쨌든, 너와 칩이 관심 있다면 우리 모두 세인트주드에서 마지막 크리스마스를 보내면 어떨까 싶다. 너는 어떠니?"

"엄마 아빠가 원하는 대로 하세요."

"아니, **네** 의견을 묻고 있잖니. 네가 정말 그러고 싶은 건지 알고 싶다. 네가 자라난 집에서 마지막 크리스마스를 보내고 싶니? 재미있을 것 같지 않아?"

"솔직히 말할게요. 올케 언니가 필라델피아를 떠나는 일은 결코 없을 거예요. 달리 말하자면, 그건 일종의 환상이에요. 그러니 손자들을 보고 싶다면 동부로 오는 게 좋을 거예요."

"드니즈, 나는 **네** 의견을 묻고 있어. 개리 말로는, 자기들 부부는 우리에게 올 수도 있댔어. 내가 알고 싶은 건, 세인트주드에서의 크리스마스가 네가 **너 자신**을 위해 정말로, 정말로 원하는 것이냐는 거지."[1]

우리는 아버지를 떠날 수 있지만, 어머니의 영향력은 시공간을 초월한다. 집을 떠나 어른이 되는 것으로는 충분해 보이지 않는다. 독립이란 어머니들에게 참을 수 없는 모욕이다. 우리는 탯줄 같기도 하고 밧줄 같기도 한 이 줄을 잘라 내고 갈고리에서 벗어나 우리 자신을 이뤄 내고 우리의 독립을 성취하려고 무진 애를 쓰지만, 결국 이 줄이 다시금 팽팽하게 당겨져서 우리를 감아올리고 있음을 깨닫고 놀랄 뿐이다.

어머니들은 북아프리카 출신 철학자들에게 독특한 주문을 걸어 그들이 지중해를 건넌 후에도 오랫동안 그들을 쫓아다니고 그들 앞에 나타나는 것처럼 보인다. 《반항하는 인간*The Rebel*》(책세상)의 저자 알베르 카뮈는 파리의 문학계가 자신의 새 책에 열광적인 찬사를 보내고 있는데도, 어머니의 다리가 부러졌다는 소식을 듣고 알제리에 있는 고향으로 서둘러 돌아갔다. 그는 글을 쓰는 책상 위에 톨스토이와 니체, 어머니의 사진을 올려 두었다.[2] 어머니에 대한 사랑은 그의 정치적·철학적 입장에도 영향을 미쳤고, 그 결과 그는 전후 파리에서 이단자로 배척되었다. 카뮈가 노벨상을 받기 위해 스톡홀름에 갔을 때는 알제리의 독립을 지지하지 않는다는 이유로 그를 비난하던 한 알제리 사람이 큰소리를 지르며 항의하기도 했다. 마침내 자신이 민족해방전선National Liberation Front과 거리를 둔 이유를 설명할 기회를 얻었을 때 카뮈는 이렇게 말했다. "나는 알제의 거리에서 맹목적으로 행해지고 있으며 언젠가는 나의 어머니와 가족을 공격할지도 모르는 테러 행위를 비판해야 한다. 나는 정의를 믿지만, 정의보다 먼저 나의 어머니를 지킬 것이다."[3] 계속 들끓는 비판 속에서도 카뮈는 여전히 어머니를 선택했다. 카뮈가 파리 남동부에서 자동차 사고로 죽었을 때 그의 서류 가방에서 마지막 소설 《최초의 인간*Le Premier homme*》(열린책들)의 미완성 원고가 발견되었다. 맨 앞면에는 어머니에게 바치는 헌사가 손글씨로 적혀 있었다. "이 책을 결코 읽지 못할 당신에게."

　　　　　　　　　　　　아우구스티누스와 함께 떠나는 여정

자크 데리다는 "시르콩페시옹"을 쓸 때 지리나 신학의 차원이 아니라, 어머니에 대한 지향적 관계라는 차원에서 자신과 마찬가지로 북아프리카인인 아우구스티누스와 연대를 구축했다. "이 두 여인의 공통점은, 내가 지금 이 글을 적고 있는 곳에서 가까운 캘리포니아의 도시 이름이기도 한 산타 모니카가 고향에서 멀리 떨어진 지중해 반대편에서 생을 마치고 니스의 공동묘지에 묻힌 것처럼 내 어머니도 그럴 것이라는 사실이다"라고 지적했다.[4] 그의 말처럼, 어머니 조제트<sup>Georgette</sup>는 이미 기억력을 상실했고, 언어 능력도 대부분 상실했으며, 데리다가 무엇을 그토록 소중히 여겼는지 말할 수 있는 능력도 상실했다. "이 글을 쓰는 지금, 어머니는 더 이상 나를 알아보지 못하며 아직 조금은 말을 하실 수 있지만 더 이상 나를 부르지 못하신다. 어머니에게, 따라서 어머니의 남은 평생에 나는 더 이상 이름을 지니지 못한다"라고 그는 고백한다.[5] 마지막으로 반쯤 정신이 온전했을 때 어머니는 그에게 "내 어머니 때문에 아픕니다"라고 말했다. "마치 어머니가 나를 위해 말씀하시는 것 같다"고 그는 회상하며 결국 "나는 어머니를 **위해** 글을 쓰고 있는" 것 같다고 말한다.[6]

"내 어머니 때문에 아픕니다." 아우구스티누스도 공감할 수 있었을 것이다. 하지만 이 고통은 더 심층적인 문제—우리를 인간으로 만드는 의존을 거부하지 않으면서도 정체성을 만들어 가야 하는 어려움—에서 기인하는 증상일지도 모른다. 어머니는 이 두 가지를 상기시키는 존재이며, 그렇기에 주인공을 돋보이게 하는 조연 역할을 하는 경우가 많다.

아우구스티누스는 자기 어머니에게서 무엇을 보았을까? 어떤 아우구스티누스에게 묻느냐에 따라 답은 달라질 것이다.

젊은 아우구스티누스는 양가적이며 반항적이고, 심지어는 어머니에게 화가 나 있을지도 모른다. 자신의 흔적을 남기고 자기 정체성의 영토를 확보하고 싶어서 안달이 난 젊은이였던 그에게 어머니 모니카는 자신이 계획한 대로 일이 이뤄지게 하려고 자기 삶을 그에게 강요하는 무소부재의 힘이었다. 아우구스티누스는 어머니가 세운 계획 속에서 꼭두각시 역할을 하는 상황에 분노한다. 어머니가 그에게 원하는 것과 똑같은 것을 자신이 원한다고 해도 그는 이제 막 어른이 된 모든 사람이 그렇듯이 그 결정을 자신의 결정으로 삼고 싶어 했으며, 자신을 낳아 준 분 앞에서 자기 뜻에 따라 행동하기를 원한다. 자유를 찾는다는 것은 이상한 일이다. 선택할 수 있는 능력이 **주어졌지만**—더 나아가 '선물로 받았다'라고 말할 수도 있다—이를 실현하기 위해서는 그런 상태를 거부해야만 한다. 어머니가 자녀를 낳지만, 자녀는 마치 자신이 무에서*ex nihilo* 나타난 것처럼 살아감으로써 어른이 된다. 따라서 어머니의 의도는 아우구스티누스 자신의 목표가 아니라 그 목표가 자신의 것이라는 그의 생각과 부딪친다. (훨씬 더 후대에 하이데거가 다시 이 주제를 다루면서 "진정성"이란 "고유성*Eigentlichkeit*"이라고 말한 것을 떠올리게 한다.) **"내가 할래!"**라고 우기는 두 살짜리 아이를 둔 모든 부모가 증언하듯이, 우리는 일찍부터 이런 경향을 드러낸다.

우리가 모니카에 관해 아는 모든 것은 거의 다 아우구스티누스가 이

아우구스티누스와 함께 떠나는 여정

상화한 어머니에 대한 기억에서 나왔기 때문에 이런 드라마가 어떻게 펼쳐지는지를 보기 위해서는 행간을 읽을 필요가 있다. 아우구스티누스가 어머니가 그를 위해 미리 결정한 직업의 길을 따라갔다면, 그는 적어도 자신의 방식으로 그렇게 했을 것이다. 따라서 그는 어머니가 찬양하던 정절과 너무 비슷해 보였던 어린이다운 순진함에서 벗어나기를 열망했다. 집에 돈이 없어서 학업을 중단해야 했을 때, 집으로 돌아온 그는 동네 친구들과 어울려 반항과 공공 기물 파손을 일삼았다. 결국 어머니의 참견(과 아마도 이름을 알 수 없는 그의 동거녀를 대하는 태도[7])에 신물이 난 그는 극단적 조치를 취해야 했다. 교묘한 거짓말로 어머니를 속이고 그와 그의 작은 가족은 밤을 틈타 아프리카를 떠난다. 그의 성화된 회상에서조차, 어머니가 자신을 질리게 만들었다고 말하는 아우구스티누스의 마음을 어렴풋이 짐작할 수 있다. "다른 어머니들처럼 그분은 나를 곁에 두기를 좋아하셨지만, 대부분의 어머니보다 훨씬 더 그러셨다."[8]

대륙을 떠나는 것으로도 충분하지 않았다. 아우구스티누스가 수줍어하며 지적하듯 "너무나도 헌신적인" 이 어머니는 "땅을 건너고 바다를 건너 나를 따라다니며" 밀라노까지 그를 쫓아왔다.[9] 그리고 아우구스티누스가 가장 받아들이기 힘들었던 점은, 놀랍게도 자신이 어머니의 기도 응답이 되어 가고 있다는 것일지도 모른다. 반항아 자녀에게 엄마가 옳았다는 것을 깨닫는 것보다 더 불쾌한 일은 없다.

하지만 이런 회고에 은폐된 또 다른 동학이 있다. 바로 당혹스러움이다. 아프리카의 젊은 아우구스티누스가 그리스도인이 되는 것을 상상조차 할 수 없었다면, 이는 적지 않은 부분에서 기독교가 그에게는 모니카가 보여 준 단순하고 '인종적인' 신앙 표현을 연상시켰기 때문이다. 아우구스티누스가 출세하기를 바라는 그녀의 야심은 오히려 그의 안에 그가 어머니와 연관시킨 '카르타고식Punic' 신앙에 대한 반항, 심지어는 증오를 싹트게 했다. 부모의 재정 후원으로 받은 교육 덕분에 아우구스티누스는 성경적 신앙이 믿기 어렵다고 생각하게 되었다. 후스토 곤잘레스가 적절하게 논평하듯이, "어머니 모니카가 그에게 받아들이라고 요구하던 종교는 뚜렷이 아프리카적 색채를 띠고 있었으며, 그 때문에 그리스-로마의 학문과 전통에 정통했던 아우구스티누스로서는 이를 받아들일 수 없었다."[10] 아들은 자신의 '각성'에 대해 스스로 자랑스러워하는 속물 지식인이 되었고, 지적이며 영적인 이런 속물근성은 그가 자신들이 그 시대의 '브라이츠Brights'(새로운 무신론자 등 세속주의 운동을 주창하는 사람들—역주)라고 생각한 마니교도들—주변의 모든 사람이 속아 넘어가 믿고 있는 신화들을 간파해 낸 합리적이며 각성된 사람들—의 공동체에 참여했을 때 더욱 심해졌을 뿐이다.[11] 아우구스티누스가 권력의 연결망에 들어가고 로마와 밀라노에서 관직을 얻게 해 준 사람들은 교회 안에 있는 시대에 뒤떨어진 모니카의 '형제자매들'이 아니라 각성된 마니교도들이었다.

이 두 세계가 밀라노에서 충돌하게 될 것이다. 아우구스티누스는 암브로시우스의 설교를 통해서 자신이 한 번도 만난 적이 없었던 기독교, 철학과 정면으로 맞설 수 있는 지적 화력을 지닌 신앙에 대해 듣게 된다. 그에게는 암브로시우스가 멸시의 대상이었던 로마의 십자가에 달려 죽으신 분을 따르기 위해 권력과 특권(과 생식)을 포기한 세련되고 지적인 지식인처럼 보였다. 아우구스티누스가 다시 한 번 기독교의 가능성을 생각해 보기 시작하고 암브로시우스에게 다가가려고 노력할 때 그의 어머니가 나타나 이 주교를 낚아챘다. 모니카는 자신의 '아프리카적' 신앙과 암브로시우스가 교구에서 금지한 퇴행적인 관습을 가지고 나타

아우구스티누스와 함께 떠나는 여정

났다. 모니카는 주교의 훈계를 듣고 존경하는 태도로 그의 권면에 순종했으며 자신의 신심을 실천할 다른 통로를 찾는다. 마침내 아우구스티누스는 암브로시우스에게 가까이 갈 기회를 얻었고, 그와 함께 회의론이나 악의 문제에 관해 이야기하기를 바랐다. 하지만 그가 두 마디를 꺼내기도 전에 암브로시우스는 모니카의 신심을 칭찬했고, "내가 어머니에게 어떤 아들이었는지는 알지도 못한 채 그런 어머니를 두었다며 나를 축하했다."[12]

암브로시우스와 모니카의 이러한 중첩과 교차, 그의 영적 아버지와 땅의 어머니의 합류를 통해 아우구스티누스는 새로운 해석학을 갖게 되었으며, 어머니와 어머니의 '아프리카적' 신앙을 완전히 다른 각도에서 바라보게 되었다.[13] 암브로시우스가 어머니의 기독교를 칭찬했다면 그것은 같은 신앙이어야만 한다. 그에게는 기독교를 지적으로 탁월한 것으로 만들어서 그 가능성을 재고하게 해 줄 암브로시우스 같은 인물이 필요했으며, 일단 그 신앙 안으로 들어간 다음에는 자기 어머니의 신심―따라서 자기 어머니―을 새로운 관점에서 보게 되었다.

암브로시우스가 아우구스티누스를 세례의 물로부터 다시 일으켰을 때 아우구스티누스의 유산은 소급되어 재구조화되었다. 하나님의 자녀인 그는 자신이 모니카의 아들이라는 의미를 새롭게 바라보게 되었다. 아우구스티누스는 어머니 안에서 무엇을 보았을까? 그가 그리스도 안에서 모니카의 형제가 되었을 때, 어머니와의 관계에 관한 거의 모든 것이 다르게 보였다. 인식적 공감이 가능해졌다. 말하자면, 어머니의 마음을 내면으로부터 이해할 수 있게 되었다. 그의 영혼을 향한 어머니의 끈질긴 관심, 하나님의 약속에 대한 어머니의 확신, 제멋대로인 아들에 대한 지칠 줄 모르는 신실함, 통제할 수 없을 정도로 엇나가는 아들의 모습을 바라보는 어머니의 고통을 이해할 수 있게 되었다. "어머니는 자기 아들을 보살폈고, 자기 아들이 참된 길을 떠나 주님에게서 멀어져 가는 것을 볼 때마다 말하자면 산고를 다시 견뎠습니다."[14] 이제 그는 다른 곳이 아니라 어머니의 신앙 안에서 자신을 발견했으며, 자신이 눈물의 아들이요 거듭난 아들임을 깨닫게 되었다.

모니카 숭배는 전 세계에 퍼져 있으며, 울고 있는 어머니가 있는 곳이면 어디에서나 모니카를 공경하는 사람들이 있다. 실제로, 비늘이 벗겨진 눈으로 아우구스티누스의 유산을 찾아 이탈리아를 돌아다닌다면 모니카가 어디에나 있는 듯 보일 것이다. 그는 자녀를 위해 울고 바라고 기도하고 자녀가 통제와 혼동할 정도로 맹렬한 사랑으로 끈질기게 그들을 사랑하는 모든 어머니의 열망을 표상한다. 나는 로마 순례길에서—내 아내이자 네 아이의 어머니인 디애나가 모니카와 조우하는 것을 바라보면서—마침내 이를 깨닫게 되었다.

아내의 제안으로 우리는 화려한 판테온에서 나와 미로처럼 복잡한 좁은 골목길을 통해 산타고스티노 광장Piazza di Sant'Agostino에 있는 산타고스티노 성당Basilica di Sant'Agostino으로 가려 했다. 광장에서는 (농담이 아니라 정말로) 어떤 사람이 〈당신만의 예수Your Own Personal Jesus〉를 연주하고 있었고, 남자아이들은 낡은 축구공을 가지고 놀고 있었다. 성당 자체는 그 안에 있는 것을 모실 만한 가치가 있는 것처럼 보이지 않았다. 석회암 전면부는 요새처럼 느껴졌고 총알구멍을 떠올리게 하는 구멍이 숭숭 나 있었다. 입구에는 종이 상자가 널려 있었다. 어떤 사람이 더러운 담요를 덮고 계단에 누워 있었다.

우리는 살며시 문을 열고 들어갔다. 성당 안쪽은 어둡고 조용했지만, 내부의 대리석 장식은 압도적이었다. 초라하고 보잘것없어 보이는 외부와 달리, 작은 문을 열고 들어간 내부에는 분홍색, 주황색, 금색이 화려하게 펼쳐졌다. 가로지르는 빛줄기가 마치 익랑transept(십자형 성당 건물의 좌우 날개 부분—역주) 위에 걸려 있는 것처럼 느껴졌다.

흩어져서 기도하는 예배자 몇 사람을 지나서 우리는 각자 여기저기 둘러보기 시작했다. 나는 요셉이 집에 없는 아버지처럼 어둠에 감춰져 있는 성 요셉 제실을 보면서 놀랐다. 제단 양쪽으로 서 있는 기둥 중에서 왼쪽으로 아우구스티누스와 평생의 친구인 알리피우스Alypius가 나란히 묘사된 그림을 발견했을 때 내 마음이 따뜻해지는 느낌이었다. 맞은편에는 심플리시아누스Simplicianus와 암브로시우스가 있었다.

돌아서다가 나는 깜짝 놀라서 멈춰 섰다. 왼쪽 제실에서 아내가 울고 있었는데, 나는 그 눈물을 어떻게 해석해야 할지 몰랐다. 아내 쪽으로 서서히 다가가자 나는 아내가 찾던 것을 발견했음을 깨달았다. 바로 모니카의 무덤이었다. 외벽에는 오스티아에서 그의 유골이 담겨 있던, 1430년에 로마에 있는 이곳으로 옮겨 온 원래의 석관이 붙어 있었다. 모니카의 유골은 지금 제단 아래에 묻혀 있다. 제실 궁륭에는 모니카의 삶을 묘사한 리치Ricci의 연작 프레스코화가 그려져 있다. 이 그림은 그녀가 죽기 불과 며칠 전 오스티아에서 황홀경 속에 자신의 눈물의 아들을 보는 장면에서 절정에 이른다(그림 5를 보라).

아내의 마음을 움직인 것은 작은 기도 카드였다. 한쪽에는 손을 들고 기도하며 경배하는 모니카를 묘사한 이 프레스코화의 한 부분이 인쇄되어 있었다. 반대쪽에는 어색한 영어 번역이기는 해도, 수많은 어머니가 외우고 있는 기도와 같은 기도문이 적혀 있었다.

거룩하신 아버지 하나님,
주님을 믿는 이들에게 자비를 베푸소서.
주님은 주님의 종 모니카에게
사람들을 주님과, 또한 서로와
화해시키는 헤아릴 수 없을 만큼 귀한 선물을 주셨습니다.
모니카는 그의 삶과 그의 기도와 그의 눈물로
남편 파트리시우스와
아들 아우구스티누스를 주님께 인도했습니다.
우리는 그에게 주신 주님의 선물을 찬양합니다.
그의 중보로
우리에게 주님의 은총을 주소서.

당신의 자녀들을 너무나도 많이 태어나게 하고
영적으로 그들을 기른
오 성 모니카시여,
그들이 하나님과 멀어지는 것을 볼 때
우리 가족을 위해, 젊은이들을 위해,

아우구스티누스와 함께 떠나는 여정

거룩함의 길을 찾지 못하는 이들을 위해 기도하소서.

우리를 위해 하나님에 대한 정절을,

천국을 갈망하는 인내를,

주께서 우리에게 맡기신 사람들을

그분께 이끄는 능력을 얻으소서. 아멘.


이 적막한 공간에서 이 만남을 목격하면서 나는 전에는 이해하지 못했고 아마도 결코 완전히는 이해할 수 없을 무언가를 깨닫게 되었다. 바로 수백 년을 뛰어넘는 연대, 공간을 초월하는 공감, 울며 기도하고 자녀들을 쫓아다니는—오해받고, 인정받지도 못하고, 오히려 반항과 분노의 대상이 되는—어머니들과 모니카의 결속이다. 하지만 자녀들이 아무리 분노해도 그들은 멈추지 않고, 아무리 반항해도 그들은 단념하지 않고, 아무리 고마워할 줄 몰라도 그들은 포기하지 않을 것이다. 은총이 그렇듯, 모니카와 그의 밀사들은 교환 논리에 따라 행동하지 않는다.

우리가 피하려고 애쓰는 어머니들에 대한 피상적 묘사에도 불구하고, 문학은 우리가 너무나 자주 못 보고 지나치는 주변의 모니카들을 볼 수 있게 해 준다. 아일랜드 작가 롭 도일<sup>Rob Doyle</sup>은 종교에 전혀 관심이 없지만(사실 그 반대이기는 하다), 그의 단편 소설 〈무인지대<sup>No Man's Land</sup>〉에서는 비록 의도적이지는 않더라도 모니카의 존재를 뚜렷이 느낄 수 있다. 한 젊은 남자가 정신 건강 문제(일종의 19세기식 완곡어법으로, 그는 "심각한 정신적 고통"이라고 말한다)를 겪은 직후 대학교에서 집으로 돌아왔다. 처음에는 아우구스티누스로 흠뻑 젖어 있는 나의 상상력 때문에 카르타고의 학교를 떠나 고향 타가스테로 돌아온 젊은 아우구스티누스가 떠올랐다고 생각했다. 하지만 바로 다음 단락에서 우리는 눈물을 흘리는 오늘날의 모니카처럼 보이는 어머니를 만난다. 이 젊은 남자의 어머니는 우울증에 걸린 아들을 돌보기 위해 일을 그만둔다. "여러 번 나는 부엌이나 회색 벽돌로 쌓은 높은 담으로 이웃과 차단된 시멘트 바닥 뒤뜰에서 울고 있는 어머니와 우연히 마주쳤다. 가끔은 어머니가 화장실에서 우는 소리가 들렸다. 어머니는 언제나 당신이 우는 것을 나한테 숨기려고 하셨다."[15] 우리는 전에도 그런 눈물의 아들을 만난 적이 있다.

그의 어머니가 우울증에 걸려 무기력한 그를 감싸고 있다. 어머니는 그에게 (다시 한 번) 궁휼의 양막(태아를 둘러싸고 있는 막―역주)이 되었으며, 가망이 없음에도 다시 한 번 그를 낳아 그에게 생명을 주기를 바란다. 그는 매일 버려진 공업 지대를 걷는 의례를 통해 무기력에서 벗어나려고 한다. 이제는 황량해진 산업 구역의 미로처럼 복잡한 골목을 그는 관조하듯 배회한다. 여기서 그는 말도 안 되는 소리("치료법은 없어. 아버지는 없어.")를 내뱉는 정신 나간 30대 남자와 마주치곤 한다. 젊은 남자는 이렇게 헛소리를 해 대는 남자가 미래의 자기 모습일 수도 있다는 생각 때문에 불쾌하고 심란하다. 오싹한 꿈을 꾼 후 자신의 문제가 심각함을 깨닫게 된 그는 새로운 다짐을 한다.

흐느끼며 잠에서 깨어 보니 줄줄 흐르는 눈물로 베개가 흠뻑 젖어 있었다. 전에도 그런 적이 없었고 앞으로도 없을 것 같다. 치료도 받을 수 없고 이 병이 영원히 계속되리라는 생각에 너무나도 고통스러웠다. 침대에서 일어나 어두운 복도를 조심스럽게 걸어갔다. 어쩌다 보니 어머니 침실 앞이었고 나는 방문 손잡이를 돌렸다. 어둠 속에서 어머니가 깜짝 놀라는 소리가 들렸다. 나는 "걱정하지 마세요"라고 말했다. "다시 주무세요. 죄송해요. 그냥 이렇게 여기 바닥에 누워 있을게요." 어머니는 일어나 상황을 바로잡아야 할지 망설이는 것 같았지만 바로잡을 수 없었기에 다시 자리에 누웠다. 나는 어머니가 걱정 때문에 수척해진 얼굴로 어둠 속에서 위를 응시하고 있다는 걸 알고 있었다. 잠시 후 어머니는 자리에서 일어나 나에게 이불을 덮어 주고 다시 침대에 누웠다. 나는 눈을 감고 어머니의 숨소리를 들어보려 했다.[16]

의례는 해결책이 아니라서 무언가를 '바로잡을' 수 없다. 의례는 우리가 고칠 수 없는 것과 더불어 살아가고, 우리의 유한함을 인정하고, 이 세상에 사는 동안 이 눈물의 골짜기를 헤쳐 나가는 방식이다. 하지만 바로 그런 이유로 의례는 소망의 통로, 언약의 주기가 될 수도 있다. 어머니/모니카는 아무 말도 할 필요가 없었다. 그냥 거기 있기만 하면 된다. 거기 있으면서 숨을 쉬고 아들에게 이불을 덮어 주기만 하면 된다.

나중에 잠에서 깨어난 그는 어머니에게 대학에 전화해서 복학하겠다고 말한다. "어머니는 휘둥그레진 눈으로 찻잔 너머 나를 응시하면서 희미하게 고개를 끄덕였다. ['희미하게'라는 말에는 형언할 수 없는 억제와 두려움의 샘이 담겨 있다.] 어머니는 산산조각이 날 희망을 두려워하며 망설였다. 그런 다음 이렇게 말했다. '그럴 줄 알았다. 나는 널위한 기도를 절대 멈추지 않을 거야.' 눈물이 솟고 어머니의 목소리는 갈라졌다. '널 위해 끊임없이 기도할게. 정말이야. 절대 멈추지 않을 거야.'"[17] 이것은 의례다. 단지 다른 누군가가 행하는 것일 뿐이다. 아무러면 어떻겠는가. 어머니는 자신을 잊어버리는 세상을 위해 날마다 기도하며 죄의 반짝임이 무뎌지고 우리의 각성에 대한 교만이 소멸될 미래를 위해 계속 불이 타오르게 하는 조용한 베네딕투스회의 수도사 같다.

어쩌면 예술이 이런 어머니들을 가장 잘 포착하는 것은 우연이 아닐지도 모른다. 메리 카<sup>Mary Karr</sup>의 〈불타는 소녀<sup>The Burning Girl</sup>〉라는 시에서는 그 **힘**을 이해하는 어머니의 모니카처럼 흔들리지 않는 헌신을 감동적으로 묘사한다.

그녀의 부모는 그 오랜 시간 동안
  밤마다 동이 틀 때까지 잠을 이루지 못하며
    몰래 그녀를 그리고 또다시 그렸지만
어머니에게 그녀는
  날마다 자신의 모서리를 지우고
    숯처럼 선들을 번지게 하는 유령 같은 존재였다.
그 어머니의 사랑을 본 나는 이렇게 증언한다.
  그 사랑은 바다처럼 끝이 없다.
    한 방울로도 죽은 그리스도를 다시 살려 낼 수 있었을 것이다.[18]

나는 이 어머니를 알고 있다. 어머니는 매일 밤 내 곁에서 주무신다. 매주 수요일 라고스<sup>Lagos</sup>에 있는 한 오순절 교회에서 기도한다. 리오<sup>Rio</sup>에서는 자다가 깨어 딸깍 문이 열리고 불이 꺼질 때까지 마음 졸이며 기다린다. 어둠에 맞서 성례전적 전투를 하듯이 로스앤젤레스에서 처방약을 제조받는다.…그의 이름은 모니카다. 그런 어머니가 무수히 많다.

회심한 지 얼마 되지 않았을 때 아우구스티누스는 초기 저작에서, 하나뿐인 아들을 잃어버리고 슬픔에 잠긴 과부가 예수님께 찾아오는 사건에 관해 이야기한다(눅 7:12-15). 누가는 우리에게 그분이 그녀를 불쌍히 여기시고 아들을 죽은 자 가운데서 다시 살려 주신다고 말한다. 아우구스티누스는 어머니의 신앙이 지닌 힘을 경험으로 알고 있다. "과부의 아들은 죽어 있는 동안 전혀 믿음이 없었을 텐데 자신의 믿음에서 어떤 유익을 얻을 수 있었을까? 하지만 어머니의 믿음이 그에게 너무나도 유익하여 그를 되살렸다."[19]

그런 어머니들은 절대로 우리를 실망시키지 않는 하나님의 사랑, 잃어버린 양을 찾아 나선 목자, 이미 탕아들을 찾아 나섰고 길목에 서서 그들을 맞이하는 아버지의 사랑을 성례전적으로 반향한다고 말할 수 있다. 그런 어머니들은 은총의 전조, 은총 이전의 은총, **생명을 낳는** 최초의 은총이다.

모니카가 죽은 지 몇 년이 지난 후에 아우구스티누스는 카르타고에서 설교하면서 하나님의 어머니 같은 은총과 모성적 신심의 하나님 같은 미덕에 관해 이야기한다. 그는 "병아리 때문에 약해진 암탉처럼 예루살렘의 병아리들을 자신의 날개 아래 모으겠다"[마 23:37]라는 예수님의 약속에 관해 묵상한다. 그는 어머니 같은 '약함'의 힘, 스스로 낮아지신 그분이 지니신 구원의 능력, 어머니들이 날마다 보여 주는 능력에 대해 놀라워한다. "이것은 약함으로 표현되는 어머니의 사랑이다"라고 그는 회중에게 말한다. "이것은 잃어버린 위엄이 아니라 어머니의 약함의 특징이다." 다시 말해서, 어머니는 신앙의 핵심적 신비인 성육신의 성상이다. 우주의 하나님이 신성을 비우고 인간이 되어 우리의 죄와 깨짐을 취하신 신비의 상징이다("우리는 그분이 우리의 죄악이 아니라 약함에 참여하셨으며, 이는 우리의 약함에 참여하심으로써 우리의 죄악을 파괴하시기 위함이었다고 고백한다").[20] 능력을 지배로만 이해하는 세상에서, 능력을 남성 호르몬으로 가득 찬 허세와 혼동하는 가부장적 세상에서 이런 종류의 '능력'은 멸시당할 때가 많다. 하지만 아우구스티누스는 어머니들이 날마다 드리는 제사에 반향된 하나님의 독특한 모성적인 능력—사람보다 더 강한 "하나님의 약하심"(고전 1:25)—을 우리에게 상기시킨다.

　이제 그 기도 카드는 우리 집 침대의 아내 쪽 벽에 걸려 있다. 모니카의 무덤에서 발견한 유물인 셈이다. 침대 너머를 볼 때면 이 두 어머니가 하나임을 알게 된다. 두 모니카, 자녀를 끈질기게 한결같이 사랑하는 사람들을 보게 된다. 그리고 아침에 아내가 비통하지만 소망을 품고, 불안하지만 하나님을 신뢰하며 눈물로 기도할 때마다 나는 그녀를 모니카에게, 그리고 돌무더기에서 아브라함의 아들들과 딸들을 일으키실 수 있는 하나님의 은총에 의탁한다.

모니카는 다시 아프리카를 볼 수 없었지만 결국 아우구스티누스에게 고향으로 돌아가는 법을 보여 주었다. 서양 문학에서 가장 감동적인 송덕문 중 하나인, 《고백록》 9장에 실린 모니카에 바치는 찬가에서 아우구스티누스는 두 사람—신플라톤주의자인 아우구스티누스, 철학과 상관없이 오랫동안 '또 다른 나라'를 고대해 온 모니카—모두가 갈망하던 신적인 것으로의 상승이 된 그들의 대화를 회고한다. 밀라노에서 시작된 긴 육로 여행 후에 그들은 상업과 이교 숭배로 분주한 오스티아의 군중에게서 물러나 아프리카로 돌아가는 여정을 앞두고 휴식을 취했다.

아우구스티누스와 함께 떠나는 여정

이 평온한 시간에 그들은 정원을 내려다보면서 향수에 젖어 타가스테를 그리워하지 않고 성자께서 빛이 되시는 천상의 도성이 어떤 모습 일지 함께 묵상했다. 두 사람은 황홀한 기쁨을 느꼈고, 모니카는 아들에게 "내가 여기서 뭘 하고 있는 거니?"라고 물을 정도였다.[21] "난 이제 갈 준비가 되었구나." 모니카는 다시 한 번 지중해를 건너 고향으로 돌아가는 것이 아니라 그토록 사모하던 고향, 향수병에 걸릴 정도로 그리워하던 고향으로 돌아갈 준비가 되었다고 말했다. 왜냐하면 그 고향을 희미하게나마 보았기 때문이다. 아우구스티누스의 이민자 영성은 모니카에게 배운 것이었다.

아우구스티누스의 남동생은 모니카가 죽음을 앞두고 고향에 무관심한 태도를 보이는 것에 당혹스러워했다. "내 동생은 어머니가 외국이 아니라 모국에서 세상을 떠나기를 바란다는 식으로 말했다"라고 아우구스티누스는 회상한다. 하지만 어머니들만 할 수 있는 방식으로 "어머니는 눈빛으로 동생을 꾸짖었다. 얼마 지나지 않아 어머니는 우리 둘에게 '어디든지 너희가 원하는 곳에 이 몸을 묻거라'라고 말했다." 그는 남편과 나란히 무덤에 묻히고 싶다는 꿈(아우구스티누스가 '그 천박한 생각'이라고 부른 것)을 포기했다. 모니카는 아우구스티누스의 친구들에게 "하나님한테서는 아무것도 멀지 않단다"라고 말했다. "그리고 세상이 끝날 때 하나님이 나를 부활시킬 장소를 모르실까 봐 걱정할 이유가 전혀 없단다"라며 농담을 했다.[22]

모니카가 죽었을 때 아우구스티누스의 아들 아데오다투스는 슬피 울었다. 아우구스티누스에게 "우리가 날마다 나누던 가까운 관계가 갑자기 끊어져서 생겨난 새로운 상처"는 특히나 쓰라렸다. 그가 바다 건너편에서 어머니에게서 벗어나려고 애썼기 때문이다. "하지만 우리를 만드신 나의 하나님, 내가 어머니에게 바칠 수 있는 존경과 어머니가 주님께 바친 섬김을 어떻게 비교할 수 있겠습니까?"라고 그는 부르짖었다.[23] 그들 모두를 만드신 그분 안에서 자신을 발견한 아우구스티누스는 자신이 된다는 것이 곧 다른 이들에게 의존하는 것을 뜻함을 배웠다. 이것은 어머니가 평생 그에게 보여 준 교훈이었다. "내 어머니 때문에 아픕니다"라는 말은 유한성이라는 육체의 가시이며, 피조물 됨을 특징짓는 의존성을 체화된 방식으로 상기시킨다.

# 8. 우정: 소속되는 법

## 소속되기 원할 때 나는 무엇을 원하는가?

블루스 브라더스Blues Brothers에서 델마와 루이스, 웬디와 루시Wendy and Lucy, 〈이지 라이더〉의 빌리와 와이엇, 온 가족이 폭스바겐 밴을 타고 여행하는 〈미스 리틀 선샤인Little Miss Sunshine〉에 이르기까지 로드 무비는 언제나 버디 무비다. 우리는 자신을 찾기 위해 길을 나서지만 혼자서 나서는 경우는 거의 없다. 진정성을 추구하는 발견의 여행이 **나의 것**이지만 이 추구가 거의 언제나 공유되는 것 같다는 점은 역설이다. 진정한 내가 된다는 것은 함께 혼자가 되는 것을 뜻한다. 우리의 개인주의는 이상한 방식으로 공동체적이다. "나를 찾아서 길을 떠날 거야. 같이 갈래?"라고 우리는 외친다.

이런 긴장, 심지어는 모순이 인간 대본에 새겨져 있는데, 그것이 처음부터 실존주의의 핵심 요소였기 때문이다. 예를 들어, 하이데거의 《존재와 시간》에서 만나는 이상한 순례자 같은 등장인물인 현존재를 생각해보라. 하이데거는 이 등장인물이 곧 우리라고 주장한다.[1] 그는 나의 세계는 언제나 공유된다고 강조한다. "세계는 언제나 내가 타자들과 공유

하는 세계다. 현존재의 세계는 **공동세계**[*Mitwelt*]다." 실제로, '타자들'
은 '저기 밖'에 있는 나 아닌 외부의 군중이 아니다. 오히려 그들은 "대
부분의 경우 우리 자신과 구별되지 않는 사람들—우리도 그 일부인 사
람들—이다."² 내가 곧 타자들이며, 나는 **그들이** 만들어 놓은 세계에서
살고 움직이며 내 존재를 갖는다.

그래서 하이데거는 "우선 대개"—우리의 문화적 기본 환경을 묘사할
때 그가 즐겨 사용한 구절—우리의 "일상적" 현존이란 "그들"이 우리
를 위해 설정한 기본 환경에 성찰 없이 몰두하고 몰입하는 것이라고 주
장한다. 나는 다른 이들과 똑같이 틀에 박힌 삶을 살고 있다. 다른 사람
들이 걸어서 닳고 닳은 길이 가장 쉬운 길이 된다. 따라서 나는 흐름에
따라 살아가며 다른 누군가의 삶을 산다. 다만 그것이 우리 **모두**가 따르
는 따분한 군중의 삶처럼 보이기는 한다. 내가 이 공유된 세계에 몰두하
며 살아갈 때 '나'는 누구인가? 하이데거가 어색하게 표현하듯이 나는
'그들'이다. 나는 그들*das Man*, ["그들은 노동절 후에는 흰옷을 입지 말
아야 한다고 말한다"(흰옷은 휴가철에 입는 옷이므로 여름의 끝인 노동절 이후에는
흰옷을 입지 말아야 한다는 의미다—역주) 혹은 "그들은 우리의 사랑이 집세를
내주지는 않는다고 말한다"라고 할 때처럼] 우리가 사회의 기본 환경을
따를 때 소환하는 '그들'이다.³

말하자면 이것은 상호주체성<sup>intersubjectivity</sup>을 보여 주는 이미지다. 이
러한 일상적 형식의 "더불어 있음<sup>Being-with</sup>"에서 나는 "타자들에게 **복종**
**하며**" 살아간다고 하이데거는 말한다. 사실 어떤 의미에서 나는 존재하
지 않는다. 나의 "존재를 타자들에게 **빼앗겼다**."⁴ '그들'이 나의 정체성
을 가져가 버렸다. 나는 그들이다. 마치 우리 모두가 만주인(리처드 콘돈
의 소설《만주인 후보*The Manchurian Candidate*》)의 주인공인 세뇌당한 암살자를 지칭한다—

아우구스티누스와 함께 떠나는 여정

역주)과 같은 자아들이다. "현존재가 세계에 몰입해 있을 때…그것은 그 자체가 아니다."[5] 그리고 내가 그저 나의 환경 안에서 헤엄치고, 환경의 흐름에 따라 살아가기 때문에 이런 상황이 벌어진다. 하이데거가 1920년대에 제시한 예증은 21세기에도 어렵지 않게 적용될 수 있다.

대중교통 수단을 사용하고 신문 같은 정보 서비스를 사용할 때 모든 타자가 다른 타자들과 비슷해진다. 이러한 서로 함께 있음은 한 사람의 현존재를 소멸시켜 '타자들'의 존재로 녹아 들어가게 하며, 그 결과 구별 가능하며 명백한 타자들은 점점 더 사라지게 된다. 이처럼 타자들 사이의 차이가 눈에 띄지 않고 구별할 수 없게 될 때 '그들'의 독재가 펼쳐진다. 우리는 **그들**이 즐거워하는 것처럼 즐거워하고 기쁨을 누린다. 우리는 **그들**이 보고 판단하는 것처럼 읽고 보고 문학과 예술을 판단한다. 마찬가지로 **그들**이 '거대한 군중'한테서 뒷걸음칠 때 우리도 뒷걸음친다. 우리는 **그들**이 충격적이라고 생각하는 것을 '충격적'이라고 생각한다.[6]

하이데거의 통찰은 시대에 뒤처진 동시에 시대를 앞선 것처럼 보인다. 이러한 통찰을 디지털 세계의 대량 소비에 의한 (왜곡된) 형성에 투사하는 데는 그다지 많은 상상력이 필요하지 않다. 시류를 따르지 않겠다는 태도조차도 모방이다. 나는 **'그들'이 하듯이** 중고물품 가게를 이용하여 패스트 패션fast fashion(최신 유행을 빠르게 반영해 제작하고 판매하는 의류 유통 구조—역주)을 거부한다. 나는 **'그들'이 하듯이** 문신과 피어싱으로 부르주아지의 패권에 저항한다. 나는 **'그들'이** 폭스 뉴스Fox News(미국의 대표적인 보수 매체—역주)를 시청함으로써 **그렇게 하듯이** '정치적 올바름'이라는 위선적인 점잖음을 거부한다. 하이데거는 "모든 비밀이 그 힘을 잃어버렸다"라고 결론 내린다. 그 대신 우리는 진정성 없는 "평균"을 얻었고, 가능성은 우리가 공유하는 것으로 "하향 평준화"되고 말았다. "이러한 상황에서 한 사람의 존재 방식은 진정성 없음의 존재 방식, 자신의 자아를 지켜 내지 못하는 존재 방식일 뿐이다"라고 그는 지적한다.[7]

그렇다면 진정성은 어떤 모습인가? 독특하며, 결의에 차 있고, 개인적이다. 하이데거에게 진정한 자아가 된다는 것은 '그들'의 시끄러운 소리 위로 울려 퍼지는 부름에 응답하는 것이다. 누가 부르고 있는가? 바로 **나 자신**이다. "양심의 부름"이란 나의 일상적인 몰입, 진정성을 결여한 나의 그들-자아로부터 나를 재빨리 건져 내며 나에게 나 자신이 되라고 촉구하는 호소다. 양심의 부름이란 일종의 실존적 휴대전화처럼 울리는 호소다. 그 전화를 받으면, 수화기 반대편에서 당신이 되어야 할 자아가 이렇게 강력히 촉구한다. "너 자신이 되라!" 하이데거는 "한 사람이 그런 호소를 들을 때 그는 무엇으로 부름을 받는가?"라고 묻는다. "한 사람의 **고유한 자아**로."[8] 그렇다면 진정성이란 그 부름을 받아들이는 용기—'그들'이 제공하고 제안하는 존재가 아니라 당신만이 될 수 있는 그런 존재로 살아가겠다는 "선구적 결단"—를 갖는 것이다.[9] "양심의 부름을 이해할 때, '그들' 안에서 상실한 것이 드러난다."[10] 전에는 내가 ('그들' 안에서) 상실되었지만, 이제는 (나 자신에 의해) 발견되었다(존 뉴튼의 찬송가 〈나 같은 죄인 살리신〉의 한 구절로, 우리말 가사는 "잃었던 생명 찾았고 광명을 얻었네"에 해당한다—역주). 하이데거가 좋아하는 표현처럼, 이것은 나의 **가장 고유한** 가능성을 붙잡는 것에 관한 문제다.

따라서 진정성은 언제나 '그들'로부터 벗어남, 순응에 대한 거부처럼 보인다. 왜냐하면 진정성 없음이란 그 정의상 타자들의 지배, '그들'의 독재에 저항하지 못한 것이기 때문이다. 타자들 자체가 실존적 위협

아우구스티누스와 함께 떠나는 여정

이다. 그렇다면 장-폴 사르트르가 희곡 《닫힌 방*No Exit*》(민음사)에서 조제프 가르생의 입을 통해 "타인은 지옥이다"라는 귀에 거슬리는 주장을 하는 것도 당연하지 않겠는가? 이것은 자극적이지 않은 형태의 인간 혐오가 아니다. 오히려 이것은 하이데거의 것과 다르지 않은 상호주체성 이해, 타자들을 근본적으로 경쟁자, 위협, 나의 평화와 안식을 빼앗는 강탈자로 보는 관점으로부터 시작되었다. 하이데거의 경우는 이것을 순응의 동학으로 표현하는 반면, 사르트르는 타자들이 나의 자유를 축소한다고—유일하게 자유라고 불릴 자격이 있는 '절대적' 독립을 실현하기 위해 나에게 필요한 산소를 다른 사람들이 다 빨아들이고 있다고—보았다. 사르트르에게 존재란 제로섬 게임이라서 당신 **아니면** 나다. 두 사람 모두가 자유롭기에는 이 우주가 비좁다. "인간이 어떤 때는 자유롭고 어떤 때는 노예가 될 수는 없다. 인간은 언제나 전적으로 자유롭거나 전혀 자유롭지 않다."[11] 타자는 나의 자의식에 걸림돌이다. 사르트르에게 상호주체성이란 동화와 객체화 사이의—집어삼킬지, 집어삼켜질지에 관한—본질적이며 지속적인 경쟁이다. 사르트르에게는 사랑조차도 의지들이 벌이는 지배를 위한 싸움이다. 유혹이란 타자로 하여금 나에게 그들의 자유를 양도하라고 설득하는 것이다.[12]

진정성에 관한 하이데거의 설명과 사르트르가 말하는 자유의 개념—우리가 아직 인식하지 못하는 방식으로 우리의 집단적이며 대중적인 의식에 스며들어 있는—배후에는 상호주체성, 인간이 세계를 공유하며 서로 함께 존재한다는 것이 무엇을 의미하는지에 관한 입장이 자리 잡고 있다. 더불어 있음에 대한 입장이 자리 잡고 있다. 그리고 그 입장은 압도적으로 부정적이다. 우리가 다른 이들과 맺는 관계를 진정성에 대한 위협으로 이해한다. 다른 이들은 우리의 참된 자아를 빨아들이겠다고 위협하는 광인들과 같다. 그렇기 때문에 진정성을 개인의 결단, 단독적인 저항, 군중이라는 바다 위로 당당하게 뛰어오르는 개성의 문제로 바라본다.

이것은 우리가 깨닫지 못하며, 따라서 이의나 의문을 제기하지 않은 채 암묵적으로 흡입하는 **입장**, 이해, 해석이다. 우리는 그것을 우리의 영화뿐만 아니라 삶의 대본으로 삼고, 따라서 '결의에 찬' 개성이 대개의 경우 일종의 새로운 획일성처럼 보일지라도 그것을 소중하게 여긴다. 더 중요한 의미에서, 비록 우리가 계속해서 친구들에게 우리와 함께 다른 누구도 들을 수 없는 그 자신을 부르는 자아의 부름을 향한 여행을 떠나자고 권하기는 하지만, 자유와 진정성에 대한 이러한 전망에 내재한 다른 사람들에 대한 이해를 우리는 암묵적으로 채택한다.

하이데거와 사르트르의 동시대인이었던 가브리엘 마르셀은 20세기 중엽에 실존주의가 사람들의 마음과 생각을 사로잡고 있을 때 이미 이 점을 간파했다. 사르트르의 절대적 자유의 핵심에는 모든 선물을 거부해야 하는 독립이 자리 잡고 있다. "사르트르에게 받는다는 것은 자유와 양립될 수 없다. 자유로운 존재는 자신이 무언가를 받았다는 것을 스스로 부인해야만 한다"라고 마르셀은 지적한다.[13] 자유란 빚으로부터의 자유이며, 이는 집착과 연결 없이, 다른 사람들과의 관계로부터 해방되어 사는 것을 뜻한다. 마르셀은 "이것은 분명히 경험과 반대되지 않는가?"라고 묻는다. 우리 가운데 우리의 선택을 가능하게 해 준 과거에, 행위 능력agency을 갖춘 '나'를 낳고 형성해 준 인간관계에 빚지지 않은 사람이 누가 있겠는가?[14] 어쩌면 자유는 그런 가공의 독립과는 다르게 보일지도 모른다. 어쩌면 다른 사람들이 우리의 친구가 될 수도 있다.

어쩌면 장-폴 사르트르는 그가 깨달았던 것보다 더 많은 선물을 받

아우구스티누스와 함께 떠나는 여정

았을지도 모른다. 마르셀은 그의 주장을 명징하게 진술한다. "나는 인간 사상의 역사 전체에서 심지어는 가장 세속화된 형태에서조차도 은총을 그토록 대담하게 혹은 그토록 경솔하게 부인한 적은 없었다고 생각한다."[15] 사르트르의 논증 전체가 "주체로서의 **우리**에 대한 전면적인 부인에, 다시 말해서, 사귐communion에 대한 부인에 기초하고 있다."[16] 진정성을 위한 실존주의적 각본을 거부한다는 것은 진정성 없음을 받아들이는 것이 아니다. 그것은 왜 친구가 선물이며, 어떻게 은총이 공동체적이고, 어떻게 내가 사귐 안에서 자신을 발견할 수 있는지를 상상하는 것이다. 그것은 반드시 버디 무비여야만 하는 다른 종류의 로드 무비가 될 것이다.

하이데거가 타자들의 영향력을 압도적으로 부정적인 관점에서 이해했다면, 우리는 그가 아우구스티누스로부터 이 교훈을 배웠다고 정직하게 인정해야만 한다. 실제로 1927년에 출간된 《존재와 시간》에 실린 '그들'에 관한 핵심 단락 중 일부는 그가 1921년에 한 《고백록》 강연 원고를 다듬은 글이라는 것이 밝혀졌다. 《존재와 시간》에 실린 '일상성'과 진정성 없음에 대한 그의 분석은 《고백록》 10권에서 아우구스티누스가 유혹을 설명한 부분에 대한 해석을 통해 만들어졌다. 아우구스티누스가 세속의 삶 전체가 시험이라고 말한 것에 대해 하이데거는 이렇게 해석한다. "현존재, 자아, 삶의 실재성being-real은 몰입이다. 세계가 자아의 삶을 규정한다. 자아가 진정성 있게 살고 있다고 생각한다면 더더욱 그렇다."[17] 자아가 야심과 "세상의 찬사"라는 유혹에 굴복할 때, 자아의 "염려*curare*"를 타자들이 넘겨받게 되며, "자아는 가장 고유한 방식의 존재를 상실하게 된다." 나는 "공동 세계 안으로 추락한다."[18]

실제로, 타자들은 아우구스티누스가 말하는 타락의 공범자로 특징지어진다. 《고백록》(2권)의 핵심 단락에서 아우구스티누스는 자신과 빈둥거리는 학생들이었던 자기 친구들이 일종의 군중심리에 압도되어 근처 배나무에서 열매를 훔친 다음, 근처에 있는 돼지에게 던져 준 때를 회고한다(다시 한 번 탕자의 비유를 떠올리게 한다). 아우구스티누스는 [아담과 하와가 낙원에서 저지른 범죄처럼] 자신이 정원에서 저지른 범죄—열매를 즐기기 위해서가 아니라, 이용해야 하는 것을 **즐기기**를 즐기기 위해 훔치는 것("나는 나의 타락을 사랑했습니다"[19])—가 다른 이들과 함께 저지른 일이었다고 강조한다. 실제로, 다른 이들은 이 타락의 동반자들일 뿐 아니라 그의 타락을 위한 **조건**이었다. 아우구스티누스는 "혼자였다면 그렇게 하지 않았을 것입니다"라고 거듭 항의한다. 이 드라마에서 다른 사람들은 유혹하는 사람들로 등장하여 나를 자신에게서 멀어지게 하고 나의 사랑을 더 고귀한 선으로부터 더 낮은 것들로 끌어내린다. 아우구스티누스는 "우정은 위험한 적이 될 수 있다"라고 지적한다.[20] (포스털 서비스*Postal Service*의 노래 가사처럼 "이 사람들은 당신 친구가 아니다."[21]) 실제로, 아우구스티누스는 그런 무리에 '우정'이라는 영예로운 호칭을 부여하지 않으려는 듯하다. 그들은 무리, 군중, 패거리에 불과하다. "그런 행위를 할 때 나의 사랑은 내가 함께 그것을 했던 패거리와 연관되고 말았습니다"라고 그는 회고한다. 이 패거리에게 자신을 잃어버릴 때 그는 무엇을 사랑했는가? 그는 관계, 소속감, 인정—비록 뒤틀리긴 했지만—을 사랑했다. 그는 우리에게 "나의 즐거움은 배 열매에 있지 않고, 죄인의 무리와 어울려 행한 범죄 자체에 있었습니다"라고 말한다. 아우구스티누스는 그것이 전혀 말이 되지 않는다고 인정한다(다른 사람들의 이러한 영향력은 "검토해 볼 수 있는 범위를 넘어선다"). 하지만 우리 모두가 그 힘을 알고 있다. 그것은 함께 어울려 죄를 범하는 집단적인 힘, 범죄의 동지 의식이다. "'가서 그렇게 하자'라는 말을 듣자마자 우리는 수치심 없는 것을 오히려 부끄러워한다."[22] 나는 타자들에게 나 자신을 잃어버리고 만다.

아우구스티누스의 평생 친구이자 가장 친한 친구가 된 알리피우스라는 젊은 남자와 관련된 또 다른 일화에서 이처럼 자아를 빨아들이는 타자들이 다시 한 번 등장한다. 유혈이 난무하는 검투사 경기의 비인간적 폭력에 대한 중독과 씨름하던 알리피우스는 마침내 유혹에 저항하겠다는 새로운 차원의 결단을 하게 되었다. 하지만 어느 날 밤 저녁을 먹고 돌아가는 길에 알리피우스는 우연히 동료 학생 무리―불량한 남자 대학생들을 생각해 보라―를 만나게 되고, 그들은 그에게 같이 경기를 보러 가자고 초대한다. 처음에는 초대로 시작했지만 희롱으로 바뀌었고 급기야 "친구에 의한 폭력"으로 변질되어 그들은 "그를 잔인하고 살인적인 경기가 벌어지던 원형 경기장으로 끌고 들어갔다." 젊지만 열성적이었던 알리피우스는 자신의 결단과 의지력을 과대평가했다. 동시에, 몸을 전시하는 구경거리가 지닌 힘을 과소평가했다. 그가 마침내 끈질기게 떠미는 그들에게 굴복할 때도 그는 여전히 (지나치게) 자신만만했다. "너희가 내 몸을 끌고 가서 나를 거기에 앉힌다고 해서 내 마음과 눈을 그 광경에 고정할 수 있다고 생각하지는 마. 나는 거기에 있지 않은 사람처럼 있을 것이고, 너희와 경기 모두를 극복할 거야."[23] 그는 그 정도로 젊었다.

그들이 도착한 원형 경기장은 "잔인성에 있어서 가장 야만적인 기쁨으로 들끓고 있었다." 저항하겠다는 결의에 가득 찬 알리피우스는 스트립 바에 간 소년 찬양 대원처럼 눈을 감고 일부러 다른 생각을 했다. 아우구스티누스는 그 상황을 하나하나 설명하면서 비꼬듯이 이렇게 말한다. "그가 귀까지 막기만 했더라도!" 그런 다음 그 드라마를 외부적으로, 내부적으로 간결하게 재연한다.

한 남자가 전투 중에 쓰러졌습니다. 전체 군중의 거대한 함성이 그를 맹렬하게 덮쳤고 그는 결국 호기심에 압도당하고 말았습니다. 자신이 무엇을 보든지 무시하고 그것을 정복할 수 있을 정도로 강하다고 생각한 그는 눈을 떴습니다. 그는 쓰러져서 함성을 자아낸 그 검투사가 몸에 입은 상처보다 훨씬 더 심각한 상처를 그의 영혼에 입었습니다. 함성이 그의 귀로 들어와 억지로 그의 눈을 뜨게 만들었습니다. 강하기보다는 대담했던 마음, 주님께 의지해야 할 때 오만하게도 자신을 의지했기 때문에 더 약해진 마음은 그렇게 상처를 입고 바닥으로 쓰러지고 말았습니다.

여기에는 자유와 행위 능력에 관한 통찰도 담겨 있지만, 아우구스티누스는 이 장면에서 다시 한 번 이러한 추락에서 타자들이 하는 역할에 초점을 맞춘다. 알리피우스는 "이제 방금 들어온 사람이 아니라 그가 참여한 군중의 한 사람일 뿐이다."[24] 더 이상 그 자신이 아니라 무리의 일부일 뿐인 알리피우스는 '그들'에게 자신을 잃어버렸고 그의 개인적인 결단은 녹아서 사라지고 말았다. 그는 이제 "그를 데리고 온 사람들의 진정한 공모자"가 되고 말았다.[25] 그들은 결코 친구가 아니었다.

여기서 우리는 하이데거가 말하는 결의에 찬 '진정한' 자아와 사르트르의 '자유로운' 진정한 자아로 연결되고, 그런 다음 우리가 디즈니 채널을 구독하면서 들이마시는, 대중적이며 문화적인 진정성의 관념—군중에 저항하라, 대중보다 더 높은 수준으로 올라가라, 자신에게 충실하라, 자신의 길을 개척하라—으로 이어지는 계보를 추적할 수 있다. 그들은 우리에게 "너 자신의 삶을 살아!"라고 말한다. 물론 당신은 자기 발견의 새로운 길을 개척하는 과정을 모두가 볼 수 있도록 인스타그램에 올려야 하고, 당신의 진정성이 인정받고 있는지 확인하기 위해 '좋아요' 개수도 끊임없이 신경 써야 한다. 하지만 타자들은 아첨을 위해 존재한다. 유일한 '우리'는 관심받기 위해 경쟁하는 우리다.

우리가 그토록 외로운 이유는 이런 식으로 진정성을 추구하기 때문일까?

연구자들이 한 무리의 사람들이 서로 공을 던지면서 떨어뜨리지 않게 하는 시시한 게임을 하는 진부한 시나리오를 만들었다. 하지만 이 과학자들은 이 게임에 한 가지 조건을 추가했다. 한 사람에게는 알리지 않은 채 그 사람에게는 공이 가지 않도록 했다. 그 사람의 입장이 되어 생각해 보라. 당신도 무리에 끼어 공 던지기를 시작했다. 사람들은 공을 여기저기 무작위로 던지고, 낄낄거리며 장난도 친다. 당신은 함께 재미를 느낄 기회를 계속 기다리고 있지만, 공은 절대 당신 쪽으로 오지 않는다. 처음에는 참는다. 다른 사람들이 웃으면 당신도 웃는다. 관심을 끌어 보려고 원 안으로 조금 들어간다. 당신의 미소가 점점 더 억지스러워진다. 아직은 당신이 배제된 것이 우연이라는 일말의 희망이 있다. 하지만 결국 당신은 공이 절대로 당신 쪽으로 오지 않을 것이라고 결론 내린다. 이 게임은 당신을 위한 것이 아니다. 당신은 원래부터 게임을 하고 싶지 않았던 것처럼 행동한다. 당신은 더는 공을 받으려 하지 않는다.

하지만 이것은 그저 게임이 아니다. 연구자들이 발견하듯이, 이렇게 배제된 사람은 삶이 무의미하며 목적이 없다고 전보다 더 강하게 증언할 것이다.[26] 이 게임은 근본적인 인간의 필요를 드러내는 한 가지 방식일 뿐이다.

이제 이것이 단순한 실험이 아니라 삶의 모습이라고 상상해 보라. 당신은 시시한 공 던지기 게임에서 공이 당신 쪽으로 오기를 기다리는 게 아니라, 누군가가 당신을 부르거나 당신에게 찾아오거나 당신 이름을 부르기를 기다리고 있다. 당신은 표현조차 할 수 없지만, 누군가 당신을 알고 있다는 어떤 신호를 간절히 기다리고 있다. 하지만 아무도 부르지 않는다. 아무도 당신에게 어떻게 지내는지 묻지 않는다. 아무도 아침 뉴스에 관한 당신 생각에 귀 기울이지 않는다. 당신은 혼자다. 다만 수십만 명의 당신이 있을 뿐이다. 외롭다는 점에서 당신은 혼자가 아니다. 그렇다고 해서 외로움이 덜하지는 않지만 말이다.

사회적 고립의 요인으로 자주 꼽히는 외로움은 후기 자본주의 사회에서 사회적 전염병이 되었다. 예를 들어, 사회정의연구소Center for Social Justice에서는 영국인들의 외로움을 이렇게 간결하게 설명한다.

영국에서는 무려 80만 명이 만성적으로 외로워하며 그보다 더 많은 사람이 일정 정도의 외로움을 경험한다. 나이가 많은 사람 중 17%는 가족과 친구, 이웃과 일주일에 한 번 미만으로 교류하며, 11%는 한 달에 한 번 미만으로 교류한다.

이는 심혈관 질환, 치매, 우울증과 연관이 있으며, 일부 연구자들에 의하면 사망률에 미치는 영향이 흡연과 비슷하며 비만보다 더 나쁘다. 한 연구에서는 외로움이 조기 사망 위험을 무려 30%나 증가시킬 수 있다고 밝혀냈다.

이에 더해 고립과 빈곤 사이에 강력한 상관관계가 존재한다. 가까운 친구가 두 명 이상일 때 빈곤 확률이 거의 20% 감소한다.[27]

신체적인 몸과 사회적인 몸에서 그 영향을 느낀다. 이 때문에 고통당하는 사람들은 외로운 사람들만이 아니다. 이것은 공동체를 망가뜨리고 불안정하게 한다. 비용도 발생한다. 이에 대한 대응으로 영국에서는 이 전염병의 사회적 영향력에 대처하기 위해 외로움 담당 장관을 임명했다. 문제는, 근대주의적 서사에 빚을 지고 있는 정부가 가족의 붕괴, 심지어는 세속화 자체와 같은 문제의 근원을 인정하려고 하겠느냐는 것이다. 시인 프란츠 라이트Franz Wright가 자신의 곁에 없던 아버지에게 쓴 시 〈비행Flight〉에서 너무나도 강렬하게 포착해 냈듯이, "내가 여덟 살 때 아버지가 떠난 후 나는 언제나 외로웠습니다 / 바로 내 옆에 있는 사람조차 별처럼 멀게 느껴졌습니다."[28] 이것이 우리가 역설적으로 군중 속에서도 외로울 수 있는 이유다.

하지만 우리는 자신 말고 그 누구도 탓할 수 없다. 우리가 이런 세상을 만들었다. 찰스 테일러Charles Taylor가 말하듯이, 근대에 우리는 인간을 "완충된 자아buffered self", 즉 보호를 받으며 자율적이고 독립적이며 우리 자신이 선을 결정하고 우리 자신의 "진정한" 길을 추구할 자유를 지닌 존재로 재정의했다. 우리는 우리 마음대로 자유로울 수 있는 사사화된 공간을 개척하기 위해 신과 악마의 침투를 차단했다. 우리는 어느 정도까지 우리가 자신 **안에** 갇혀 있는지를 깨닫지 못했다. 초월을 봉쇄하여 자신을 해방시키는 과정에서 우리는 자신을 독방에 가두는 대가를 치렀다. 우리가 자신의 해방자라고 생각했지만, 결국 우리는 자신의 간수일지도 모른다.

혹은 다시 테일러로 돌아가, 자아를 완충된 존재로 이해한다고 해서 투과성 존재, 즉 개방적이며 상처받기 쉽고 연결을 갈망하는 존재라는 자아의 속성을 실제로 덮어쓰지는 못했다고 주장할 수도 있다. 실제로, 사회적 고립의 끔찍한 영향들은 자율적이고 자기충족적이라는 근대적 자아 개념이 거짓임을 드러냈다. 우리가 그런 왜곡을 믿을 때조차도 영혼의 갈망은 실제로는 그런 왜곡이 틀렸음을 입증한다. 클레이 러틀리지Clay Routledge가 〈내셔널 리뷰National Review〉에 기고한 글에서 지적하듯이, "사회적 연결과 사랑은 인간 경험에 너무나도 핵심적인 요소이기 때문에 우리는 거대한 사회적 고통에 쉽게 영향을 받을 수밖에 없다."[29] 심지어 하이데거조차 인정했듯이, 외로움은 더불어 있음의 한 양태다.[30]

머리나 키건Marina Keegan은 사후에 발표된 유명한 에세이 "외로움의 반대말The Opposite of Loneliness"에서 이러한 근본적인 인간의 갈망과 그것을 잃어버리는 것에 대한 두려움을 표현했다. 이를 특권을 누리는 이들의 응석으로 무시하고 싶은 생각이 들 수도 있겠지만, 모든 인간의 마음에 자리 잡고 있는 갈망(과 두려움)을 포착하고 있음을 부인할 수는 없다.

우리 말에는 외로움의 반대말이 없지만, 만약 그런 말이 있다면 나는 그

아우구스티누스와 함께 떠나는 여정

것이 바로 내 삶에서 원하는 것이라고 말하고 싶다. 그것은 감사하게도 내가 예일에서 발견했던 것이며 내일 아침에 일어나 이곳을 떠날 때 잃어버리게 될까 두려워하는 것이다. 그것은 사랑도 아니고, 공동체도 아니다. 그저 여기 함께 있는 사람들, 수많은 사람이 있다는 이 느낌이다. 우리 편인 사람들이 있다는 느낌이다. 식당에서 음식값을 내고 나서 식탁에 남아 있을 때의 느낌이다.[31]

진정성이 바로 우리가 느끼는 외로움의 원천이 아닐까? 다른 사람들을 나의 자유와 자율에 대한 위협으로 보는, 의심을 받지도 않았고 인정을 받지도 않았던 이런 관점이 나를 고립시킨 것은 아닐까? 진정성은 가치가 있을까? 아니면, 우리가 진정성을 다른 방식으로 상상해 볼 수는 없을까?

어쩌면 모든 로드 무비가 버디 무비라는 사실은 인간 본성의 다른 근본적인 갈망, 사귐을 향한 제거할 수 없는 충동을 가리킬지도 모른다. 외로움의 반대는 함께 우리 자신을 찾는 것 아닐까? 친구는 위협이나 경쟁자가 아니라 선물이 아닐까? 우리 마음 가장 깊은 곳에서 우리는 우리 곁에 있는 그 사람이 우리를 향해 미소 지으며 "잡아!"라고 외치기를 바란다.

하이데거는 이야기의 나머지 부분을 놓쳤다. 그는 "혼자였으면 그런 짓을 하지 않았을 거야"라는 아우구스티누스의 말은 들었지만, "친구들이

없으면 난 행복할 수 없을 거야"라는 그의 고백은 놓쳤다.³² 우정은 위험한 적이 될 수도 있지만, 아우구스티누스에게 우정은 은총의 통로이기도 하다. 다른 사람들이 문제가 아니라, 그들이 무엇을 사랑하느냐와 어떻게 나를 사랑하느냐가 문제다.

하이데거는 결국 나에게는 관심이 없고, 내가 할 일을 하고 '가담하고' 순응하는 한 나에게 소속감을 빌려주기만 할 뿐인 진정성 없는 우정, 패거리의 동지 의식, 군중의 연대에 대한 아우구스티누스의 묘사에만 초점을 맞췄다. 이런 거짓 우정은 피조물로서 지닌 갈망, 즉 "사랑하고 사랑받고자 하는" 갈망을 채워 준다고 주장하는 묽은 죽을 제공할 뿐이다.³³ 그것은 엄청난 약속과 거대한 이야기, 자신을 설득해 좋은 삶을 발견했다고 믿게 된 사람들을 통해 나의 약점과 절망을 공략하는 정보 전달형 광고infomercial 같은 우정이다. 그리고 하이데거는 아우구스티누스에게서 이처럼 뒤틀린 형태의 거짓 우정만 보았기 때문에, 그에게는 다른 사람들이 언제나 나 자신에게 집중하지 못하도록 주의를 산만하게 하는 요소처럼 보였다. 그는 마치 '우정'을 자신을 잃어버리는 지름길처럼 생각했다. 따라서 진정성이란 개인화라는 사적 기획이다. 모든 미워하는 자들을 잊어버리라(하이데거에게는 다른 모든 사람이 미워하는 자다). 당신 방식대로 당신이 되라.

하지만 이것은 덜 자란 아우구스티누스를 상속받는 것과 같으며, 그렇게 할 때 이 이야기의 목적을 놓치고 만다. 아우구스티누스는 우리가 '진정성'이라고 부르는 것을 그 나름대로 설명한 바 있다. 하이데거의 설명처럼, 여기에는 부름에 응답하고, 호소에 귀 기울이고, 내가 되도록 창조된 존재가 되라는 명령에 응답하는 것이 포함된다. 하지만 그 부름은 온통 자신의 목소리만 메아리치는 방echo chamber으로부터 나오지 않는다. 그것은 나를 만드신 분, 친구를 위해 자신의 목숨을 내어주신 "형제보다 더 가까운 친구"에게서 온다. 그리고 그분은 다른 사람들을 **통해서**, 친구들을 통해서 나를 부르신다.

실제로, 아우구스티누스의 회심 이야기의 핵심에는 친구들이 자리 잡고 있다. 《고백록》 8권에는 다른 사람들이 계속해서 아우구스티누스의 삶에 나타나 그가 있는 곳에 그대로 머물러 있도록 내버려 두지 않고, 부르심에 응답하도록 그를 격려하고 재촉하는 일화들로 채워져 있다. 이 이야기의 절정은 친구들과 본보기들—아우구스티누스가 모방해야 할 본보기들을 가리키는 친구들—의 만화경이다. 이런 관점에서 다른 사람들은 그의 진정성을 위협하는 존재가 아니라 오히려 진정성을 향해 가도록 그를 유인하는 존재다.

8권 첫 부분에서 아우구스티누스는 미지근한 태도로 낙심에 빠져 있다. "그 길, 구주께로 끌리기는 하지만…여전히 주저하는" 모습이었다.[34] 따라서 하나님은 그에게 일종의 신적 제안을 하신다. 암브로시우스의 궤도에서 선회하던(또한 암브로시우스에게 세례를 베풀었던) 더 나이 든 그리스도인인 심플리시아누스를 찾아가 보라고 제안하신다. 아우구스티누스가 플라톤주의와 씨름하고 있다고 말하면서 자신의 지적·영적 갈등을 털어놓았을 때, 심플리시아누스는 그에게 본보기가 될 만한 다른 누군가에 관한 이야기를 할 기회를 얻었다고 생각했다. 마리우스 빅토리누스Marius Victorinus는 로마에서 존경받는 박식한 웅변가였다. 많은 점에서 빅토리누스는 아우구스티누스가 성취하고자 했던 모든 것을 성취했고, 로마의 포룸에는 그를 기리는 조각상이 세워질 정도였다. 또한 그는 아우구스티누스의 철학적 상상력을 변화시켜 놓은 "플라톤주의자들의 책들"을 번역한 사람이었다.

심플리시아누스는 아우구스티누스가 빅토리누스에게서 자신과 비슷한 인물, 곧 웅변가, 학자, 정치적 연줄이 있는 철학자를 볼 수 있으리라고 생각했다. 심플리시아누스는 아우구스티누스의 친구로서 아우구스티누스로 하여금 그가 되도록 부르심을 받은 자아가 되고, 그리스도인이 되기 위해 자신의 모든 업적을 기꺼이 포기했던 빅토리누스의 용기를 본받도록 그를 재촉하기 위해서 그에게 빅토리누스를 소개했다. 심플리시아누스가 그의 친구가 될 수 있었던 것은, 그가 기꺼이 아우구스티누스를 위해 진정성으로의 부르심을 위한 통로가 되고자 했고, 지혜롭게도 빅토리누스가 경종으로 아우구스티누스의 신경을 거슬리게 할 완벽한 본보기가 될 것을 알고 있었기 때문이다. 아우구스티누스는 그가 자기에게 너 자신이 되라고 다그쳤기 때문에 '참된' 친구였다고 말했을 것이다. 모든 타자가 '그들'은 아니다.

이 만남은 바라던 결과를 얻었다. "주님의 종 심플리시아누스가 나에게 빅토리누스에 관해 이야기하자마자 나는 열렬히 그의 본보기를 따르고자 했습니다."[35] 이 경우에 타자의 영향력은 자아를 축소하지 않고 오히려 새로운 생명을 주었다. 타자는 나의 개성과 진정성이라는 산소를 훔치는 것이 아니라, 오히려 부활 직전에 있던 자아에 새로운 생명을 불어넣는다.

아우구스티누스에게 회심에 이르는 길—자신을 찾는 길—에는 이런 종류의 친구들이 줄지어 서 있다. 심플리시아누스를 방문한 직후 아우구스티누스는 또 다른 '우연한' 만남을 갖는다. 앞서 야심에 관한 논의에서 지적했듯이, 심플리시아누스는 더 나은 것에 대한 야심을 불러일으켜서 자신이 아우구스티누스의 친구임을 입증했다. 또한 그는 아우구스티누스에게 하나님나라를 추구하기 위해 세속적 야심을 포기하는 사

아우구스티누스와 함께 떠나는 여정

람의 본보기를 칭송하는 책인 《안토니우스의 생애》를 만나고 나서 그런 부르심에 응답한 사람들의 **본보기**를 소개했다. 다른 사람의 본보기는 그들로 하여금 자신이 비슷한 부르심에 응답하는 모습을 상상해 볼 수 있게 해 준다. 본보기를 따르겠다고 결심한 첫 사람은 친구를 찾아가 그에게 자신의 결심을 이야기한다. 그리고 이제 친구는 그의 친구를 위한 본보기가 될 것이다. "내 본보기를 따르려고 자네가 너무 많은 대가를 치러야 한다고 하더라도 나를 적대시하지는 말게"라고 그는 당부한다.[36] 하지만 그의 친구는 따를 준비가 되어 있다. 친구들과 본보기들을 통해 동기 부여와 감동을 받은 친구와 본보기인 그들은 함께 이 새 길을 나선다. 이 드라마에서 '그들'은 평준화 효과를 초래하지 않는다. 오히려 아우구스티누스로 하여금 그가 되어야 할 그런 존재가 되도록 그를 재촉하는 그의 친구들을 통해 이 드라마가 펼쳐진다.

그 결과, 도리언 그레이Dorian Gray처럼 자신과 만나게 된다. 이런 본보기들은 아우구스티누스가 되라고 부르심을 받은 존재를 보여 주는 초상화와 같다. 또한 이 초상화는 그에게 자신의 모습을 반대로 보여 준다. 심플리시아누스와 폰티시아누스가 보여 주는 본보기는 아우구스티누스가 새로운 각도에서 자신을 바라보게 해 주는 거울이 된다. "주님, 그가 말하는 동안 주님은 내가 다시 나 자신에게 관심을 기울이게 하셨습니다. 나 자신의 모습을 보고 싶지 않아서 나 자신의 등 뒤에 숨어 있던 나를 일으켜 세워 나를 내 얼굴 앞에 서게 하시고 내가 얼마나 역겨운지, 얼마나 뒤틀려 있고 더러우며 상처와 염증으로 뒤덮여 있는지를 보게 하셨습니다. 나는 내 모습을 보고 몸서리쳤지만 나 자신한테서 도망칠 수가 없었습니다."[37] 이런 친구들은 긍정적인 칭찬을 해 주기 때문이 아니라 아우구스티누스가 자신과, 또한 그가 **아닌** 존재와 대면하게 만들고, 그가 어떤 존재가 되도록 부르심을 받았는지에 대한 실질적인 전망을 단호하게 제시할 정도로 그를 사랑했기 때문에 그의 친구들이었다. 친구는 우리가 하고 싶은 대로 내버려 두는 사람이 아니다. 사랑이 언제나 동의의 형태를 띠지는 않는다.

이와 관련해 나는 맷 데이먼Matt Damon과 벤 애플렉Ben Affleck을 일약 스타덤에 올려놓고 로빈 윌리엄스Robin Williams가 처음으로 극적인 역할을 맡았던 영화 〈굿 윌 헌팅 *Good Will Hunting*〉의 마지막 부분에 등장하는 한 장면이 떠오른다. 윌 헌팅은 불운하게도 노동 계급이 밀집해 있는 보스턴 남부의 황폐한 동네에서 태어난 수학 천재다. 이곳에서 야심은 죄일 뿐이다. 하버드의 수학자들과 두뇌 집단에서 구애를 받고 있음에도, 윌은 더럽고 고단한 일을 하면서 쓰러져 가는 술집에서 빈둥거리며 시간을 보내는 것이 자신에게 더 충실한 삶이라고 결론 내렸다.

어느 날 오후 철거 현장에서 일이 끝난 후 윌과 그의 친구 처키는 픽업트럭에 기댄 채 싸구려 맥주를 마시고 있다. 처키는 윌에게 돈을 많이 주겠다고 약속한 일자리를 받아들일지 묻는다.

"어, 사무실에 앉아 복잡한 셈 하는 거?" 그가 경멸하는 말투로 답한다.

"그래도 돈 많이 벌 수 있잖아?" 처키가 그에게 말한다. "이 거지 같은 일보다는 낫지. 여기서 벗어날 수도 있고."

"내가 뭣 때문에 여길 벗어나고 싶겠니?" 윌은 처키가 자신의 충성심을 이해하고 소중하게 여기기를 기대하며 이렇게 답한다. "나는 평생 여기서 살 거야. 우리는 같은 동네에서 살고, 함께 아이를 키우고, 함께 걔들을 유소년 야구 리그에 데려갈 거야."

처키는 그 말을 곧이곧대로 듣지는 않았지만 정색하며 대꾸한다.

아우구스티누스와 함께 떠나는 여정

"야, 넌 내 가장 친구니까 오해하지 말고 들어. 20년 후에 네가 아직도 여기서 살면서 우리 집으로 건너와 미식축구 경기를 보고 여전히 건설 일용직에서 일하고 있다면, 널 가만히 안 둘 거야!"

월은 놀라서 자신을 변호하며 하버드에 있는 재수 없는 교수들한테서 들었던 "너 자신에게 충실하라"는 식의 말을 처키한테 늘어놓는다.

"널 위해서가 아니야"라고 처키가 되받아친다. "**날** 위해서지. 나는 오십이 되도록 여기서 이러고 살겠지. 하지만 넌 복권에 당첨되고도 돈을 안 받겠다는 거잖아."

"야, 네가 뭘 알아!" 월의 말은 대답할 말이 없는 사람의 반응일 뿐이다.

"내가 아는 걸 얘기해 줄게"라고 척이 말한다. "매일 난 너를 태우러 너희 집에 들르지. 하루 중에서 최고의 시간이 언제인지 알아? 길가에 차를 대고 너희 집 현관문까지 걸어가는 10초 정도 되는 시간이야. 도착해서 문을 두드렸는데 네가 없을 수도 있다고 생각하기 때문이야."

참된 친구는 당신이 부르심에 응답하기를 바라는 사람, 당신이 당신 자신을 바라보고 자신에게 '나는 무엇을 하고 있는가? 나는 무엇을 사랑하는가? 나는 누구인가?'라고 묻도록 하기 위해서 기꺼이 당신에게 맞서고 당신을 화나게 하고자 하는 사람이다. 참된 친구는 확신을 강요할 용기를 지닌 사람, 선에 대한 본질적인 그림을 그리는 사람, 경로를 바꿔 그것을 추구하도록 당신을 자극하고 부추기는—그리고 당신과 함께 그 길을 가겠다고 약속하는—사람이다.

《존재와 시간》에서 하이데거가 두 가지 다른 상호주체성의 양상, 타자들이 나에게 영향을 미치는 두 가지 다른 방식, 그가 "심려solicitude"라고 부른 것의 두 가지 다른 형식에 대해 논하는 흥미로운 단락이 있다. 첫째는 그가 "안으로 뛰어들기leaping in"라고 부르는 진정성 없는 관계다. 타자들이 내 삶으로 뛰어들 때, 그들은 나를 압도하는 방식으로 나와 관계를 맺는다. 이것은 나에게서 행위 능력을 강탈하고, 나 대신 결정하고, 나를 일종의 '그들'의 꼭두각시로 만들어 버리는 타자의 영향력이다. 이렇게 할 때 그들이 나를 위해서 상황을 더 쉽게 만들어 주고, 내 짐을 덜어 주고, 내가 실존적 불안을 마주할 필요가 없도록 나를 '보호하는' 것처럼 보이는 경우도 많다. "이런 종류의 심려는 타자를 위해서 그가 스스로 염려해야 하는 바를 가져가 버린다"라고 하이데거는 말한다. "그런 심려에서 타자는 비록 그런 지배가 암묵적이며 그에게는 숨겨져 있을지라도 지배당하고 의존적인 존재가 되고 말지도 모른다."[38] 안으로 뛰어드는 친구들은 당신이 "나는 누구인가?"라는 물음을 직시하지 못하게 막음으로써 당신을 돕고 있다고 생각한다.

하이데거는 이것을 그가 "앞으로 뛰어들기leaping ahead"라고 묘사한 타자에 대한 관심의 양상과 대조한다. 앞으로 뛰어드는 친구는 무언가를 고치거나 짐을 덜거나 내가 해야 할 선택의 부담을 덜어 주려고 하지 않는다. 그런 친구는 "그의 '염려'를 제거하기 위해서가 아니라 마치 처음인 것처럼 진정성 있게 그 염려를 그에게 되돌려 주기 위해" 앞서 뛰어든다. 하이데거는 이것이 "진정한 염려"라고 말한다. "이것은 타자가 그의 염려 **속에서** 스스로에게 정직해지고 **그것을 위해** 자유로워질 수 있도록 돕는다."³⁹ 앞으로 뛰어드는 친구는 당신이 어떤 존재가 되도록 부름받았는지를 이미 어렴풋이 보았고, 그 부르심과 씨름할 때 당신이 불편해하도록 내버려 두고자 하는 사람, 당신이 당신 영혼을 위해 몸부림치도록 내버려 둘 정도로 당신을 사랑하지만 붕대와 지도를 들고 곁에 서 있는 사람이다.

나는 하이데거가 이런 구별을 생각해 낼 때 아우구스티누스와 알리피우스를 떠올렸을 것 같다는 생각을 떨칠 수가 없다.《고백록》에 담긴 드라마, 특히 9권은 아우구스티누스가 정원에서 내린 결단에서 절정에 이른다. 하지만 그 시간 내내 알리피우스가 거기에 있다. 진정성을 묘사하는 이 그림에 외로운 늑대처럼 개인화된 결단은 존재하지 않는다. 아우구스티누스가 부르심에 응답하고 자신을 발견할 때, 그는 자신을 만드신 그분과의 **관계 안에서** 자신을 발견하며, 자신을 사랑하는 친구와 함께 자신을 발견한다.

불안이 엄습해서 그의 옛 자아가 그가 되도록 부르심을 받은 자아와 맞서 싸우려고 할 때 그는 신선한 공기와 움직일 수 있는 공간을 얻기 위해 그 정원으로 들어간다. "알리피우스가 한 걸음씩 나를 따라왔다"라고 그는 지적한다. "그가 곁에 있었지만 나의 고독이 침범당한다는 느낌은 전혀 없었다. 어떻게 그는 나를 그런 상태로 내버려 둘 수 있었을까?"⁴⁰ 알리피우스는 안으로 뛰어들지 않고, 그렇다고 옆으로 비켜서지도 않는다. 그는 거기에 있는 동시에 거기에 없으며, 침입하지 않으면서 위로한다. 그는 아우구스티누스가 해야 할 여정을 통제하려고 하지 않으면서 그와 함께 길을 나선 동반 순례자다. "내 마음속의 이 논쟁은 나 자신이 나 자신과 맞서는 싸움이었다"라고 아우구스티누스는 회상한다. "알리피우스는 조용히 내 곁에 서서 전례 없이 동요하던 나의 상태가 어떻게 바뀔지 조용히 기다렸다."[41] 누군가가 이런 실존적 투쟁을 하는 것을 지켜보는 것은 무서운 일일 수도 있다. 하지만 그 짐을 덜어 주는 것은 그들을 사랑하는 방식이 아니다. 우정은 그들이 그 무게를 느낄 정도로 그들에게 공간을 허락하는 동시에 그들의 어깨에 손을 올릴 정도로 그들 가까이에 머무는 것이다.

어떤 의미에서 알리피우스는 교회라는 우정 공동체를 표상하는 아이콘이다. 이에 관해 교회는 수많은 방식으로 실패할 것이다. 하지만 그럼에도 교회는 여전히 사람들이 당신을 위해 알리피우스 같은 존재가 될 것이라고—당신과 함께 있고, 당신에게 귀 기울이고, 당신에게 공간을 남겨 주지만 당신을 떠나지는 않을 것이라고—기대할 수 있는 그런 공간 중 하나다.

교회라는 따분하고 평범하지만 기적 같은 우정을 묘사하는 이미지 중에서 내가 가장 좋아하는 것 중 하나가 〈내겐 너무 사랑스러운 그녀 *Lars and the Real Girl*〉라는 탁월한 영화에 등장하는 조용한 장면이다. 영화 줄거리는 섹스 인형을 둘러싼 드라마이지만, 최근 영화 중에서 교회에 대한 가장 강력한 묘사를 담고 있는 영화라는 사실을 놓치지 말라. 나는 영화 후반부의 한 장면에 초점을 맞추고자 한다. (라이언 고슬링 Ryan Gosling이 연기하는) 라스는 슬퍼하면서 '친구' 비앙카, 즉 그가 자신의 선교사 여자 친구라고 상상해 온 섹스 인형의 죽음을 기다리고 있다. 그는 잠에서 깨어 졸린 눈으로 집 밖으로 나가 현관에 서서 생각에 잠긴다. 뒤를 돌았을 때야 비로소 그는 현관문 앞에 비앙카를 위한 꽃과 양초와 기도 카드가 쌓여 있는 것을 알아차린다.

다시 집 안으로 들어간 그는 할머니 몇 분이 소파에 앉아 뜨개질하는 것을 발견한다. "캐서롤을 가져왔어요"라고 그중 한 사람이 말한다. 조용히 뜨개바늘이 부딪치는 소리는 긍휼의 사운드트랙이다.

라스는 조용히 앉아서 음식을 접시에 옮겨 담는다. "지금 당장 제가 해야 할 일이 있나요?"

"아뇨. 그냥 음식을 드시면 돼요"라고 한 사람이 그를 위로한다.

"우리는 여기 앉아 있으려고 찾아왔어요." 또 한 사람이 말한다.

"비극이 닥쳤을 때 사람들은 그렇게 하는 거예요"라고 세 번째 사람이 말한다. "찾아가서 앉아 있는 거죠."

알리피우스는 교회가 되려고 노력하는 우정 공동체, 즉 찾아가서 세상과 함께 앉아 있도록 부름받은 사람들을 위한 모형이다. 비극을 당한 세상과 함께 있는 것. 당신은 그렇게 생각해 본 적이 없을지도 모르지만, 좋은 삶이란 애도하는 가정의 조용한 슬픔 속에 놓인 캐서롤—장차 올 잔치를 고대하는 사람들이 광야에서 준비한 식탁—처럼 보일 때도 있다.

'교회'를 자처하지만 이렇게 느껴지지 않으며 환대와는 전혀 상관없어 보이는 곳이 많다는 것을 나는 알고 있다. 나는 그런 곳을 변호할 생각이 전혀 없다. 하지만 다시 한 번 돌아보라고 권하고 싶다. 대형교회 산업 복합체에서 눈을 돌려 당신이 알아차리지 못한 채 수천 번 지나쳤던 거의 눈에 띄지 않는 동네 교회를 주목해 보라. 화요일 밤에 그곳에 가서 지하실에 불이 켜져 있지 않은지 보라. 어쩌면 무료 식품 배급소를 운영하고 있을지도 모른다. 혹은 교회가 재정 관리 교실이나 어려움을 겪고 있는 부부를 위한 상담을 제공하고 있을지도 모른다. 사람들에게 매주 외로움에서 빠져나올 기회를 제공하는 찬양대 연습이 있을지도 모른다.

혹은 진정성에 대한 매우 다른 관점, '타자들'에 대해 급진적으로 다른 이해를 반향하는 익명의 알코올중독자들 모임이 진행되고 있을지도 모른다. 레슬리 제이미슨이 지적하듯이, 회복의 핵심에는 **만남**, 사귐이 자리 잡고 있다. "그 모임 자체는 부엌을 지나 발자국을 따라 오래된 장판이 가장자리에서 말려 올라간 방 안으로 들어와 커다란 나무 탁자 주변에 모여 앉은 일군의 낯선 사람들일 뿐이었다. 사람들은 마치 나를 만나 기쁘다는 듯, 거의 내가 오기를 기대하고 있었다는 듯 미소를 지었다."[42] 당신은 정보를 얻으려고, 뭔가를 알아내려고 그 모임에 가지 않는다. 그 모임의 핵심은 **만남**, 즉 공통의 투쟁 속에서 형성된 연대 의식이다. 그는 들어갈지 말지 분명히 말을 하지 않지만, 그 안에 자신을 알고 자신을 기다리고 있는 낯선 이들의 공동체가 존재한다는 것을 깨닫는다. 어쩌면 그들은 친구들이 아닐까? "당신이 아무리 오래 차 안에 앉아 있어도 누군가는 그 목조 건물 안에서 기다리고 있다."[43] 그 건물이 교회인 것은 아마도 우연이 아닐 것이다.

아마도 당신이 한 번도 본 적이 없는 교회는 당신 동네에 있는 보이지 않는 우정 공동체일 것이다. 교회는 남들보다 더 거룩하다고 생각하는 성인들이 모여서 만든 클럽이 아니다. 교회는 하나님의 은총으로 함께 어울려 살아가는 사람들의 다른 방식으로는 불가능한 놀라운 사귐이다. 리나 더넘Lena Dunham과 시인 메리 카의 대화는 이에 대한 불편하지만 감동적인 예를 보여 준다. 짐작하겠지만 더넘은 종교적 충동에 그다지 관심이 없지만, 카의 신앙, 그가 이 '예수'라는 남자와 맺은 관계를 대단히 흥미롭게 여긴다. 그래서 더넘은 이렇게 묻는다. "예수에 관해 생각하고 관심을 기울이며 삶에 종교가 있지만 뉴욕의 지식인들과 어울리는 사람은 어떤 모습인가요?" 카는 기독교에 대한 몇 가지 잘못된 인상을 제거하려고 노력하지만, 그런 다음 교회에 관한 간단한 이야기를 들려준다.

2주 전 미사에 참석했을 때 놀라운 경험을 했어요. 한 남자가 나한테 다가왔어요. 나는 아이패드를 가지고 있었고, 미사 고유문을 따라가며 읽을 수 있게 해 주는 앱을 띄워 놓았죠. 나는 그걸 보고 있었어요. 이메일을 읽는 게 아니라 그걸 보고 있었어요. 교감 선생님처럼 재킷과 타이를 차려입은 이 남자가 예배당 뒤쪽에서 다가왔어요. 그는 "그것 좀 꺼 주세요"라고 말했어요. "뭐라고요?" "빛이 거슬려요." 속으로 '나는 지금 그리스도인이 되려고 애쓰고 있다고요'라고 잠깐 생각했지만 "아, 예, 그러죠. 그럴게요"라고 말했어요. 그런 다음 나는 그 자리에 앉아서 미사 내내 그가 죽어 버렸으면 좋겠다고 생각했죠. 그런데 내가 예배당 밖으로 나가려고 할 때 그 사람이 다가와 이렇게 말했어요. "정말 미안해요. 나도 내가 뭔가 이상하다는 걸 알고 있어요."

"아니, 그럴 리가요"라고 더넘이 대꾸한다. "정말 그랬어요"라고 카는 장담한다. 그는 이 경험에 대해 이렇게 회상한다. "나는 그때 아이패드를 껐다는 사실이 정말 기뻤어요. 나는 그가 조금 더 기분이 좋아지도록, 아니면 그가 세상에서 뭔가를 할 수 있다고 느끼도록 도와준 거예요. 내가 어떤 대가를 치렀죠? 무슨 말인지 알겠어요? 나는 미사 드리러 갈 때마다 사람들을 바라보면서 '이 사람들은 내 사람들이 아니다'라고 생각했어요. 하지만 미사가 끝나고 성당을 나갈 때면 어김없이 사람들이 나한테 다르게 보여요."[44]

은총의 렌즈로 보면 사람들이 달라 보인다. 그들은 경쟁자나 위협이 아니라 선물이다. 그중 일부는 심지어 친구이기도 하다.

은총이 마침내 선택을 가능하게 했을 때, 아우구스티누스가 끈질기게 자신을 쫓아다니던 자아를 받아들이고 그 자아가 되었을 때 그는 즉시 자신의 친구인 알리피우스의 도움을 구한다. 아우구스티누스가 성경을 들고 로마서 13장을 펼쳤을 때 알리피우스는 성경의 다음 단락을 가리키며 "이것을 그 자신에게 적용했고" "전혀 망설임도 없이 나의 고민을 함께 나누었다."[45] 하지만 물론 그는 줄곧 거기에 있었다.

그리고 그 후로도 평생 알리피우스는 그의 곁에 있을 것이다. 비록 그들은 가까이에서 사는 기쁨을 누릴 수 없게 되지만, 알리피우스는 아우구스티누스의 삶에서 가장 한결같이 그의 곁을 지킨 사람 중 하나였다. 그와 함께 세례를 받은 알리피우스도 사제가 되었고, 후에는 타가스테의 주교가 될 것이다. 그들은 거의 떼려야 뗄 수 없는 사이였다. 아우구스티누스의 삶이 로드 무비라면, 알리피우스는 그의 충실한 조수이며 가장 신실한 친구였다.

그의 초기 대화 중 하나인 《독백Soliloquies》에서 아우구스티누스는 그들의 우정의 깊이를 이렇게 에둘러 묘사한다. 《독백》은 아우구스티누스가 '이성Reason'과 논쟁하는 일종의 내적 대화다. "당신은 무엇을 알기 원하는가?"라고 이성이 묻는다. "하나님과 영혼"이라고 아우구스티누스가 대답한다. "그것 말고는?"이라고 이성이 묻는다. "그것 말고는 알고 싶은 것이 전혀 없다"라고 아우구스티누스가 대답한다.[46] 하지만 이

아우구스티누스와 함께 떠나는 여정

것은 지식의 가능성에 관한 질문을 제기한다. 우리가 하나님을 과연 친밀하고 확실하게 **알 수 있을까?**

이성은 이렇게 묻는다. "누군가가 당신에게 당신이 알리피우스를 아는 것처럼 하나님을 아는 지식을 주겠다고 약속한다면 당신은 고마워하며 그것으로 충분하다고 말하지 않겠는가?" 알리피우스에 대한 앎은 아우구스티누스가 상상할 수 있는 가장 친밀한 앎이다. 아우구스티누스는 "물론 나는 고마워할 테지만 그것으로 충분하다고 말하지는 않을 것이다"라고 대답한다. 왜? "나는 알리피우스를 아는 것처럼 하나님을 알지 못한다. 하지만 나는 알리피우스조차도 충분히 잘 알지 못한다"라고 아우구스티누스는 말한다. 이 말은 알리피우스가 가깝지 않다는 뜻이 아니다. 오히려 핵심은, 우리와 가장 가까운 사람들, 우리와 비슷한 사람들, 우리의 '더 나은 반쪽'인 사람들조차도 비밀을 지니고 있으며, 우리가 다 알 수 없는 '내면'을 지니고 있다는 것이다. "당신은 가장 친한 친구조차도 알지 못한다고 말할 텐가?"라고 이성은 꾸짖는다. 그러자 아우구스티누스는 이렇게 대답한다. "나는 한 사람이 그 이하도 아니고 그 이상도 아니고 자신처럼 친구를 사랑해야 한다고 규정하는 우정의 법칙이 가장 정의롭다고 생각한다. 그렇다면 내가 나 자신을 알지 못한다는 것을 고려할 때 내가 그를 알지 못한다고 말한다고 해서 누가 나를 책망할 수 있다는 말인가?"[47] 아우구스티누스의 말은, 내가 그 누구보다 알리피우스를 더 잘 알며, 알리피우스는 그 누구보다 나를 더 잘 안다는 것이다. 하지만 우리는 우리 자신에게 여전히 신비로 남아 있다. 우정에 대한 이런 전망 역시 그의 현실주의를 반영한다. 즉, 우리는 거울을 통해 어둡게 (우리 자신과 다른 이들을) 바라보고 있다. 우리가 우리 자신에 관해 알지 못하는 비밀이 있다. 가장 친한 친구들조차 우리가 이해할 수 없는 일종의 초월, 우리가 다 헤아릴 수 없는 깊이를 지니고 있다는 것에 놀라워해야 할 이유가 무엇인가? 우정은 사귐의 신비와 우리의 사귐 배후에 자리 잡고 있는 신비를 위한 여지를 만들어 준다.

이런 사실이 우정을 무너뜨리거나 약화시키지 않는다. 알리피우스와 아우구스티누스의 우정도 약화시키지 않았다. 그들은 마지막까지 가장 친한 친구로 남아 있을 것이다. 40여 년이 지난 후인 428년에도 아우구스티누스는 여전히 알리피우스를 만나기를 고대한다. "또한 친애하는 벗인 당신을 가능하면 빨리 만나기를 고대합니다. 나에게 편지로 알려 주었듯이 당신이 돌아올 날이 가까이 다가오고 있기 때문입니다."[48] 두 사람 모두 생의 마지막이 가까워지고 있었지만, 아우구스티누스는 처음부터 거기 있었던 친구를 만나기를 여전히 고대하고 있다.

사실 아우구스티누스는 거의 혼자인 적이 없었다. 평생 그는 공동체 안에서 살았다. 주교 역할을 맡도록 압박을 받았을 때 그가 요구한 조건 중 하나는 주교 관저에 자신과 더불어 살 성직자들의 수도원 공동체를 설립하도록 허락해 달라는 것이었다. 서방 교회의 가장 오래된 수도원 규칙서 《아우구스티누스 규칙서 *The Rule of Augustine*》는 원래 아우구스티누스가 세운 이 친밀한 공동체를 위해 작성되었으며, 나중에는 전 세계 아우구스티누스 수도회의 생활 규칙으로 채택되었다. 이 《규칙서》는 아우구스티누스의 영적 현실주의를 보여 주는 또 다른 예다. 이기심과 속물근성, 탐욕, 배제를 향해 구부러지고 비뚤어진 마음을 너무나도 잘 알고 있는 사람이 쓴 이 책은 공동체에서 살아가는 삶의 어려움에 대처하기 위해 기록된, 감상적이지 않고 솔직한 지침서다. 《규칙서》에서는 계급 차이 때문에 생색내는 듯한 태도뿐만 아니라 스스로 일반 대중의 수준에 맞춰 영적 수준을 낮추어 살고 있다고 착각하는 사람들의 그릇된 영적 자부심도 비판한다. 《규칙서》에서는 이렇게 경고한다. "그들은 세상에서라면 감히 접근도 하지 않았을 사람들과 관계를 맺는다고 해서 교만하게 공중으로 코를 쳐들어서는 안 된다. 대신 그들은 마음을 드높여야 하며 공허한 세상 관심사를 좇지 말아야 한다." 《규칙서》의 많은 지침은 이 한 문장으로 요약할 수 있다. "심지어 선행에도 교만이 숨어 있다."[49]

공동체와 우정을 받아들이는 아우구스티누스의 태도는 유토피아적이거나 이상주의적이지 않다. 오히려 함께 있음의 현실을 그 누구보다도 분명히 직시하며, 우리가 누리는 최선의 우정조차도 오염시키는 불만과 성가심을 있는 그대로 인정한다. 공동체의 유익을 주장하는 《규칙서》의 지침들은, 모든 친구가 여전히 자기중심주의와 이기심의 성향을 띠고 있으며, 우리 가운데 있는 성인들조차도 질투심과 씨름할 수밖에 없는 현실 세계의 우정을 위한 각본을 제공한다. 아우구스티누스는 "나는 친구들 없이 행복할 수 없다"라고 증언한다. 그가 남은 평생 몸담고 살았던 공동체가 이 말에 대한 증거였다. 우리는 공동체 안에서 우리 자신을 발견한다. 우리는 길 위에서 친구가 필요하다. 《규칙서》에 담긴 여행을 위한 조언처럼 보이는 것은 결국 우리가 걷고 있는 우주적 여정을 위한 조언이다. "나갈 때마다 함께 걷고, 목적지에 도착할 때마다 함께 머물라."

# 9. 깨달음: 믿는 법

## 합리적이기 원할 때 나는 무엇을 원하는가?

시골 출신 야심가에게 대학은 사다리처럼 보인다. 교육은 신분 상승 도구다. 안타깝게도, 우리는 대학 스스로 이런 이미지를 채택한 시대에 살고 있다. 대학은 자격증을 찍어 내는 공장이며, 아이비리그는 새로운 능력주의를 헤지 펀드와 대법원 서기직과 연결해 주어 부와 권력에 다가가게 해 주는 에스컬레이터 역할을 하는 터무니없을 정도로 비싼 취업 알선 기관이다.

다시 말해서, 젊은 아우구스티누스가 카르타고에 도착한 이후로 상황은 크게 달라지지 않았다. 공부는 거의 게임과 섹스라는 과외 활동을 잠시 멈추고 즐기는 기분 전환이 되고 말았다. 학문 자체가 다른 선을 획득하는 수단으로 도구화되었다. "전에는 공부 자체를 훌륭한 것이라고 여겼지만, 이제 나는 법원에서 탁월한 변호사가 되는 것을 공부의 목적으로 삼게 되었다. 그리고 법원에서 한 사람의 명성은 사람들을 얼마나 잘 속이는지에 비례해서 높아진다."[1] 아우구스티누스가 경험하기에 자유 교양은 영혼을 수련하기 위한 교과 과정이 아니라, 무기로 삼아야

아우구스티누스와 함께 떠나는 여정

할 무언가가 되고 말았다. 그의 대학 교육이 지혜의 문제를 건드렸을지도 모른다는 생각은 터무니없을 정도였다.

하지만 망가진 시계도 하루에 두 번은 맞고, 수준이 낮아진 교과 과정도 또 다른 세계로 진입하는 관문이 될 수 있다. 이윤과 명성의 추구를 중심으로 돌아가는 대학에 여전히 남아 있는 자유 교양 교과 과정은 멀리서부터 계속 부르는 메아리와 같다. 언제 차분하고 작은 플라톤의 목소리가 거친 남자 대학생의 그 모든 삶의 소음을 뚫고 영혼을 위한 경종—이 팽팽하고 열광적이며 탐욕스러운 몸에 영혼이 있으며, 영혼은 단지 성적 정복을 위해서가 아니라 추구를 위해 만들어졌고, 당신의 신분을 상승시켜 줄 뿐 아니라 당신을 변화시켜 주는 학문이 존재한다는—을 울릴지 아무도 알 수 없다.

아우구스티누스에게 바로 그런 일이 일어났다. 학생들이 학문보다 기물 파괴를 더 진지하게 대하고 모두가 출세에 열을 올리고 있는 카르타고라는 펄펄 끓는 관능의 가마솥에서 아우구스티누스는 키케로Cicero를 읽으라는 과제를 받았다. 이 책을 읽는 과정에서 그는 첫 번째 회심을 경험한다. 지혜를 추구하라고 권하는 키케로의 《호르텐시우스Hortensius》는 아우구스티누스를 무장 해제시키고 그의 균형을 무너뜨렸다. 이 책은 그가 자신에게 있는지도 몰랐던 그의 영혼 안에 있던 현을 튕겼다. "그 책은 내 감정을 변화시켰습니다"라고 그는 회고한다. "주님, 그 책은 내 기도가 주님을 향하도록 바꾸어 놓았습니다. 나에게 다른 가치와 우선순위를 부여했습니다. 갑자기 모든 헛된 희망이 나에게 공허해졌고, 나는 내 마음속에서 믿기지 않을 정도의 열정으로 불멸의 지혜를 갈망했습니다."[2] 철학이 그의 마음속에 실존적인 가시를 심었고 그는 그 가시를 떨쳐 낼 수 없었다.

이후로 10년 동안 아우구스티누스는 찰스 테일러가 "교차 압박"을 받는 실존이라고 불렀을 법한 삶을 살았다. 다양한 방향에서 자신을 끌어당기는 힘을 느꼈고 철학이라는 벌레를 잡은 플레이보이로 살아갔다.[3] 새로운 관심과 호기심이 불타올랐지만, 옛 습관과 갈망은 그대로 남아 있었다. 철학은 삶의 방식이 아니라 그가 자신의 삶에 **덧붙인** 무언가가 되었다. 그리고 놀라운 사실은, 철학—지혜에 대한 사랑이라고들 말하는—이 여전히 남아 있던 마음의 습관들에 길들여져서 그저 또 다른 욕망, 지배와 정복의 게임이 될 수 있다는 점이다(나는 이런 현상을 수많은 대학의 철학 전공 2학년들의 모습과 안타깝게도 많은 '전문적' 철학에서 보아 왔다). 키케로의 《호르텐시우스》를 만났을 때 아우구스티누스 안에 새로운 무언가가 태어났지만, 지혜에 대한 그의 갓 태어난 관심은 여전히 그의 마음을 지배하는 다른 주인들을 섬기는 아이가 되었다.

아우구스티누스는 지혜와 학문에 대한 이런 종류의 무질서한 관계를 '호기심*curiositas*'이라고 부른다. 아우구스티누스에게 호기심은 우리가 소중히 여기며 장려하는 탐구 정신이 아니라, 그 목적을 알지 못하는 지식에 대한 추구—이를테면 앎을 위한 앎, 혹은 더 적절한 표현으로는 아는 사람으로 알려지기 위한 앎—다.[4] 아우구스티누스에게는 내가 알고자 하는 **이유**가 나의 배움에 동기를 부여하는 사랑이 무엇인지를 보여 주는 표지다. 나는 자라기 위해서 배우고 있는가? 누구를 어떻게 사랑해야 할지 알기 위해 배우고 있는가? 아니면 권력을 휘두르고 주목을 받고 똑똑해 보이고 '아는 척하기' 위해서 배우고 있는가? 배움에 대한 무질서한 사랑은 당신을 지혜가 아닌 다른 목적을 위해 정보를 다루는 기술자에 불과한 사람으로 만들며, 아이로니컬하게도 철학 자체가 우상화의 또 다른 방식이 되고 말 수도 있다. 아우구스티누스는 교사가 되었을 때도 여전히 자신에게서 이런 모습을 보았다. "나는 나의 교육을 이용해 다른 이들을 즐겁게 하려고—그들을 가르치는 것이 아니라, 그저 즐겁게 하려고—노력하고 있다."[5]

호기심의 특징은 자신의 이익과 목적을 추구하기 위해 무언가를 '진리'로 물신화하는 것이다. 배움이 '호기심'으로 환원될 때 실제의 진리와 지혜는 **나의** 이익, **나의** 권위, **나의** 자율에 대한 모욕으로서 경멸의 대상이 되고, 아우구스티누스의 말처럼 나는 실제의 진리가 나에게는 "증오를 만들어 낼" 뿐인 이른바 철학자(지혜를 사랑하는 사람)가 되고 만다. 이런 상황에 대한 아우구스티누스의 진단은 지금도 유효하다.

> 진리에 대한 그들의 사랑은 그들이 다른 무언가를 사랑하며 그들이 사랑하는 그 대상이 진리가 되기를 원하는 그런 형식을 띤다. 그리고 그들은 속기를 바라지 않기 때문에 착각하고 있다고 설득되기를 바라지 않는다. 그래서 그들은 진리 대신에 그들이 사랑하는 그 대상을 위해 진리를 미워한다. 그들은 진리가 발하는 빛 때문에 진리를 사랑하지만, 그 진리가 자신들이 틀렸음을 폭로할 때 그것을 미워한다.[6]

진리의 추구로 위장된 것은 나의 편견을 확증하고 나를 편안하게 만들고자 하는 시도, 이용해야 하는 것을 누리려고 하는 나의 모습을 정당화하려는 시도가 되고 만다. 실제의 진리가 나의 누림을 방해할 때 나는 진리에 더욱더 분개한다. 이 경우에 내가 사랑하는 것은 **그** 진리가 아니라 **나의** 진리다. 하이데거의 말처럼 "그 순간 사랑하는 것, 전통과 유행, 편리함, 불안, 갑자기 공허하게 서 있다는 불안 때문에 사랑하게 된 것. 바로 **이것**이 진리 자체가 된다."[7] 하이데거가 1920년대에 받아들인 이러한 아우구스티누스의 진단은 클릭과 좋아요의 문화에 그 어느 때보다 더 적용되는 것처럼 보인다.

> 그들은 긴장을 풀어 주는 모든 화려한 것을 즐기는 때와 마찬가지로 진리가 자신들에게 화려해 보일 때 편리하게 그것을 미학적으로 즐기기 위해 그것을 사랑한다. 하지만 진리가 그들을 강력히 밀어붙일 때 그들은 그것을 미워한다. 진리가 그들 자신의 문제를 다룰 때, 진리가 그들을 뒤흔들고 그들 자신의 현사실성과 현존에 의문을 제기할 때, 그들은 자기 앞의 무대에 올린 찬양대의 연도에 열중하기 위해 시간에 맞춰 눈을 감는 편이 더 낫다.[8]

'호기심'은 그 나름의 열광적 불안을 만들어 낸다. 왜냐하면 이제 나는 '뒤처지지 않아야 하고' 알고 있어야 하며 다른 모든 사람보다 **먼저** 아는 사람이 되기 위해 노력해야 하기 때문이다(구글에서 "Portlandia OVER"를 검색해 보라). 끊임없이 무언가를 알고 있어야 한다는 것이 우리를 기진맥진하게 만든다. 이런 식으로 '진리'를 추구하는 것이 결코 '베아타 비타*beata vita*', 행복한 삶처럼 느껴지지 않는 것은 바로 그 때문이다. 하이데거의 말처럼 "그들이 몰두하는 분주한 활동, 그들이 사로잡혀 있는 비루한 속임수는 그들을 훨씬 더 불행하게 만들 뿐이다."[9] '각성한 사람들' 중 하나가 되는 것은 그 나름의 불안—발견되는 것, 알지 **못하는** 것, 윙크와 끄덕임과 내부자끼리만 통하는 농담으로 이뤄진 내부의 성소에 들지 못하고 무지한 이들로 이뤄진 외부 집단에 속하는 것에 대한 불안—을 수반한다. '호기심'은 언제나 똑똑한 사람이어야 한다는 불안을 일으키는 부담감이다.

　　　　　　　　　　　　　아우구스티누스와 함께 떠나는 여정

키케로의 《호르텐시우스》와의 만남이 아우구스티누스 안에 무언가를 깨어나게 했더라도 그것은 참된 '철학*philosophia*', 즉 지혜에 대한 사랑이 아니라 다른 갈망을 이루기 위해—출세와 성공을 위해—필요한 지식에 대한 욕망일 뿐이었다.[10] 그는 지혜에 그다지 관심이 없었다. 계몽된 무리의 일부가 되고 싶었을 뿐이다. 이것은 여전히 **소속**에 대한 갈망이었다. 이 점은 이러한 각성을 경험하고 얼마 지나지 않아 아우구스티누스가 마니교도들과 사랑에 빠진 이유를 완벽하게 설명해 준다.

마니Mani의 추종자들이었던 마니교도들이 믿은 내용에 초점을 맞춘다면, 아우구스티누스가 자신의 여정에서 들른 이 우회로—와 평생에 걸친 그들과의 논쟁—는 21세기 구도자들과는 아무 상관도 없는 듯 보일 것이다. 마니의 가르침은 너무나도 낯설고 별나서 동시대적 유비를 전혀 찾을 수 없을 것처럼 보인다. 마니교는 오늘날 사람들이 선택할 수 있는 사상이 아닌 것처럼 보인다. 로빈 레인 폭스가 간결하지만 지나치게 미화된 방식으로 설명하듯이, "마니의 우주론은 그가 '유사-기독교인semi-Christians'이라고 불렀을 법한 사람들에게 상상력을 자극한 신화처럼, 그들 자신의 기독교보다 〈스타워즈*Star Wars*〉와 더 비슷해 보일 것이다."[11] 어둠과 빛의 영원한 세력이 우주의 구조 자체에 새겨져 있다는 마니교의 급진적 이원론은 우리가 〈왕좌의 게임*Game of Thrones*〉에서나 만날 법한 무언가처럼 느껴진다. (안타깝게도, 선택받은 자들이 성관계 의례로 '정기를 받은' 밀가루로 구운 빵을 나눠 먹는 마니교의 비밀 결사 의식이 오늘날에도 완전히 기이해 보이지는 않는다.)

마니교도들이 주장하는 교리 내용보다는 실제로 아우구스티누스가 끌린 바, 즉 그들이 안다고 주장하는 **방식**에 주목할 필요가 있다. 아우구스티누스가 마니교에 끌렸다는 사실에서 중요한 점은 그들이 가르친 바라기보다 그들이 그런 가르침을 고수하는 방식이다. 이에 관해 우리는 마니교도들의 인식론적 태도에 관해 놀라울 정도로 동시대적인 요소를 발견하게 될 것이다. 즉, 그들은 그 시대의 '합리주의자들'이었다. 마니교의 세계관은 우리에게 기이하게 보이지만, 그들은 미신과 믿음이라는 곤경에서 탈피해 계몽된 **지식**이라는 해변에 도착했다고 자랑했다. 실제로 마니교도들이 스스로를 과학자로 여겼다고 말해도 과언이 아니다. 예언자들의 증언을 믿기보다 그들의 지식은 해와 달과 별의 움직임에 근거하고 있었다. 빛과 비밀스러운 깨달음을 전하는 그들은 당대의 '브라이츠'였다. 그들은 권위를 거부하고 그 대신 사물이 작동하는 방식을 **알고 있다**고 자랑했다.[12]

따라서 아우구스티누스가 끌렸던 점은 설명하는 힘이라기보다 모든 것을 설명할 수 있다고 자신만만하게 상상하는—게다가 고위직과 잘 연결된—사람들과 관계를 맺게 해 준다는 사실이었다. (실제로 마니교도들과 맺은 관계 덕분에 아우구스티누스는 로마와 밀라노에서 공직에 임명될 수 있었다.) 어머니의 촌스러운 신앙에서 도망쳐 나와 '시대의 흐름을 아는 것'에 새롭게 관심을 갖게 되었고 권력과 영향력 있는 자리에 오르려고 여전히 노력하고 있던 야망 가득한 시골뜨기에게 너무나도 절실하게 보였던 여러 혜택을 약속했기 때문에 그는 마니교도들에게 끌렸다.

사제 서품을 받고 얼마 되지 않은 392년에 아우구스티누스는 여전히 마니교도들과 관계를 맺고 있던 옛 친구 호노라투스Honoratus에게 편지를 보냈다. 호노라투스가 그들과 관계를 맺게 된 것이 자신의 책임이었기 때문에 아우구스티누스는 그에게 특별한 부담을 느끼고 있었다. 그가 길을 잃고 헤매는 친구에게 열정적이면서도 목회적으로 편지를 쓰고 있다면, 이는 아우구스티누스가 젊은 시절의 자신에게도 편지를 쓰고 있었기 때문이다. 마치 보속補贖 행위를 하듯이 호노라투스에게 이 편지를 써야만 한다고 느낀 것이다. 하지만 이는 또한 아우구스티누스가 **내부로부터** 끌림의 심리학에 관한 중요한 진리를 알고 있음을 뜻하기도 한다. 아우구스티누스는 이렇게 쓴다. "친애하는 친구여, 진리를 발견했다고 말하는 것, 더 나아가 그렇게 생각하는 것보다 더 쉬운 일은 없습니다. 하지만 나는 당신이 이 편지를 읽는다면 그것이 실제로는 얼마나 어려운지를 이해하게 되리라고 확신합니다."[13] 새로 서품을 받은 사제 아우구스티누스가 새로운 무신론자들을 탐독하고 있던 호노라투스에게 편지를 쓰는 모습을 상상해 보라.

마니교에 끌리는 이유는 교리만큼이나 **자세**를 자신만만하게 제공한 사람들과 관계를 맺을 수 있다는 생각 때문이었다. 아우구스티누스는 자신의 친구에게 이 점을 상기시킨다. "우리는 그들이 누구든지 그들의 말에 귀를 기울이겠다고 작정한다면 그들을 하나님께로 이끌고 모든 오류로부터 그들을 해방시켜 주겠다고 놀라울 정도로 권위 있게 주장했기 때문에 그들에게 빠졌습니다." 그들은 "미신으로 두려움에 사로잡혀 있는" 이들을 뛰어넘을 수 있는 길을 약속했다. 아우구스티누스는 "그런 약속에 넘어가지 않을 사람이 어디 있겠습니까?"라고 묻는다. "당신이 무엇에 끌렸을지 궁금합니다. 돌이켜 보면 거대한 전제와 증거에 대한 약속에 끌린 것 아니었습니까?" 아우구스티누스는 마니교도들이 시의적절한 때에 우리를 찾아왔음을 그에게 상기시킨다. "우리는 [어머니들이 들려준] '늙은 아내들의 이야기'를 경멸하며 그들이 약속하는 개방적이고 오염되지 않은 진리를 기꺼이 받아들이려고 했습니다."[14]

이것은 오늘날 우주의 신비가 존재하지 않음을 보여 주는 '과학'으로 우주의 모든 신비를 밝혀내겠다고 약속하는 합리주의적 과학주의자들이 자랑스럽게 내놓는 낯익은 포섭 전략이다. 리처드 도킨스Richard Dawkins에서 스티븐 핑커Steven Pinker까지 계몽주의의 사제들은 적절한 설명 이상의 것을 약속하는 예언자들이다. 우리는 '체계'가 지적으로 작동하기 때문이라기보다는(많은 경우, 우리는 증거를 확인하기 위해 노력하지도 않고 끈질기게 남은 질문을 억누를 뿐이다) 계몽과 세련된 지식이라는 유혹, 그리고 이에 더해 우리 부모의 지나치게 단순한 신앙의 순진무구함을 떨쳐 버릴 수 있다는 혜택과 함께 다가오기 때문에 이를 받아들인다. 그들의 '지식'은 존경받을 만한 지위에 오를 수 있는 지름길을 약속한다.

그것을 받아들일 때 너무 많이 질문하지 말라. 이것이 아우구스티누스의 문제였다. 궁극적으로 그는 그들이 약속하는 관계에 만족하지 못했다. 사실 그는 이해하기 원했다. 그가 질문으로 마니교도들을 계속 압박했을 때 그들은 이렇게 말했을 뿐이다. 파우스투스Faustus가 올 때까지 기다려라. 그가 모든 것을 설명해 줄 것이다.[15] 하지만 그는 그렇게 하지 못했다. 이렇게 계몽된 자들의 무리 안에는 당신이 묻도록 허용되지 않는 질문들이 언제나 존재한다는 것을 아우구스티누스는 발견했다.

아우구스티누스는 호노라투스에게 보낸 편지에서 마니교도들의 특정한 교리에 반박하지 않는다(그는 다른 글에서 반론을 풍부하게 제시한다). 대신 그의 비판은 더 '근원적radical'이며, '뿌리radix'—그들의 인식론적 자세와 그들이 주장을 전개하는 근거—를 건드린다. 마니교 합리주의자들은 "그들이 믿음이라는 멍에를 씌우지 않고 교리의 샘을 열어 준다고 자랑한다." 그들은 "이성의 이름으로 수많은 사람을 유인한다."[16] 다시 말해서 마니교도들은 자신들의 이성 밖에 있는 모든 권위에 복종하기를 거부한다고 자랑한다. 그들의 태도는 1,400년이 지난 후 칸트가 자신의 글 "질문에 답함: 계몽이란 무엇인가Answering the Question: What Is Enlightenment?"에서 내세운 표어였던 '과감히 알려고 하라Sapere aude!'와 크게 다르지 않았다. 용기를 내어 이성을 사용하라! 이것은 오늘날 자신이 '자유로운 사상가'라고 생각하기 좋아하는 이들이 사용하는 표어이기도 하다.

하지만 아우구스티누스는 이성의 자기 충족성이라는 거짓 입장을 무너뜨린다. 모든 사람이 믿는다. 모든 사람이 어떤 권위에 복종한다. 스스로 계몽을 자랑하는 이 모든 사람은 일군의 권위에 대한 믿음 대신 다른 일군의 권위에 대한 믿음을 받아들이겠다고 작정했을 뿐이다. 아우구스티누스는 '쉽게 믿는 것'이 결점이 아니라고 지적한다. 그것은 인간 됨의 본질적 요소다. 아우구스티누스는 비꼬는 투로 호노라투스가 늘상 상대방이 그를 신뢰하고 **믿고** 있으므로 그에게 계몽에 이르는 길을 보여 줄 수 있을 것이라고 기대한다고 지적한다.[17] 아우구스티누스는 신뢰란 인간 사회의 산소이며, 다른 이들의 증언을 믿는 것이 과학 활동의 핵심이라고 말한다. 이해는 믿음을 초월하지 못하고, 믿음에 **의존한다**. 아우구스티누스는 누군가가 믿음이 잘못된 것이라고 말한다면 "나는 그에게 친구가 하나도 없을 것으로 생각한다. 무언가를 믿는 것이 잘못이라면 그 사람은 친구를 믿어서 잘못을 범하거나 어떤 친구도 믿지 않을 것이다. 나는 어떻게 그런 사람이 자신이나 친구를 친구라고 부를 수 있는지 모르겠다."[18] 아우구스티누스는 마니교도들이 제시하는 바의 핵심, 즉 단지 계몽이 아니라 **소속감**, '실상을 알고 있는' 사람들의 무리, 빛의 우정을 공격하고 있다. 사실, 우리가 마니교도들이 약속하는 바를 믿지 않았다면 왜 그들한테 끌렸겠는가? "내가 실제로 무언가를 믿지 않는다면, 내가 믿는 것을 금하는 누군가를 찾아가지 않을 것이다. 나는 지식으로 뒷받침되지 않는 믿음 때문에 그들을 찾아갔지만, 그들은 내가 그런 믿음을 지니고 있다는 이유만으로 나를 비난한다. 이보다 더 말도 안 되는 소리가 있을까?"[19]

아우구스티누스는 마니교도들이 제시하는 바에 맞서기 위해 다른 형태의 자기 충족적 계몽을 약속하지 않는다. 그는 그런 입장의 신화 자체에 이의를 제기한다. 문제는 당신이 믿을지 **여부**가 아니라 **누구**를 믿을지다. 여기서 중요한 것은, 그저 무엇을 믿을지가 아니라 당신 자신을 누구에게 **맡길지**다. 당신은 정말로 자신을 신뢰하기 원하는가? 정말로 인간이 우리에게 주어진 최선의 선택이라고 생각하는가? 정말로 우리가 우리 문제에 대한 답이라고 생각하는가? 그 모든 문제를 만들어 낸 우리가 답이라고 생각하는가? 계몽주의적 과학주의에서부터 '먹고 기도하고 사랑하라'는 식의 감상적인 태도에 이르기까지 모든 것의 문제는 우리다. 무언가가 비합리적으로 보인다면 그것은 우리가 우리 자신을 위한 최선의 희망이라는 관념이다. 따라서 아우구스티누스는 호노라투스에게 기독교의 핵심에 있는 것에 대해 생각해 보라고 권한다. 그것은 그 자체로 하나의 가르침이 아니라 하나의 사건, 마니교의 관점에서는 상상조차 할 수 없지만 인류의 가장 심층적인 갈망과 두려움을 다루는 사건이다. "우리는 한 인간을 모범으로 삼아야 하지만 한 인간에게 우리의 소망을 두지 말아야 하기에 하나님은 너무나도 자비롭고도 너그럽게 우리가 붙잡아야 할 하나님의 참되고 영원하며 변치 않는 지혜이신 바로 그분이 이 땅에 내려오셔서 인간의 형상을 입게 하신 것 아니겠는가?…기적적인 탄생과 행위로 그분은 우리의 사랑을 얻으셨지만, 죽음과 부활로 우리의 두려움을 몰아내셨다."[20] 오랜 시간이 지난 417년에 여전히 마니교도들의 합리주의가 제기하는 도전에 맞서 싸우고 있던 아우구스티누스는 설교에서 자신의 회중에게 이렇게 간청한다. "여러분은 여러분 자신의 빛이 될 수 없습니다. 그럴 수 없습니다. 결코 그럴 수 없습니다.…우리에게는 깨달음이 필요하며, 우리는 빛이 아닙니다."[21] 당신은 누군가에게 당신 자신을 맡길 것이다. 당신을 위해 자신을 내어주신 그분께 당신을 맡기지 않겠는가?

서두를 필요는 없다. 아우구스티누스도 이를 고려하기까지 오랜 시간이 걸렸다. 그가 마니교도들의 거짓 약속에 환멸을 느꼈다고 해서 그런 환멸이 기독교에 대한 즉각적 수용으로 전환되지는 않았다. 오히려 그 결과로 그는 불안정하게 만드는 회의주의에 오랫동안 빠져서 진리에 이르는 것을 단념한 회의주의자들인 '아카데미아파Academics'에 공감했다.[22] 여전히 그는 마니교의 인맥을 기꺼이 활용해 밀라노에서 공직을 얻는 데 성공했지만, 도착할 무렵에는 냉소주의에 가까운 태도를 갖게 되었다.

우리의 지적 갈등은 다른 불안과 복잡하게 얽혀 있는 경우가 많다. 우리가 지적 장벽이라고 여기는 것이 사실은 정서적 장애물인 경우도 있다. 우리는 합리적이라고 자부하지만, 우리의 합리성을 이루는 편견과 맹점(최근 행동경제학 분야 연구를 통해 입증된 인간 조건의 특징)을 놓치곤 한다.

우리는 무언가를 믿는 사람들과 더는 관계를 맺고 싶지 않을 때 그것이 '전혀 말이 안 된다'고 판단한다. 혹은 무언가를 믿는 사람들과 한동안 어울린 후에야 '불이 켜져' 그것을 '이해하게' 된다. 합리성은 우리가 생각하는 것보다 더 쉽게 변하는 것이다.

　때로는 개연성이 어떤 사람에게 달려 있기도 하다. 아우구스티누스에게 전환점은 논증이 아니라, 암브로시우스였다. 암브로시우스가 무엇을 말했고, 무엇을 가르치고 설교했는지는 중요하지 않았다. 오히려 아우구스티누스의 상상력에 움푹 자국을 낸 것은 암브로시우스의 존재 자체—그가 삶의 방식으로 표상한 바—였다. 암브로시우스는 엄격한 학문과 열렬한 기독교 신앙을 통합해 낸 사람을 표상하는 살아 있는 아이콘이었다. 그때까지 아우구스티누스가 어린 시절 경험을 근거로 그리스도인은 단순하고 촌스러우며 순진하다고 결론 내렸다면, 암브로시우스와의 만남을 통해 지적인 화력을 지닌 동시에 예수님을 따르는 누군가를 만나는 불안을 야기하는 경험을 하게 되었다. 하지만 그보다 훨씬 더 아우구스티누스에게 자극을 주어 그가 계몽되지 못한 것으로 거부한 신앙을 재고하게 한 것은 암브로시우스의 환대였다. 무엇이 아우구스티누스의 개연성 구조를 궁극적으로 전환했을까? **사랑**이다. 그의 회고는 따뜻하며, 지적인 갈망보다 훨씬 더 근본적인 갈망과 관계가 있다. "하나님의 사람이었던 그는 아버지가 갓난아기를 팔로 안듯이 나를 받아들였으며, 주교들이 따르는 최고의 전통에 따라 그는 나를 외국인 나그네처럼 귀하게 여겼다."[23] 암브로시우스는 구도자 아우구스티누스에게 논증이나 증거가 아니라 그가 갈망했던 무언가, 즉 집과 성소와 안식을 제공했다. 수많은 질문과 자기 삶의 너무나도 많은 불안정한 요소를 지닌 채 새로운 도시에 도착한 이 난민에게 밀라노의 성당은 이 영적 망명자가 찾고 있던 집의 전초기지가 되었다. 그리고 그를 맞이하기 위해 기다리고 있던 아버지가 있었다.

이것이 나중에 그가《믿음의 유익 *The Advantage of Believing*》에서 펼칠 주장이다. 개연성에 영향을 주는 **관계성**이 존재한다. 조명은 신뢰에 의존한다. 계몽은 공동체적이다. 아우구스티누스가 즉각적으로 공교회 신앙을 받아들이게 된 것이 아니다. 암브로시우스가 조숙한 외부자에게 베푼 호의와 환대는 그가 거부해 온 신앙을 재고하게 해 준 정서적 조건이었다. "나는 처음에는 진리의 교사가 아니라—그때 나는 주님의 교회에서 진리를 발견하리라는 희망을 전혀 품고 있지 않았기 때문입니다—그저 나에게 호의를 베푼 사람이었던 그와 말하자면 사랑에 빠졌습니다."[24] 이 만남에서 아프리카 출신 외부자가 권력의 핵심에 있던 한 지식인에 의해 주변화되지 않았다는 데 감사하는 마음을 갖게 되었음을 알 수 있다. 그가 즉시 믿게 된 것이 아니라, 기독교가 점점 더 믿을 만하게(마니교는 점점 덜 믿을 만하게) 되었다. 그는 "그때 나는 아직 교회가 진리를 가르치고 있다고 확신하지 못했지만, 교회는 내가 그토록 지독하게 비난했던 그것을 가르치고 있지는 않았습니다"라고 인정한다.[25] 아우구스티누스는 암브로시우스를 통해 자신이 거부했던 기독교가 기독교가 아니라는 것을 깨닫게 된다. 하지만 그가 기독교를 재고할 지적 공간을 만들어 준 것은 암브로시우스의 사랑과 환대였다.

사랑과 앎, 감정과 사유의 이런 관계는 남은 평생 아우구스티누스의 사상을 규정하는 특징이 된다. "나는 이해하기 위해서 믿는다"라고 끊임없이 강조할 때 아우구스티누스의 더 심층적인 주장은 "나는 알기 위해 사랑한다"였다. 그는 회심 직후에 쓴 초기 글《독백》에서 이를 확고히 한다. 아우구스티누스는 앎에 대한 시적 은유—"마음의 눈"과 같은—를 채택하면서 조명을 통한 앎이라는 플라톤주의의 은유를 사용한다. 하지만 여기에 중요한 차이가 있다. "모든 것을 비추는 분은 바로 하나님이시다." 그런 다음 아우구스티누스의 대화 상대인 이성은 이렇게 말한다. "보는 힘이 눈에 있듯이 나 이성은 마음에 있다. 눈이 있다는 것이 보는 것과 같지 않으며, 보는 것이 보고 아는 것과 같지 않다. 그러므로 영혼에는 세 가지가 필요하다. 영혼이 올바르게 사용하고 보고 알 수 있는 눈이 필요하다. 하지만 건강한 눈만이 보고 알 수 있으며, 믿음은 눈의 건강을 회복한다."[26]

"마음이 이를 통해서만 시력을 얻을 수 있다고 믿지 않는다면 치유를 원하지 않을 것이다." 다시 말해서 회의주의 때문에 우리가 진리에 이르기를 포기한다면 우리는 결코 찾아 나서지 않을 것이다. "따라서 믿음에 소망이 더해져야 한다." 하지만 이성은 동시에 욕망에 의해 자극을 받아야만, 약속된 빛을 갈망해야만 진리에 대한 추구를 시작하게 될 것이다. "그러므로 세 번째로 필요한 것이 바로 **사랑**이다."[27] 그의 초기 저작에서는 이런 주장이 플라톤주의의 대화를 통해 추상적으로 표현되었지만, 《고백록》에서는 이 주장이 구체화된다. 이성은 그저 알기 위해 사랑을 필요로 하는 것이 아니다. 그렇게 알기 위해 나는 사랑을 받아야 하고, 그렇게 믿기 위해 환대를 받아야 하며, 그렇게 소망하기 위해 받아들여져야 한다. 논증이 당신의 마음을 바꿀 수 있다면, 이는 오로지 암브로시우스 같은 사람이 당신을 집으로 맞아들였기 때문이다.

아우구스티누스와 함께 떠나는 여정

암브로시우스의 환대는 질문을 은폐하지 않았다. 이분법은 없고 우선순위가 있을 뿐이었다. 이해하지 않고 사랑하는 것이 아니라, 이해하기 위해 사랑한다. 암브로시우스가 아우구스티누스를 위해 개연성 구조의 전환을 만들어 냈다면, 이는 기독교가 그의 가장 오래되고 가장 끈질기게 남아 있는 질문—악, 하나님의 본성, 자유의지에 관한 물음과 계속해서 그를 따라다니던 다른 지적인 물음—들에 답할 수 있는 자원을 지니고 있는지를 새롭게 고려해 볼 수 있게 되었음을 뜻했다. 암브로시우스와의 관계가 그에게 자극을 주어 그동안 존재하는지도 몰랐던 기독교의 지적 우물을 찾아보게 했다. 마치 아프리카의 고향에서부터 죽 자기 발아래에 있었던 아르투아식artesian 우물(수압으로 물이 솟아나도록 깊게 판 우물—역주)을 두드려 보듯이 말이다.

아우구스티누스는 자신의 철학적 상상력이 얼마나 발육 부진 상태에 머물러 있는지를 서서히 깨닫기 시작했다. 마니교도들은 그에게 계몽을 약속했지만, 그는 그들이 자신이 묻고 있는 복잡한 물음에 답하기에는 부적합한 도구일 뿐인 무딘 도구만 제한적으로 공급해 왔음을 깨닫게 된다. 그의 관념적 근육은 제한된 운동 범위를 가지고 있었다. 예를 들어, 물질적이지 않은 실체를 상상할 수 없어서 존재하는 모든 것은 물질적이어야 한다고 생각했다.[28] 이것은 그가 자신의 정신적인 능력, 영혼의 본질을 이해할 수 있는 능력뿐 아니라 시간과 피조물을 초월한 하나님에 대해 생각할 수 있는 능력까지 제한했다. 마찬가지로, 마니교에서 배운 지성의 습관 때문에 악의 기원을 이해하려고 노력할 때 "나는 잘못된 방식으로 찾았고 내 추구에 결함이 있음을 보지 못했다"라고 그는 말한다.[29] 그는 이를 서서히 깨닫게 된다. 그에게 계몽을 약속했던 비밀 결사가 놀라울 정도로 편협하다는 것을 알게 된다. 합리적이라고 자부하던 계몽된 이들은 제한된 지적 도구 상자를 가지고 일하고 있었지만 (물론 그들 스스로도 이를 깨닫지 못했기 때문에) 그에게는 한 번도 그렇다고 말해 준 적이 없었다.

아우구스티누스에게 필요했던 지적 돌파는 다시 한 번 철학을 통해 이뤄졌다. 하지만 이번에는 키케로를 통해서가 아니었다. 대신, 아우구스티누스의 이론적 상상력을 새롭게 만들어 준 것―혹은 은유를 바꾸어 보자면, 그가 자신의 관념적 근육의 운동 범위를 확장하기 위해 운동할 수 있는 지적 체육관 역할을 한 것―은 "플라톤주의자들의 책"이었다. 그는 전에는 그에게 주어지지 않았던 결론에 도달할 수 있었으며, 지성을 확장해 관념적으로 닿을 수 있는 범위 밖에 있던 사상들에 닿을 수 있었고, 몇몇 질문을 해결할 뿐 아니라 일관된 삶의 방식으로 살아갈 수 있게 해 주는 새로운 가능성을 갖게 되었다. 그는 신앙과 이성 사이에서 하나를 택할 필요가 없었다. 철학은 그의 기독교 수용을 위한 전조가 될 것이다.

하지만 이러한 플라톤주의와 기독교의 결합은 그 나름의 긴장을 만들어 내고 아우구스티누스는 선택해야만 하는 상황에 처할 것이다. 지금까지 아우구스티누스의 플라톤주의에 관한 많은 연구가 이루어졌으며, 플라톤주의―더 구체적으로는 플로티노스Plotinus의 신플라톤주의―가 그의 회심 때부터 남은 평생 핵심적인 지적 비계를 제공했음은 의심의 여지가 없다. 초기 저작 중 하나인《참된 종교Of True Religion》(분도출판사)에서 아우구스티누스는 기독교를 플라톤주의의 완성으로 묘사한다. 플라톤이 기독교 시대에 살았다면 그 역시 예수의 제자가 되었을 것이라고 말한다.[30]

하지만 연속성을 과장한다면 아우구스티누스가 가장 중요한 기독교의 근본적 특징이라고 여기는 바를 놓치게 될 것이다. 그것은 바로 겸손이다. 플라톤주의는 그의 관심을 현세적이며 물질적인 것으로부터 영원하고 보이지 않는 것으로 고양시켰다. 플라톤주의 덕분에 그는 더 높은 것들, 선의 순수성과 영원성을 향한 **상승**에 관해 생각해 보게 되었다. 하지만 플라톤주의가 결코 상상할 수 없었던 것이 있는데, 선이 우리에게 **내려온다는** 것, 영원하신 하나님이 스스로 낮아지셔서 시간 안에, 한 몸 안에 거하신다는 것, 신적 존재가 인간을 집으로 데려가기 위해 자신을 비워 아래로 내려온다는 것이다.

아우구스티누스는 플라톤주의자들의 책 덕분에 자신이 복음을 절반은 이해할 수 있게 되었다고 말한다. 요한복음 서두에서 말하듯이 "태초에 말씀이 계시니라. 이 말씀이 하나님과 함께 계셨으니 이 말씀은 곧 하나님이시니라." "하지만 그분이 '자기 땅에 오매 자기 백성이 영접하지 아니하였으나 영접하는 자 곧 그 이름을 믿는 자들에게는 하나님의 자녀가 되는 권세를 주셨으니'라는 말씀은 그들의 책에서 읽어 보지 못했다."[31] 성자가 하나님과 동등할 수 있다는 것은 플라톤주의자들의 책이 그가 이해할 수 있도록 효과적으로 도와주었던 가르침이다. "하지만 그분이 '자기를 비워 종의 형체를 가지사 사람들과 같이 되셨고'[빌 2:7]라는 말씀은…이 책들에서 찾아볼 수 없었다."[32] 상승의 철학은 그의 가장 나쁜 악덕, 즉 올라가려는 사람의 교만과 오만, 생각의 힘으로 구원에 이를 수 있다고 믿으며 성공을 자축하는 지식인의 자기 충족성을 확인해 주었다. 하지만 기독교의 스캔들은 하나님이 "네가 거기서부터 여기까지 올 수 없으니 내가 너를 데리러 가겠다"라고 말씀하신다는 사실이었다.

계몽의 엘리트주의에 끌렸던 사람, 군중을 뛰어넘어 꼭대기까지 올라간 선택받은 사람들로 이뤄진 배타적인 마니교 집단에 들어가려고 노력했던 사람에게 기독교의 가장 큰 스캔들은 아마도 계몽의 전적인 민주화—복음이 누구에게나, 모든 사람에게 조명의 은총을 제공한다는 점—였을 것이다. 아우구스티누스가 정원에서 회심하기 직전에 한 오만한 말에서 이를 확인할 수 있다. 그는 그 길에 이르는 길을 발견한 많은 사람의 이야기를 듣고 난 후, "나는 알리피우스를 향해 이렇게 외쳤습니다. '우리의 문제가 무엇이란 말인가? 당신이 들은 이 말이 무슨 뜻인가? 교육받지 못한 사람들이 올라가 하늘을 쟁취하고, 고귀한 문화를 지닌 우리는 아무런 마음도 없지 않은가? 우리가 살과 피라는 진흙에서 뒹굴고 있다는 말인가? 우리가 따르기를 부끄러워하는 것은 그들이 우리보다 앞서 있기 때문인가?'"[33]

플라톤주의는 아우구스티누스의 상상력 안에 있는 몇몇 비뚤어진 곳을 곧게 만들어 주었고, 그가 예수님 안에서—스스로 낮아지셔서 인간이 되신 하나님 안에서, 무엇보다도 죽기까지, 심지어는 경멸을 받던 십자가에서 죽기까지 자신을 낮추신 하나님 안에서—그 길에 이르는 길을 찾게 해 주었다. 아우구스티누스는 고대 세계에서 견줄 수가 없었고 철학자들에게는 상상조차 할 수 없었던 겸손을 보았다. 겸손이 흘러넘쳐 계급과 부족이라는 온갖 경계를 넘어서는 은총과 인식론적 자비를 제공하기에 이른다는 것을 깨달았다. 철학이 모욕이라고 여기는 바는, "주님이 이런 진리를 지혜로운 이들한테서 감추셨고 아기들에게 보여 주셨으며, 수고하고 무거운 짐을 진 그들이 그분께 와서 회복을 얻게 된다는 것입니다."[34] 아우구스티누스는 지적 추구라는 교만을 버렸다. "마치 고상한 가르침이라는 굽이 높은 구두, 신을 연기하는 배우가 신은 구두를 신기라도 한 듯 공중으로 높이 들린 사람들은 예수님이 '나는 마

아우구스티누스와 함께 떠나는 여정

음이 온유하고 겸손하니 나의 멍에를 메고 내게 배우라. 그리하면 너희 마음이 쉼을 얻으리니'라고 말씀하시는 것을 듣지 못한다."**35** 플라톤주의는 하나님과 인간을 (다시) 연결하는 사다리를 제공했다. 하지만 기독교에서 하나님은 그 사다리를 내려오셨다.

사실 알베르 카뮈는 이 핵심적인 차이—철학과 기독교, 플라톤주의와 복음의 대결에서 핵심은 인식론적 **은총**이라는 것—를 이해했던 사람이다. "기독교에서 이 간격을 이어 주는 것은 추론이 아니라 사실, 곧 예수가 오셨다는 사실이다"라고 카뮈는 정확히 지적한다.**36** 어쩔 수 없이 바로 이 점 때문에 수많은 열렬한 구도자가 결국 난파를 당하고 만다. 그들은 노를 저어 자기 배를 조종하겠다고 고집하면서 십자가라는 뗏목을 거부한다.

카뮈의 해석에서, 영지주의를 통해 "그리스와 기독교가 처음으로 협력을 시도했지만" 그리스인들이 그리스도인들을 압도하고 말았다. 이는 결국 영지주의가 은총이라는 스캔들을 거부하기 때문이다. "영적인 것은 영지 혹은 하나님에 대한 앎으로만 구원을 받는다.…구원은 **습득된다.**"**37** 그 결과는 중독자의 교만과 비슷한 인식론적 펠라기우스주의다. 내가 알아 낼 거야. 내가 길을 찾을 거야. 내가 해결할 거야. 하지만 회복 중인 사람들은 이렇게 대답한다. "당신이 갖고 있던 최선의 생각 때문에 당신은 그 지경에 이르렀다."

신플라톤주의의 핵심에는 자신의 능력을 확신하는 똑같은 오만이 자리 잡고 있다. 구원은 관조이며, 인식론적 엘리트들만이 그런 상태를 성취할 수단(과 호사)을 가지고 있다. 카뮈의 말처럼 "여기서 하나님은 자신을 숭배하는 사람들만 살도록 허락한다."**38** 그렇기 때문에 신플라톤주의자는 기독교의 '무정부 상태', 즉 인식론적 능력주의와 '지혜로운 자들'의 영적 귀족정에 대한 기독교의 거부를 혐오한다. 플로티노스의 《엔네아데스*Enneads*》에서 카뮈는 "능력에 따라 주어지지 않으며 비합리적인 구원의 이론이 근본적으로 모든 공격의 대상"이라고 지적한다.[39] 그리고 아우구스티누스는 "성육신과 관조를 대립하고" 있다고 결론 내린다. 이 문제의 핵심에 대한 가장 명확한 통찰을 제공한 사람은 아우구스티누스의 가르침을 계속 떠올리면서도 여전히 이를 거부한 카뮈였다.

> 일관성에 대한 요구에서는 그리스인이었지만 불안의 감수성에서는 그리스도인이었던 그는 오랫동안 기독교 주변에 머물렀다. 성 아우구스티누스를 확신시킨 것은 성 암브로시우스의 우의적 방법과 신플라톤주의 사상이었다. 하지만 동시에 둘 다 그를 설득해 내지는 못했다. 회심은 지연되었다. 이를 통해 그는 무엇보다도 해법은 지식에 있지 않으며, 육신에 대한 혐오와 의심에서 벗어나는 길은 지적 도피주의를 통해서가 아니라 자신의 타락과 비참함에 대한 온전한 깨달음을 통해서라고 생각하게 되었다. 이런 소유물에 대한 사랑이 그를 그토록 낮아지게 했지만, 은총이 그것들 위로 그를 높이 올려 줄 것이다.[40]

카뮈 자신이 궁극적으로 그리스인이 되기로 작정했다면, 그는 이것이 은총을 거부하기 때문임을 알고 있었다.

안타깝게도, 이는 그의 오독에서 기인했을지도 모른다. 그는 졸업 논문 첫 부분에서 그가 "복음적" 기독교—허구적인 신약의 "원시" 기독교—라고 부르는 것을 요약하면서 이를 이분법으로 제시한다. "우리는 세상과 하나님 둘 중 하나를 선택해야 한다."[41] 카뮈 자신은 이분법을 받아들인 다음 세상을 선택했다. 그가 아우구스티누스를 조금 더 면밀

아우구스티누스와 함께 떠나는 여정

하게 읽고 기독교가 이분법을 무너뜨렸음—성육신을 통해 하나님이 세상을 택하셨음—을 깨달았다면 어땠을까?

아우구스티누스의 《고백록》, 이 신비에 대한 그의 지적 입장에서는 겸손을 배제하지 않았다. 확신은 교조주의와 동의어가 아니다. 아우구스티누스는 "나는 알지 못한다"라고 기꺼이 인정했다.[42] 실제로 저자로서 그의 마지막 작업 중 하나는 놀라운 기획이었다. 그는 자신의 비판자가 되었다. 아우구스티누스의 (미완성인) 《재론고Retractations》—자신의 방대한 저술에 대한 개인적이며 비판적인 검토(그는 자신의 글 중에서 93편까지 다뤘다)—는 그의 지적 겸손을 보여 주는 놀라운 증거다. 그는 "내 생각이 어떻게 바뀌었는지"를 설명하면서 독자들에게 이런 변화를 지적 타협이라고 비판하기보다는 자신의 진보를 격려해 달라고 당부한다. 아우구스티누스는 독자들이 자신의 실수를 보면서 기뻐하기보다는 이를 인정하는 정직함을 알아주기를 바란다("무지한 사람만이 자신의 오류를 비판하는 나를 감히 비판할 것이다").[43] 아우구스티누스는 그 과정에서 자신의 잘못을 인정하게 되더라도 조명을 따라 그것이 인도하는 곳으로 가는 것이 지적 미덕이라고 생각한다.

그는 기독교가 틀렸거나 지적으로 허약하며, 따라서 포기하고 넘어서야 할 무언가라고 확신하는 사람들에게도 똑같이 호소한다. 그는 성급하게 이 문제를 해결된 것으로 취급하는 태도를 경계하라고 당부한다. "만약 내가 하는 말을 확신할 수 없고 그것이 참인지 의심스럽다면,

적어도 당신이 이에 관해 의심한다는 것에 관해서는 전혀 의심하지 않는다는 것을 확실히 해야 한다."[44] 때로는 당신의 의심을 의심하는 것이 지혜의 시작이다.

아우구스티누스와 함께 떠나는 여정

# 10. 이야기: 등장인물이 되는 법

## 정체성을 원할 때 나는 무엇을 원하는가?

소설가 레슬리 제이미슨이 중독에서 벗어나는 길에 극복해야 했던 장애물 중 하나는 회복 집단 안에서 이야기가 작동하는 독특한 방식이었다. 물론 소설가는 독창적이어야 한다는 부담을 느낀다. 한 번도 한 적 없는 이야기, 곧 새로운 세계를 만들어 내고, 우리가 전에는 한 번도 보지 못했던 무언가를 드러내는 이야기를 해야 한다는 부담감이다. 그렇기 때문에 예술가의 야심에는 영향받는 것에 대한 불안이 드리워져 있다. **마치** 자신이 아무런 영향도, 빚도, 역사도 없는 사람인 것처럼 새로운 무언가를 만들기를 갈망한다.

하지만 그녀는 익명의 알코올중독자들 모임에서 '중독 이야기'가 서로 교환된다는 것을 알아차렸다. 마치 이 모임의 산소가 "전에 이 이야기를 들어본 것 같아"라고 생각하게 만드는 것 같았다. "중독은 언제나 이미 했던 이야기이기 때문이다."[1] 그렇기 때문에 중독과 회복을 다룬 책은 모두 같은 책처럼 보인다(다른 사람들이 멍한 눈으로 그에게 "나 그 책 읽어 봤어"라고 말하는 것 같았다). 굳이 같은 책을 또 쓸 필요가 있겠는가?

이야기가 그런 공동체에서는 다르게 기능한다는 것을 제이미슨이 깨닫기까지는 시간이 걸렸다. 이야기의 핵심은 독창성이나 창의성이 아니다. 만약 그렇다면, 그 이야기의 핵심은 이야기하는 사람이 될 것이다. "날 봐"는 독창성의 숨은 욕망이다. 하지만 회복 모임에서 주고받는 이야기들은 다른 목적에 이바지했는데, 그 이야기들은 연대의 망을 짜고 있었다. 이야기하는 사람에게 관심을 집중시키는 것이 목적이 아니었다. 희망은, 듣는 이들에게 선물을 주는 것, 듣는 이들이 그 안에서 자신을 바라보고 방향을 설정하고 어쩌면 더 나아가서 앞으로 나아갈 길, 빠져나갈 길을 발견할 수 있는 세계를 만들어 내는 것이었다. 제이미슨은 이렇게 회상한다. "회복 모임에서 나는 이야기에 관해 언제나 들었던 바―이야기는 독특해야만 한다는 생각―에 저항하며, 오히려 이야기가 전혀 독특하지 않을 때, 전에도 누군가 그렇게 살았고 다시 그렇게 살아갈 수 있을 법한 이야기처럼 들려야 한다고 주장하는 공동체를 발견했다. 우리 이야기는 이런 반복에도 불구하고가 아니라 이런 반복 때문에 소중했다."[2] 서평에서는 혹독한 비판에 해당될 말(**중독을 다룬 또 다른 비망록**)이 "회복 때문에 완전히 거꾸로 뒤집힌다. 즉, 이야기를 하는 이유는 바로 그것이 같은 이야기이기 때문이다. 당신 이야기가 유익한 이유는 오로지 다른 사람들이 그렇게 살았고 앞으로도 다시 그렇게 살 것이기 때문이다."[3]

하지만 왜 내가 교회 지하실에 모여서 한 번도 나를 본 적이 없고 내 이야기를 전혀 알지 못하는 이 어중이떠중이들의 이야기에 귀를 기울여야 할까? 무엇이 그들의 이야기를 중요하게 만드는가?

심리 치료사는 제이미슨에게 이런 이야기의 기능을 설명하는 개념을 제공했다. 그것은 **증인의 권위**다. 이는 당신이 겪은 어려움을 알고 있는 누군가, 그 사람이 당신과 같은 처지에 있어 보았기 때문에 당신이 진지한 관심을 집중하는 누군가에게 당신이 부여하는 권위다. 그들이 **그들의** 이야기를 할 때는 마치 그들이 그동안 당신의 편지를 읽어 온 것처럼 느껴진다. 중독 이야기가 효과를 발휘하는 것은 이러한 경험의 연대 때문이다. 제이미슨은 자신의 친구 데이너Dana가 첫 모임에서 다른 누군가의 이야기를 들으면서 이렇게 속삭였다고 회고한다. "'저게 **나야**.' 그는 평생 엉뚱한 라디오 방송을 들어 왔다는 듯이 그렇게 말했다."[4]

물론 누군가의 이야기에서 우리 자신을 발견하는 것—다른 사람의 증언으로 우리 자신이 알려진다고 느끼는 것—은 중독자들만 하는 독특한 경험이 아니다. 오히려 중독이라는 깨짐은 **인간이 지닌** 갈망을 정제해 낼 뿐이다. 알려지고자 하는 갈망, 자리를 찾고자 하는 갈망, 우리에게 의미를 주고 연대로부터 오는 정체성을 부여하는 이야기에 대한 갈망이다. 온갖 방식으로 표현적 개인주의expressive individualism를 받아들이도록 교육받아 왔음에도, 우리는 **정체성**의 동학, 즉 우리에게 의미와 중요성, 대의를 부여하는 어떤 집단과의 관계에서 우리 자신을 발견하게 됨을 잘 알고 있다. 정체성은 그 집단이 우리를 한 등장인물로 만들고 우리에게 해야 할 역할을 주는 이야기와 함께 다가오기 때문에 우리가 수용하는 등장인물 되기다. 누군가가 그들이 되는 것이 무엇을 뜻하는지에 대해 증언하고, 우리는 "저게 **나야**"라고 속삭인다. 정체성은 다른 누군가가 하는 이야기에서 자신을 발견할 때 우리에게 주어지는 이름이다.

왜 우리가 아우구스티누스의 이야기에 관심을 기울여야 할까? 왜 들어야 할까? 이것은 분명히 그가 붙잡고 씨름했던 물음이다. 그리고 그가 유일하게 기대는 것—권위에 대한 그의 유일한 주장—은 증인의 권위다. 아우구스티누스는 자신이 아무것도 증명할 수 없다고 인정한다. "내가 고백하는 바가 진리라는 것을 나는 그들에게 증명할 수 없다."[5] 그는 결론을 입증하기 위한 증거를 열거하는 방식의 논증을 제시하지 않는다. 그는 그 어떤 사람도 논증으로 설득하여 자신의 이야기 안으로 끌어들이려고 노력하지 않는다. 대신 그는 한 이야기를 들려주면서 독자들에게 그 이야기를 '시도해 보고' 그것이 그들의 경험과 들어맞는지 보라고 권한다. 왜 하나님에 대한 고백을 "다른 사람들이 들을 수 있는 방식"으로 기록하고 있을까? 그는 곰곰이 생각해 본다. 만약 내가 그저 하나님께만 고백하고 있다면, 일기를 적어 이 모든 것을 사적으로 남겨두면 그만이지 않은가? 그것은 중독자들이 모임에서 자기 이야기를 나눌 때와 똑같은 이유 때문이다. 아우구스티누스는 어쩌면 누군가가 내 이야기에서 자신을 발견할 것이라고 말한다. 어쩌면 누군가가 막다른 골목과 비통함으로 가득한 이 탕자 이야기를 듣고 "저게 **나야**"라고 속삭일지도 모른다. 그들이 내 이야기에서 자신을 발견할 수 있다면, 그들은 하나님의 이야기에서 자신이 집으로 돌아가 나를 만나기 위해 달려 나오고 잔치를 베푸시는 아버지에게 안기는 사람이라고 상상할 수 있을지도 모른다. 아우구스티누스의 이야기가 흥미로운 이유는 그것이 독창적이지 **않기** 때문이며, 수백만 번 들은 이야기, 그 자체가 인간의 조건

아우구스티누스와 함께 떠나는 여정

인 탕자의 모험을 들려주는 이야기이기 때문이다.

그는 하나님께 간구한다. "나에게 내 증언이 무슨 유익이 있는지 분명히 깨닫게 해 주십시오." 어째서 이 모두가 나의 허영을 위한 것이라고 비난할, 나를 미워하는 모든 이를 만족하게 해 줄 위험을 감수해야 합니까? 왜 히포의 주교에 관해 나쁜 소문을 퍼트리는 데 혈안이 된 고대 아프리카판 TMZ(자극적인 연예인 관련 기사를 주로 다루는 미국의 웹사이트—역주)에 빌미를 제공한단 말입니까? 그의 대답은 이렇다. "과거의 죄—믿음과 주님의 세례 예식으로 내 영혼을 변화시켜 주신 주님이 내가 주님 안에서 행복해질 수 있도록 주님이 용서하고 숨겨 주신—에 대한 나의 고백을 읽고 들었을 때 그들은 '나는 할 수 없어'라고 말하는 절망의 잠에서 깨어납니다."[6] 절망에 빠진 누군가가 내 이야기에서 자신을 발견하고 자신이 달라질 수 있다고 상상한다면—자신의 삶으로도 은총이 파고들어 올 수 있다고 상상한다면—이 모든 것이 가치 있는 일이라고 아우구스티누스는 말한다. 누군가가 내 이야기를 듣고 내 과거에서 낯익은 길을 발견하게 되기를 아우구스티누스는 바란다. 그들이 내가 나의 불행과 불안을 묘사하는 것을 듣고 "나도 그 길로 가 봤어"라고 말할 수 있기를 바란다. 이는 그들도 밖으로 나가는 길, 앞으로 나아가는 길, 집으로 돌아가는 길을 발견할 수 있다는 뜻이다. 나는 "나의 기쁨을 함께 나누는 사람들, 나와 똑같이 죽을 수밖에 없는 사람들, 나의 동료 시민이자 나와 함께 여행하는 순례자들"을 위해서—그리하여 그들이 알지 못한 채 고대하고 있는 조국*patria*의 동포를 발견할 수 있도록—글을 쓴다고 그는 말한다. 만약 그들이 내 과거에서 자신을 발견할 수 있다면("저게 나야") 내 현재에서도 "나도 저렇게 **될 수 있어**"라고 상상할 수 있을 것이다. "나는 안 돼"라는 절망을 아우구스티누스가 나누는 이야기―"너는 할 수 있어"―속으로 초대한다.

그렇기 때문에 절대로 《고백록》을 비망록이나 자서전과 혼동해서는 안 된다. 아우구스티누스가 자신의 이야기를 나눈다면 이는 자신에 관한 무언가를 드러내기 위해서가 아니다. 그와 반대로, 어떤 의미에서 그의 특수성은 축소되고 그의 전기는 사라진다. 핵심은 누구든지 그 안에서 자신을 상상할 수 있을 만큼 '일반적인' 이야기를 나누는 것이다. 그런 의미에서 그의 이야기는 회복 중인 중독자들의 이야기와 다르지 않다. 데이브와 알린은 자신을 알리려고 자기 이야기를 나누는 게 아니다. 그들은 당신이 당신 자신을 알 수 있게 하려고 그들의 이야기를 나눈다. 그들의 이야기는 당신에 관한 무언가를 드러낸다. 그 이야기의 목적은 당신이 자신과 대면할 수 있도록 돕는 것이다. 《고백록》은 독자에게 "당신은 아우구스티누스에 관해 어떻게 생각하는가?"가 아니라 "당신은 당신이 누구라고 생각하는가?"라고 묻는다. 아우구스티누스는 독자들이 자신이 아니라 하나님께 반응하게 하려고 글을 쓴다. 장-뤽 마리옹은 아우구스티누스를 철학적으로 연구한 책에서 이 점을 누구보다도 탁월하게 분별해 낸다. "독자들은 자신이 느낀 문학적 즐거움이나 심리적 공감에 관해 저자에게 반응할 필요가 없지만, 자신이 고백하는 '감정 *affectus*'에 관해 하나님께 반응해야 한다." 곧 자신의 욕망에 관해 하나님께 반응해야 한다. "저자가 독자에게 요구하는 반응은 저자에게 반응하라는 것(예를 들면, 그를 동정하거나 칭찬하거나 무죄라고 선언하거나 존경하라는 것)이 아니라 하나님이 물으시는 바에 직접적으로 반응하라는 것이다." 마리옹은 《고백록》은 독자들 안에 하나님을 향한 인간의 '지성'과 '감정'을 불러일으켜서 그들이 각자 고백하게 만드는 장치"라고 주장한다.[7] 아우구스티누스의 이야기는 다른 모든 피조물과 마찬가지로 하나님을

아우구스티누스와 함께 떠나는 여정

누리기 위해 **사용되어야** 할 도구나 장치다.

이것은 마치 하나님이 팔짱을 낀 채 얼굴을 찡그리고 대답을 기다리며 서 계시기라도 한 것처럼 엄격한 요구가 아니다. 오히려 이 이야기는 자신을 새로운 틀에서, 전혀 다른 이야기의 한 '등장인물'로 바라보라는—"오로지 하나님이 우리를 바라보시듯이, 즉 우리가 아무리 흉하게 변했더라도 **사랑스러운** 존재로 우리 자신을 바라보라는—초대다."[8] 《고백록》은 (몽테뉴나 루소가 쓴 글처럼) 자기중심적인 비망록이나 자서전이 아니라[9] "**타서전**hetero-biography"이다. 마리옹의 말처럼 "내가 이야기하는 나의 삶, 특히 타자['헤테로']의 관점에서, 특권적인 타자이신 하나님의 관점에서 나에게 이야기하는 나의 삶"의 이야기다.[10] 아우구스티누스의 이야기는 하나님의 은총으로 그에게 주어진 이야기, 그가 그 안에서 자신을 발견한 정체성이며, 그는 같은 바람으로 다른 이들을 위해 그의 이야기를 들려준다. 즉, 그들 역시 하나님이 그분의 자녀이자 그분의 친구, 그분이 사랑하는 이들—그분은 그들을 위해 기꺼이 생명을 내어 주셨다—인 그들에 관해 들려주시는 이야기 안에서 그들 자신을 발견하기를 바라는 마음으로 이 이야기를 들려준다.

《고백록》에서, 또한 그가 남은 평생 몰두했던 설교를 통해 아우구스티누스는 계속해서 인간의 조건 안에 있는 동료 순례자들, 형제자매들에게 그들이 고려해 본 적이 없을지도 모르는 이야기, 그들이 평범 이상을 위해 창조되었으며, 어떤 **사물**도 만족시킬 수 없는 갈망을 가지고 있고, 그들을 만드신 그분께 사랑받고 있으며, 이미 그들을 위해 마련된 집이 있고, 우주의 하나님이 그들의 모든 것을 알고 계시지만 여전히 그들을 사랑하시고 상처 난 두 손을 뻗어 그들을 집으로 맞이하기 위해 기다리고 계신다는 이야기를 시도해 보라고 권한다. 처음에는 우리가 "그게 나일 리 없어"라고 말할지도 모른다. 너무 좋은 이야기라 믿기지 않는다. 심지어 하나님의 사랑을 획득하거나 자신을 증명해야 할 필요가 있다고 생각하는 우리를 불쾌하게 만들지도 모른다. "무슨 말인지 알아." 아우구스티누스는 그렇게 말할 것이다. "나도 그랬으니까. 하지만 네가 그것으로부터도 해방될 수 있다고 말한다면 어떨까? 네가 바라고 있던 비밀이 사실이라면 어떨까? 네가 상상해 온 이야기에 온 걸 환영해. 난 네게 그것이 사실이라고 말해 주러 왔어."

정체성에 대한 우리의 갈망은 이야기를 찾는 것과 밀접하게 연결되어 있다. 그 이야기는 가려져 있고 숨겨져 있을지도 모른다. 그 구조는 한 번도 도식화된 적이 없을지도 모른다. 하지만 그럼에도 우리는 스스로 역할을 채택하고 어떤 서사가 우리에게 부여한 각본대로 연기한다. 그것은 진정성이 결여된 것도 아니고 나쁜 신앙의 모습도 아니다. 역할을 찾는 것은 자신을 찾는 것이다("나는 이것을 위해 창조되었어"). 우리에게 세상에 대한 방향을 설정해 주고 삶의 목적과 방식을 알려 주는 어떤 본보기의 대역으로 살아가는 것이 우리를 해방시킬 수도 있다. 이야기 없이 살아간다는 것은 우리가 누구이며 삶의 목적이 무엇인지를 알 수 있도록 도와줄 각본 없이 살아간다는 것이다. 우리는 이리저리 흔들리며 정처 없이 떠돈다. 우리는 그것이 우리에게 맞는지 알아보기 위해 미친 듯이 여러 역할과 정체성을 시도한다. 한 이야기의 배역을 부여받는다는 것은 이름, 뒷이야기, 기획—이 모든 것이 우리가 그 위를 달릴 수 있

아우구스티누스와 함께 떠나는 여정

는 궤도, 우리가 의지할 수 있는 안정적이며 주어진 무언가로서 기능한다—을 갖게 된다는 것이다. 알 수 있는 누군가가 존재하기에 우리는 알려질 수 있다. 조녀선 프랜즌은 《자유》의 한 단락에서, 이야기에 속하지 못한 데서 기인하는 불안을 포착한다. 이 일화에서 주인공 월터는 계속해서 여러 서사를 옮겨 다니기 때문에 자신의 세계가 녹아내리는 것처럼 느끼고 있다.

> 손에서 전화기가 미끄러졌고 그는 그대로 누운 채 싸구려 침대가 흔들릴 정도로 한동안 조용히 울었다. 그는 무엇을 해야 할지 몰랐고, 어떻게 살아야 할지 몰랐다. 그가 삶에서 만난 새로운 것은 그때마다 그가 옳다고 전적으로 확신한 방향으로 그를 몰아갔지만, 또다시 새로운 것이 나타나 그를 반대 방향으로 몰아갔고, 그 방향 역시 옳게 느껴졌다. 지배적인 서사가 없었다. 그는 자신이 살아 있기 위해 살아 있는 것을 유일한 목표로 삼는 게임 안에서 순전히 반응하기만 하는 핀볼처럼 느껴졌다.…어떻게 살아야 할까?[11]

우리의 문화 산업은 방향을 잡아 주는 서사에 대한 갈망을 건드린다. 디즈니든, 드라마 채널이나 집수리 채널이든, 인스타그램이든 모두가 신화를 만들고 있다. 우리가 그 안에서 살아갈 수 있는 각본을 제공하려고 한다. 물론 위험은 오늘날 너무나 많은 각본이 우리에게 등장인물이 아니라 모델—보이기만 하고 이야기는 없는 사람들, 그들의 평범한 시선 때문에 그 배후에 아무 정체성도 없는 것처럼 보이는 사람—이 되라고 권한다는 것이다. 우리는 그들이 입은 옷과 겉모습만 알 뿐인데, 이런 것들은 순식간에 벗겨지고 대체될 것이다. 그들은 자아가 아니라 상품을 전시하는 기계에 불과하다.

　모델과 달리 배우는 적어도 우리가 채택한 등장인물을 우리에게 보여 줄 잠재력을 지니고 있다. 영화 〈스미스씨 워싱톤 가다*Mr. Smith Goes to Washington*〉의 주인공을 통해 정의에 대한 동경과 소명을 발견하거나 〈앵무새 죽이기*To Kill a Mockingbird*〉의 애티커스 핀치라는 인물을 통해 정의를 위한 노력을 깨닫게 될 수도 있다. 〈블랙 팬서*Black Panther*〉를 통해 흑인의 권리에 대해 생각해 보거나 〈원더 우먼*Wonder Woman*〉을 통해 여성의 권리에 대해 생각해 볼 수도 있다. 〈스포트라이트*Spotlight*〉나 〈더 포스트*The Post*〉를 통해 진실을 추적하는 언론인 공동체에 관해 알게 될 수도 있다. 젊은이들이 이런 영화를 보고 "저게 나야"라고 말하면서 그 영화의 인도를 따라 살 수도 있다. 우리 시대의 허구가 단지 '유명해지기'를 욕망하는(또한 '유명해지는 것 자체를 목적으로 유명해지고 싶어 하는') 텔레비전 '리얼리티' 쇼 연기자들보다 모방하기에 더 나은 등장인물을 제시하는 경우가 많다.

　전에는 책이 그런 기능을 했다(지금도 어느 정도는 그렇다). 우리는 신화와 소설의 등장인물에서 자신을 발견한다. 때로는 우리 자신의 악덕을 발견하고는 그 인물의 궤적을 따르지 **않겠다고** 결심한다. 또 다른 경우에는, 한 인물의 영웅적 행동이나 희생이나 긍휼에 대한 매혹이 동경으로 변하기도 한다. "나도 그렇게 되고 싶어"라고 마음속으로 말하며 그 인물의 각본에서 훔쳐 온 삶을 산다. 그런 이야기들이 담긴 상자인 책은 단지 정보 전달을 위한 기술이 아니다. 책은 우리가 되고 싶은 인격체의 성상을 모셔 둔 삶의 배양기다.

　토머스 라이트*Thomas Wright*는 오스카 와일드*Oscar Wilde*의 삶이라는 흥미로운 사례 연구에서 이 동학을 포착해 낸다. "책에 대한 전기

bibliobiography"라고 부를 법한 라이트의 《책으로 지은 삶*Built of Books*》은 책이 서사의 중추를 이루는 와일드의 복잡하고 비극적인 삶에 관한 이야기다. 우리가 이렇게 할 수 있다는 사실 자체가 비극의 일부다. 와일드가 감옥에서 재판을 기다리는 사이에 첼시에 있는 그의 집에 있는 모든 물건이 그가 경솔하게 제기한―결국 승소하지 못한―퀸즈버리 Queensbury 후작에 대한 명예훼손 고소 사건을 위한 법적 비용을 충당하기 위해 경매로 넘겨지고 말았다. 다행히도 남아 있는 판매 목록 덕분에 우리는 와일드가 청소년기부터 만들어 온 장서가 약 2천 권에 이르는 것을 알게 되었다. 여기에는 프랑스 소설과 방대한 양의 고전, 와일드 자신의 책의 초판, 호화 장정본*éditions de luxe*, 저자의 친필 서명을 받은 시집 등이 포함되어 있었다. 장서 전체가 헐값에 팔렸다(그 책들이 런던 중고 서점에 나왔을 때 친구와 지인 몇몇이 그중 일부를 다시 매입하려고 노력하기도 했다).[12]

장서가 단순한 수집품이 아니라 개인적으로 선별하여 모은 자기 삶의 고고학적 단층이었던 와일드에게 이보다 더 치명적인 복수를 가하는 것은 상상하기 어려웠다. 많은 사람에게 그렇듯이, 그의 책꽂이를 본다는 것은 그 사람, 즉 독특한 삶의 모습을 말해 주는 책등*spine*을 보는 것을 뜻했다. 라이트는 "와일드의 서재는 개인적인 기념품을 모아 둔 박물관 이상의 의미가 있었다"라고 주장한다. "그것은 그의 삶에 필수적이었던 많은 것의 원천이었다.…책은 와일드의 삶과 글쓰기에 가장 큰 영향을 미친 요소였다. 그는 자신에게 가장 영향을 미치고 가장 좋아하는 책들을 가리켜 '황금 책'이라고 부르곤 했다." 실제로, 그는 자신의 소설 속 등장인물들을 그런 사람으로 그렸다. 도리언 그레이*Dorian Gray*를 유혹해 그를 파괴하게 될 삶으로 이끄는 것은 악명 높은 "노란 책"

이었다. 책으로 살고 책으로 죽는다. 와일드에게 책은 친구 대신이었고, 성격의 전달자였다. "이러한 읽기를 통한 만남은 그에게 친구와 연인과의 첫 만남만큼 중요했다."[13]

와일드는 "책으로 지은" 삶이라는 점에서는 독특하지 않지만, 우리가 가지고 있는 그의 장서 목록은 한 삶을 만들어 낸 비밀스러운 각본을 엿볼 독특한 기회를 준다. 라이트는 이 점에 관해 긴장이 존재한다고 지적한다. 한편으로, 와일드는 그가 읽은 것에서 삶을 구축한다. 이는 허구와 신화에서 연료를 공급받는 자기 창조 행위다. 다른 한편으로, 이것은 자기 창조의 거장인—"예술가로서의 비평가The Critic as Artist"라는 글에서 "영향받는" 것에 대해 신랄하게 비판했던—그조차도 해야 할 역할을 **받고** 있었음을 뜻한다. 라이트는 "그는 읽기를 통해 자신을 발견한다기보다는 자신을 창조했다"라고 주장한다. "그는 책을 통해 자신을 구축한 사람이었다.⋯그는 언제나 책을 통해 삶으로 나아갔고, 말 그대로 책을 통해 현실을 보았다." 하지만 다시 라이트는 와일드가 자신이 읽은 것을 모방하는 사람이었다고 말한다. "본질적으로 그는 독창성과 자아의 표현에 관심을 기울이는 낭만주의 작가라기보다 자신이 읽은 책을 채택하고 하나로 합치는 전근대적 저자였다."[14]

그렇기에 "그가 옥에 갇혔을 때 가장 먼저 요청한 것이 바로 책이었다."[15] 펜튼빌Pentonville 교도소에 수감된 그는 어떤 책을 요청했을까? 와일드의 요청 도서 목록 중 첫 두 권이 아우구스티누스의 《고백록》과 《하나님의 도성》이었다.

우리가 책으로 지어지고 이야기 속에서 살아간다는 개념은 소설만큼이나 오래된 것이다. 미겔 데 세르반테스Miguel de Cervantes의 《돈키호테Don Quixote》 주인공은 기사도 이야기를 현실 도피가 아니라 삶의 지침서로 여기는 떠돌이 기사다. 그는 기사도 이야기를 환상이 아니라 삶을 위한 규범으로 읽는다. 우리는 아우구스티누스의 오래된 《고백록》에도 이러한 통찰이 새겨져 있음을 알 수 있다. 아우구스티누스가 타서전을 썼다면, 그는 우리에게 책에 관한 전기, 책에 담긴 그의 삶을 제시했다고 말할 수도 있다. 각기 다른 책은 세계에 대한 다른 지도를 제공하며, 각각이 세계에 대한 다른 요약인 다른 경로를 그려 낸다. 베르길리우스의 《아이네이스*Aeneid*》와 키케로의 《호르텐시우스》, 마니의 《근본 서간*Letter of Foundation*》과 《보물의 책*Book of Treasures*》, 플로티노스의 《엔네아데스》, 바울 서신, 탕자의 비유까지 이 모두는 아우구스티누스가 '시도해 본' 이야기다. 그는 이 서사로 들어가 그 안에서 한 인물이 되어 그 이야기가 담고 있는 세계에 대한 이해를 받아들이는 누군가의 역할을 해 보았다. 마침내 진북眞北을 정확히 가리키는 나침반을 발견하기까지 그는 자기 삶의 다양한 시점에서 이 책들을 나침반처럼 취급했다.

따라서 그가 책에서 자신의 회심에 관해 이야기할 때 책들이 마치 등장인물 같은 기능을 한다는 점은 전혀 놀랍지 않다. 《고백록》 8권에서 이 이야기는 친구들과 책들의 교독 연도처럼 펼쳐진다. 심플리시아누스는 아우구스티누스가 읽고 있던 신플라톤주의 책을 번역한 빅토리누스를 아우구스티누스에게 소개했다. 심플리시아누스는 성경을 읽고 변화되었다. 또한 폰티시아누스는 아우구스티누스의 집에 들렀을 때 탁자에 바울 서신서가 놓인 것을 보고 자신의 친구들이 《안토니우스의 생애》를 발견한 이야기를 들려주었다. (그 자체가 복음서를 듣고 혁명적으로 변화된 삶에 관한 이야기인) 이 책은 책을 읽은 사람들의 모든 것을 바꾸어 놓게 된다. 이 모든 책은 모방해야 할 본보기들, 따라야 할 개척자들의 이미지를 보여 주는 문학적인 스테인드글라스와 같았다. 따라서 아우구스티누스의 회심에서 절정은 그가 책을 집어 드는 순간이었다. 산 지미냐노에 있는 고촐리의 그림은 아우구스티누스의 회심을 마치 무언가를 열심히 공부하는 모습처럼 묘사한다(그림 6을 보라). 하지만 어쩌면 우리는 그가 마침내 세상을 제대로 볼 수 있게 된 것처럼 책을 지도처럼 뚫어지게 응시하는 모습을 상상해 볼 수 있을지도 모른다. 말하자면, 그는 평생 샌프란시스코 지도를 들고 로스앤젤레스에서 운전하고 다녔지만 이제 누군가가 그에게 성스러운 《토머스 가이드*Thomas Guide*》(미국 대도시의 상세 지도가 수록된 책 시리즈―역주)를 건네주었고 비로소 자신이 어디에 있는지, 어디로 가고 싶어 하는지, 어떻게 거기까지 갈 수 있는지를 알게 된 것이다. 그는 자신이 우주를 창조하신 분이 주신 지도를 들고 있음을 깨달았다. 아우구스티누스는 "현 위치"라고 적힌 화살표를 보면서 친구들에게 "저게 **나**야"라고 말한다. 그리고 고촐리의 그림에서 알리피우스는 그런 책을 손에 넣기 위해 애쓰고 있다.

책은 이후의 모든 성상에서 벽지처럼 등장할 것이다. 사진을 찍을 때 항상 서재에서 자세를 취하거나 손에 책을 들고 있는 와일드처럼, 히포의 주교는 언제나 책과 함께 등장할 것이다. 책을 읽거나 쓰거나 공부하거나 밟고 있거나 책에 둘러싸여 있거나 책을 탐독하고 있을 것이다(그림 2와 8을 보라). 또한 책에 그토록 많은 영향을 받은 누군가가 평생 책("232권으로 이뤄진 93편의 저작" 외에 편지와 설교까지)을 쓰는 일에 몰두했다는 사실 역시 놀랍지 않다.[16] 실제로 그는 죽기 직전까지 글을 썼다. (아우구스티누스가 약속했던) 이단에 관한 비판적인 편람을 써 달라는 쿼드불트데우스*Quodvultdeus*의 끈질긴 요청을 받았던 그는 《율리아누스에게 답함*Answer to Julian*》을 탈고하지 못했다. 자신의 모든 책을 재검토하는 책 《재론고》 역시 미완성으로 남았다. 그는 한때는 자신이 믿을 수 없다고 생

아우구스티누스와 함께 떠나는 여정

각했던 이야기에서 자신을 발견했다. 그는 남은 평생 다른 이들이 바로 그 이야기에서 자신을 발견하도록 초대하는 일에 몰두하게 될 것이다.

마침내 이야기에 대한 추구를 중단시킨 책은 성경이었다. 마침내 그의 길을 안내하게 될 책은 성경이었다. 브라이언 스톡Brian Stock이 그의 권위 있는 연구서 《아우구스티누스의 책 읽기Augustine the Reader》에서 지적하듯이, 아우구스티누스는 이야기가 정체성을 형성하며, 이는 곧 당신의 창조주가 계시하신 이야기에서 당신의 이야기를 발견하는 것을 뜻함을 깨달았다. 스톡은 이렇게 논평한다. "이 문제에 관해 그가 다른 철학 사상가들과 구별되는 점은, 그가 자신에 대한 앎과 하나님의 말씀에 대한 이해가 서로 연결되어 있으며 여기에서 성경 읽기가 특히나 중요한 역할을 한다고 보았다는 점이다. 386-387년 이후 그의 긴 지적 발전 과정에서 그가 주로 지침으로 삼은 것은 성경이었다."[17] 성경 이야기는 어떤 점에서 '꼭 들어맞는' 이야기였을까? 왜 이 이야기가 그의 남은 평생 지배적인 서사가 되었을까?

우리는 이런 생각 자체에 분개하는데, 우리는 '우리'의 진리에 따라 살고, 자신의 이야기를 만들라는 말을 들으며 살아왔기 때문이다. 우리에게 진정성이란 새롭게de novo 우리 자신의 각본을 써야 한다는 부담감이다. 자신의 이야기가 아닌 지배적 서사라는 개념은 당신 삶에 대한 권리를 양도하는 것처럼 느껴진다. 실제로 그렇기도 하다! 하지만 아우구스티누스는 성경에 나타난 하나님의 이야기에 들어가는 것을 감금이 아니라 해방이라고 생각했다. 당신이 당신 자신도 알지 못했으며 자신에게 당신이 여전히 수수께끼임을 깨달았을 때, 계속해서 안을 들여다보아도 깊이를 헤아릴 수 없는 신비와 비밀과 역겨운 자신의 모습만 발견할 뿐임을 깨달았을 때, 그때 비로소 당신은 성경을 더는 명령을 나열한 목록으로 받아들이지 않게 된다. 대신, 성경은 도저히 헤아릴 수 없을 정도로 깊이 당신을 사랑하시는 무한하신 하나님을 보여 주는, 외부로부터 오는 빛으로 당신 삶으로 파고든다. 아우구스티누스에게 하나님 말씀은 부담이나 들뜬 분위기를 가라앉히는 무언가가 아니라 그를 만드신 하나님이 쓰신 자서전이었다. 성경은 아우구스티누스의 삶에 **계시**로서, 다른 사람이 들려준 그에 관한 이야기로서, 또한 마침내 자신의 갈망과 결함과 소망을 이해할 수 있도록 도와준 빛을 비추는 **조명**으로서 난입했다.

아우구스티누스의 글, 특히 그의 편지와 설교를 조금만 읽어 보아도 성경의 언어로 흠뻑 젖어 있는 목소리를 들을 수 있다. 성경—특히 시편—은 아우구스티누스가 받은 방언의 은사였다. 아우구스티누스의 말은 성경으로 가득 차 있어서 현대 번역자들은 어디서 성경이 멈추고 아우구스티누스가 시작되는지 알 수 없어 당혹스러워할 때가 많다. 남은 평생 아우구스티누스는 힙합 아티스트처럼 그가 하는 모든 말에 성경을 '샘플링'한다. 특히 시편은 언제나 그의 혀끝에 있었고, 그에게 은유와 위로의 저장고가 되었다.

성경이 그토록 빨리, 말하자면 아우구스티누스의 모국어가 되었다는 사실은 놀라울 따름이다. 성경은 아우구스티누스가 구사하는 어휘의 핵심인데, 구속이라는 우주적인 이야기가 그의 지배적인 이야기이기 때문이다. 이것은 그가 한 번도 가 본 적 없는 고향의 언어였다. 마치 방언

아우구스티누스와 함께 떠나는 여정

처럼 그는 자신의 언어가 아니지만 낯설지 않은 언어를 금세 말할 수 있게 되었다. 그것은 그가 소유한 언어라기보다는 그를 소유한 언어, 자연스럽게 나오는 언어다. 그처럼 북아프리카인인 자크 데리다는 나중에 비슷한 말을 하게 될 것이다. "내가 말하는 유일한 언어는 **나의 것이 아니라고** 나는 말했다. 나는 그것이 나에게 낯설다고 말하지 않았다."**18** 이것은 망명자 영성의 어휘다. 낯선 언어가 당신을 발견하고 당신의 모국어가 된다. 이 말씀Word이 당신에게 마침내 당신이 누구인지를 말할 수 있는 말words을 주기 때문에 당신은 비로소 참으로 당신이 된다.**19** "당신이 자신에 관해 말하는 것을 듣는 것이 곧 당신 자신을 아는 것이다."**20**

그 정원에서 아우구스티누스가 황급히 방으로 돌아가 바울 서신을 집어 들고 로마서 13장을 읽을 때 정보 이상의 무언가가 주입되었다. 이 말씀은 그를 변화시키는 은총의 통로가 될 것이다. "나는 더 이상 읽고 싶지 않았고, 그럴 필요도 없었다. 이 문장을 끝내자마자 내 마음은 안도와 확신의 빛으로 가득 차올랐고 망설이던 내 마음의 모든 어둠이 사라졌다."**21** 말씀은 성례전이다. 단지 하나님이 자신을 드러내시는 말씀이실 뿐 아니라 하나님이 **행동하시는** 수단이다. 아우구스티누스는 다른 사람들, "나의 동료 시민들과 나와 함께 순례하는 이들"에게 자신의 이야기를 들려주려는 이유를 설명할 때 자신의 말을 말씀과의 관계 속에 놓으며, 더 중요한 의미에서 자신의 행동을 하나님의 행동과의 관계 속에 놓는다. "그리고 이것, 곧 주님이 나에게 하신 말씀은 그저 주님이 말씀하신 가르침에 그쳐서는 안 되었습니다. 말씀보다 먼저 주님이 하신 행동이 있어야 했습니다. 그리고 나는 행동과 말로 그 말씀을 전합니다. 나는 주님의 날개 아래서 그 말씀을 전합니다. 내 영혼이 주님의 날개 아래 있지 않다면 위험이 너무 클 것입니다." (당신도 짐작할 수 있듯이)

그는 시편 말씀을 인용한다.[22]

그 정원에서 변화를 경험한 후 아우구스티누스와 알리피우스, 아데오다투스를 비롯한 다른 몇 사람은 밀라노와 코모Como 호수 사이에 있는 북 밀라노의 카시시아쿰으로 피정을 떠났다. 이때는 아우구스티누스가 세례를 받기 전에 초기 저서 중 일부를 써낸 철학적 성찰의 시기였을 수도 있지만, 《고백록》에서 그는 이때가 집중적인 언어 학습을 할 기회였으며 특히 시편에 몰두했다고 지적한다. 이 일화는 이 언어가 그가 스스로 자신의 것으로 삼을 수 있었던 선물이었음을 예증한다. 시편을 통해 하나님은 그가 다시 하나님께 말할 때 사용할 수 있는 말을 그에게 주셨다. 이 노래들은 그의 열정을 위한 학교였다고 그는 말한다. "나의 하나님, 나는 다윗의 시편, 이 신실한 노래들, 자신으로 가득 차 있는 영혼을 차단하는 거룩함의 소리를 읽으면서 이 말들을 주님께 쏟아놓았습니다! 그때 나는 주님을 위한 참된 열정을 아직 배우지 못한 상태였습니다."[23] 카시시아쿰의 시편 부르기 교과 과정은 영혼을 위한 벌리츠Berlitz(유명한 어학 교육 회사—역주) 프로그램과 같았으며, 그에게 새로운 어휘와 새로운 동경의 운율, 살아갈 새로운 이야기를 제공함으로써 그의 정서를 훈련했다. 하지만 이 훈련은 즉각적으로 이뤄지지 않았다. 그가 지적하듯이, 카시시아쿰에서 암브로시우스에게 편지를 보내 성경을 어디서부터 읽어야 하는지 물었을 때, 암브로시우스는 이사야서를 추천했다(어쩌면 아직도 아우구스티누스가 상상력 안에 남아 있는 마니교 사상에 영향을 받아 구약을 거부하려는 태도에 도전하고 싶었을지도 모른다). 아우구스티누스는 "하지만 나는 내가 읽은 첫 부분을 이해하지 못했고, 나머지도 모두 똑같을 것으로 생각하여 주님이 말씀하시는 방식을 더 많이 배울 때까지 그 책을 다시 집어 들지 않았습니다"라고 인정한다.[24]

주님이 말씀하시는 **방식**. 성경이 아우구스티누스의 지배적 서사가 되었다면, **이야기**는 그의 수사적 방법에서 기초를 이루는 최저음이 되었다. 스톡이 지적하듯이, 아우구스티누스는 철학자들이라면 절대 받아들이지 않았을 법한 방식으로 성경과 결합된, 다른 정체성 이해를 궁극적으로 받아들였으며, 그의 수사법은 이런 확신을 반영하게 된다. 아우구스티누스는 평생《고백록》을 통해, 설교를 통해, 논증이 아니라 진리의 실천을 통해 다른 이들을 이 이야기로 초대하는 일에 전념했다. 증거보다 실천을 더 중히 여긴다는 것은 어떤 의미에서 이성보다 상상력을 더 중히 여긴다—철학과 시의 오랜 싸움에서 한쪽을 편든다—는 뜻이었다.

처음부터 철학은 시를 배격했다. 논리학과 수학으로 훈련된 철인왕들이 다스리는 이상적인 공화국에 대해 상상할 때 플라톤은 감상적인 시인들을 성 밖으로 추방하기 원했다. 공화국은 수사가 아니라 '이성 *ratio*'이 지배할 것이다. 그 성에서는 이야기가 아니라 삼단논법이 유통될 것이다. 문 앞에 상상력을 두고 들어오는 한, 당신은 이 성에서 환영받을 것이다. 그렇지 않으면 철인왕들과 생각하는 사물들이 당신을 내보낼 것이다.

이것을 필립 리프Philip Rieff의 유명한 책 제목(1996년에 출판된《심리 치료의 승리*The Triumph of the Therapeutic*》—역주)을 변주해 "교훈의 승리"라고 부를 수 있을지도 모른다. 이는 우리를 막대기에 달린 뇌로 취급하며, 중요한 것을 우리가 생각하는 바, 우리가 분석할 수 있는 바, 구글과 아마존이 소유한 서버 저장고에서 우리가 질량화하고 처리할 수 있는 바로 환원시키는 세계 이해다. 이른바 정보화 시대는 여전히 이 도성의 전초기지다.

또한 기독교가 (특히 개신교에서) 비슷한 방식으로 합리주의 성향, 교훈적인 것을 중시하는 경향을 띠어 왔다는 것은 분명히 아이러니다. 우리는 은총이라는 놀라움과 신비를, 가르칠 수 있는 요점과 신앙 진술로 환원한다. 복음서의 행동과 은유보다 서신서의 교훈적인 내용을 선호한다. 성경의 극적인 서사를 교리 체계로 환원한다. 예수님을 사랑한다고 말하지만, 비유의 복잡다단한 의미 없이 우리에게 하나님을 직접 제시하는 바울에게서 **배우기**를 선호한다.

나도 이렇게 기독교를 받아들이게 되었다고, 혹은 초기에 그리스도인이 되는 법을 배웠다고 고백한다. 금세 복음은 배우고 분석하고 체계화하고 **활용하는** 무언가가 되었다. 19세기 프린스턴의 신학자 찰스 핫지Charles Hodge는 나에게 성경이 "사실의 저장소"라고 가르쳤으며, 기독교 철학자들은 성경을 인지적 처리를 위해 소화하기 쉬운 조각으로 잘라 낼 수 있는 논리학을 나에게 가르쳐 주었다. 사실 젊었을 때 나는 소설이나 시를 읽지 않는다는 사실을 자랑스러워하곤 했다. 습득해야 할 온갖 **지식**이 있는데 왜 굳이 그런 감상적인 것에 시간을 허비한단 말인가? 유일한 진리에 관심이 있는데 왜 지어낸 허구 세계의 거짓말에 탐닉한단 말인가? 나는 마치 하나님나라가 플라톤의 공화국인 것처럼 사실상 그것을 재창조했다. 시를 금지하고 상상력을 배제한 나라로 만들었다.

내가 정확히 어떻게 이런 태도를 탈피하기 시작했는지는 기억하지 못한다. 프랭크 매코트Frank McCourt의 비망록 《안젤라의 재Angela's Ashes》(문학동네)를 읽으면서 다른 방식으로는 이해할 수 없을 하나님의 세상의 깨어진 아름다움에 관해 무언가를 이해하게 되었다는 것은 기억하고 있다. 그리고 워털루대학교University of Waterloo의 영문학 교수 존 노스John North가 나에게 제러드 맨리 홉킨스Gerard Manley Hopkins의 주술에 걸린 세계를 소개해 준 것을 기억하고 있다. 또한 라칭거 추기경Cardinal Ratzinger이 교황 베네딕토 16세Pope Benedict XVI가 되기 훨씬 전에—사실 그가 교회의 교리 경찰인 교황청 신앙교리성의 수장이었을 때—이렇게 말하면서 교훈의 승리에 이의를 제기했음을 기억하고 있다. "기독교는 지적체계나 교의의 집합, 도덕주의가 아니다. 오히려 기독교는 만남, 사랑이야기다."[25]

하지만 나는 성 아우구스티누스와 수십 년 동안 씨름하는 동안 신앙의 합리화에 대한 가장 큰 도전에 직면했다. 만약 당신이 아우구스티누스를 그저 멀리에서 위대한 교회의 '박사'나 신학 교과서에 발췌 인용된 사람으로만 알고 있다면, 그 역시 교훈의 승리의 포로가 되어 지성이라는 기준으로 복음을 평평하게 만든 또 다른 스콜라주의자일 뿐이라고 상상할지도 모른다. 그렇다면 당신은 《고백록》을 한 번도 읽어 본 적이 없는 것이 분명하다. 이 책은 처음부터 끝까지 하나님의 은총으로 가득 차 있으며 조직신학의 앙상한 뼈대와 결코 혼동될 수 없기 때문이다. 《고백록》은 숨쉬는 책, 뛰는 심장을 지닌 책이다. 아우구스티누스는 그저 당신을 설득하려고 노력하지 않는다. 당신을 **감동시키려고** 노력한다. 그는 자신과 함께 여행하는 이들을 "흥분시키려고" 노력한다.[26]

아우구스티누스는 자신도 초기에 견지했던 '교훈주의didacticism'를 극복해야 했다. 아우구스티누스가 화려한 언변으로 정서를 끌어내는 것을 목적으로 삼는 수사학 훈련을 받았음을 기억할 필요가 있다. 그는 언제나 수사학으로 황제(와 자신의 야망)를 섬기기 원했다. 따라서 마침내 밀라노 황실에서 직위를 얻게 되었을 때 그는 그 목표를 이룬 셈이다. 하지만 거기서 플라톤주의에 큰 영향을 받아 그리스도인이 되었을 때 그가 가장 먼저 한 일 중 하나는 웅변가로서 자신의 직위를 포기하고 도시 북부의 철학 수도원으로 물러난 것이다. 젊은 아우구스티누스는 회심한 후에는 수사학보다 논리학을 우선시해야 한다고 생각했다. 그는 그리스도인이 된다는 것은 교훈주의로 회심하는 것을 뜻한다고 보았다.

하지만 우리는 《고백록》을 쓸 무렵 그가 이미 이 전제를 재고하고 있음을 알 수 있다. 많은 점에서 《고백록》은 아우구스티누스에게 수사학의 속량을 상징한다. 그는 우리에게 철학적인 대화나 일련의 삼단논법을 제시하지 않는다. 그저 우리를 이야기로 초대할 뿐이다. 하지만 이는 드라마의 역학을 활용한다는 뜻이다. 《고백록》은 과학이라기보다는 예술이며, 논리적이기보다는 미학적이다. 《고백록》에서 아우구스티누스는 단지 그의 사상을 분석하지 않고, 그의 사랑의 모험(과 불행한 모험)을 그림으로 보여 준다. 이 책은 "생각하는 사물"로 가득 차 있는 데카르트의 《성찰》보다는 케루악의 《길 위에서》와 더 비슷하다. 거기에는 열망하고 갈망하며, 노력하고 실패하며, 부딪치고 삐걱거리는 등장인물들이 가득하다.

이 드라마의 거의 마지막 부분인 10권에서 아우구스티누스도 이 점을 인정한다. 그는 이 책을 쓰는 자신의 동기를 염려하고 있다고 솔직히 인정한다. 그는 "그렇다면 왜 내가 인간 독자들이 나의 고백을 듣는 것에 관심을 기울여야 합니까?"라고 묻는다.[27] (주교가 된 아우구스티누스는 아직도 야심, 즉 "사람의 칭찬"을 들이마시는 마음과 씨름하고 있다. 어떤 의미에서 아우구스티누스는 많은 예술가가 붙잡고 씨름하는 동학에 천착하고 있다.)[28] 《고백록》의 목적은 자신을 과시하거나 논증을 통해 사람들을 하나님나라로 이끌고자 하는 논문을 쓰는 것이 아니다. 아우구스티누스는 **마음을 움직이기** 위해 이 책을 쓰고 있다. 그가 이 책을 통해서 생겨나기를 바라는 "선"은 "주님이 나의 과거를 용서하고 덮어 주셔서 내가 주님 안에서 행복을 누릴 수 있게 되었다는 것을 사람들이 읽고 들을 때" 하나님이 "그들의 마음을 휘저어 주시는 것"이다.[29] 아우구스티누스는 사람들을 **움직여** 다른 이야기 속으로 들어가게 하려고—아우구스티누스가 이집트의 성 안토니우스와 빅토리누스, 다른 사람들의 이야기를 들었을 때 그의 마음이 불타올랐던 것과 마찬가지로—정서에 호소하며 상상력을 향해 글을 쓰고 있다.[30]

왜 아우구스티누스는 우리에게 논문의 논증이 아니라 이 서사의 드라마를 제시하고 있는가? 왜냐하면 그의 변증은 미학적이기 때문이다. 아우구스티누스는 마음이 이야기를 주고받는 것을, 사랑의 공용어는 논리학보다 시를 더 닮아 있다는 것을 알고 있다. 당신을 집으로 데려가는 것은 노래다. 따라서 그는 "그들의 마음이 절망의 깊은 잠에 빠져 '그것은 내 능력을 벗어난 일이야'라고 말하지 못하게 하려고" 《고백록》을 썼다. 절망하지 말라. 아우구스티누스는 간청한다. 내 이야기를 들어보라. 나 같은 사람조차 은총을 발견할 수 있다면, 당신도 은총을 발견할 수 있다.

아우구스티누스가 인간 마음의 지도를 그리는 사람이라면, 이는 하나님의 영감으로 제작된 지도인 성경이 그가 인간 조건을 이해하는 방향을 잡아 주었기 때문이다. 그는 여러 해가 지난 후 《하나님의 도성》에서 바로 이 점을 주장하면서 자신이 가장 좋아하는 여행의 은유로 다시 돌아간다. 문제는 우리가 고향으로 돌아가는 길을 **생각하지** 못한다는 것이다. "이성과 이해의 자연적인 좌소인 인간의 정신 자체가 그것을 어둡게 만드는 오랜 결함에 의해 약해져 있다." 우리 눈은 너무 약해서 빛조차도 볼 수가 없다. 따라서 "믿음의 길을 따라 진리를 향해 가는 이 여정에 대해 인간의 정신에 더 큰 확신을 주기 위해 스스로 진리이신 성자 하나님이 그분의 신성을 포기하지 않은 채 인성을 취하셨고, 이로써 이 믿음을 확립하고 세우셔서 인간이 하나님이신 그 사람을 통해 사랑의 하나님께 갈 수 있게 하셨다." 그리스도는 그 길이시며, 사람이 되신 하나님으로서 인류가 하나님께 닿을 수 있게 해 주는 다리시다.

> 여행자와 그의 목적지를 연결하는 길이 존재할 때 여정의 마지막에 이를 수 있다는 소망이 존재한다. 하지만 길이 없다면, 혹은 인간이 어느 길로 가야 할지 모른다면, 목적지를 알아도 아무런 쓸모가 없다. 하지만 한 길, 길을 잃어버릴 가능성을 완벽히 차단한 오직 한 길이 있다. 그리고 하나님이신 동시에 인간이신 한 분이 이 길을 제공하신다. 하나님이신 그분은 목적이시며, 인간이신 그분은 길이시다.[31]

그런 다음 곧바로 아우구스티누스는 중보자가 우리에게 주신 지도 역할을 하는 성경을 가리킨다. 길이신 그분이 우리에게 지도를 주셨다. "이 중보자가 전에는 예언자들을 통해, 나중에는 그분의 입을 통해, 그 후에는 사도들을 통해 말씀하셨으며, 인간을 위해 충분하다고 판단하신 모든 것을 인간에게 알려 주셨다. 또한 그분은 우리가 정경이라고 부르는 성경을 만드셨다. 이 책은 우리가 우리의 유익을 위해 알아야 하지만 우리 스스로는 발견할 수 없는 모든 것에 관해 우리가 신뢰할 수 있는 탁월한 권위를 지닌 글이다."[32]

여기서 아우구스티누스는 우리가 성경을 안내자로 삼아야 하는 이유에 관해 다른 판단 기준을 제시한다. 그것은 당신이 다른 곳에서 얻을 수 없는 지침을 제공하는가? 그것이 그려 내는 길이 어려울지라도 그것이 탈출하는 길, 집으로 돌아가는 길처럼 보이는가? 다른 모든 지도가 당신을 길 잃은 상태로 만들었다면, 이 지도를 사용해 본다고 해서 잃을 것이 없지 않은가? 아우구스티누스의 경험에서 말씀은 주술에 걸린 지도와 같았다. 말씀은 그에게 "당신은 여기 있다"(지도에서 현 위치를 표시하는 문구—역주)라고 말해 주었을 뿐 아니라 그로 하여금 집으로 향해 갈 수 있게 했다. 또한 그에게 달릴 수 있는 다리까지 주었다.

시애틀미술관Seattle Art Museum(SAM)을 처음 방문했을 때 눈길을 사로잡는 케힌디 와일리Kehinde Wiley의 작품을 처음 접하게 되었다. 와일리는 이제 대통령의 초상화가가 되었지만, 10여 년 전만 해도 뉴욕 미술계에 이름을 알리기 시작한 정도였을 뿐 전국적으로 유명하지는 않았다. 시애틀에 내리는 비는 한동안 시애틀미술관에 숨어 있기에 좋은 핑계처럼 보였다. 우연히 들어간 유럽 바로크 전시관에서, 거의 네온에 가까운 자홍색과 파란색이 압도하는 거대한 캔버스(가로 1.8미터, 세로 1.5미터)를 보고 깜짝 놀랐다. 현대 복장을 한—군복 같은 재킷과 청록색 바지에 펑키한 문어 목걸이를 가슴에 늘어뜨리고 있는—젊은 흑인 남자가 당당하게 정면을 응시하는 그림이었다(그림 7을 보라). 그의 의상은 '브루클린'이라고 말하는 것 같았지만, 그의 자세와 표정은 '르네상스'라고 말하는 것 같았다.

왜 이 그림이 1600년대 이탈리아와 에스파냐의 그림들과 나란히 유럽 바로크 전시관에 걸려 있을까? 그림에 조금 더 가까이 다가가 제목을 보니 실마리가 잡히는 듯했다. 화가 케힌디 와일리는 이 그림에 〈파도바의 안토니우스*Anthony of Padua*〉라는 제목을 붙였다. 와일리가 거리에서 만난 이 젊은 남자는 새로운 이름, 그의 자세에 담긴 새로운 정체성을 얻었다. 그리고 그것은 단순한 정체성이 아니었다. 와일리는 성인 파도바의 안토니우스를 떠올렸다. 포르투갈의 페루난두 마르틴스 Fernando Martins는 젊은 시절 집을 떠나 리스본 외곽에 있는 아우구스티누스회 수도원의 수련자가 되었다. 하지만 모로코에서 순교를 당한 프란체스코회 수도사들의 이야기를 들었을 때 후에 파도바의 안토니우스가 될 페르난두는 수도원을 떠나서 프란체스코 수도회에 가입하도록 허락을 받았다.

안토니우스는 성경에 대한 몰입과 설교자와 웅변가로서의 능력으로 유명했다. 그래서 이후의 성상에서 그는 책을 든 모습으로 묘사되곤 했으며, 때로는 (엘 그레코*El Greco*의 초상화처럼) 그 책 위에 아기 그리스도가 누워 있기도 했다). 그의 혀는 이 이야기를 선포한 유골인 턱뼈, 성대와 함께 큰 성물함에 담겨 전시되어 있다. 대중적인 경건에서 성 안토니우스는 잃어버린 것들의 수호성인이다("토니, 토니, 둘러봐 주세요. 무언가를 잃어버렸고 찾아야 해요!"). 그가 이런 능력을 지니고 있다는 믿음은 시편 책을 잃어버렸을 때 기도를 많이 한 후 찾았다는 일화와 관련이 있는 것처럼 보인다.

그렇다면 와일리가 이 작품에 〈파도바의 안토니우스〉라는 제목을 붙였을 때 무슨 일이 일어난 것일까? 평론가들이 지적하듯이, 이 그림은 "위세 초상화"—사회적 신분을 드러내며 권력과 허세를 과시하는 초상화 양식—의 현대적인 예다.[33] 와일리는 두 세계, 즉 유럽인과 흑인의 허세, 초상화와 패션을 결합하고 있다. 렘브란트가 카녜이 웨스트<sup>Kanye</sup> West를 만났다.

하지만 동시에 와일리는 이 남자에게 이야기를, 따라서 정체성을 부여하고 있다. 그 이야기와 정체성은 가난한 이들을 섬기고 말씀 공부에 전념하고 잃어버리는 이들을 찾았던 사람을 떠올리게 한다. 이 정체성은 그 나름의 허세, 곧 자신이 누구이며 누구 소유인지 아는 확신을 동반한다. 안토니우스는 본보기로서 갈망을 위한 방향성을 제공한다.

그래서 나는 반대쪽 벽으로 몸을 돌렸을 때 도판으로 보아서 알고 있던 그림을 발견하고 미소를 지을 수밖에 없었다. 1600년대 말 에스파냐의 그림인 바르톨로메 에스테반 무리요<sup>Bartolomé Esteban Murillo</sup>의 〈황홀경에 빠진 성 아우구스티누스<sup>Saint Augustine in Ecstasy</sup>〉였다(그림 8을 보라). 이 그림에서도 아우구스티누스는 책에 둘러싸여 있다. 하지만 그는 팔을 뻗고 있다. 무거운 주교관은 탁자에 내려놓았고 목장<sup>牧杖</sup>은 모퉁이에 기대어 세워 놓았다. 그는 간구하듯이 얼굴을 위로 향한 채 하나님 앞에 홀로 서 있다. 빛이 그의 얼굴을 환하게 비춘다. 그림 왼쪽 위에는 아우구스티누스의 말이 새겨져 있다. "주님 안에서 안식할 때까지 내 마음에는 쉼이 없습니다."

모두가 안식을 찾고 있다. 달리 말하자면, 우리가 알려지고, 우리 이름이 불리고, 집으로 가는 지도를 받았다는 은총의 허세를 우리에게 제공하는 정체성과 이야기를 찾고 있다는 뜻이다.

# 11. 정의: 저항하는 법

## 세상을 바꾸기 원할 때 나는 무엇을 원하는가?

전적으로 이해할 만한 무신론이 있다. 그것은 새로운 무신론자들의 안락한 신념이 아니다. 그들이 신봉하는 무신론은 지나친 인식론적 교만의 산물이며, 그럴듯한 이야기에 만족하면서 설명해 낼 수 없는 인간 신비의 모든 양상에 눈을 감아 버리는 환원론적 과학주의의 편협한 결론일 뿐이다. 브라이츠 운동의 무신론은 내가 말하는 무신론의 흐릿한 그림자일 뿐이다.

내가 염두에 두고 있는 어렵게 얻어 낸 무신론, 즉 이해할 만하며 나역시 상당히 공감할 수 있는 무신론은 고통 가운데 벼려진 무신론이다. 이런 무신론은 믿음을 초월할 정도로 자랐다고 상상하는 교만이 아니라, 불가해한 위협의 책략에 짓밟힌 사람들에 대한 감정이입으로부터 기인한 믿을 수 없음이다. 이것은 안락함의 무신론이 아니라, 고통의 무신론이다. 불의의 경험으로부터 시작된 우주적 외로움이라는, 어쩔 수없이 내린 결론이다.

타네하시 코츠Ta-Nehisi Coates는 "나는 하나님을 믿고 싶다"라고 인정

아우구스티누스와 함께 떠나는 여정

한다. "그런데 못 믿겠다." 이것은 도전적인 거부가 아니다. '하지 않겠다'는 확신이 아니라 '할 수 없다'는 절망이다. 이것은 상황이 다를 수 있기를 바라는 무신론이다. 코츠는 계속해서 자신 안에 소망이 없는 이유를 이렇게 설명한다.

그 이유는 신체적이다. 아홉 살 때 어떤 아이가 재미로 나를 때렸다. 집으로 돌아와서 울면서 아버지에게 이야기했을 때 아버지의 대답—"그 애랑 싸워. 아니면 나랑 싸우든지"—은 신이 없다고 주장하는 사람의 godless 대답이었다. 그 말은 우리가 우리 손으로 실현해 낼 수 있는 정의 말고는 이 세상에 정의란 존재하지 않는다는 뜻이었기 때문이다. 열두 살 때, 남자아이 여섯이 몬다우민 쇼핑몰로 가는 28번 버스에서 내려 나를 땅에 내동댕이치고 머리를 짓밟았다. 하지만 그날 오후 나에게 가장 큰 충격을 준 것은 그 아이들이 아니라 모른 척 지나가는, 하나님을 믿지 않는 무신론자 어른들이었다. 땅바닥에 쓰러진 채 말 그대로 머리를 발로 차이면서 깨달았다. 아무도, 우리 아버지도, 경찰도, 그 누구의 하나님도 나를 구하러 오지 않았다.[1]

이것은 냉정하게 증거와 증거 부족을 평가하는 버트란트 러셀Bertrand Russell 같은 사람이 포도주를 홀짝거리면서 주장하는 철학적 결론이 아니다. 코츠가 과도한 주장으로 빠질 때("인간 역사 기록에서 그 어떤 것도 신의 도덕성을 옹호하지 않는다") 그런 식의 절대적 주장이 설득력이 없다고 비판하는 것은 기괴해 보일 것이고, 이어지는 그의 주장을 받아들이는 편이 나을 것이다. "그리고 많은 것이 그에 반하는 주장을 한다."[2] 이 말에 신자조차도 동의하며 고개를 끄덕일 수밖에 없고, 끄덕여야만 한다.

이것이 알베르 카뮈의 무신론이었다. 우리는 심지어 이것을 아우구스티누스적 무신론, 즉 카뮈가 "피로 얼룩진 역사의 얼굴"[3]이라고 부른 것을 통과한 긴 여정 후에 도달한 슬픈 결론이라고 부를 수 있을지도 모른다. 그가 1948년에 라투르-모부르의 도미니쿠스회 수도원에서 그곳 사제들에게 말했듯이, "나는 기독교 진리가 허구라는 전제로부터가 아니라, 그저 내가 그것을 받아들일 수 없다는 사실로부터 출발할 것이다."[4] 그는 오만하게 기독교를 무시하려고 하지 않았지만, 기독교를 받아들이는 척하려고 하지도 않았다. 대신 카뮈는 사람들을 무장해제하는 정직함("세상에는 참된 대화가 필요하다")을 드러내며 연대의 지점을 강조한다. "나는 여러분과 똑같이 악을 혐오한다. 하지만 나는 여러분의 소망을 공유하지 않으며, 아이들이 고통당하고 죽어가는 이 우주에 맞서 계속 투쟁한다."[5] 사실 이런 점에서 카뮈는 성 아우구스티누스와 연대하고 있다. 그는 "우리는 악에 직면하고 있다"라고 결론을 내린다. 우리는 전에 들었던 말을 새롭게 듣게 된다. "나는 아우구스티누스가 그리스도인이 되기 전에 이렇게 말했을 때 느꼈던 것처럼 느끼고 있다. '나는 악의 근원을 찾으려고 노력했지만 어디서도 찾지 못했다.'"[6]

수도원 강연이 끝난 후, 과거에 혁명가였던 어느 사제가 토론 시간에 일어서서 카뮈에게 이렇게 도전적으로 말했다. "나는 은총을 발견했습니다. 카뮈 씨, 저는 정말로 겸손한 태도로 당신은 아직 은총을 발견하지 못했다고 말하겠습니다." 그의 전기 작가인 올리비에 토드Olivier Todd는 이렇게 이야기한다. "카뮈의 반응은 그저 미소 짓는 것뿐이었다.…하지만 잠시 후 그는 이렇게 말했다. '나는 회심하기 전의 아우구스티누스입니다. 나는 악의 문제를 놓고 논쟁하고 있으며, 이 문제를 그냥 지나치지 않겠습니다.'"[7] 알베르 카뮈, 그는 은총 없는 아우구스티누스였다.

아우구스티누스와 함께 떠나는 여정

카뮈를 괴롭힌 것은 악의 침입과 악의 불가해함, 고통의 광기다. 이것이 바로 뫼르소가 이해할 수 없는 방식으로 알제 해변에서 이름 모를 아랍인을 총으로 쏘는 독특한 이야기를 담고 있는 《이방인》을 짓누르고 있는 무게다. 왜 뫼르소는 그런 짓을 저질렀을까? 대답도, 설명도, 이 세상에 그런 범죄를 위한 자리를 부여하는 인과 관계의 사슬도 없다. 뫼르소조차 이 물음에 답할 수 없다. 악처럼 이 범죄는 무리수, 그 나름의 방식으로 도착적인 무로부터의 창조다. 뫼르소는 "어디로부터?"라고 묻지 않으려고 노력하며, 대신 "세계의 정다운 무관심"에서 행복을 찾는다.[8]

하지만 "어디로부터?"라는 물음이 계속해서 우리를 찾아내고, 마치 목이 불편해서 참을 수 없게 되었을 때 나오는 헛기침처럼 계속해서 우리 안에서, 우리를 통해 스스로 질문을 던진다. 다른 순간에는 불가사의한 신비 앞에서 느끼는 경외감에 가까운 조용한 우울함 속에서 이 질문을 던지기도 한다. 우리는 이 악이 여전히 슬그머니 우리에게 다가온 평온한 기쁨—우리가 친구들과 함께 집으로 뛰어갈 때 우리를 웃게 만드는 해 질 녘 여름날의 따뜻한 비, 아무도 모르게 아빠 손가락을 꽉 잡은 갓난아기의 모습, 햇빛이 미시건 호숫가 모래 언덕에 얼룩을 만드는 모습, 30년을 함께했지만 여전히 당신 손을 잡아 주는 배우자—에 대한 우주적인 모욕처럼 느껴지기 때문에 이 질문을 계속 던진다.

경이로울 정도로 아름다운 과달카날의 풍광을 배경으로 펼쳐지는 전쟁의 공포를 보여 주는 테런스 맬릭의 명작 〈씬 레드 라인*The Thin Red Line*〉은 바로 이러한 부조화를 그린다. 하늘을 덮은 야자수는 성당의 궁룡처럼 보이고, 한스 짐머Hans Zimmer의 영화 음악은 우리가 하늘 높이 날아올라 위트 이병과 함께 다른 세상을 엿볼 수 있게 해 주는 듯하다. 하지만 곧 포탄의 괴성이 침묵을 깨뜨리고 우리가 만들어 낸 전쟁 때문에 다시금 피와 불이 분출한다. 감독은 마을 학살이 진행되는 과정에서 이 인간 동물들의 두려움과 무시무시함을 보여 주면서, 화자 역할을 맡은 에드워드 트레인 이병의 입을 통해 "어디로부터?"라고 말한다.

이 거대한 악. 그것은 어디에서 왔을까? 어떻게 그것은 세상 속으로 몰래 들어왔을까? 그것은 어떤 씨앗, 어떤 뿌리에서 자랐을까? 누가 이런 일을 벌이는 것일까? 누가 우리를 죽이고 있는가? 우리에게서 생명과 빛을 빼앗고 있는가? 우리가 알고 있었을 법한 장면으로 우리를 조롱하는가? 우리의 파멸이 지구에 유익이 되는가? 그 덕분에 풀이 자라고 태양이 빛나는가? 이 어둠이 당신 안에도 있는가? 당신은 이 밤을 통과했는가?[9]

이것은 거의 아우구스티누스의 물음을 그대로 옮겨 놓은 것 같다. 실제로 하이데거 학자였던 맬릭이 《고백록》을 염두에 두지 않았다고 생각하기 어렵다. 악에 관한 이 물음은 젊었을 때부터 아우구스티누스를 끈질기게 따라다녔다. 처음에 그가 마니교에 끌린 것도, 결국 실망해서 그들을 떠난 것도 그 때문이었다. 그가 회의주의에 빠진 것도 이 물음을 피하려는 시도였을 뿐이다. 하지만 밀라노에서 그의 변명이 무너지고 있을 때 이 물음이 다시 끓어올랐다. "악은 어디에 있으며, 어디로부터 왔을까? 어떻게 그것이 숨어들어 왔을까? 악의 뿌리는 무엇이며, 그 씨앗은 무엇일까?"[10]

아우구스티누스와 함께 떠나는 여정

코츠에게서는 찾기가 더 어렵지만 카뮈 안에는 여전히 남아 있는 방식으로, 아우구스티누스의 물음은 트레인 이병을 끈질기게 괴롭히는 물음처럼 우리 내면을 향한다. "이 어둠이 당신 안에도 있는가?" 이해할 수 없는 것은 다른 이들이 저지른 극악무도한 일만이 아니다. 자신의 행동을 부추기는 악의 어두운 신비가 존재한다. 악은 저기 밖에 타자들 안에 있는 **동시에** 너무 가까이 여기에도 있다. 하지만 그것은 여전히 이해할 수 없다. 그의 마음 자체가 심연이며, 그가 저지른 극악무도한 일을 바라볼 때 어두운 신비가 그를 응시할 뿐이다. "나는 아무 이유도 없이 악해졌다."[11] 뫼르소의 모습이 아우구스티누스에게 익숙해 보였을 것이다. "이 어둠이 당신 안에도 있는가?"

아우구스티누스는 남은 평생 원인 모를 이 무리수와 씨름했다. 초기 저작인 《자유의지론》에서 《하나님의 도성》의 원숙한 성찰에 이르기까지 아우구스티누스는 줄곧 악의 문제와 대결했다. 하지만 핵심은 그 원인을 규명하는 것이 아니라, 긴장 가운데 있는 두 신념을 그가 정직하게 고수할 수 있게 해 주는 지적 정합성을 확보하는 것이다. 두 신념이란, 세상을 좀먹는 악의 파괴적 속성과 그런 세상을 만드신 하나님의 선하심이다.

《자유의지론》 첫 부분에 등장하는 에보디우스Evodius의 물음에서 아우구스티누스의 불안을 느낄 수 있다. "하나님이 악을 만드신 분인지 아닌지 나에게 말해 주시오."[12] 이것은 악의 실체를 부인하려고 하지 않는 동시에 하나님이 선하신 분이 아닐까 두려워하는 지적 불안으로부터 안식을 추구하는 사람의 탄원이다. 이것은 지적 피난처를 제공하는 일종의 영지주의적 통찰을 얻기 위해 해법을 찾는 것과는 다르다. '비밀을 깨닫게 되면' 그런 사람들은 평온하게 살아가고 사실상 악이 실재하지 않는 것처럼 행동할 뿐이다. 그와 반대로, 아우구스티누스는 폭풍 한가운데서 일종의 닻을 찾고, 악의 파도가 계속해 몰아치는 중에도 소망을 비추는 등대를 찾는다. 만약 그가 자유 선택—하나님이 우리를 창조하실 때 주신 선한 의지의 오용—을 가리킨다면, 그것은 대답이나 해법이나 원인에 대한 설명이라기보다 긴장 관계에 있는 이 둘을 고수할 여지를 지닌 개연성 있는 타협점으로 보아야 한다. 그 '답'이란, 우리가 바라기에 참이 아닌 것을 부인하지 않은 채 붙잡을 수 있는 손잡이를 우리에게 제공하는 신비에 대한 설명이다. 악이 자유의지의 선택 안에 그 근원을 지니고 있다고 말하는 것은 우리의 경험 한가운데에 우리가 들여다볼 수 없는 블랙박스를 여전히 남겨 둔다. 하지만 우리 모두는 설명의 블랙박스—우리가 그것에 관한 질문을 듣고 싶어 하지 않는 것들, 우리 삶의 너무나도 많은 부분이 그것에 기초를 두고 있어서 우리가 당연히 여기기로 결정한 것들, 우리가 그것에 관해 말할 수가 없어서 (비트겐슈타인의 말처럼) 침묵하는 것들—를 지닌 채 살아간다.[13]

아우구스티누스는 악을 '이해하려고' 노력하지 않는다. 악을 이해한다는 것, 악에 관해 설명한다는 것, 그 원인을 규명할 수 있다는 것은 세상에 악의 자리가 있다는 뜻일 것이다. 하지만 그렇다면 그것은 악이 아니라는 뜻이다. 악은 존재하지 말아야 하는 것, 창조 질서를 거스르는 **무**질서, 우리가 저항하는 혼돈이다. 악에게는 자리가 없고, 어울리는 자리가 없으며, 이 선한 창조세계 안에서 살아갈 집이 없다. 에보디우스가

아우구스티누스와 함께 떠나는 여정

악이 잘못된 의지의 선택에서 기인했다는 아우구스티누스의 말을 이해하려고 노력할 때, 이것이 말하자면 "자연스럽게 생겨난" 것이 아닌지 궁금하게 여기는 것은 이해할 만하다. 의지가 그런 성향을 지니고 있다면, 의지의 "이런 움직임"이 "자연스러운 무언가"라면, 이는 곧 악이 필연성의 문제로서 더 낮은 차원의 선에 의해 흡수된다는 뜻이기 때문이다. 내가 자연스럽게 무질서를 선택할 수밖에 없다면, 어떻게 그것이 내 책임일 수 있겠는가?[14]

바로 그거야! 아우구스티누스가 대답한다. 바로 그런 이유로 이 선택은 자연스럽지 **않다**. 그것은 자발적이며, 따라서 이해할 수 없다.[15] 당신이 기꺼이 신비를 받아들이고 살아가려고 할 때만 자유의지가 이 물음에 답이 될 수 있다. 에보디우스가 이보다 더 깊이 파고들어 무엇이 의지의 원인인지 알아내려고 할 때 아우구스티누스는 그에게 경고한다. 당신은 당신이 원하는 바를 얻을 수 없을 것이다. 당신은 무한한 소급으로 빠져들 것이므로 여기서 의지의 신비를 인정하는 데 만족해야 할 것이다. 아우구스티누스가 설명하듯이 "주제넘은 의지가 모든 악의 원인이다."[16] 이는 곧 이것이 설명할 수는 없고 관찰할 수만 있는 원인이라는 뜻이다. 아우구스티누스는 우리를 뿌리와 씨앗에 관한 트레인 이병의 물음으로 다시 데려간다. "우리는 모든 악의 뿌리란 **자연을 따르지 않음**이라고 결론 내릴 수 있을지도 모른다.…하지만 이 뿌리의 원인에 관해 다시 묻는다면, 어떻게 그것이 모든 악의 **뿌리**가 될 수 있을까?" 누군가는 뿌리의 원인이 씨앗이라고 말할지도 모른다. 하지만 무엇이 이 씨앗을 뿌리로 자라게 만드는가? 여기에 어두운 신비가 있다. "따라서 의지가 범죄의 첫 번째 원인이거나 혹은 어떤 죄도 범죄의 첫 번째 원인이 아니다."[17] 여기서 우리는 의지의 무질서하며 거의 신적인 능력과 마주한다. 그것은 이유 없이, 무로부터 작동한다.

25년 후에 아우구스티누스는 《하나님의 도성》에서 이 점을 재차 강조한다. "이런 악한 선택의 작용인efficient cause을 찾으려고 한다면 아무것도 찾지 못할 것이다."[18] 대신 아우구스티누스는 어둠을 본다. 그는 이렇게 경고한다. "잘못된 선택에 대한 작용인을 찾으려고 해서는 안 된다. 그것은 작용efficiency의 문제가 아니라 결핍deficiency의 문제다.…그런 결핍의 원인—작용의 원인이 아니라 결핍의 원인—을 발견하려고 노력하는 것은 어둠을 보거나 침묵을 들으려고 노력하는 것과 비슷하다. 하지만 우리는 어둠과 침묵에 익숙하며, 눈과 귀로 의식할 수 있다. 그러나 이는 지각이 아니라, 지각의 부재다."[19]

그렇다면 대안은 무엇일까? 원인을 식별하고 설명을 제시할 수 있다면, 악을 이해할 수 있을 것이다. 더 나아가, 악이 '자연스럽다'고 말할 수 있을지도 모른다. 하지만 악이 자연스럽다고 말한다면 더는 악이 아니다. 그것은 사물이 존재하는 방식, 사물이 존재해야 하는 방식이다. 자연스러운 것에는 저항할 수 없다. 원래 그래야 하는 것에 대해서는 애도할 수 없다. 악을 설명하기 위해 치러야 하는 대가는, 그것에 이름을 붙이고 반대하는 것을 포기하는 것이다. 당신이 악을 '설명'하자마자 그것은 사라진다. 아우구스티누스는 이 점에서 악마를 극단적인 예limit case로 이해한다. 하나님이 모든 것을 창조하셨고 그분이 창조하신 모든 것이 선하다면, 마귀는 어디에서 왔을까? 마귀조차도 '자연적으로' 악하지는 않다. 나의 타락과 마찬가지로 그의 타락은 불가해하다. 아우구스티누스는 "마니교도들은 악마가 **태생적으로** 죄인이라면 그의 경우에 어떤 죄의 문제도 존재할 수 없음을 깨닫지 못한다"라고 지적한다.[20] 이 경우에는 악의 얼굴 자체가 그저 **존재할 뿐이다.** 왜 존재하느냐고 불평

할 수 없다.

지적으로 터득하려는 교만, 즉 모든 것을 **이해하고**, 따라서 모든 것을 **설명하려는** 교만에 사로잡힐 때 우리는 결국 악을 자연화하고, 따라서 그 핵심을 지워 버림으로써 그에 맞설 수 있는 능력을 제거하고 만다. 그런 설명은 우리가 선악을 초월하게 만든다. 악의 뿌리와 씨앗을 추구할 때—악이 어떻게 세상 속으로 숨어들어 왔는지 그 원인을 규명하려고 할 때—애초에 그 질문을 만들어 낸 고통스러운 당혹스러움이 제거되고 만다. 그 물음은 부조화에 대한 우리의 경험에서 기인한다("이것은 옳지 않아! 이래서는 안 돼!"). 우리의 대답이 이런 부조화를 억누르며, 따라서 이 문제를 순전히 이론적으로 만들어 버리는 경우가 너무나도 많다.

또한 우리는 **그래야만 하는** 바—무엇이 선하고 아름다운가, 무엇에 고마워하는가—에 대한 우리의 직관을 평가절하하거나 부인한다. 우리가 설명이라는 빛으로 악이라는 어두운 신비를 제거하려고 할 때, 동시에 우리는 우리도 모르게 찾아온 아름다움의 광채를 어둡게 만든다. 우리는 "고마워요"라고 말하려는 충동을 상실한다. "이래서는 안 돼"라고 생각하는 순간에 찾아오는 기쁨을 배제한다. 악을 설명할 때 우리는 사랑을 설명해서 제거해 버리고 만다.

이것이 〈씬 레드 라인〉에서 트레인 이병이 던진 질문에 대한 답이다. 인간의 악마적인 행동이 악의 기원에 관한 물음을 제기하는 것은 충분히 이해할 만하지만, 영화 내내 하늘과 빛과 놀이 장면에 숨겨진 그에 상응하는 신비가 존재한다. 벨 이병은 고향에 있는 아내에게 보낸 편지에서 이 신비가 만들어 낸 질문을 던진다.

사랑하는 아내에게, 이 모든 피와 더러움과 소음이 우리 안에서 뒤틀린 무언가를 만들어 냅니다. 나는 당신을 위해 변하지 않고 그대로 남아 있고 싶습니다. 전과 같은 남자로 당신께 돌아가고 싶습니다. 어떻게 우리가 바다 건너편에 도착할 수 있을까요? 저 푸른 언덕에 도착할 수 있을까요? 사랑, 그것은 어디에서 왔을까요? 누가 우리 안에 있는 이 불꽃에 불을 붙였을까요? 어떤 전쟁도 이 불을 끌 수 없고, 정복할 수 없습니다. 나는 죄수였습니다. 당신이 나를 해방해 주었습니다.[21]

당신 안에도 이 불꽃이 있는가? 당신은 이 빛을 통과했는가?

그렇게 말했지만, 나는 아우구스티누스 안에 애도가 더 많았으면 하고 바란다.

원칙적으로 아우구스티누스는 악에 설명이라는 안락함을 부여하기를 거부하는 한편, 계속해서 악을 환영으로 만들거나 하나님을 탓하게 만들 수 있는 지적 선택지를 계속해서 부인한다. 그 결과, 그는 원인을 지목하기를 거부하기는 하지만 거의 악에게 자리를—우리의 피조물 됨으로부터 기인하는 경향으로서든[22], 아니면 전체를 훨씬 더 아름답게 만드는 창조라는 태피스트리의 그림자로서든[23]—부여하는 것처럼 보이는 구도를 그려 내는 데 때때로 몰두한다. 따라서 아우구스티누스에게 악은 추상적인 무언가, 곧 구체성을 결여한 일반적이며 모호한 도전이 된다. 하지만 **내면의** 악—자신 안에 있는 어둠—에 눈을 돌릴 때 아우구스티누스는 자신의 의지가 뒤틀리고 타락하고 괴물적인 그 모든

아우구스티누스와 함께 떠나는 여정

그림 1
〈성녀 모니카의 죽음〉(위)
〈밀라노로 떠나는 성 아우구스티누스〉(아래)
베노초 고촐리의 프레스코화(이탈리아 산 지미냐뇨의 성 아우구스티누스 성당)

그림 2

**필립 드 샹파뉴, 〈성 아우구스티누스〉**

프랑스, 1645-1650, 로스앤젤레스 카운티 미술관 소장

그림 3

**페르디난트 호들러, 〈환멸에 빠진 사람〉**
스위스, 1892, 로스앤젤레스 카운티 미술관 소장

그림 4
성 암브로시우스의 크리스몬, 밀라노 대성당

그림 5

〈모니카의 생애〉(1585)

조반니 바티스타 리치, 천장 프레스코화(산타고스티노 성당의 성녀 모니카 소성당)

그림 6

〈사도 바울의 서한을 읽는 성 아우구스티누스〉

베노초 고촐리의 프레스코화(이탈리아 산 지미냐뇨의 성 아우구스티누스 성당)

**그림 7**
〈파도바의 안토니우스〉
케힌디 와일리의 2013년 작(시애틀미술관)

INQVIETVM EST COR MEVM DONEC PERVENIAT AD TE

그림 8

〈황홀경에 빠진 성 아우구스티누스〉(1665-1675)

바르톨로메 에스테반 무리요(시애틀미술관)

구체적인 방식을 바라보는 프루스트 같은 관찰자가 된다.《고백록》은 내면에 있는 악마에 관한 긴 애도다.

하지만 아우구스티누스 안에는 스토아주의적인 무언가가 여전히 남아 있다. 세상의 비극적인 깨짐을 마주할 때 그는 겟세마네 동산에서 신음하거나 나사로의 죽음에 눈물을 흘리시는 예수님보다는 평온한 소크라테스처럼 보인다. 그는 시편 기자의 모든 애가를 내면에서 영성화하고, 따라서 자신의 죄에 대해서는 슬피 울면서도 폭력과 비통의 침략적인 실체에 관해서 설명해 내고자 하는 충동을 여전히 느낀다. 이런 모습은 이상하게도 아우구스티누스답지 않다. 자신의 악한 의지에 대해 슬퍼하는 아우구스티누스라면 아이들이 굶주리고 여성들이 학대당하고 피조물이 착취당하도록 내버려 두는 불의에 대해서도 마찬가지로 큰 소리로, 공개적으로 애도해야만 한다. 그는 죽을 수밖에 없는 인간에 대한 정의로운 처벌을 너무나 열렬히 옹호해서 죽음의 폭정에 항거할 여지를 전혀 남겨 두지 않을 때도 있다.

이 점에 관해 일찍 세상을 떠난 자기 아들 아데오다투스의 죽음을 거의 아무렇지도 않은 것처럼 회상한 것만큼 불쾌하게 느껴지는 일화는 없을 것이다.《고백록》9권에서 아우구스티누스는 세상을 떠난 아들의 재능을 행복하게 회상한다. 그는 초기 대화록 중 하나인《교사*The Teacher*》에 묘사된 아들의 탁월함을 자랑한다. 아우구스티누스는 아들이 자신을 놀라게 하는 독립성을 갖춘 젊은 남자가 되는 것을 바라보는 모든 아버지처럼 기뻐한다. 아데오다투스는 "대화 상대"였으며 아우구스티누스를 (전혀 비밀스럽지 않게) 흥분하게 만드는 철학적 명민함을 지니고 있었다. "당시에 그 아이는 열여섯 살이었습니다. 나는 그 아이에 관해 놀라운 점을 많이 알게 되었습니다. 아이의 지능은 나를 황홀하게 만들었습니다. 주님 말고 그 누가 그런 경이를 만드신 분일 수 있겠습니까?" 그는 아데오다투스가 자신과 알리피우스와 함께 세례받은 때를 회상한다. 그런 다음 지나치듯이 이렇게 회고한다. "주님은 일찍이 그 아이를 지상의 삶에서 데려가셨습니다."[24]

어쩌면 아우구스티누스는 여전히 남아 있는 죄책감 때문에 슬픔을 더 적극적으로 드러내지 못했을지도 모른다. 그의 전기를 쓴 피터 브라운은 이를 "아우구스티누스의 삶에서 가장 눈에 띄는 공백 중 하나"라고 설명한다. 그는 굉장히 많은 부분을 말하지 않고 내버려 두었다. 하지만 어쩌면 말하지 않은 상처가 남아 있었을지도 모른다. 브라운은 이렇게 말한다. "마지막으로 쓴 책에서 아우구스티누스는 이 상실의 상처를 드러내는 것일지도 모르는 키케로의 말을 인용한다. '분명히 키케로는 이렇게 말하면서 모든 아버지의 마음을 그대로 표현했다. **너는 내가 모든 사람 중에서 모든 면에서 나를 능가하기를 바라는 유일한 사람이다.**'"[25] 나이 많은 아버지가 일찍 세상을 떠난 자식을 생각하는 것은 있어서는 안 되는 일이다.

우리는 그의 설교에서 신플라톤주의의 틀과 더 큰 선이라는 구조를 넘어설 수 있다. 설교에서는 마치 악이 단순한 문제나 질문인 것처럼 악에 대한 '대답'을 제시하지 않는다. 대신 악을 **다루시는** 하나님의 은혜로운 행동에 대한 전망을 제시한다. 그리스도—성육신하신 하나님—의 십자가는 존재하지 말아야 하는 모든 것이 지옥 깊은 곳까지 내려가신 성자에 의해 흡수되고 부활로 정복되는 우주의 역전이 일어나는 자리다. 악에 대한 대답이 주어지는 것이 아니라 악이 정복된다. 아우구스티누스가 404년에 한 설교에서 말했듯이, "그분은 죽을 수밖에 없는 몸뚱이에서 육신을 취하셨고, 죄에 대한 처벌인 죽음을 스스로 취하셨지만

아우구스티누스와 함께 떠나는 여정

죄는 취하지 않으셨다. 대신 우리를 죄에서 구원하고자 하는 자비로운 의도로 그 육신을 죽음에 넘겨주셨다."[26] 하나님은 추상적으로 '문제'를 해결하지 않으신다. 친히 내려오셔서 우리 가운데 사시며 우리가 엉망진창으로 만든 세상을 흡수하신다. 하나님은 "인간을 죽을 수밖에 없는 상태에 내버려 두지 않으셨다."[27] 아우구스티누스는 이것이 두려움과 슬픔 앞에서 소망의 원천이 되어야 한다고 그의 청중을 격려한다.

이렇게 그분은 당신이 당신의 육신에 일어날 수 있는 그 어떤 일에도 두려워하지 않게 하시려고 이 육신을 죽음에 내어주셨다. 그분은 사흘 후에 부활하셔서 당신이 이 시대의 마지막에 소망해야 하는 바를 당신에게 보여 주셨다. 따라서 그분은 당신의 소망이 되셨기 때문에 계속해서 당신을 인도하고 계신다. 이제 당신은 부활의 소망을 향해 걸어가고 있다. 하지만 우리의 머리이신 분이 먼저 부활하지 않으셨다면 그 몸의 다른 지체들은 소망할 바를 전혀 발견하지 못할 것이다.[28]

여기서 그는 더 큰 선이나 의지의 자유로운 선택이나 선을 서서히 약화하는 피조물의 본질적인 공허함에 호소하지 않는다. 목회자이며 설교자인 아우구스티누스는 그런 추상적 개념을 피하고 대신 기독교 신앙의 핵심에 있는 신비, 즉 악을 극복하기 위해 악을 견뎌 내신, 겸손하신 하나님이라는 진리에 호소한다. 핵심은 하나님께 계획이 있다는 것이 아니라 하나님이 승리하셨다는 것이다. 우리는 성자가 우리를 대신해 견뎌 내신 바 때문에 극복할 수 있을 것이다. 이것은 악에 대한 대답이 아니라 반응이다. 지적 이해가 아니라 신적 연대에서 소망을 발견할 수 있다.

때때로 그분의 몸인 교회는 악에 직면하여 동일한 긍휼의 연대, 즉 지적 회피가 아니라 육화된 현현으로서의 십자가를 닮은 함께 있음being-with을 보여 줄 것이다. 나는 이것을 아주 가까이서 보았다. 몇 해 전에 우리 조카딸이 설명할 수 없는 병으로 갑자기 세상을 떠났다. 아이는 17개월이었다. 이래서는 안 되는 일이었다. 아이 부모는 우리 고향에서 더는 신앙 공동체와 아무 관계도 맺고 있지 않은 상태였다. 하지만 그곳에 있는 믿음의 가정은 나서서 그들을 섬기기 원했다. 그래서 우리는 좋은 친구이며 그리스도의 섬김과 사랑의 본보기인 목회자에게 전화했다.

찰리 목사가 그 집에 도착했을 때 슬픔에 잠긴 어머니는 당연히 위로할 수 없을 정도로 낙심해 있었다. 실제로 그녀는 딸의 담요와 인형을 끌어안고 딸의 침실 바닥에 드러누워 흐느껴 울다가 멍하니 있기를 반복했다. 그녀는 방 밖으로 나오려 하지 않았다. 한참을 기다린 후 찰리 목사가 방 안으로 들어갔다. 그녀는 그가 온 것조차 몰랐다. 그래서 찰리는 그가 생각할 수 있는 한 가지 일을 했다. 그녀 곁에 누웠다. 그녀를 **위해**, 그녀와 **함께** 울며 성령 충만한 신음으로 간구했다. 그는 그저 그녀가 애도할 때 곁에 있어 주어서 그녀에게 그리스도가 되었다.

미니애폴리스Minneapolis의 밴드 로맨티카Romantica는 나의 상상력에 자리 잡게 된 한 이미지를 제시했다. 그들은 〈밤새도록 술을 마셔Drink the Night Away〉라는 노래에서 크리켓 경기를 하려고 라이벌 학교로 떠난 아일랜드 소년들의 유쾌한 기쁨을 묘사한다("내 동생한테 엄마를 부탁한다고 말해 줘. 나는 오늘 집에 안 들어갈 거야"). 시끌벅적 신이 나 있는 그들은 다른 학교 출신 소녀들을 만나기를 고대하며 시합 후 진탕 술을 마실 계획을 세우고 있다.

아우구스티누스와 함께 떠나는 여정

학교의 모든 남자아이들과 동네 여자아이들이 다 모이면 멋질 거야.

지칠 때까지 모닥불 주위에서 춤을 추고 그런 다음 밤새도록 술을 마실 거야.


그들은 우승하고 샤도네이 포도주로 우승컵을 채우는 꿈을 꾸고 있다. "그런 다음 밤새도록 술을 마실 거야"라는 후렴구가 반복된다.

하지만 비극이 모든 것을 망가뜨려서 계획은 물거품이 되고 세상이 거꾸로 뒤집히고 만다. "도니골Donegall 어디쯤에서 너는 죽은 채 누워 있고 네 엄마가 우는 소리가 들려." 이제 노래는 애가로 바뀐다. "너를 주님 품 안에 가라앉도록 내버려 두셨을 때 예수님은 무슨 생각을 하셨을까?" 이래서는 안 되는 일이었다. 노래가 계속해서 이런 물음을 던질 때 마지막에 다른 잔, 다른 술이라는 결정적인 반전이 찾아온다.

너를 주님 품 안에 가라앉도록 내버려 두셨을 때 예수님은 무슨 생각을 하셨을까?

그런 다음 그분은 잔을 잡고 높이 들어 밤새도록 마셨어.[29]


예수님이 마신 잔은 포도주처럼 어두운 고뇌의 바다로 가득 차 있는 우리의 고통의 잔이었다. 이것은 하나님이 '더 큰 선'을 계산하시는 일종의 우주적인 비용 편익 분석이 아니다. 이것은 육신이 되신 하나님이 세상의 악과 불의—**우리의** 악과 불의—를 친히 담당하신 후 무덤을 이기고 나오셔서 청교도 존 오웬John Owen의 말처럼 "죽음의 죽음"[30]을 선언하신 역사적 스캔들이다. 하나님은 우리에게 답을 주시지 않는다. 그분 자신을 주신다.

아우구스티누스에 따르면, 사실 악을 설명하는 '답'은 존재하지 않는다. 하지만 반응, 즉 연대와 긍휼에 뿌리를 내린 하나님의 행동 계획이 존재한다. 그 행동은 무엇보다도 먼저 근본적으로 **은총**이다. 나이 든 아우구스티누스는 《재론고》에서 자신의 글을 재검토할 때 《자유의지론》에서 제시된 악에 대한 설명에서 **은총**이 두드러질 정도로 결여되어 있음을 깨닫고 충격을 받았다. 은총은 내 안에 있는 어둠을 가득 채우는 빛이다. 은총은 우리의 악에 대한 하나님의 반응으로부터 흘러나오는 것, 예수님이 고통의 잔을 마시고 악을 정복하셔서 가능해진 흘러넘침의 효과다.

이것이 우리 자신의 반응 안으로 흘러들어오기 때문에 아우구스티누스는 그저 악을 철학적 체계 안에서 분석하지 않고 주교와 활동가로서 악과 맞서 싸운다. 그는 악으로 피해를 본 사람들뿐 아니라 악을 행한 이들을 위해 보호와 저항의 일을 실천한다. 북아프리카 주교로서 아우구스티누스의 삶은 현장에서 악에 맞선 활동을 벌이는 삶으로 묘사할 수 있다. 아우구스티누스는 자신에 대해 잘 알고 있었으므로 자신이 살고 있는 세상의 불의가 나쁜 행위자들과 악마적인 체제의 연쇄라는 것—불의가 악한 음모뿐 아니라 선한 의도로도 만들어질 수 있다는 것—을 이해하고 있었다. 따라서 아우구스티누스는 악에 관해 설명하는 데 만족하지 않았다. 그는 악을 해결하고 거기에 맞서고 그 효과를 완화하기 위해 노력했다. 또한 아우구스티누스는 정의롭고 보호받을 자격이 있는 사람들뿐 아니라, 회개하지 않으며 상습적으로 악을 행하는 사람들을 위해서도 그런 노력을 했다.

아우구스티누스가 자주 자비와 관용을 호소하는 탄원서를 보내기도 했던 관리인 아프리카의 비카르vicar(일종의 총독) 마케도니우스Macedonius는 413년 혹은 414년에 아우구스티누스에게 보낸 편지에서 자신의 당혹스러움을 이렇게 표현한다. 왜 아우구스티누스는 잘못을 바로잡겠다고 약속한 적도 없는, 회개하지 않는 사람들을 위해 자비와 관용을 베풀어 달라고 부탁할까? 그는 "악한 사람들이 악하기 때문에 그들을 미워하는 것은 쉽고 자연스럽지만, 그들이 인간이기 때문에 바로 그런 사람들을 사랑하는 것은 드물고 거룩한 일입니다"라고 대답한다. 정의롭고 자비로운 처벌이 그들의 인간성을 끌어내는 수단이 될 수 있다고 주장한다. "그러므로 인간을 해방시키기 위해 범죄를 처벌하는 사람은 불의가 아니라 인간성에 있어서 동반자로서 다른 사람과 결속되어 있습니다. 이생을 제외하면 우리의 행위를 바로잡을 수 있는 다른 공간은 존재하지 않습니다.…따라서 인류에 대한 사랑으로 우리는 죄인들이 처벌을 통해 이생을 끝내지 않도록 그들을 위해 중보해야 합니다."[31] 법과 질서를 지키느라 결국 변화의 모든 가능성을 없애 버리는 것보다 위험을 무릅쓰고 관용을 베풀어 개혁의 여지를 마련하는 것이 더 낫다. 아우구스티누스는 사형을 집행하지 말라고 당국에 끊임없이 탄원한다. 아우구스티누스는 범죄자와 희생자 모두를 복종시키고 구속할 통치자들과 권세들을 인정하면서도 범죄 사건에서 관용을 호소하고, 때로는 온정을 베풀 것을 호소한다.

형사제도 개혁을 위한 아우구스티누스의 활동은 로마 노예 제도의 특수한 불의에 대한 그의 개입으로 보완되었다. 로버트 도다로가 회고하듯이, "아우구스티누스는 교회 재정을 사용해 노예의 자유를 사는 경우가 많았다. 그뿐만 아니라 한번은 그가 히포에 없는 동안 그의 교인 몇 사람이 배 한 척을 덮쳐 그 안에 사로잡혀 있던 백 명 넘는 노예를 풀어 주기도 했다."[32] 또한 그는 후기 로마제국에서 피난처의 권리를 적극적으로 지지했고, 채무자들과 경제적 불평등으로 고통당하는 이들의 편을 들었다. 아우구스티누스의 교회는 경제적 이민자들을 위한 피난처였으며, 그는 삶의 터전을 잃고 위험에 빠진 이들을 위해 제국 정부에 호소하곤 했다.[33] 이 모든 방식을 비롯한 더 많은 방식으로 아우구스티누스는 동맹자이자 옹호자로서—원수를 위해 자신을 내어주신 옹호자를 본받아(롬 5:10)—현장의 악과 불의에 대응했다.

그렇기 때문에 아우구스티누스는 정치를 그리스도인에게 합당한 소명으로 추천할 수 있었다. 정치라는 어렵지만 선한 일은 비극적이며 타락한 세상에서 이웃을 사랑하는 방법이다. 정치가 가능성의 예술이라면, 정의를 이루고, 악과 맞서 싸우고, 타락의 영향력을 완화하는 신중한 방법이 될 수도 있다. 그럼에도 보니파키우스Boniface와 마케도니우스 같은 정치인들에게 조언할 때 아우구스티누스는 두 눈을 부릅뜨는 현실주의적 태도를 취한다. 그는 저주의 영향력을 줄이려고 노력하는 동시에 악과 원죄의 영속적인 현실을 인정한다. 그에게는 인간 본성이 이기심을 이겨 내거나 무질서한 사랑의 성향에서 벗어날 수 있다는 환상이 전혀 없다. 그는 법을 통해 하나님나라로 갈 수 있다는 기대를 전혀 하지 않는다. 오히려 반대로 이 세상에서 법을 만드는 일에 관해 우리는

아우구스티누스와 함께 떠나는 여정

계속해서 "나라가 임하시오며"라고 기도해야 한다.

따라서 아우구스티누스는 절대로 정치에 지나친 기대를 걸지 않는다. 그는 옹호자이자 일종의 활동가로서 불의한 체제에 개입하지만, 절대로 우리가 행동**주의**—우리의 정치적 힘으로 악을 극복할 수 있는 능력에 대한 일종의 펠라기우스적 과신—라고 부를 법한 태도를 보이지 않을 것이다. 이것은 코츠의 (이해할 만한) 무신론이 빠지기 쉬운 위험이다. 인간의 행동과 진심과 창의력이 신격화된다. 코츠는 "우주적인 정의, 집단적인 희망, 국가적인 구원과 같은 관념은 나에게 아무런 의미가 없다"라고 인정한다. "진실은, 무신론 이후에, 우주의 무도덕성amorality이 문제가 아니라 주어진 것으로 받아들여진 이후에 오는 모든 것 안에 있었다." 코츠는 이것을 해방으로 이해한다. "삶은 짧고, 죽음은 극복할 수 없었다. 따라서 나는 오랫동안 사랑할 수 없으므로 최선을 다해 사랑했다.…나는 이 단호하고 하나님 없는 사랑 안에서 그럼에도 불구하고 우주적이며 영적인 무언가를 발견했다."[34] 솔직히 나는 그가 말하는 '따라서'의 논리를 이해할 수 없다. 그 뒤에 이어지는 말에 대해 나는 전혀 확신할 수 없다.

그러나 이것은 그가 정치에 시급성과 궁극성을 부여하는 이유를 설명한다. 코츠는 나중에 "목적과 공동체, 사명의 필요성은 인간적이다"라고 지적한다. 동의한다. 하지만 그러고 나서 이렇게 말한다. "그것은 우리의 정치에 내재해 있다. 정치는 단지 건강 보험과 세액 공제, 농업 보조금에 관한 싸움이 아니라, 의미 추구의 한 부분이기 때문이다. 8년 동안 권력을 잡은 사람(미국 대통령은 재선에 성공할 경우, 8년 동안 재직할 수 있다—역주)이 몰두하는 것은 바로 이런 추구다."[35] 만약 우리에게 주어진 것이 우리가 다라면, 정의를 향한 모든 소망은 우리에게 달려 있으며, 정치는 자연화된 하나님나라를 이루기 위한 엔진을 찾는 것과 다름없다. 펠라기우스적 행동주의—인간의 능력과 창의성만으로 만족하지만 또한 그것에 대해 확신하는—는 순진함 때문에 눈이 가려져 보지 못하는 경향이 있다. 실제로 후대의 아우구스티누스주의자 라인홀드 니버 Reinhold Niebuhr가 말하듯이, 무신론적 확신 때문에 우리는 "이 순진함의 낙원으로 반드시 기어들어 오게 마련인 야심과 권력의 타락을 인식할 수 없게 된다."[36]

아우구스티누스는 순진함에 대한 환상이 전혀 없다. 하지만 그의 행동주의는 하나님나라를 이루겠다는 부담을 떠안지도 않는다. 악—다른 모든 곳과 마찬가지로 자신의 마음 안에 있는—의 영속성에 대한 그의 선명한 인식은 펠라기우스적 혁명이 아니라 소망의 정치를 만들어 낸다. 정치의 자연화—와 우상화—는 그 나름의 불의를 만들어 낸다. 아우구스티누스에게 하나님 도성의 시민권은 현재 상황을 구부려서 정의의 구조, 즉 '샬롬'의 구조를 따르게 하기를 바라며 마땅히 그래야 하는 상황의 대사로서 일하는 것을 뜻한다. 우리가 부활만이 악을 극복할 수 있다고 인정하는 한, 정치는 우리가 악의 현실에 대응하는 하나의 방식이 될 수 있다. 악은 풀어야 할 퍼즐이 아니라, 맞서 싸워야 할 침략군이다.

이것이 하나님에 대한 믿음을 더 믿을 만하게 만드는가? 나는 모르겠다. 하지만 공포 한가운데서 나타난 매혹적인 신비가 우리를 멈칫하게

만든다는 것은 알고 있다. 한 젊은 백인 우월주의자가 저지른 극악무도한 학살 이후 사우스캐롤라이나주 찰스턴의 임마누엘감리교회Emanuel AME Church 성도들이 보여 준 이해할 수 없는 용서가 그런 예다. 악 자체만으로 사람들이 하나님의 존재와 선하심에 의문을 제기하도록 만들기에 충분하다. 그렇기에 용서는 훨씬 더 신비롭다. 특히, 이러한 은총과 자비의 분출이 십자가에 달려 죽으시고 죽은 자 가운데서 다시 살아나신 하나님에 대한 믿음—이 교회 교인들을, 불안정했던 이 젊은 남자, 결국 그들을 살해한 사람이 될 사회적으로 버려진 사람을 자신들의 수요 성경 공부에 기꺼이 맞아들이는 사람들로 만들어 낸 바로 그 믿음—으로부터 자양분을 얻었을 때는 더욱 그렇다. 어떤 사람들에게는 미친 짓으로, 심지어는 무책임한 행동으로 보일 수도 있는 신뢰에 의해 그런 환대와 용서—어둠 한가운데 있는 그런 빛—가 생겨났다. 이러한 은총은 우리를 불편하게 만들어 우주의 한가운데 있는 불덩어리가 모든 것에도 불구하고 결국에는 사랑의 불이 아닌지 생각해 보게 만드는 징후다.

# 12. 아버지들: 깨지는 법

## 받아들여지기 원할 때 나는 무엇을 원하는가?

미사여구가 계속 반복되면 상투적인 표현이 되고 마는 것일까? 아니면, 그것은 그저 일인칭으로 다시 살아야 할 현실일까? 어떤 갈망이 세대를 거듭하며 재연된다면, 그것은 지겹고 진부한 것이 되는 것일까? 아니면, 처음에 쓴 것을 지우고 다시 쓴 양피지처럼 우리 안에 끈질기게 남아 있는 인간 본성에 관한 무언가를 보여 주는 것일까? 나보다 앞서 수많은 선조가 그토록 찾아 헤매던 것을 나 역시 평생 추구한다면, 나의 갈망이 새로울 것이 없다는 뜻일까? 아니면, 그것이 **우주적인** 갈망, 인간의 가슴에 심긴 갈망이라는 뜻일까? 비록 프로이트는 그것을 하나의 원형archetype으로 환원했지만, 비통함이 '전형적일typical' 수 있을까?

부재한 아버지—자녀의 우주에 블랙홀을 만들고 떠난 아버지들, 떠나지는 않았어도 너무 자주 자리를 비우는 바람에 있을 때조차도 없는 듯 느껴지는 아버지들—에 대한 우리의 갈망이 그러하다. 길 위에 있는 많은 사람은 자신의 아버지를 찾고 있다.

이 추구는 호메로스만큼 오래된 서사시다. 그가 지은 《오디세이아

아우구스티누스와 함께 떠나는 여정

*Odyssey*》는 부재한 아버지를 찾아 나선 아들로부터 시작하여 자신의 아버지를 찾기 위해 아들과 함께 돌아오는 그 아버지로 마무리된다.[1] 아버지들과 집들은 흐릿해지고 뒤섞인다. 말수가 적은 아버지는 우리가 태어나서 "집에서는 망명자로, 또한 우리가 가는 곳마다 이방인으로" 달리게 한다.[2] 브루스 스프링스틴Bruce Springsteen은 다음 비유를 로큰롤의 핵심으로 보았다. "티 본 버넷T-Bone Burnett은 로큰롤이 '아빠Daaaaddy!'라는 외침이라고 말했다. 로큰롤은 '아빠!'라는 당혹스러운 외마디 외침이다. 로큰롤은 아버지들과 아들들이며, 당신은 가능한 가장 강력한 방식으로 누군가에게 무언가를 증명해야 한다. 마치 '이봐, 나는 지금보다 조금 더 많은 주목을 받을 만한 가치가 있어! 나는 그 큰 사람을 날려버렸단 말야!'라고 말하는 것과 같다."[3] 우리가 이러한 추구를 포기하고 더는 관심이 없는 것처럼 보일 때조차도 우리는 마치 계속해서 "나를 보세요, 아빠. 이제 내가 보이나요?"라고 말하듯이 행동한다. 우리는 누군가 나를 봐 주고, 알아주고, 사랑해 주기 원하는 바람을 멈출 수 없다.

폴 오스터Paul Auster는 "우리는 성인이 된 후에도 아버지의 사랑에 대한 갈망을 멈출 수가 없다"라고 말한다.[4] 그의 비망록 《고독의 발명*The Invention of Solitude*》(열린책들)은 이러한 갈망에 관한 긴 성찰이다. "처음부터 나는 아버지를 찾고 있었고, 그분과 닮은 누군가를 열광적으로 찾고 있었다." 그는 작은 관심, 혹은 애정의 희미한 흔적까지도 허겁지겁 먹어 치웠다. "아버지가 나를 싫어한다고 느낀 것은 아니었다. 아버지는 그저 다른 데 관심을 쏟느라 내 쪽은 바라볼 수 없었을 뿐이다. 나는 무엇보다도 아버지가 나를 알아봐 주기를 원했다." 이 점에 관해 오스터는 사소해 보이지만 매우 큰 의미가 담긴 한순간을 회상한다.

한번은 일요일에 우리 가족이 식당을 갔는데 손님이 붐벼서 자리가 날 때까지 기다려야 했다. 아버지는 밖으로 나를 데리고 나가서, (어디에서?) 테니스공을 가져와 보도에 동전 하나를 놓고 나와 게임을 했다. 테니스공으로 동전을 맞히는 게임이었다.…돌이켜보면 그보다 시시한 게임은 없었을 것이다. 하지만 내가 낄 수 있었다는 사실, 아버지가 무심코 나에게 지루한 시간을 함께 보내자고 제안하셨다는 사실 때문에 나는 행복해서 어쩔 줄 몰랐다.[5]

이런 지루함으로 초대받을 때 친밀함, 즉 초조한 수다로 덮어야 할 필요가 없는 쉼을 함께 나누게 된다. 오스터는 평생 이것을 다시 찾으면서 살았을 것이다.

길 위에 있는 많은 사람이 자신의 아버지를 찾고 있다. 케루악의 《길 위에서》도 이러한 추구를 그리고 있다. 이 책은 샐 파라다이스가 그들이 여행한 땅 전체에 에너지가 잔잔히 퍼져 가는 모습을 상상하는 황홀경을 묘사하는 단락으로 마무리된다. 뉴저지 출신인 그는 이렇게 생각한다. "해가 져 버린 미국의 어느 밤…초원에서는 저녁 별빛이 점점 흐릿해지며 남은 빛을 뿌리고, 이윽고 완전한 밤이 다가와 대지를 축복하고, 모든 강을 검게 물들이고, 산꼭대기를 뒤덮고, 마지막 해변을 껴안을 것이다. 누구도, 누구도, 앞으로 어떻게 될지 알지 못한다. 버려진 누더기처럼 늙어 가는 것밖에 알지 못한다. 그럴 때 나는 딘 모리아티를 생각한다. 끝내 찾아내지 못했던 아버지, 늙은 딘 모리아티도 생각하면서, 딘 모리아티를 생각한다."[6] 길이란 당신이 아버지를 결코 찾지 못하는 삶이다. 그것은 낯익은 길이다.

어떤 이들은 이것이 가장 오래된 이야기, 인간의 상황을 그리는 근원적 서사라고 주장한다. 이 장르의 대담한 사례에 해당하는 《천사여, 고향을 보라*Look Homeward, Angel*》(연극과인간)를 쓴 토머스 울프는 후에 이 이야기를 쓴 동기에 관해 설명했다. 그는 서사시에 호소하며 이렇게 답한다.

처음부터 그 생각, 즉 내가 이 책에서 표현하고 싶었던 핵심적인 전설은 바뀌지 않았다. 그리고 이것이 바로 내가 절망에 빠질 때마다 내 확신에 대한 믿음을 강화하기 위해 되돌아갔던 하나의 사실이다. 핵심적 생각이란 바로 이것이다. 내가 보기에 삶의 가장 심층적인 추구, 어떤 방식으로든 모든 삶에 핵심적으로 중요한 것은 아버지에 대한 추구, 그저 육신의 아버지나 어렸을 때 잃어버린 아버지가 아니라 그 사람에 필요한 정도를 넘어서고 그의 갈망보다 우월한 힘과 지혜의 이미지, 자기 삶의 신념과 능력이 연합될 수 있는 이미지에 대한 추구다.[7]

이를 찾아 헤매는 이들은 아들만이 아니다. 이 추구는 인간 본성의 한 부분이다. 예를 들어, 마고 메인Margo Maine은 딸들이 보이는 섭식 장애의 원인을 진단하는 과정에서 "아버지에 대한 갈망father hunger"이라는 용어를 고안했다. 아버지의 부재를 경험한 젊은 여성들이 아버지에 대한 갈망을 배고픔과 음식에 대한 건강하지 못한 관계로 굴절시킨다는 것이다.[8] 우리 중에 아버지에 대한 꿈을 물려받지 않은 사람이 어디 있겠는가?

후기 자본주의는 모든 사람이 주머니에 컴퓨터와, 그 자리에 아버지가 있어야 하는 큼지막한 구멍을 가지고 있는 시대다. 이는 웨스 앤더슨^Wes ^Anderson의 영화가 특히 한 세대(나의 세대라고 인정할 수밖에 없다)에게 컬트적인 인기를 끄는 이유이기도 하다. 이 세대의 부모들은 1970년대에 무정형의 자유를 만끽하고 1980년대에는 결혼 관계를 끝내도 괜찮다고 여기는 분위기 가운데 살아갔다. 그들은 이혼과 양육권 분할에 관한 계몽된 이해로 자신을 위무하는 반면, 우리에게 그에 대한 반증을 제시해보라고 요구하거나 반증을 제시하도록 허락하는 경우는 거의 없었다. 그래서 우리는 이것이 "모두를 위해 더 낫다"는 그들의 이야기를 흡수하고 내재화하며 그 각본을 되풀이했다. 우리는 그렇게 그것이 옳을 뿐 아니라 우리 세계를 둘로 분열한 사람들에게 위로를 줄 수 있다고 믿도록 자신을 설득하려고 노력했다.[9]

앤더슨의 영화는 이런 공식 서사에 대한 미학적 저항으로 해석될 수 있다. 앤더슨의 거의 모든 영화의 핵심에는 부재와 실망과 실패에서부터 시작된 탐색, 아버지에 대한 갈망의 흔적을 지닌 탐색에 나선 자녀가 있다. 〈바틀 로켓*Bottle Rocket*〉과 〈맥스군 사랑에 빠지다*Rushmore*〉에서 〈로얄 테넌바움*The Royal Tenenbaums*〉과 〈스티브 지소와의 해저 생활*Life Aquatic*〉을 거쳐 〈문라이즈 킹덤*Moonrise Kingdom*〉과 〈개들의 섬*Isle of Dogs*〉에 이르기까지, 이 영화들의 드라마는 부재―아버지와 자녀의 관계에서 **존재해야** 하는 바의 부재, 혹은 우리가 한 번도 경험한 적이 없지만 있어야 한다고 줄곧 느끼는 바―에 의해 추동된다. 앤더슨의 인물 중

아우구스티누스와 함께 떠나는 여정

다수는 아버지를 찾아 길을 나서지만, 아버지를 대신할 누군가나 무언가를 발견할 뿐이다.

앤더슨의 영화 속 아버지들은 매력이 없지 않다. 그들은 절대로 우리가 기꺼이 버릴 수 있는 만화 속 성난 악당들이 아니다. 오히려 그들은 우리에게 그들의 인간성, 즉 그들이 다른 모습이기를 **원한다**는 것을 아주 조금 엿볼 수 있게 해 주는 깨진 그릇들이며, 그 가능성으로 우리를 약 올리기 때문에 우리는 더 크게 실망할 뿐이다. 끔찍한 사건 후에 약삭빠른 로얄 테넌바움이 아들 채스와 손주들이 방금 잃어버린 강아지를 대신할 달마시안 한 마리와 함께 채스에게 접근할 때 우리는 그의 고백에 감동을 받는다. "채스야, 널 실망시켜서 미안하구나. 너희 모두에게 미안하다. 너희들한테 만회하려고 노력했어."

"고마워요, 아버지. 우리는 힘든 한 해를 보내고 있어요"라고 채스가 대답한다.

"그래. 나도 알고 있어, 채시." 가끔 로얄의 자기애가 약해질 때 그는 자식들을 만나러 온다. 그들은 아버지를 만나면 무슨 일이 생기는지 잘 알고 있다.

하지만 이런 만남에서 아버지가 되기에 실패한 아버지는 자녀에게 위로를 받고자 한다. 부모는 언뜻 드러나는 자신의 미덕을 알아봐 달라고 요구한다. 로얄은 아들 리치에게 "아직도 나를 아버지로 생각하니?"라고 묻는다.

"물론이죠"라고 리치는 그를 안심시킨다.

"너에게 더 잘해 줬어야 하는데 말이다." 그는 동정을 구하며 이렇게 말한다.

"알아요, 아빠." 아들은 상처받기 쉬운 실패자 아버지를 달래며 그렇게 말한다.

웨스 앤더슨이 그리는 아버지들의 연약함 때문에 우리는 그들을 포기하지 못하고, 계속 배신당하면서도 그들이 정말로 우리에게 필요한 아버지들이기를 바란다. 우리는 이 아버지들이 아직도 찾고 있는 것을 발견하지 못했을지도 모른다는 것을 알기에 그들에게 공감할 수 있다. 〈스티브 지소와의 해저 생활〉은 이처럼 서로 엇갈리는 탐색을 그린다. 해양학자 스티브 지소는 자신의 백경white whale(허먼 멜빌의 소설 《모비 딕》에서 유래한 표현으로, 끈질기게 추구하지만 달성하기 어려운 목표를 뜻한다—역주), 곧 동료를 먹어 치운 표범상어를 추적하고 있다. 하지만 그 상어를 본 사람은 스티브밖에 없기 때문에 많은 사람이 그것이 실제로 존재하는지 의문을 제기하며, 심지어는 동료의 죽음에 스티브가 모종의 역할을 했을지도 모른다고 의심하고 있다. 동시에, 배에 오른 네드 플림튼이라는 인물은 그가 스티브의 아들일 수도 있다고 암시한다. 네드는 자신의 아버지를 찾고 있지만, 우리는 스티브가 단순한 상어가 아닌 다른 무언가를 찾고 있음을 어렴풋이 알 수 있다.

절정으로 치닫는 장면에서 영화의 우스꽝스러운 인물들 모두가 스팀펑크steampunk(첨단 기술이 아니라 증기 기관으로 작동하는 기계류가 등장하는 SF 장르—역주) 스타일의 잠수함 안에 모이게 된다. 이들은 마침내 상어를 발견하고 이 별난 잠수함 안에서 그것과 만날 준비를 하고 있다. (구글에서 "Life Aquatic and Sigur Rós"를 검색해 아름다운 사운드트랙이 깔리는 이 장면을 찾아보라.) 이 빛나는 레비아단이 그들 곁에서, 그들 위로 유영하며 자신의 존재를 증명할 때 잠수함에 탄 모든 사람은 최면에 걸린 듯 아무 말 없이 앉아 있을 뿐이다.

"아름다워요, 스티브." 그의 전 부인이 말한다.

아우구스티누스와 함께 떠나는 여정

"예, 정말 멋있죠?" 하지만 그런 다음 스티브는 전율하듯이 말을 멈춘다.

"상어가 나를 기억할지 모르겠어요."

그의 얼굴이 일그러지고, 눈에는 눈물이 맺힌다. 울음을 참느라 목이 멘다. 잠수함에 탄 모든 사람이 팔을 뻗어 그에게 손을 얹는다. 마치 수중에서 이뤄지는 강단 초청altar call, 자아실현의 오순절 같다.

아우구스티누스의 아버지 파트리시우스는 아우구스티누스가 열일곱 살 때 죽었다. 파트리시우스는 아들이 앞으로 어떤 사람이 될지 전혀 알지 못했을 것이다. 《고백록》에 나타난 아버지에 대한 아들의 회상은 대체로 실망의 연속이다. 처음부터 그의 아버지는 부정적인 아이콘, 무질서한 사랑을 표상하는 본보기와 같다. "아버지는 세상으로 하여금 그것의 창조주이신 주님을 잊게 하고 주님 대신에 그분의 피조물을 사랑하게 만드는 술 취함을 좋아했습니다. 아버지는 아래쪽으로 열등한 것을 지향하는 비뚤어진 의지라는 눈에 보이지 않는 포도주에 취해 있었습니다."[10] 그리고 한참 뒤에, 어머니가 이 남자와 결혼하여 살면서 견뎌야 했던 모든 일을 그가 회상할 때 이런 은유가 의도적이었음이 분명해지는데, 아우구스티누스는 알코올중독과 부정과 학대를 떠올린다.[11] 어른이 된 아우구스티누스는 절제라는 은사로 열정을 다스리지 못했던 아버지의 실패를 회상하면서 당혹스러워하는 동시에 분개한다. 파트리시우스는 아들이 정욕에 탐닉할 새로운 가능성을 갖게 된 데 기뻐하며,

그에게 아버지와 함께 욕망의 모험에 동참하라고 부추기는 것 같았다. 아버지로서 그의 실패는 인간이 되기에 실패한 것을 반영한다. 임종 때 아버지가 회심한 것을 회고할 때도 아우구스티누스는 어머니가 하나님을 위해 "그를 구해 낸" 것을 높이 평가할 뿐이다.[12]

아버지가 죽은 바로 그해에 아우구스티누스도 아버지가 되었다. 그의 아들 아데오다투스('하나님의 선물')는 예상하지 못했지만 반가운 아들이었다. 천 년이 지난 후 내 경험에 비춰 본다면, 아우구스티누스가 아들이 태어난 후에 자기 아버지의 실패를 더 분명히 알게 되었을 것이라고 충분히 짐작해 볼 수 있다. 아버지로서의 소명에 응답하려고 노력할 때 당신은 여태껏 익숙해지려고 애썼던 부재를 새롭게 느끼고, 당신이 들었던 이야기들에 의문을 품게 된다. 그런가 하면, 부모가 자신들의 결정에 관해 가지고 있던 평온한 마음을 깨뜨릴 수 있기에 전에는 당신이 표현하지 못하게 했던 분노와 화도 분출할 수 있게 된다.

아우구스티누스는 너무나도 많은 말을 남겨놓고 수많은 책을 통해 논리 정연한 생각을 표현했기 때문에 우리에게는 이런 질문을 던질 시간이 거의 없다. 그가 말하지 않고 남겨둔 것은 무엇일까? 그의 아버지에 관해서? 그의 아들에 관해서?[13] 그의 소망에 관해서? 아우구스티누스는 아버지와의 정서적 거리나 아버지로서 자신의 실패를 실존적으로 해결하기 위해 얼마나 노력했을까? 어떤 점에서 본향에 대한 그의 추구는 아버지에 대한 추구라고 말할 수 있을까? 그는 이 길의 마지막에 아버지가 계신 것을 알고 있기에 탕자 역할을 받아들인 것일까?

부재하거나 거리가 먼 아버지를 찾는 모든 자녀는 더 깊은 욕망을 은폐하기 위해 길을 나선다. 즉, 그런 아버지가 자신을 찾아오기 바라는 마음—갈망의 화살이 방향을 바꾸어 아버지가 돌아오기를 바라는 마음—이다. 그제야 비로소 우리는 아버지가 우리를 생각하고 우리를 찾고 우리를 사랑하고 있었음을 알게 될 것이기 때문이다. 아버지에 대한 이런 갈망이 바로 우리를 만드신 그분이 우리를 바라보고 우리를 알아주시기를 바라는 우리의 심층적인 갈망이 아니라면 무엇이겠는가?

폴 오스터는 《고독의 발명》에서 이와 비슷한 무언가를 떠올린다. 훌쩍 나이가 든 후 아버지의 관심을 받았던 때, 아버지가 자신을 찾아왔을 때를 회상한다.

> 한번은 내가 아직 파리에서 살고 있을 때 아버지가 편지를 보내 〈시문학*Poetry*〉지 최근호에 게재된 나의 시를 읽기 위해 공립 도서관에 다녀왔다고 말했다. 나는 아버지가 출근하기 전 아침 일찍 아무도 없는 큰 열람실에 앉아 있는 모습을 상상했다. 아버지는 코트를 벗지도 않고 긴 탁자 하나에 구부정하게 앉아서 분명히 이해할 수 없었을 단어들을 읽고 있다. 나는 이것과 상충되는 다른 모든 이미지와 함께 이 이미지를 마음속에 간직하려고 노력하고 있다.[14]

물론 이것이 바로 탕자 비유의 절정 부분에서 실현된 꿈이다. 집을 찾고 있던 아들은 아버지가 자신을 찾고 있었다는 사실을 깨닫는다. 예수님은 "아직도 거리가 먼데 아버지가 그를 보고 측은히 여겨 달려가 목을 안고 입을 맞추니"라고 말씀하신다(눅 15:20). 아버지는 수치스럽게 살금살금 집으로 돌아오고 있는 아들을 긍휼의 마음으로 끌어안는다. 길을 잃었던 아들은 그를 만나기 위해 달려 나온 아버지에 의해 발견된다. 축제 분위기가 가득하다. "우리가 먹고 즐기자. 이 내 아들은 죽었다가 다시 살아났으며 내가 잃었다가 다시 얻었노라"(23-24절). 아우구스티누스가 나중에 은총의 박사로 알려지게 되었다면 이는 예수님이 그를 찾아오신 아버지를 그에게 소개해 주셨기 때문이다. 집을 찾아 나선 그가 아버지에 의해 발견되었다.

아우구스티누스는 후에 복음서를 묵상할 때 이 비유를 되돌아볼 기회를 얻게 될 것이다. 누가복음 15장을 읽으면서 아우구스티누스는 사랑이 넘치는 이 아버지의 두 팔을 성자의 성육신 덕분에 그분이 인류를 끌어안을 수 있게 되었음을 보여 주는 그림으로 해석한다. 하지만 이런 우주적인 설명 속에서도 그는 친밀함을 놓치지 않는다. "하나님의 은총의 말씀을 통해 위로를 받고 우리가 죄 사함의 소망을 갖게 된다는 것은 긴 여행을 마치고 돌아가 아버지께 사랑의 입맞춤을 받는다는 것을 뜻한다."[15]

아마도 나는 무의식적인 차원에서 이 때문에 아우구스티누스에게 끌렸던 것 같다. 그처럼 나도 알지 못했던 아버지에 대한 갈망이 있었기 때문이다. 나만 그런 것이 아니라고 생각한다. 아버지가 떠나고, 양아버지가 떠나고, 여러 차례 결혼하는 세상에서 아버지가 여럿 있는데도 아버지들을 잃어버린 사람이 나 말고도 많다는 것을 알고 있다. 나는 서른이 다 되어서야 (하필이면!) 마치 부재의 송가와 같은 에버클리어Everclear의 노래를 통해 내 안에 있는 분노와 슬픔을 제거할 수 있었다.

아우구스티누스와 함께 떠나는 여정

나의 아버지,

그동안 어디 계셨는지 말해 주세요.

나는 그냥 눈을 감을 수밖에 없었죠.

그러면 세상이 사라져 버렸으니까요.[16]


내가 열한 살 때 아버지는 우리를 떠났다. 내가 스물한 살에 아버지가 된 후로는 아버지를 본 적도, 소식을 들은 적도 없다. (내게 아버지가 있었던 기간보다 더 오랜 기간 나는 아버지로 살고 있다.) 양아버지는 내가 서른세 살 때 사라졌고, 그 후로는 그분의 소식을 들은 적도, 그분을 만난 적도 없다. 나는 두 사람이 어디에서 사는지 알지 못하며, 그분들 역시 나에 관해 아무것도 알지 못할 것이다. 아버지인 나는 이것을 도무지 이해할 수가 없다. 나는 내 아이들이 우리가 그들을 위해 집에 있다는 것을 알지 못한 채 이 차갑고 매정한 세상 속 어딘가에서 자기 길을 가고 있는 모습을 상상조차 할 수 없다. 내 아이들이 모호하게 '어딘가에' 있는 공백이 되는 상황은 상상조차 할 수 없다. 아버지도, 양아버지도 나를 찾으러 오지 않았다고만 말해 두자.

하지만 다른 아버지가 나를 찾으러 오셨다. 복음의 광기의 핵심에는 한 세대의 깨어진 가정들에 의해 한층 더 강렬해진, 심층적인 인간의 갈망을 건드리는 거의 믿을 수 없는 신비가 자리 잡고 있다. 곧 아버지가 우리를 바라보고 우리를 알고 우리를 사랑해 주기를 바라는 마음이다. 아마도 비극과 상처로 가득한 이 타락한 세상을 헤쳐 나간다는 것은, 우리를 찾으러 오리라고 기대하거나 바랐던 사람들이 이 갈망을 충족해 줄 수 없음을 깨닫게 되고, 그런 다음 당신을 입양하시고, 당신을 택하시고, 멀리에서 당신을 보고 달려와서 "내가 너를 기다리고 있었단다"

라고 말씀하시는 아버지를 만나는 것을 뜻할지도 모른다.

따라서 아우구스티누스가 아버지 같은 인물에 의해 발견되어서 집으로 돌아가는 길을 발견하는 것은 우연이 아니다. 우리는 이미 암브로시우스를 만났으며, 그가 아우구스티누스에게 기독교 신앙이 지적으로 받아들일 수 있는 것임을 보여 준 결정적 인물이었음을 살펴보았다. 하지만 그것이 전부가 아니며, 심지어 가장 중요한 부분이 아닐지도 모른다. 궁극적으로 아우구스티누스는 암브로시우스에게서 자신에게 한 번도 없었던 아버지를 발견했다. "이 하나님의 사람은 아버지가 갓난아기를 품에 안듯이 나를 안아 주고, 가장 훌륭한 주교들의 전통에 따라 나를 이방인 나그네로서 소중히 여겨 주었다"라고 아우구스티누스는 회고한다.[17] 암브로시우스는 반反파트리시우스였다(그렇기에 모니카는 그와 그토록 친밀한 관계를 맺었다). 아우구스티누스의 관심을 끈 것은 무엇보다도 암브로시우스의 친절함이었다. 그는 먼저 아버지처럼 아우구스티누스를 사랑함으로써 그가 몇몇 지적 장애물을 넘을 수 있도록 도와주었다.

만약 궁극적으로 기독교가 탕자들을 껴안기 위해 길 끝까지 달려가는 은혜로운 아버지에 대한 선포라면, 절대로 그것은 부재하지만 하늘에 계신 아버지에 대한 천상의 호소가 **아니다**. 그와 반대로 아우구스티누스가 암브로시우스를 만난 것은, 그분의 사랑의 성례전적 메아리와 같은 대리자들을 우리에게 보내 주시는 하나님의 은총의 성육신적 성격을 증언해 준다. 이 아버지에게 입양된다는 것은, 은총의 계보가 가족

아우구스티누스와 함께 떠나는 여정

을 재정의하고 혈통을 초월하는 새로운 가정으로 들어가는 것을 뜻한다. 하나님의 은총으로 들어가게 된 이 가정에서 당신은 당신에게 있는지도 몰랐던 형제자매와 당신이 발견하리라고 기대하지도 못했던 아버지 같은 사람들을 발견하게 된다. 하나님이 내 삶에 암브로시우스와 같은 사람들을 넉넉히 보내 주셨기 때문에 아우구스티누스와 마찬가지로 나도 하나님의 은총을 구체적으로 경험할 수 있었다. 떠난 아버지들 때문에 받은 상처와 자국이 남아 있지만, 그리스도의 몸 안에서 내가 발견한 아버지들—그럴 의무가 없는데도 나를 택하고 아낌없이 나를 사랑하고 다른 사람들이 없을 때 내 곁에 있어 준 아버지들, 내가 어떤 사람인지 **알고 있지만** 나를 사랑하는 아버지들—덕분에 그 상처가 치유되었다. 아우구스티누스처럼 나는 그들이 호명될 자격이 있다고 생각한다. 게리 커리Gary Currie, 게리 딕스Gary Dix, 짐 올튜이스Jim Olthuis, 론 벤틀리Ron Bentley, 팀 히브마Tim Hibma, 노리스 알스마Norris Aalsma와 역시 내가 교회 안에서 발견한 어머니들—수 존슨Sue Johnson, 캐런 벤틀리Karen Bentley, 로이스 알스마Lois Aalsma—은 내가 성자를 통해 만난 성부의 아이콘들이자 "사람이 친절할 수 있고, 아버지가 떠나지 않고 **머물러 있을 수도 있다**"는 증거다.[18] 이 사람들은 복음이 가장 인간적인 갈망, 즉 나를 바라보며 나를 아는 아버지에 대한 갈망에 대한 답임을 나에게 상기시켜 준다.

레슬리 제이미슨의 《회복》에는 중독을 끊고 회복되어 새로운 삶으로 나

아가려고 노력하는 존 베리먼의 이야기가 등장한다. 특히나 감동적인 한 일화에서, 우리는 아버지와 관계가 소원해진 베리먼의 아들 폴이 가끔 그에게 학교와 성적 소식을 알리는 편지를 보내는데 매번 편지 마지막에는 "마치 낯선 사람에게 편지를 보내듯이" 자신의 성과 이름을 모두—폴 베리먼—써 보낸다는 것을 알게 된다.[19] 이 책에는 베리먼이 아들에게 보낸 답장도 하나 실려 있다. 나는 오해라고 생각하지만, 제이미슨은 이 편지를 여전히 자아도취에 빠져 있는 아버지가 아들의 삶에 관심을 기울이기보다는 일차적으로 자신에게 초점을 맞춰서 쓴 글이라고 해석한다. 하지만 나는 제이미슨이 아버지가 아들을 사랑하는 방식—지혜를 나누고, 지침을 제공하고, 아버지로서 책임감을 느끼며 삶을 위한 통찰을 제공함으로써—중 하나를 놓치고 있다고 생각한다. 이 점을 이해한다면 이 답장을 깨진 세상 속에서 보내는 사랑의 참된 성례전으로 볼 수 있다.

> 아들에게. 56세 생일을 하루 앞두고, 힘겨운 싸움을 통해 나는 이것을 배웠다고 생각한다. 무언가에 대해 정직한(진지한) 설명을 하는 것은 사람이 스스로 맡을 수 있는 두 번째로 어려운 책무란다.…지금 내가 생각하기에 그보다 더 어려운 유일한 책무는 관통할 수 없는 침묵 속에서 주님을 사랑하고 알려고 노력하는 것이란다.[20]

망가진 아버지들조차 다시 태어날 수 있으며, 정직은 그 나름의 사랑이다. 안개처럼 모호한 회복 과정을 통과하는 베리먼이 보낸 편지는 멀게 느껴지는 아들에게 그가 던질 수 있는 최선의 구명 뗏목, 즉 자신이 아니라 그 너머를, 아버지인 자신이 아니라 성부 하나님을 가리키는 지

아우구스티누스와 함께 떠나는 여정

혜의 말처럼 읽힌다. 정말이지 아버지가 되는 최선의 방법은 자녀에게 당신 너머에 계신 절대로 실망시키지 않으시는 아버지를 가리키는 것이다.

아우구스티누스의 삶 전체에서 내가 가장 좋아하는 이미지 중 하나는 그가 자신의 세례를 묘사한 부분이다. 카시시아쿰에서 친구들과 함께 철학 피정을 하며 플라톤주의적 대화록을 써 보려고 시도한 후 그들은 도시의 분주함과 밀라노 주교의 품으로 돌아와 세례를 받겠다고 말했다. 아우구스티누스는 이때를 회고하며 감동적인 말을 덧붙인다. "우리는 소년 아데오다투스도 우리와 함께 세례를 받게 했다." 베리먼처럼 아우구스티누스도 자신이 할 수 있는 일 중 하나는 아들에게 자신 너머의 아버지를 가리키는 아버지가 되는 것임을 깨달았다. "우리는 그 아이도 주님이 주시는 세례의 선물을 받아서 그 아이가 우리와 함께 거듭나 우리와 같은 영적 나이가 되어 **주님의** 훈련을 받으며 자랄 수 있게 했습니다"라고 아우구스티누스는 증언한다.[21] 아우구스티누스는 아들에게 숭배를 받는 우상이 아니라, 아들이 그를 **통하여** 하나님을 바라볼 수 있는 성상(아이콘)이 되는 법을 배움으로써 가장 좋은 아버지가 될 수 있었다. 그리고 유일하신 아버지 앞에서 그들은 형제 사이다. 아우구스티누스의 말처럼 "동갑"이다.

우리가 밀라노를 방문했을 때 아우구스티누스와 아데오다투스, 그의 친구 알리피우스가 모두 함께 세례를 받았던 세례탕을 보기 위해 좁은 계단을 따라 대성당 아래 고고학 유적지로 내려가면서 그 생각을 했다. 나는 나를 떠난 아버지들을 생각하지 않았다. 나를 발견한 아버지—그 오랜 시간이 흐른 후에도 여전히 내 곁에 있는 **나의** 알리피우스, 아내를 선물로 주신 아버지—를 생각했다. 그리고 옆을 보니 이 오래된 대성당의 유적지 구석구석을 살펴보는 우리 아이들이 있었다. 나는 아이들이 나를 쳐다보고 있으며, 나와 함께 순례하여 그곳에 가고 싶어 한다는 것을 깨달았다. 내 삶에서 가장 한결같은 자비는 아이들이 언제나 아버지로서 나의 결점을 용서해 주는 것임을 기억했다. 그리고 내 삶에서 가장 혁명적인 은총은, 모든 문제에도 불구하고 나에게 아이들 곁에 머물 힘을 주시는 하늘 아버지라는 선물임을 깨달았다.

아우구스티누스와 함께 떠나는 여정

# 13. 죽음: 소망하는 법

## 살기 원할 때 나는 무엇을 원하는가?

누가 과연 영원히 살기를 원할까? 우리는 그런 삶이란 끝없이 계속되는 지루함을 견디는 것을 뜻한다고 비웃는다. 죽음은 비존재라고 확신하기에 죽은 후에 우리에게 일어날 일에 대해 걱정하지 않는다. 이것은 신중한 자연주의의 결과물이라기보다는 현재의 쾌락을 신으로 삼는 문화의 기본적 태도다. "당신은 정말로 영원히 살기 원하는가?" 80년대 밴드 알파빌Alphaville은 핵무기 대학살의 위협 가운데 이렇게 물었다. 아니다. 우리는 영원히 젊기를 원한다. 우리는 모호한 불멸의 약속보다는 현세의 행복 혹은 적어도 끊임없는 오락에 만족하려 할 것이다. AMC(미국의 케이블 채널—역주) 연속극 〈롯지 49 *Lodge 49*〉에서 어니는 이렇게 묻는다. "영원히 살기 원하는 사람이 어디 있겠는가? 난 그저 바로 여기서 잠시만 살고 싶어." 그런 다음 그는 자신의 외로운 처지를 돌아보면서 애처롭게 덧붙인다. "일요일을 혼자 보내야 한다면 영원히 산들 무슨 소용이 있을까?"

우리는 죽음과 화해했다. 우리는 악평과 기억에 만족할 것이다. 장례

식조차도 정교한 부인의 실천이 되었으며 "삶에 대한 기림"으로 바뀌었다.[1] 우리의 소망은 영원한 삶이 아니라 우리가 죽은 후에 남기는 유산이다. 그리고 우리보다 먼저 살았던 수많은 잊힌 사람들을 생각해 보면 그런 불멸의 유산을 성취할 수 있다는 확신 자체가 이상해 보인다.

정말로 영원히 살기 원하는 사람은 아무도 없지만, 죽기 원하는 사람도 없다. 아무도 사람들이 죽어가는 모습을 보고 싶어 하지 않기에 우리는 그들을 격리하거나 제거하는 산업을 만들어 냈다. 혹은 영리하게도, 그들이 자율을 행사하여 스스로 우리의 관심 밖으로 사라지도록 그들을 설득한다. 어쩌면 더 의도적으로, 우리는 자신이 죽어가는 모습을 보여 주려 하지 않는다. 그래서 특권을 지닌 사람들은 서서히 우리 곁에 다가오는, 이른바 '노화'라는 죽음의 선구자를 막기 위해 에너지와 돈을 아끼지 않는다. 그래서 건강 산업 단지라는 또 다른 시장이 생겨났다. 이 시장은 죽음에 대한 두려움을 이용해 돈을 벌며, 이를 위해 의사 레이먼드 바필드Raymond Barfield가 "욕망되기를 바라는 욕망"이라고 부른 것을 지렛대로 삼는다. "무엇이 삶을 참으로 좋게 만드는지를 이해하지 못할 때 죽음에 대한 두려움은 단순한 생명 연장에 대한 놀라울 정도로 비합리적인 욕망이 되고 만다."[2]

아무도 영원히 살기 원하지 않고 아무도 죽기 원하지 않기에 우리는 생명 연장, 적어도 한동안은 죽을 운명을 극복함으로써 **우리가** 성취할 포스트휴먼posthuman 미래에 희망을 거는 데 만족한다. 우리는 이것을 똑같은 삶이 더 길어지는 것으로 상상할 수밖에 없기에 이것은 파티에 너무 오래 남아 있는 일처럼 보이기 시작한다. 죽을 수밖에 없는 인간의 운명을 정복하는 실리콘 밸리 첨단 기술에 대한 꿈은 게리 슈타인가르트Gary Shteyngart의 《아주 슬픈 진짜 사랑 이야기Super Sad True Love Story》와

아우구스티누스와 함께 떠나는 여정

돈 드릴로Don DeLillo의 《제로 K Zero K》(은행나무) 같은 선견지명을 담은 소설에서 탐구된(또한 풍자된) 바 있다. 이런 소설들은 갈망과 슬픔, 희망과 쉽게 사라지지 않는 무상을 동시에 포착해 낸다. 예를 들어, 《아주 슬픈 진짜 사랑 이야기》에는 몽매한 주인공 레니 아브라모프와 기술을 통해 불멸을 성취하기 위해 설립된 스타트업 회사 포스트휴먼 리소시즈Post-Human Resources의 소유주 조시 골드먼이 등장한다. 이 회사에서는 "불멸의 향은 복합적이기 때문에…알레르기를 유발하지 않는 특수한 유기농 방향제"를 사용한다.³ 서른 살 레니는 당혹스럽게도 이미 회사에서 나이가 많은 사람에 속하며, 이 세상에 오래 살지 못할 것이라는 징조를 보인다. 그는 사장 조시에게 할인된 가격에 "시간 역전dechronification 치료"를 받을 수 있는지 묻는다. "그건 고객 전용입니다. 알고 있잖아요"라고 조시는 대답하지만, 그를 안심시키려고 한다. "식단 조절과 운동을 꾸준히 하세요. 설탕 대신 스테비아(설탕 대체재—역주)를 사용하고요. 당신 안에는 아직도 많은 생명이 남아 있어요." 하지만 레니가 어떤 반응을 보였을지 충분히 예상할 수 있다.

나의 슬픔이 방 안을 가득 채우고 네모반듯한 공간을 점령했으며 조시의 천연 장미꽃잎 향까지 덮어 버렸다. "그런 의도는 아니었습니다"라고 조시는 말했다. "단순히 **많은** 생명이 아니라, 아마도 영원한 삶이겠죠. 하지만 그것이 확실하다고 자신을 속일 수는 없습니다."
　　나는 "사장님은 언젠가 내가 죽는 것을 보게 될 겁니다"라고 말해 놓고는, 곧장 그렇게 말한 것을 후회했다. 나는 어렸을 때부터 그래왔듯이 비존재를 느끼려고 노력했다. 나는 냉정함이 이민 2세대인 나의 굶주린 몸의 자연적인 습기를 통해 흘러가게 했다. 나는 부모님 생각을 했다.

우리 모두 죽을 것이다. 피곤하고 망가진 우리 민족에 관한 것은 아무것도 남지 않을 것이다. 어머니는 롱아일랜드 유대인 공동묘지에서 나란히 붙은 세 묘지를 구입했다. 어머니는 내게 "이제 우리는 영원히 함께 있을 수 있어"라고 말씀하셨고, 나는 어머니의 잘못된 낙관론 때문에, 어머니가 영원이라고 생각하는 시간—어머니의 영원은 무엇으로 이뤄져 있을까?—을 실패한 아들과 함께 보내기 원한다는 생각 때문에 눈물을 흘릴 뻔했다.[4]

일요일을 당신 혼자 보내야 한다면 영원히 산들 무슨 소용이 있을까?
하지만 영원은 슬프고 외로운 현재의 연장이 아니라, 환영을 받으며 집—당신이 다른 모습이기를 바랐던 그 모든 외로운 일요일에 대한 보상이 되어 줄 공간—으로 돌아가는 것을 의미하는 것 아닐까? 단지 **내가** 영원히 사는 것이 아니라 **우리가** 영원히 사는 것을 뜻하지 않을까? 영원이란 마침내 당신을 실패자가 아니라 사랑하는 아들로 바라보는 어머니를 만나는 것 아닐까?

죽음에 대한 현대인의 알레르기 반응은 죽은 사람의 유물로 거의 병적인 위로를 얻는 기독교와 극명한 대조를 이룬다. 부활과 영생에 대한 소망은 죽음에 대한 회피가 아니라 오히려 죽음을 있는 그대로 받아들일 뿐 아니라 때로는 죽음에 대해 오싹할 정도로 솔직한 태도를 만들어 낸다. 아우구스티누스의 시대로 순간 이동을 하여 아우구스티누스가 보았던 세상으로 들어갈 볼 기회를 제공하는 유적지를 방문하면 이런 태도를 생생히 느껴 볼 수 있다.

대학교 근처에 있는 밀라노의 성 암브로시우스 대성당Basilica di Sant'Ambrogio은 언제나 그 이름으로 불리지는 않았다. 처음에는 순교자 대성당Basilica Martyrum으로 불렸다. 암브로시우스가 밀라노 주교였을 때 건축한 이 교회에는 초기 로마 황제에게 순교를 당한 프로타시우스Protasius와 제르바시우스Gervasius의 유골이 안치되어 있었다.[5] 우리가 그곳을 방문한 날 본당 열주랑을 걸어갈 때 따뜻한 봄 햇살이 성당의 두 탑 사이에 있는 하늘을 한층 더 푸르게 만드는 것처럼 보였다. 우리는 암브로시우스가 아우구스티누스에 세례를 베푼 것을 기념하는 20세기의 세례당을 지나 제대를 거쳐 지하 경당으로 내려갔다.

그곳의 광경은 현대의 감수성에 거슬리는 모습이다. 비좁은 입구를 통과해서 고딕 동굴처럼 낮고 좁은 공간으로 들어가게 된다. 처음에는 몇 열로 배치된 작은 장의자가 보인다. 하지만 일단 안으로 들어가면, 이 장의자들이 죽음의 수족관처럼 보이는 것, 즉 유리 벽 너머에서 귀신처럼 웃고 있는 세 구의 해골을 향해 있는 것을 발견하게 될 것이다. 프로타시우스와 제르바시우스, 암브로시우스의 유골이다. 하지만 그들의 부활을 기다리듯 이 유골에 옷이 입혀져 있다. 암브로시우스는 여전히 주교관을 쓰고 있다.

이 지하 경당으로 내려간다는 것은 다른 세상으로 이동하는 것을 뜻한다. 이곳은 타임캡슐과 비슷하다. 단지 고대 유물을 모셔 둔 곳이기 때문이 아니라 현대의 감수성을 거스르는 만남을 위해 만들어진 공간이기 때문이다.[6] 나는 그곳에서 한동안 그런 만남을 체험했다. 우리가 그곳에 간 날, 천방지축 초등학생 한 반이 성당으로 현장학습을 왔다.

나는 본당에서 그 아이들을 처음 보았다. 활력이 넘쳤고 다소 불경하기도 했고 몇몇은 장난까지 치고 있었다. 아이들이 시끄럽게 좁은 계단으로 내려오고 있을 때 우리는 이미 지하 경당에 있었다. 아이들은 서로 밀치듯이 내려오다가 갑자기 걸음을 멈췄다. 불경한 태도를 보였던 아이들은 약간 무서워하는 동시에 매혹된 듯 잠잠해졌다. 이 아이들은 위의 다른 세상—성형 수술로 젊음을 유지하고 보톡스로 생명을 연장하는 세상—에서 왔다. 아이들은 이 지하 경당에 내려옴으로써 자기 죽음을 기억하라는 격언을 직접 대면하는 세상으로 내려온 셈이었다.

이 초등학생들의 충격적인 놀람은 우리가 그날 본 다른 두 방문자와 대조를 이루었다. 우리 딸 매디슨Madison과 내가 먼저 계단으로 내려갈 때 우리 뒤로 나이 든 부부가 천천히 내려오고 있었다. 아내는 팔로 연로한 남편을 부축했다. 나중에 함께 지하 경당에 있을 때 우리는 남편이 치매를 앓고 있음을 분명히 알 수 있었다. 하지만 부부는 조용히 장의자에 앉아 있었다. 그 노인의 몸이 그에게 쉽게 찾아온 습관을 발견했다고 말할 수 있을 정도였다. 고개를 숙여 기도하는 그들에게 이곳은 낯선 세상이 아니었다. 집과 같은 곳 혹은 그들이 고대하고 있는 집의 전초기지였다.

조지 와이글George Weigel은 그의 탁월한 책《젊은 천주교 신자에게 보내는 편지Letters to a Young Catholic》에서 성유물에 대한 천주교의 공경은 병적인 매혹이나 미신적인 마법이 아니라 구체적이며 촉각적인 소망과의 연결 고리가 된다고 설명한다. 이와 비슷한 순교자들의 기념관에 관해 이야기하면서 와이글은 먼저 박해에 대한 기념이 "증오와 악이 초래할 수 있으며 실제로 초래하는 부패를 강력하고 심각하게 상기시켜 준다"고 말한다. 그런 다음 그는 이렇게 지적한다.

아우구스티누스와 함께 떠나는 여정

[하지만 동시에] 이 기념관은 궁극적으로 위로의 공간이자 기쁨의 공간이다. 우리와 똑같은 평범한 사람들이 극단적 환경에서 영웅적인 덕목을 발휘할 수 있었음을 떠올리게 하기 때문에 위로의 공간이다. 또한 "어린 양의 피에 그 옷을 씻어 희게 한"[계 7:14] 이 수많은 증인과 영웅이 그들의 모든 눈물이 닦이고 그들의 모든 갈망이 충족된 채 이제는 거룩하신 삼위일체의 찬란한 임재 안에서 살고 있으며, 우리가 세례의 선물과 주 예수 그리스도와의 사귐에 신실하게 살아가도록 우리를 위해 중보하고 있기 때문에 기쁨의 공간이다.[7]

이 지하 경당 방문은 나에게 특별한 인상을 남겼는데, 딸과 함께 그곳에 갔기 때문이다. 우리는 둘 다 최면에 걸린 듯 정확히 뭘 해야 할지 모른 채 장의자에 조용히 앉아 있었다. 그곳에서 우리는 슬프지는 않지만 으스스한 영원성에 물든 어떤 무게감에 사로잡혔다. 부모와 자녀가 함께 죽음을 마주하는 우울한 경험일 수도 있다. 뜻하지 않은 걱정과 두려움이 솟아난다. 우리가 잊으려고 노력하는 미래—떠남과 단절, 상실과 남겨짐—가 현재 속으로 파고들어 와 고함을 지른다. 하지만 이런 두려움은 더 큰 무언가에, 이 뼈들, 이 형제들과 연결되어 있다는 두렵고 낯선 느낌에 압도되었다. 우리는 더는 부모와 자녀가 아니라, 죽음으로 균등해졌지만 계속해서 부활을 떠올리는 현장의 형제자매였다. 비록 우리는 이곳으로 내려왔지만, 이 형제들에 의해 더 높은 어딘가로, 다른 어딘가로, 그들이 이미 하나님 안에서 살아 있으며 우리를 위해 기도하는 시간 너머 시간으로 초대를 받고 있었다. 그리고 우리 모두는, 아직 숨을 쉬고 있는 몸 안에 있는 우리조차도 모두가 같은 부활의 소망을 지닌 채 기다리고 있다. 그래서 힐끗 옆을 보았을 때 딸의 눈에 맺힌 눈물을 보고 나는 그것이 상실을 애도하는 눈물이 아니라 눈을 크게 뜨고 죽음의 공포를 마주하는 이 우주적 공동체의 일원이라는 것에 감격하는 사람의 눈물임을 알 수 있었다.

실존주의자들은 죽음 이야기를 꺼리지 않았는데, 이는 칭찬할 만하다. 카뮈에게 자살은 "하나의 참으로 진지한 철학적 문제"이며, 그가 쓴《시시포스 신화》에서 이 문제에 초점을 맞췄다. 그보다 먼저 하이데거는 죽음을 향해 있음이 진정성을 발견하기 위한 열쇠를 쥔 인간 실존의 결정적 특징이라고 보았다. 하이데거가 지적하듯이, 우리가 사망의 쏘는 것을 회피하는 한 가지 방법은 죽음의 확실성을 모호한 추상성으로 취급하는 것이다. 우리는 그것을 '죽음과 세금'(아무도 이 두 가지를 피할 수 없다는 격언으로 벤저민 프랭클린이 말했다고 알려져 있다—역주)이라는 배경으로 밀어 넣고, 그렇게 함으로써 죽음을 **단순한** 확실성, 우리에게 영향을 미치지 않는 일종의 생물학적 사실로 취급하여 중화한다. 이를 통해 나는 **나의** 죽음을 마주할 필요가 없다는 위안을 얻는다. 죽음은 다른 이들에게, '나중으로' 지연된다. **일반적인** 죽음에 관해서라면, 우리는 모든 사람이 죽는다고 확신한다. 하지만 하이데거에 따르면, 자신의 죽음에 관해서라면, 우리는 진리로부터 도망치는 "도망자들"이다. 우리는 죽음을 마주하지 않으려고 도망친다.[8]

하지만 하이데거에게는 죽음이야말로 진정성을 성취하기 위해 내가 마주해야만 하는 것이다. 끊임없이 죽음에 관해 생각하거나(하이데거의

아우구스티누스와 함께 떠나는 여정

말처럼 죽음에 대해 병적으로 "골똘히 생각하거나") 이 가능성이 나에게 "현실이 되는 것"을 상상해 보려고 노력해야 한다는 말(이는 불가능하다)이 아니다. 죽음을 "마주하는" 것은 "모든 실존의 불가능성의 가능성"으로서 죽음을 기대하는 것이다. 이것은 모호한 확실성이 아니라 나의 삶에 **초점을 맞추는** 방식으로 내가 "이해하는" 무언가로서 나의 존재하지 **않음**을 지향하는 것이다. 하이데거는 이것을 직면할 때 무언가가 드러난다고 말한다. 무언가를 계시하고 폭로한다. 내가 누구인지, 무엇이 나에게 중요한지를 낱낱이 드러낸다. '그들'이 나를 위해 대답해 줄 수는 없다. 이런 식으로 죽음을 직면한다는 것은, 내가 내 **삶**으로 무엇을 하고 있는지 직면하는 것을 뜻한다. 이것이 바로 진정성이라고 하이데거는 말한다.

어떻게 죽을 것인지는 사실 어떻게 살 것인지에 관한 물음이다. 하이데거의 제자였던 한나 아렌트는 성 아우구스티누스와의 직접적인 만남을 통해서 이런 통찰을 얻게 되었다. "인간 행복의 문제는 그것이 끊임없이 두려움에 포위당한다는 것이다"라고 그는 지적한다.[9] 사랑이 일종의 갈망이며, "사랑하는 것이 결국은 무언가를 그 자체를 위해", 그 자체를 목적으로 갈망하는 것이라면, 내가 사랑하는 것을 잃어버릴 가능성이 다모클레스의 칼처럼 나의 행복 위에 매달려 있는 셈이다(언제 닥칠지 모르는 위험을 뜻하는 표현으로서 시칠리아 시라쿠스 왕이 자신의 권력을 부러워하는 신하 다모클레스를 연회에 초대해 왕좌에 앉힌 뒤 머리 위에 칼을 걸어 놓았다는 고사에서 기원한다—역주). 갈망에는 상실이 항상 따라다닌다. 따라서 "두려움 없음이 바로 사랑이 추구하는 바다."[10] 사랑이 찾고자 하는 바는 결코 잃어버릴 수 없는 사랑의 대상이다.

바로 그런 이유로 우리는 죽음이 야기하는 두려움을 안고 살아야만 한다. 후에 아렌트가 주장했듯이 "중요한 것은 더 이상 죽음과 화해하는 것이 아니라 삶과 화해하는 것이다."[11] 그런 다음 그는 아우구스티누스를 인용한다. "침착하게 죽는 사람들이 있다. 하지만 완벽한 사람들은 침착하게 **살아가는** 사람들이다."[12] 어떻게 죽느냐는 어떻게 사느냐의 문제다. 하지만 어떻게 사느냐는 어떻게 **사랑하느냐**, 즉 어떻게 두려움에 사로잡히지 않는 사랑, 죽음보다 더 강한 사랑을 발견할지를 아는 것에 관한 문제다. 즉, 피조물의 죽을 수밖에 없는 운명을 경멸하지도 않고, 그것에 분개하지도 않으면서 죽을 수밖에 없는 피조물의 모든 아름다움을 바르게 사랑하고, 그 아름다움과 더불어 살아가는 법을 배우는 것에 관한 문제다. 하나님 혹은 세상이라는 거짓 이분법에 사로잡혀 이생을 미워함으로써만 죽음과 더불어 살아갈 수 있는 사람들, 키르케고르가 "체념의 기사"라고 부른 사람이 되지 않으면서도 우리의 유한성 위에 매달려 있는 죽을 수밖에 없는 운명, 우리의 죽음을 직면하는 방식으로 사랑하고 살아가는 것이다.

어쨌든 삶을 원한 적이 없는 척하는 것은 결코 아우구스티누스의 해법이 아니다. 아우구스티누스는 '코나투스 에센디*conatus essendi*', 즉 존재하고자 하는 욕망을 긍정한다. 초기의 아우구스티누스가 지적했듯이, "당신이 존재하기를 더 많이 사랑할수록 영생을 더 많이 욕망할 것이다."[13] 영생을 소망한다고 하여 살고자 하는 욕망이 없어지지 않는다. 오히려 영생은 살고자 하는 욕망, 우리가 사랑하는 바를 절대로 상실하지 않는 방식으로 살고자 하는 욕망의 성취다. 그는 훨씬 나이가 들어서 순교자들의 영웅적인 모습을 칭송하는 설교에서 삶에 대한 우리의 사랑을 긍정하는 동시에 **어떻게** 사랑하고 살아야 하는지를 알기 위한 묘수를 제시한다. 그는 순교자들에 관해 "그들은 정말로 이생을 사랑했다"라고 말한다. 그들의 죽음은 일종의 성화된 자살, 탈출하고자 하는 열망이 아니었다.

그들은 정말로 이생을 사랑했습니다. 하지만 그들은 그 무게를 달아 보았습니다. 영원한 것을 얼마나 많이 사랑해야 하는지 생각해 보았습니다. 사라져 버리는 것을 그토록 많이 사랑할 수 있는지 생각해 보았습니다.…나는 여러분이 계속 살기 원한다는 것을 알고 있습니다. 여러분은 죽기를 원하지 않습니다. 그리고 여러분은 이생에서 다음 생으로 넘어가기를, 죽은 사람이 아니라 온전히 살아 있으며 변화된 사람으로 부활하기를 원합니다. 이것이 여러분이 욕망하는 바입니다. 이것은 인간의 가장 근원적인 감정입니다. 신비롭게도 영혼 자체가 이것을 원하고 본능적으로 욕망합니다.[14]

영원히 살고자 하는 욕망은 **살고**, 사랑을 알고, 행복하고자 하는 욕망이다. 이는 우리의 가장 인간적인 갈망과 동경의 실현이지, 그것을 제거하는 것이 아니다. 어떻게 죽느냐는 어떻게 살고, 어떻게 사랑하고, 어떻게 소망하느냐의 문제다.

하지만 어떻게 죽느냐는 살아 있는 동안 어떻게 잃어버리느냐의 문제이기도 하다. 이 눈물의 골짜기에서 어떻게 사느냐는 곧 어떻게 슬퍼하느냐의 문제이기도 하다. 아우구스티누스는 슬픔의 공포에 관해 이야기할 때—이에 관한 그의 자기비판이 우리를 당혹스럽게 할 수도 있지만—죽음에 대한 두려움에 대단히 솔직하다.

아우구스티누스는 자신의 삶에서 경험한 두 번의 애끓는 경험을 우리가 엿볼 수 있게 해 준다. 첫째는 그가 《고백록》 앞부분에서 고향 타가스테에서 이름을 밝히지 않는 한 친구의 갑작스럽고 예상치 못한 죽음에 관해 이야기할 때다. 아우구스티누스가 돌아와 가르치는 일을 하면서 두 사람은 친구가 되었다. 둘 다 부모의 기독교 신앙을 경멸했으며, 부분적으로 그런 이유 때문에 친해졌다. 친구가 열병으로 쓰러져 의식이 없는 상태가 되었을 때 그의 독실한 부모는 최악의 경우를 두려워하며 그가 모르는 채로 세례를 받게 했다. 나중에 그가 회복되었을 때 아우구스티누스는 그 부모의 몽매한 노력을 조롱하면서 친구도 자신처럼 계몽된 태도로 그런 미신을 거부할 것이라고 예상했다. 하지만 오히려 그 친구는 아우구스티누스의 무례함에 아연실색했다. 그는 예상치 못한 회복이라는 이 선물을 정말로 세례받은 사람답게 살아갈 기회로 받아들였고, 아우구스티누스가 계속 그런 태도를 보인다면 두 사람은 더는 친구가 될 수 없다고 퉁명스럽게 말했다. "깜짝 놀라고 당황한" 아우구스티누스는 이런 반응에 아찔해하면서 친구가 제정신을 차리기를 기다렸다. 하지만 기다리는 사이에 친구는 죽었고, 그는 결코 우정을 회복할 수 없었다.

아우구스티누스의 세계가 바닥부터 무너져 내렸다. "나는 오직 죽음을 응시할 뿐이었다"라고 그는 고백한다. "고향 마을은 나에게 고문처럼 느껴질 뿐이었다."[15] 익숙하던 것이 '두렵고 낯설어졌고' 집처럼 편안하게 느껴지지 않았다. 그는 절망의 바다에서 헤엄치고 있었다. 아무것도 그를 붙잡을 수 없었다. 더는 아무것도 견고해 보이지 않았다. 그의 세계는 슬픔 속에서 녹아내리고 있었다. 익숙한 모든 것이 슬픔의 바다가 되었다. "나는 삶에 대한 지겨움과 죽음에 대한 두려움으로 무겁게 짓눌렸다. 그를 더 많이 사랑할수록 나는 그를 나에게서 앗아간 죽음이 마치 나의 가장 포악한 원수인 것처럼 죽음을 더 많이 미워하고 두려워했다. 나는 죽음이 그를 집어삼켰기 때문에 갑자기 모든 인류를 집어삼킬 것으로 생각했다."[16]

아우구스티누스가 이 일화를 회고할 때 그의 분석은 처음에는 다소 정나미가 떨어지게 들릴 수도 있지만 매우 예리하다. 《고백록》을 쓸 무렵 그는 이런 상실 앞에서 그의 세계가 녹아내린 이유를 이해하려고 노력하고 있었다. 그는 자신이 아직도 **어떻게** 사랑해야 하는지를 배우지 못했고, 따라서 어떻게 죽을 수밖에 없는 사람들 사이에서 살아가야 하는지를 배우지 못했기 때문이라고 주장한다. 그는 아직 살아 있는 사람들에게 분개했으며, 스스로 죽기를 원했다. "마치 그가 절대 죽지 않을 것처럼 내가 사랑했던 그 사람이 죽었기" 때문이다.[17] 문제는 그가 친구를 사랑했다거나 죽을 수밖에 없는 무언가를 사랑했다거나 심지어는 그가 슬퍼한다는 것이 아니었다. 문제는 **어떻게** 그가 그를 사랑했는가, 따라서 **어떻게** 그가 그를 잃어버렸는가였다. 그는 마치 그가 죽지 않을 것처럼 그를 사랑했고, 마치 그가 불멸인 것처럼 그에게 매달렸다. "인간의 조건을 이해하고 인간을 사랑하는 법을 이해하지 못하는 것은 얼마나 바보 같은 일인가!"[18] 이것은 영지주의적으로 지상의 선을 평가절하하는 태도도 아니고, 그림의 떡을 포기하듯 체념하면서 행복을 몸이나 친구 없이 천사처럼 살려고 노력하는 것이라고 상상하는 태도도 아니다. 이것은 어떻게 죽을 수밖에 없는 것을 사랑해야 하는지, 어떻게 덧없는 것 사이에서 살아가야 하는지, 이 모든 것을 부인하고 유한한 것이 마치 불멸인 양 생각하며 그것에 집착하는 우리의 비뚤어진 마음과 성향을 어떻게 다룰지를 이해하려고 노력하는 현실주의자의 영성이다.

"그 슬픔이 그토록 쉽게, 깊숙이 나를 관통한 이유는 내가 반드시 죽을 수밖에 없는 사람을 마치 절대 죽지 않을 것처럼 사랑하여 내 영혼을 모래 위에 쏟아부었기 때문이었습니다"라고 그는 결론 내린다. 문제는 그가 친구를 사랑했다는 **사실**이 아니라 사랑한 **방식**이었다는 점을 눈여겨보라. "나는 주님 대신 내가 사랑한 바를 사랑했습니다."[19] 만약 아우구스티누스가 여기서 우상숭배를 떠올리게 한다면, 이는 우리의 슬픔을 모질게 부인하고자 함이 아니라 우리가 다른 방식으로 애도를 상상할 수 있도록 돕기 위해 우리가 애도할 때 무슨 일이 일어나는지를 진단하고 설명하기 위해서다. 사실 아우구스티누스는 자신의 애도를 우상숭배로 변질시켰음을 인정할 정도로 정직하다. "나는 너무나도 비참하게 느껴져서 나의 죽은 친구보다 비참한 내 삶에 더 큰 애착을 느꼈습니다."[20] 비뚤어진 인간의 마음은 이 정도로 심하게 굽어 있다. 인간의 마음은 언제나 자신을 향해 다시 굽는 경향이 있으며, 그 결과 나는 애도조차도 나에 관한 것으로 만들어 버리고 만다.

우리가 어떻게 애도하느냐는 우리가 어떻게 사랑했느냐에 관해 중요한 무언가를 말해 주며, 따라서 때로는 우리 사랑의 뒤틀린 논리를 폭로할 수도 있다. "인간의 영혼이 주님을 향하지 않고 자신을 향할 때, 그것은 아름다운 것에 시선을 돌릴 때조차도 슬픔에 집중할 뿐입니다."[21] 가장 아름다운 것들과 믿을 수 있는 친구들도 다음과 같은 사실을 공유하고 있다. 즉, 모두 만들어지고 창조되고 유한하고 덧없으며, 따라서 죽을 수밖에 없다. 그것들을 궁극적인 것으로 사랑하는 것, 의미를 주는 무언가로 여기고 집착하는 것은 변하기 쉽고 덧없는 실체에 우리 행복을 거는 것과 다름없다. 혹은 아우구스티누스가 이미 암시했듯이 모래 위에 집을 짓는 것과 같다.

하지만 우리가 모래 대신 바위에 기댄다면 어떨까? 잃어버린 모든 것을 모으는 누군가가 존재한다면 어떨까? 절대 죽지 않으며, 당신을 먼저 사랑했고, 그의 사랑으로 만물을 존재하게 했으며, 그러므로 죽음보다 강한 이가 존재한다면 어떨까? 바로 이 급진적 대안이 전혀 다른 **어떻게**를 가능하게 만든다. 아우구스티누스는 (토비트 13:18을 인용하면서) "주님을 사랑하고 주님 안에서 친구를 사랑하고 주님 때문에 원수를 사랑하는 사람은 행복합니다"라고 말한다. 행복이란 모든 죽을 수밖에 없는 피조물을 그분 손에 붙들고 계시는 불멸의 하나님 **안에서** 모든 사람과 사물을 사랑하는 것이다. 이런 식으로—이를테면 이런 '순서'로—사랑할 때 "그 사람은 홀로 남겨져도 그에게 소중한 사람을 전혀 잃어버리지 않습니다. 왜냐하면 모두가 절대로 잃어버릴 수 없는 그분 안에서 소중하기 때문입니다."[22] 죽을 수밖에 없는 인간을 사랑하는 것에 대한 해법은, 상실을 막는 보호의 울타리 안에 우리 사랑을 가두는 것이 아니다. 오히려 모든 것 안에 모든 것이 되시며 시간 너머의 시간에서 우리가 잃어버린 것을 모으시는 하나님을 신뢰할 때 우리는 오래 그리고 열렬히 사랑할 수 있다. 우리의 애도조차 소망으로 가득 차 있다. 우리의 모든 사랑은 우리를 먼저 사랑하신 그분, 우리의 사랑을 받으시는 불멸의 하나님 안에 붙잡혀 있기 때문이다. 모두가 상실되는 것은 아니다.

이것이 무명인 친구의 죽음과 그가 사랑했던 어머니 모니카의 죽음의 차이다. 물론 아우구스티누스가 더는 애도하지 않는다는 뜻은 아니다. 오히려 우리는 어머니의 죽음으로 그토록 큰 충격을 받았다는 사실에 당혹스러워하는 중년 남자의 모습을 엿볼 수 있다. 카뮈의 《이방인》에서 어머니가 죽은 후에 수영을 한 뫼르소처럼 아우구스티누스는 일종의 카타르시스를 기대하는 마음으로 목욕을 했지만 아무런 효과가 없었다. 그의 내면의 스토아주의자는 울기를 거부한다. 하지만 그러고 나서 돌파가 찾아온다. "나는 주님 앞에서 어머니에 대해, 어머니를 위해, 나에 대해, 나를 위해 울고 싶었습니다. 나는 참고 있던 눈물을 흘려보내고 마음껏 흐르게 했습니다. 나는 눈물로 내 마음의 침상을 삼았습니다. 내 마음은 그 눈물 위에서 쉬었습니다. 거기서는 오직 주님만 들을 수 있었기 때문입니다."[23]

이 무렵에 이르면 그가 친구의 죽음을 애도했던 방식은 그에게 상상조차 할 수 없는 것이 되었다. 왜냐하면 이제 그는 하나님의 자비라는 위로와 영원이라는 위안 없이 그런 상실을 이겨 낼 수 있다는 것을 상상조차 할 수 없었기 때문이다. 이제 그의 상실조차도 장차 올 왕국과 연결되어 있다. 부활은 그의 애도에 긴 그림자, 그 나름으로 빛이기도 한 그림자를 드리우고 있다. 아우구스티누스는 결코 어머니와 함께 "집으로 돌아가지" 못했다. 하지만 이제 그의 상실은 하나님이 모든 눈물을 닦아 주실 하나님의 도성이라는 고향 땅에서 어머니를 만날 수 있다는 소망으로 그를 이끌었다.

오빠 티모테우스를 얼마 전에 떠나보내고 슬퍼하는 젊은 여인 사피다 Sapida에게 아우구스티누스가 보낸 다정한 편지가 있다. 사피다는 부제로 섬겼던 오빠를 위해 튜닉을 만들었지만 티모테우스는 그 옷을 입어 보기도 전에 죽고 말았다. 그래서 사피다는 그 옷을 주교인 아우구스티누스에게 주었다. 아우구스티누스의 편지 첫 부분은 슬퍼하고 있는 젊은 여인에게 감동적인 그림을 선사한다. 그는 그녀를 위해 티모테우스의 튜닉을 입고 있다. "당신이 보내 준 튜닉을 잘 받았고, 이미 그 옷을 입고 이 편지를 쓰고 있습니다." 아우구스티누스는 당신의 수고가 전부 사라진 것은 아니라고 그녀를 안심시킨다. 그는 애도하고 있는 사피다와 만난다. "당신이 더는 예전처럼 카르타고 교회의 부제였던 사랑하는 오빠가 교회에서 목회 일로 분주하게 왔다 갔다 하는 모습을 볼 수 없다는 사실은 물론 눈물을 흘릴 만한 이유입니다.…너그럽고 경건하며 충실한 애정으로 동생의 거룩함을 칭찬하는 존경의 말도 더는 듣지 못합니다. 이런 생각을 할 때 우리는 정말 가슴이 아프고 마음이 칼로 찔린 것 같고 마음의 눈물이 피처럼 흘러나옵니다."[24]

하지만 그런 다음 그는 더 높은 차원에서 위로를 전한다. "당신 마음이 높이 들리게 하세요." 여기서 수동태를 사용한 것이 특히나 다정하게 느껴진다. "그러면 당신 눈이 마를 것입니다. 티모테우스가 사피다를 사랑했고 **지금도 사랑하는** 그 사랑은 사라지지 않았습니다. 당신이 당신에게서 사라졌다고 애도하는 것들은 시간이 지나면 사라지기 때문입니다. 그 사랑은 남아 있고, 그 저장고에 보존되어 있고, **그리스도와 함께 주님 안에 감추어졌습니다.**" "우리가 죽더라도 살 수 있도록, 인간들이 죽음이 마치 그들을 파괴할 것처럼 죽음을 두려워하지 않을 수 있도록, 죽은 사람 그 누구도 그들에게 생명은 죽었지만 생명을 상실한 것처럼 슬퍼하지 않을 수 있도록 주님은 우리를 위해 기꺼이 죽으셨습니다."[25] 변함없는 사랑, 죽음보다 더 강한 사랑에 대한 소망은 자연적인 불멸이 아니다. 그것은 하나님의 죽음, 십자가에 달려 죽으신 분의 부활로 성취된 삶이며, 이제 그 삶이 무덤을 이긴 승리의 전리품으로서 우리 안에 소망을 낳는다. 따라서 아우구스티누스가 권면하는 소망은 불멸에 대한 플라톤주의의 결론처럼 단순히 '합리적'이지도 않고, 불교에서 말하는 상실에 대한 초연함의 성취를 가리키지도 않는다. 그것은 "잃어버린 것을 회복시키고, 죽은 것을 살리고, 망가진 것을 고치고, 끝난 것을 끝없이 지키시는" 그분이 값을 주고 사신 소망이다. 아우구스티누스는 이렇게 말한다. 사피다, 당신이 티모테우스를 위해 만든 튜닉을 내가 입고 있다는 것으로 위안을 삼으세요. 하지만 이것을 표징으로, 우리의 더 큰 소망에 대한 아이콘으로 여기세요. "그 소망을 지닌 사람은 썩어 없어지는 옷이 필요 없고 불후와 불멸로 옷입을 것이기에 당신은 훨씬 크게, 그리고 확실히 위로를 얻어야 합니다."[26]

'자기 위안'이라고 부를 법한 아우구스티누스의 일화가 하나 더 있다. 여기서 그는 친구를 잃고 슬퍼하며 소망의 확신으로 상실의 감정을 다스리려고 노력한다. 아프리카 출신으로 아우구스티누스의 친한 친구인 네브리디우스Nebridius는 카르타고에서부터 꾸준히 함께 지냈고, 밀라노에 있는 아우구스티누스와 함께 지내기 위해 아프리카를 떠나기도 했으며, 결국 아프리카로 돌아와 기독교 신앙을 향한 아우구스티누스의 여정에 동참하기도 했다. 하지만 네브리디우스는 젊은 나이에 죽었고, 《고백록》에서 친구를 회상하면서 아우구스티누스는 자신이 친구**에게** 기억되기를 바란다. 함께 나눈 수많은 열띤 대화를 떠올리며, 네브리디우스가 언제나 아우구스티누스의 생각에 관심이 있었다는 사실에 겸허한 마음을 가지면서 아우구스티누스는 하늘에 있는 친구의 모습을 상상한다. "그는 더 이상 내가 말할 때 귀를 쫑긋 세우지 않습니다"라고 아우구스티누스는 인정한다. 그는 더 이상 전처럼 내 곁에 있으면서 끊임없이 질문을 던지고 대화를 갈망하지 않습니다. 대신 그는 그리스도와 함께 하나님 안에 감추어졌으며, 거기서 그는 "그의 영적인 입을 주님의 샘에 대고 열성적으로 가능한 한 많이 지혜를 들이마시며 끝없이 행복합니다." 그런 다음 아우구스티누스는 스스로 행복하며 위로를 주는 생각에 빠진다. "나는 그가 그 지혜를 마시고 취해 나를 잊어버리지는 않으리라고 생각합니다. 왜냐하면 그가 마시는 주님이 우리를 마음에 두고 계시기 때문입니다."[27] 아우구스티누스는 이렇게 말한다. 나는 우리의 대화를 그리워하며, 네브리디우스 역시 대화를 기억하고 우리가 멈춘 곳에서 그 대화를 이어 가길 고대하고 있다는 생각에서 위로를 얻습니다.

아내와 나는 몇 주 동안 이탈리아 오스티아에서 밀라노까지 아우구스티누스의 행적을 추적했다. 그것은 마치 결국 자신에게로 가는 길로 밝혀졌던, 그의 긴 이탈리아의 우회로를 추적하는 것과 같았다. 이 여정은 마니교의 꿈과 제국에 대한 동경을 안고 오스티아의 항구에서 시작되어, 그의 영적 아버지가 된 주교에 매혹당하는 밀라노에서 마무리되었다. 아우구스티누스는 오스티아에서 모니카의 장례를 치른 후에 배를 타고 고향 아프리카를 향해—그의 앞에 기다리고 있던 소명을 향해, 그가 상상도 할 수 없었던 유산을 향해—떠났다. 그는 다시는 이탈리아에 발을 들이지 않을 것이다.

하지만 아내는 아우구스티누스의 뼈가 사후에 이탈리아로 돌아왔으며, 그의 유골이 그가 세례를 받은 성당에서 남쪽으로 불과 40킬로미터 떨어진 곳에 있는 파비아<sup>Pavia</sup>의 산 피에트로 인 치엘 도로<sup>San Pietro in Ciel</sup> d'Oro('금빛 하늘의 성 베드로'라는 뜻—역주) 대성당에 안치되어 있다고 알려 주었다. 그곳으로 향하는 여정은 여러 면에서 성 아우구스티누스와 함께한 우리 순례의 절정이었다.

그날을 생생히 기억하고 있다. 나는 지칠 대로 지쳐 있었고, 솔직히 말해 온종일 엉망으로 행동했다. 여행의 피로가 누적된 데다 특권층 여행자라는 죄책감까지 겹쳤다(내가 누구를 탓하겠는가?). 나는 지역 철도 체계에 당황했고, 좌절감이 끓어올라 불안과 피로라는 빙산의 일각처럼 퉁명스러운 분노로 솟아올랐다. 나는 부자병<sup>affluenza</sup>(풍요를 뜻하는 'affluence'와 독감을 뜻하는 'influenza'의 합성어—역주)의 고통, 즉 성공과 특권에 동반되는 독특한 유혹과 부담과 우상숭배의 고통을 정직하게 규명할 수 있는 서양의 몇 안 되는 철학적 심리학자 중 한 사람인 성 아우구스티누스의 유골이 안치된 곳을 방문하기 위해 표를 사고 있었다. 나는 화를 낸 탓에 아내와 어색해진 채 긴장된 침묵 속에 열차에 올랐다.

기차는 고층 건물로 빽빽이 뒤덮인 밀라노 남부의 교외를 통과해 이내 평평한 밀밭과 퇴락한 가족 농장 사이를 지나고 있었다. 긴장 속에서 45킬로미터는 영원의 시간처럼 느껴졌다. 언제나 그렇듯이 도착하자마자 아내는 다시 한 번 나를 용서했다(나는 아내가 자비를 베푼 후에 자갈이 깔린 좁은 거리의 한 카페에서 싱긋 웃는 모습이 담긴 사진을 보물처럼 간직하고 있다). 우리는 성당을 찾아 나섰다. 큰길에서 한참 떨어진 곳에 있는 그 성당은 모서리가 허물어지고 있는 듯 보이는 붉은 벽돌로 된 허름한 예배당이었다. 뒷문을 통해 걸어 들어가니 그 작은 문 안에 갑자기 거대한 공간이 열리는 것처럼 느껴졌다. 바깥에서는 버려진 것처럼 보이는 건물이었지만, 그 안에는 조용히 웅성거리듯 활동이 벌어지고 있었다. 우리는 그 안에서 활동적인 한 교회의 교구민들을 만났다. 사람들은 예배실과 장의자에서 기도하고 있었다. 마침 따뜻하고 친근한 아프리카 출신 사제가 우리를 맞이했다.

눈이 빛에 점점 적응해 가자 내가 바라보는 것이 또렷이 보였다. 제대 바로 뒤에, 성 아우구스티누스 유골 위로 솟아 있는 웅장하고 거대한 '궤ark'가 있었다. 사실 아우구스티누스는 그의 어머니와 마찬가지로 자기 몸이 묻히는 장소에 관심이 없었다. 자신의 고향은 인간의 손으로 만든 도시가 아님을 알고 있었기 때문이다. 추모탑에는 중세 초기에 아프리카에서 사르디니아Sardinia를 거쳐 결국 아우구스티누스의 은수자들이 돌보았던 이 작은 마을에 이르기까지 아우구스티누스의 유골이 이동한 경로를 보여 주는 작은 지도가 새겨져 있었다. 제대 주위로 교황 요한 바오로 2세와 베네딕토 16세가 만든 순례자들의 다른 기념물이 배치되어 있었다. 한 공책에는 이탈리아어와 영어, 타이어를 비롯한 여러 언어로 직접 손으로 적은 탄원이 적혀 있었다. 전 세계 곳곳에서 온 사람들이 먼 길을 여행하여 이 성인을 공경하고 있었다.

축소판 고딕 성당처럼 생긴 그 궤 자체가 돌에 새겨진 아우구스티누스의 이야기였다. 그 크기가 공경과 감사를 표하기 위해 그 주위에 모인 사람에게 딱 맞는 공간을 제공한다는 것을 나는 깨닫기 시작했다. 그 궤 자체가 아흔다섯 개 조각상과 얕은 돋을새김bas-relief으로 묘사된 성도의 교제로서, 왕들과 교황들, 모니카와 심플리시아누스, 또한 아우구스티누스의 이야기에 등장하는 온갖 평범한 사람들—어머니와 자녀, 노동자와 석공—이 새겨져 있었다. 암브로시우스는 강단에서 설교하고 있다. 꼭대기 주위로는 그리 멀지 않은 곳에 있는 고촐리의 프레스코화를 떠올리게 하는 아우구스티누스의 삶의 장면들이 대리석에 새겨져 있다.

여기에는 아우구스티누스가 세례 가운을 입는 것을 도와주는 암브로시우스와 그의 곁에서 무릎을 꿇고 아버지와 함께 성례전을 받기 위해 기다리고 있는 아데오다투스의 모습을 묘사한 감동적인 조각도 포함되어 있다. 그다음에는 주교 아우구스티누스가 히포에서 많은 아이에게 세례를 베푸는 따뜻한 장면이 등장한다. 이 조각상은 아름다운 아이러니를 그리고 있다. 이 무덤은 생명으로 가득 차 있고, 이 아이러니를 그리스도인들은 소망이라고 부른다.

우리 머리 위 높은 곳에 있는 실물 크기 아우구스티누스는 가려져서 우리에게 잘 보이지 않았다. 편안하게 누워 있는 그의 주위로 시중을 드는 사람들이 둘러서서 수의의 모서리를 들어 올리고 있다. 우리에게는 그의 얼굴과 주교관이 조금 보일 뿐이다. 이 조각 작품은《고백록》의 태도를 그대로 되풀이한다. "이것은 나에 관한 작품이 아니다."

개신교인인 나조차도 가까이에서 느끼는 마음의 떨림에 저항할 수 없었다. 그 정원에서 아우구스티누스가 그랬듯이 나의 알리피우스인 아내가 가까이 있었지만 나는 나 자신을 위한 공간을 마련했던 것 같다. 모든 것에 침묵이 내려앉았다. 나는 아우구스티누스의 유골이 안치된 묘 앞에 서 있었고 처음에는 이렇게 생각했다. "내가 그에게 이렇게 가까이 있다니 믿기지 않아." 하지만 그런 지리적 거리로 인한 흥분은 이내 사라지고, 내게는 이 공간을 사로잡고 있는 거룩한 감동이란, 드디어 도착하여 두 여정이 합류했다는 희한한 안도감임을 깨닫는다. 나는 평생처럼 느껴지는 시간 동안 이 성인과 함께 길 위에 있었고, 마침내 우리의 길이 교차했다. 그 순간 내게 떠오른 말은 "고마워요"라는 말뿐이었다.

아우구스티누스와 함께 떠나는 여정

아우구스티누스는 많은 경우 노새를 타고 혹독한 날씨 가운데 교구민들을 심방하기 위해 자주 여행했다. 65세였던 418년에 그는 마우레타니아 카이사레아<sup>Mauretania Caesarea</sup>까지 천 킬로미터 넘게 여행했다. 사실 그해에 그는 2,200킬로미터 이상을 여행했다.[28] 초기에 쓴 한 편지에서 경험이 많은 여행자인 아우구스티누스는 "궁극적인 여행—죽음—이 당신의 생각을 집중해야 할 유일한 여행이다"라고 말했다.[29] 그리고 그의 생이 끝날 무렵 마지막으로 쓴 편지에서 죽음이 그의 생각을 사로잡았다. 카르타고에 있는 부제에게 보낸 편지에서 아우구스티누스는 부탁으로 글을 마무리한다. "혹시 거룩한 주교가 세상을 떠났다는 소식을 듣거든 나에게도 알려 주세요. 하나님이 당신을 지켜 주시길."[30] 부고 기사가 실린 신문이 없었던 연로한 아우구스티누스는 세상을 떠난 친구들 소식을 듣고 싶어 했다.

생의 마지막 해에 아우구스티누스는 얼마 전에 변절한 로마 장군 보니파키우스<sup>Boniface</sup>와 화친을 맺으러 북아프리카를 방문한 적이 있는 라벤나<sup>Ravenna</sup>의 황궁 관료 다리우스<sup>Darius</sup>에게 편지를 보냈다. 다리우스는 아우구스티누스를 만나고 싶어 했지만, 아우구스티누스가 늙고 병들어서 만날 수가 없었다. 동료 주교들이 다리우스의 덕을 칭송했기 때문에 아우구스티누스는 그에게 편지를 보냈다. 그는 "겨울과 고령이라는… 이중 냉기" 때문에 직접 만날 수 없다고 사과한다. 하지만 그는 다른 이들의 증언을 통해 "당신 마음의 모습"을 이미 본 것처럼 느낀다. 그는 평화를 이루는 사람인 다리우스를 축복하며 "더 큰 영광의 표지"는 칼로 인간을 죽이는 것이 아니라 "말로 전쟁 자체를 죽이는 것"이라고 지적하면서 다리우스에게 외교를 통해 평화를 이루는 사명을 잘 감당해 달라고 격려한다.[31] 아우구스티누스는 다리우스가 자신에 관해 들어보았을 뿐 아니라 자신의 글을 **읽었다**는 것을 알고 흐뭇해한다. 아우구스티누스는 다리우스의 업적과 성품을 칭찬한 다음, 그에게 회신을 달라고 간곡히 부탁한다. 여기에는 아름답게 인간적인 무언가가 있다. 록스타 같은 주교이자 영향력 있는 작가 아우구스티누스가 스스로 칭찬과 동경에 목말라함을 인정하면서 정부 관료에게 자신의 책에 관해 어떻게 생각하는지를 묻고 있다.

다리우스는 열성 팬의 마음으로 긴 답장을 써 보냈다. 편지는 충분히 예상할 수 있는 내용으로 가득 차 있었다. 나 역시도 똑같이 했을 것이라고 확신한다. 하지만 그 핵심에는 연로한 성 아우구스티누스에 대한 지혜로운 간청이 자리 잡고 있다. 다리우스는 아우구스티누스에게 이렇게 말한다. "나는 당신을 위해 주재이신 하나님께 기도합니다. 그리고 내가 그런 대단한 칭찬을 받을 자격이 없음을 알고 있지만 언젠가는 정말로 그런 칭찬에 합당한 사람이 될 수 있도록 나의 거룩한 아버지인 당신이 나를 위해 기도해 주실 것을 부탁합니다."[32] 성 아우구스티누스여, 내가 당신이 나로 하여금 되고 싶어 하게 만든 그런 사람이 될 수 있도록 하나님 아버지께 기도하소서.

# 귀향

"그 마지막 문제는 네가 얻을 수 없는 거야." 샐 파라다이스는 《길 위에서》에서 함께 방랑하는 이들에게 이렇게 상기시킨다. "누구도 그 마지막 문제에는 도달할 수 없어. 그저 언젠간 붙잡을 수 있으리라는 희망 속에서 살아갈 뿐이지."[1] 이것은 "길이 곧 삶"이라고 결론 내린 누군가의 충고다. 당신이 이 말을 믿게 할 정도로 길은 길다. 우리 눈에는 끝이 없는 듯 보인다. 우리는 마지막 문제를 얻을 수 없고, 그 마지막을 얼핏 엿볼 수도 없고, 쉼을 상상할 수도 없는 것처럼 보인다. 그러니 절망은 자연스럽다.

더 빨리 달린다고 해도 나아질 것이 없다. 길 한복판에서 쓰러져 포기한다고 해도 아무것도 해결하지 못한다. 자신에게 "길이 곧 삶"이라고 되풀이해서 말할 때 이제 그 말은 공허한 위안처럼 들리기 시작한다.

당신은 거기까지 갈 수 없다. 하지만 만약 누군가 당신을 찾으러 왔다면 어떨까? 당신은 그 마지막 것에 도달할 수 없지만, 그것이 당신에게 다가왔다면 어떨까? 그리고 그것이 어떤 존재라고 밝혀졌다면 어떨까?

그 누군가가 길의 마지막이 어디인지 알 뿐 아니라, 당신과 더불어 남은 길을 함께 가고 당신이 거기 도착할 때까지 결코 당신을 떠나지도 버리지도 않겠다고 약속한다면 어떨까?

　이분이 바로 탕자들을 만나기 위해 달려 나오시는 하나님이시다. 은총은 고속으로 마지막까지 한 번에 이동하는 것이 아니라, 남은 길에서 그분이 우리와 함께하신다는 선물이다. 그리고 이렇게 멀리에서 우리를 만나시는 그 아들은 이런 놀라운 약속을 주신다. "내 아버지 집에 거할 곳이 많도다"(요 14:2). 아버지 집에는 당신을 위한 방이 있다. 그분의 집이 당신의 종착지다. 거기까지 가는 길에 발걸음마다 그분이 당신과 함께하신다.

아우구스티누스가 그토록 자주 방문한 대성당 터에 건축되었으며 지금은 그가 새로운 생명으로 부활한 세례당 위에 서 있는 밀라노의 성당에는 흥미로운 표지판이 설치된 조용한 공간이 있다. "예배자 전용 구역"이라는 이 표지판에는 이렇게 적혀 있다. "관광객 출입 금지. 고해성사를 위해서가 아니면 여기를 넘어가지 마시오."

　당신은 아우구스티누스와 함께 가는 길에서 단순한 관광이 끝나는 지점에 이르렀다. 이제 선택해야 한다. 당신은 그곳으로 들어가기 원하는가? 다음 단계는 도착이 아니다. 이것은 길의 끝이 아니다. 이 걸음을 내디딘다고 해서 당신의 모든 문제가 해결되거나 모든 불안이 진정되지는 않을 것이다. 이것은 당신 자신을 내어드리는 첫걸음, 당신 자신의 끝에 이르러 당신을 위해 생명을 내어주신 그분께 당신 자신을 넘겨드리는 첫걸음이다. 당신 곁에서 함께 걷고, 듣고, 그냥 뗏목을 보내신 것이 아니라 우리를 다시 데려가기 위해 십자가에 오르신 하나님에 관한 그들의 이야기를 나누는 순례자 공동체에 소속되는 첫걸음이다.

# 감사의 글

반평생 동안 이 책을 써 온 것처럼 느껴진다. 따라서 분명히 나는 그동안 내가 자라도록 자양분을 준 사람 중 일부는 잊어버리고 고맙다는 말을 전하지 못할 것이다. 하지만 그럴 위험을 무릅쓰고 감사의 마음을 전하고자 한다.

먼저 빌라노바대학교에서 내가 만난 공동체에 감사의 말을 전해야만 할 것 같다. 철학과 박사 과정 지도 교수였던 존 카푸토는 나를 따뜻하게 환영하고 지지해 주었다. 또한 이 책에는 내가 거기서 만날 줄 몰랐던 사람들, 특히 호기심 많은 개신교인을 기꺼이 대화에 참여시켜 준 아우구스티누스회 사제들과 교부학자들한테서 받은 영향력이 반영되어 있다(나는 마르틴 루터가 아우구스티누스회OSA의 수사였음을 그들에게 상기시키며 그들을 약 올리곤 했다). 모범적인 학문적 자세와 따뜻한 가르침을 통해 나에게 '통전적인' 아우구스티누스—논문의 저자일 뿐 아니라 설교를 하고 편지를 쓴 목회자, 주교, 변호자이기도 했던—를 소개해 준 로버트 도다로 신부와 (선종하신) 토머스 마틴 신부께 특별히 감사드린다. 그런 가르침이 없었다면 이 책을 쓰지 못했을 것이라고 생각한다.

또한 주에 다 수록하지는 못했지만, 이 책의 기초에는 아우구스티누스 학자들의 공동체가 자리 잡고 있다. 예를 들어, 명저인 피터 브라운의 전기에 아직도 빚지지 않은 사람이 있겠는가? 하지만 나에게 더 가까운 사람들로는 에릭 그레고리, 그레고리 리, 조셉 클레어와 같은 친구들과 여전히 내가 배우고 있는 다른 학자들에게 도움을 받았다.

2017년 이탈리아에서 아우구스티누스의 발자취를 추적한 3주간의 여행이 이 책을 떠받치고 있다(알제리와 튀니지 국경 지역의 테러 위협 때문에 우리는 계획한 대로 아프리카에 있는 그의 고향을 방문할 수가 없었다). 만남을 통한 깨달음의 연속이었던 이 여행은 캘빈동문협의회Calvin Alumni Association에서 받은 연구 기금 덕분에 가능해졌다. 이 자체가 캘빈대학교의 광범위한 구성원들이 여전히 학문에 투자하고 있음을 보여 주는 아름다운 증거다. 또한 캘빈연구기금Calvin Research Fellowship에서 지원을 받은 덕분에 시간을 내어 첫 두어 장의 초고를 쓸 수 있었다. 템플턴재단Templeton Foundation의 지원으로 세워진 예일 신앙과 문화 연구소의 '기쁨의 신학' 프로젝트를 통해 받은 연구 기금 덕분에 프로방스에 남아 있는 카뮈의 흔적을 다시 돌아보고 마르세유의 이민자 공동체를 살펴보기 위해 프랑스 남부로 여행할 수 있었다. 이 모든 물질적 후원에 감사를 드린다.

나는 두 차례 연속 강연을 통해 이 책 몇몇 장의 초기 원고를 발표할 기회를 얻었다. 베일러대학교Baylor University 트루엣신학대학원Truett Seminary에서 주최한 2018년 파치먼 강연Parchman Lectures과 텍사스주 오스틴 올 세인츠 성공회교회의 프런트 포치Front Porch에서 주최한 2018년 베일리 강연Bailey Lectures이다. 두 공동체 모두 따뜻한 환대와 사려 깊은 대화, 놀라울 정도로 유익한 피드백을 제공했다.

언제나처럼 브라조스Brazos와 베이커 출판 그룹Baker Publishing Group 직원들, 특히 오랫동안 내 책을 편집해 온 밥 호젝과 마케팅 담당자 제러미 웰스에게 감사드린다. 두 사람은 이 책이 어떤 모습일지에 관해 나와 함께 꿈을 꾸면서 나의 작업을 지지해 주고, 내가 충분히 여유를 가지고 일할 수 있게 해 주었다.

또한 내 삶의 중요한 시기에 나의 상담자였던 팀 히브머가 의미 있는 역할을 했음을 인정하고 싶다. 그는 내가 나를 발견하셨고 나를 사랑하시며 결코 나를 떠나지 않으실 은혜로우신 하늘 아버지의 이야기 안에서 살아갈 수 있도록 도와주었다. 많은 점에서 이 책은 우리가 함께한 영혼의 작업의 결실이다. 그리고 살짝 가려둔 채 같은 이야기를 다른 사람들과 나누고자 하는 노력이기도 하다.

나는 이 책 초고의 많은 부분을 주술에 걸린 공간, 미시간호Lake Michigan 호숫가에 있는 데이비드와 수전 호크마의 집에서 썼다. 전혀 예상하지 못했지만 꼭 필요한 시기에 그들은 우리 부부에게 휴식과 피정을 제공했으며, 이 시간은 우리를 회복시키는 **동시에** 생산적이었다. 이는 모든 칼뱅주의자의 마음을 기쁘게 할 조합이다. 두 사람에게 감사를 전한다.

마지막으로, 가장 불충분한 감사의 말을 남기려 한다. 이미 언급했듯이 많은 점에서 이 책은 아내와 내가 성 아우구스티누스의 발자취를 따라간 특별한 여행의 결과물이다. 연구 여행으로 시작되었지만(물론 토스카나 포도주 시음도 일정에 들어 있기는 했다) 결국에는 우리가 함께한 29년 삶의 축소판이자 만개라고 부를 만한 영적 모험으로 바뀌었다. 아우구스티누스와 알리피우스처럼 나는 처음부터 디애나와 함께 이 길을 떠났다. 아이들이 아이들을 키우듯 우리는 함께 자랐다. 그뿐만 아니라 우리는 함께 믿음 안에서 자라기도 했다. 우리는 의심의 골짜기를 함께 걷고, 함께 상실에 대해 슬퍼하고, 함께 아이를 키우며 겸손해지고, 우리가 꿈에도 몰랐던 방식으로 일하시는 하나님 때문에 놀랐다. 이 책의 작은 일화들은 우리가 이 길에서 우리 자신과 하나님의 은총에 관해 배운 것을 결코 제대로 포착해 내지 못할 것이다. 우리는 아이들과 함께 밀라노와 카시시아쿰을 여행한 추억을 소중히 간직할 것이다. 그리고 오스티아의 오래된 돌길을 걸을 때 우리 어깨 위로 떨어진 밝은 햇빛과 로마에 있는 모니카 무덤의 서늘한 고요함과 마치 천상의 잔치를 미리 맛보는 경험 같았던 산 지미냐노의 카페에서 먹은 점심을 결코 잊지 못할 것이다. 만약 내가 나를 절대 떠나지도 않고 나를 버리지도 않으실 그분께 나 자신을 맡겼다면, 이는 그분이 은혜롭게도 집으로 가는 이 길에서 그분의 구현체인 이 동반자를 나에게 주셨기 때문이다.

이제 독자들은 내 책을 위한 사운드트랙을 기대할 한테, 그런 기대를 하는 독자를 실망시키고 싶지 않다. 이 기획을 위한 배경음악은 사이먼 앤드 가펑클Simon & Garfunkel의 〈집을 향해Homeward Bound〉에서 에이빗 브라더스Avett Brothers의 〈2월 7일February Seven〉, 툰데 올래니런Tunde Olaniran의 탁월한 앨범 〈이방인Stranger〉, (디애나가 가장 좋아하는) 제이슨 이스벨의 〈나를 덮어 주세요Cover Me Up〉, 제프 트위디Jeff Tweedy의 〈시카고를 경유해Via Chicago〉, 모비Moby의 〈연주: 비 사이드Play: The B Sides〉까지 절충적인 혼합이다. 온라인에서 스포티파이Spotify 재생 목록을 검색해 보라.

# 주

아우구스티누스의 저작은 후대에 표준판으로 편찬되면서 성경처럼 '장절 구분'이 더해졌다. 나는 독자들이 다른 번역본에서도 인용문을 찾을 수 있도록 그의 작품을 인용할 때 표준 인용 방식을 따랐다.

## 들어가는 글

1. Leslie Jamison, *The Recovering: Intoxication and Its Aftermath* (New York: Little, Brown, 2018), 361.

2. Augustine, *Confessions* 2.18, trans. Sarah Ruden (New York: Modern Library, 2017), 50.

3. Sally Mann, *Hold Still* (New York: Little, Brown, 2015), 361.

## 1. 달아나는 마음

1. Jack Kerouac, *On the Road* (New York: Penguin, 1999), 200. 《길 위에서》(민음사).

2. Kerouac, *On the Road*, 1.

3. Kerouac, *On the Road*, 23.

4. Kerouac, *On the Road*, 31.

아우구스티누스와 함께 떠나는 여정

5. "가장 슬펐던 밤"에 딘과 샐이 이용하고 학대했던 여자들이 마침내 저항하면서 딘의 패악질을 비난하고 "어머니가 가장 사랑하지만 가장 방황하는 자녀를 바라보듯이 딘을 바라보았을" 때 샐의 반응은 지리적인 방향 전환으로 그들의 시선을 분산하는 것이었다. "우린 이탈리아로 갈 거야." Kerouac, *On the Road*, 184.

6. Kerouac, *On the Road*, 79.

7. Kerouac, *On the Road*, 115.

8. Kerouac, *On the Road*, 197.

9. Kerouac, *On the Road*, 18.

10. Augustine, *Confessions* 5.8.15, trans. Henry Chadwick (Oxford: Oxford University Press, 1991), 82.

11. John Foot, *Milan since the Miracle: City, Culture and Identity* (Oxford: Berg, 2001), 4.

12. 패티 그리핀Patty Griffin의 노래 〈마리아〉를 참고하라. "예수께서 '어머니, 이제 난 하루도 더 머물 수 없어요'라고 말했다."

13. 다음 장면에서 아우구스티누스가 밀라노에 도착할 때 마치 밀라노가 그의 고향이 될 것이라고 말하듯이 그의 시종은 그가 말을 타고 있을 때 입었던 옷을 벗긴다. 물론 아우구스티누스는 거기가 아닌 다른 어딘가에서 고향을 찾는다.

14. Augustine, *Confessions* 4.22, trans. Sarah Ruden (New York: Modern Library, 2017), 96.

15. *Confessions* 1.18.28 (trans. Chadwick, 20).

16. *Confessions* 2.2 (trans. Ruden, 35).

17. *Confessions* 5.2, 2.18 (trans. Ruden, 107, 50).

18. Augustine, *Teaching Christianity* 1.35.39, in *Teaching Christianity*, trans. Edmund Hill, OP, ed. John E. Rotelle, OSA, The Works of Saint Augustine I/11 (Hyde Park, NY: New City, 1996), 123.《그리스도교 교양》(분도출판사).

19. Augustine, *Homilies on the Gospel of John* 2.2, in *Homilies on the Gospel of John 1-40*, trans. Edmund Hill, OP, ed. Allan D. Fitzgerald, OSA, The Works of Saint Augustine III/12 (Hyde Park, NY: New City, 2009), 56.

20. *Homilies on the Gospel of John* 2.2 (trans. Hill, 56).

21. *Confessions* 4.19 (trans. Ruden, 93).

22. *Confessions* 6.26 (trans. Ruden, 166).

23. Augustine, *On the Free Choice of the Will* 2.16.41, in *On the Free Choice of the Will, On Grace and Free Choice, and Other Writings*, ed. and trans. Peter King (Cambridge: Cambridge University Press, 2010), 62. 《자유의지론》(분도출판사).

24. Peter Brown, *Augustine of Hippo: A Biography* (Berkeley: University of California Press, 1967), 152. 《아우구스티누스: 격변의 시대, 영혼의 치유와 참된 행복을 찾아 나선 영원한 구도자》(새물결).

25. 이것이 바로 조엘 오스틴 류의 가르침이 거짓말인 이유다. 기독교는 절대로 "**지금** 누리는 최선의 삶your best life now"(《긍정의 힘》 원제—역주)을 약속하지 않는다.

26. 피터 브라운Peter Brown은 비슷한 동학을 아우구스티누스의 "낭만주의"를 보여 주는 징후로 묘사한다. "만약 '낭만주의자'가 자신이 갈망하는 온전함을 허락하지 않는 실존 안에 사로잡혀 있음을 예리하게 알고 있는 사람을 뜻한다면, 또한 그가 다른 무언가를 향한 긴장에 의해, 믿음과 소망과 갈망의 능력에 의해 규정된다고 느끼는 것을 뜻한다면, 자신을 언제나 멀리 있는 나라, 하지만 그것을 간절히 원하는 사랑의 힘 때문에 언제나 그의 앞에 있는 것처럼 보이는 나라를 찾아 헤매는 사람이라고 생각하는 것을 뜻한다면, 아우구스티누스는 자신도 모르는 사이에 '낭만주의자'가 된 셈이다. *Augustine of Hippo*, 156.

27. Augustine, *Exposition of the Psalms* 72.5, in *Expositions of the Psalms 51-72*, trans. Maria Boulding, OSB, ed. John E. Rotelle, OSA, *The Works of Saint Augustine* III/17 (Hyde Park, NY: New City, 2001), 474-475.

28. *Confessions* 10.31.47 (trans. Chadwick, 207). 오스카 와일드Oscar Wilde도 이런 존경의 마음을 표한 바 있다. "인류는 언제나 사제가 아니라 세상에게 자신의 죄를 고백한 루소Rousseau를 사랑할 것이며, 첼리니Cellin가 프랑수아 왕King Francis의 궁(퐁텐블로Fontainebleau 궁전—역주)을 위해 청동으로 조각한 누워 있는 님프나 달에게 생명을 돌로 만든 치명적인 공포를 보여 주는 피렌체의 개랑開廊(한쪽만 벽이 있는 복도로, 로지아 데이 란치Loggia de Lanzi를 가리킨다—역주)에 있는 초록과 금색의 페르세우

스Perseus(첼리니는 이 조각상에서 바라보는 이를 돌로 변하게 만드는 메두사의 머리를 들고 페르세우스를 묘사하고 있다—역주)조차도 르네상스 최고의 악당이 자신의 영광과 수치에 관해 이야기하는 자서전보다 더 큰 기쁨을 주지 못한다. 이 사람의 의견과 성품과 업적은 별로 중요하지 않다. 그는 온화한 드 몽테뉴 씨를 닮은 회의주의자일 수도 있고, 모니카의 비통한 아들처럼 성인일 수도 있다. 하지만 우리에게 자신의 비밀을 털어놓을 때면 그는 언제나 우리의 귀를 매혹시켜 귀를 기울이게 만들고 우리의 입술을 매혹시켜 침묵하게 만들 수 있다. 뉴먼 추기경Cardinal Newman이 대변하는 사고방식—그것을 지성의 수위성을 부인함으로써 지적인 문제를 해결하고자 하는 사고방식으로 부를 수 있다면—은 살아남지 못할 것이며, 살아남을 수 없다고 나는 생각한다. 하지만 세상은 그 불안한 영혼이 어둠에서 어둠으로 나아가는 과정을 지켜보는 것에 결코 싫증을 느끼지 않을 것이다." Wilde, "The Critic as Artist"(1891), in *The Portable Oscar Wilde* (London: Penguin, 1981), 52. "예술가로서의 평론가", 《일탈의 미학: 오스카 와일드 문학예술 비평선》(한길사).

29. Jay-Z, *Decoded* (New York: Spiegel & Grau, 2010), 239-240, Wyatt Mason, "A Comprehensive Look Back at the Brilliance That Is Shawn Carter", *Esquire*, June 7, 2017, https://www.esquire.com/entertainment/music/a55372/a-to-jay-z에 인용됨.

30. Jean-Luc Marion, *In the Self's Place: The Approach of Augustine*, trans. Jeffrey L. Kosky (Stanford, CA: Stanford University Press, 2012), 146.

31. *Confessions* 10.28.39 (trans. Chadwick, 202).

32. Marion, *In the Self's Place*, 154.

33. Augustine, *Exposition of the Psalms* 59:9, in *Expositions of the Psalms*, trans. Maria Boulding, OSB, ed. John E. Rotelle, OSA, 6 vols., The Works of Saint Augustine III/15-20 (Hyde Park, NY: New City, 2000-2004), 3:186.

## 2. 우리의 동시대인 아우구스티누스

1. Sarah Bakewell, *At the Existentialist Café: Freedom, Being, and Apricot Cocktails* (New York: Other Press, 2016), 33. 《살구 칵테일을 마시는 철학자들: 사르

트르와 하이데거, 그리고 그들 옆 실존주의자들의 이야기》(이론과실천).

2. 아우구스티누스는 베이크웰의 《살구 칵테일을 마시는 철학자들》의 첫 페이지에 실존주의의 역사적 선구자로서 파스칼, 욥과 함께 카메오처럼 등장한다. "간단히 말해서, 모든 것에 관해 불만이거나 반항하거나 소외된다고 느끼는 모든 사람들"(1).

3. 전설에 따르면, 에스파냐 프란체스코회 수도사들은 동네 샘물이 방황하는 아들 때문에 모니카가 흘렸던 눈물을 떠올리게 해서 그곳 이름을 산타 모니카로 지었다고 한다.

4. 예를 들어, 손을 가슴에 대고 서재에 앉아 있는 아우구스티누스의 모습을 그린 보티첼리Botticelli의 유명한 초상화를 보면 그의 얼굴을 통해 그가 북아프리카 출신임을 짐작할 수 있는 것과 달리.

5. 스티븐 멘Stephen Menn의 탁월한 연구서 *Descartes and Augustine* (Cambridge: Cambridge University Press, 1998)과 마이클 핸비Michael Hanby의 더 논쟁적인 책 *Augustine and Modernity* (London: Routledge, 2003)를 보라.

6. Jean-François Lyotard, *The Postmodern Condition* (Minneapolis: University of Minnesota Press, 1984), 13.《포스트모던적 조건》(서광사).

7. John D. Caputo, *Radical Hermeneutics: Repetition, Deconstruction, and the Hermeneutic Project* (Bloomington: Indiana University Press, 1988).

8. (2004년에) 이 책을 번역한 두 사람은 모두 빌라노바대학교에서 나와 함께 박사 과정을 밟았다. 우리는 1999년에 함께 졸업했다.

9. Bakewell, *At the Existentialist Café*, 79.

10. 하이데거에 관한 단락으로 시작되는 철학적 성향을 지닌 포도주 제조업자 랜들 그레이엄Randall Graham을 다룬 애덤 고프닉Adam Gopnik의 흥미진진한 글을 보라. "Bottled Dreams", *New Yorker*, May 21, 2018, 66-73.

11. Bakewell, *At the Existentialist Café*, 317.

12. 내가 책에 적어 둔 노트에 따르면, 1997년 6월에 아렌트를 읽었다. 그렇다면 하이데거의 《종교적 삶의 현상학》을 처음 읽은 직후였거나 두 책을 함께 읽고 있었을 것이다.

13. Hannah Arendt, *Love and Saint Augustine*, ed. Joanna Vecchiarelli Scott and Judith Chelius Stark (Chicago: University of Chicago Press, 1996), 4.《사랑 개념과 성 아우구스티누스》(텍스트).

14. 이것은 아렌트가 하이데거의 아우구스티누스 이해에서 본보기가 된다고 여겼던 것일지도 모른다. 하이데거가《고백록》10권을 읽을 때 자신의 학생들에게 권했듯이, 아우구스티누스의 생각을 "그저 사소한 것까지 꼬치꼬치 따지는 현학적인 '도덕주의자'의 성찰"로 환원하지 말라. Martin Heidegger, *Phenomenology of Religious Life*, trans. Matthias Fritsch, Jennifer Anna Gosetti-Ferencei (Bloomington: Indiana University Press, 2004), 155.《종교적 삶의 현상학》(누멘).

15. Albert Camus, *Christian Metaphysics and Neoplatonism*, trans. Ronald D. Srigley (South Bend, IN: St. Augustine's Press, 2015). 카뮈의 논문은 28/40점으로 통과되었다. 하지만 카뮈는 건강 때문에(평생 결핵을 앓았다) 교사 자격을 얻을 수 있는 '아그레가시옹*agrégation*' 시험을 치를 수 없었다. 어쩌면 이는 한 논문 심사자의 지적을 확증해 줄 수 있을지도 모른다. "철학자라기보다는 작가." 이 글을 쓸 무렵의 상황에 관해서는 Srigley, "Translator's Introduction", *Camus, Christian Metaphysics*, 1-7를 보라.

16. 나중에 사르트르는 카뮈를 "전형적인 신경과민을 지닌 지중해 남자"로 묘사한다. Jean-Paul Sartre, *Literary and Philosophical Essays*, trans. Annette Michelson (New York: Collier, 1962), 28, http://www.autodidactproject.org/quote/sartre_camus02.html에서 볼 수 있다.

17. Camus, *Resistance, Rebellion, and Death*, trans. Justin O'Brien (1960; repr., New York: Vintage, 1974), 69-71.

18. Olivier Todd, *Albert Camus: A Life* (New York: Knopf, 1997), 296.《카뮈: 부조리와 반항의 정신》(책세상).

19. Sartre, "Camus' The Outsider", 29.

20. David Bellos, *The Plague, The Fall, Exile and Kingdom, and Selected Essays*, 서론, by Albert Camus, ed. David Bellos (New York: Everyman's Library, 2004), xv.

21. Conor Cruise O'Brien, *Camus* (Glasgow: Fontana, 1970), 81. 오브라이언은 이런

해석을 카뮈도 받아들였다고 지적한다. "〈스펙테이터*The Spectator*〉에 기고한 《전락》의 영어 번역본에 대한 서평에서 내가 이 소설의 기독교적 경향을 강조했을 때, 카뮈는 자신의 책을 영어로 번역해 출간한 출판사에 보낸 편지를 통해…이 소설에 대한 이런 식의 접근 방법이 건전하다고 확인해 주었다"(81).

22. Geoffrey Bennington and Jacques Derrida, *Jacques Derrida* (Chicago: University of Chicago Press, 1999), 155.

23. Jean-François Lyotard, *The Confession of Augustine*, trans. Richard Beardsworth (Stanford, CA: Stanford University Press, 2000)과 Jean-Luc Marion, *In the Self's Place: The Approach of Augustine*, trans. Jeffrey L. Kosky (Stanford, CA: Stanford University Press, 2012)을 보라.

24. 로빈 레인 폭스Robin Lane Fox가 쓴 《아우구스티누스*Augustine*》에 대한 마크 릴라 Mark Lilla의 서평, *New York Times*, November 20, 2015, https://www.nytimes.com/2015/11/22/books/review/augustine- conversions- to- confessions- by- robin- lane- fox.html.


## 3. 망명자 영성

1. Albert Camus, *The Stranger*, trans. Matthew Ward (New York: Everyman's Library, 1993), 19. 《이방인》(민음사).

2. Camus, *The Stranger*, 73.

3. Camus, *The Stranger*, 100.

4. Camus, *The Stranger*, 116 – 117.

5. Sarah Bakewell, *At the Existentialist Café: Freedom, Being, and Apricot Cocktails* (New York: Other Press, 2016), 147 – 148.

6. 더 최근에 출간된 영역본인 Camus, *The Outsider*, trans. Sandra Smith (London: Penguin, 2013)에서 이 점을 더 잘 포착해 내고 있다.

7. 참고. Daniel Mendelsohn, *An Odyssey: A Father, A Son, and an Epic* (New York: Knopf, 2017). 《오디세이 세미나: 인생을 항해하는 데는 나침반이 필요하다》(바다출판사).

8. Albert Camus, *The Myth of Sisyphus* in *The Plague, The Fall, Exile and Kingdom, and Selected Essays*, ed. David Bellos (New York: Everyman's Library, 2004), 497. 《시시포스 신화》.

9. Camus, *Myth of Sisyphus*, 506.

10. Camus, *Myth of Sisyphus*, 504.

11. Camus, *Myth of Sisyphus*, 509. 카뮈에게 부조리는 말하자면 세계 안에 "내재" 해 있지 않다. 그것은 우리와 세계 사이의 공간에서 만들어진다. 그것은 본질적으로 관계적이다. "부조리한 것은 이러한 불합리함과 인간의 마음 안에 울려 퍼지는 명료함에 대한 거친 갈망의 대결이다. 부조리는 인간만큼이나 세계에 의존한다"(590). 또한 나중에는 이렇게 말한다. "부조리는 (이런 은유가 의미를 지닐 수 있다면) 인간 안에 있는 것도, 세상 안에 있는 것도 아니고 그 둘이 함께 있음 안에 있다"(517). 나는 하이데거의 《존재와 시간》을 떠올리지 않을 수가 없다. Martin Heidegger, *Being and Time*, trans. John Macquarrie and Edward Robinson (New York: Harper & Row, 1962), §44. 《존재와 시간》(까치). 현존재를 떠나서는 진리도 존재하지 않는다. (그리고 현존재만이 홀로 있을 수 있다.)

12. Camus, *Myth of Sisyphus*, 535.

13. Camus, *Myth of Sisyphus*, 534.

14. Camus, *Myth of Sisyphus*, 592.

15. Camus, *Myth of Sisyphus*, 593.

16. Martin Heidegger, *Phenomenology of Religious Life*, trans. Matthias Fritsch and Jennifer Anna Gosetti-Ferencei (Bloomington: Indiana University Press, 2004), 157–84를 보라. 《존재와 시간》에서 "타락"으로 분석되는 것이 처음에 이 책에서 "몰락"으로, 즉 아우구스티누스의 《고백록》에서 말하는 유혹에 관한 그의 설명으로 처음 등장한다는 것을 알 수 있다.

17. 하이데거는 아우구스티누스 강의를 위한 강의록에서 "호소"를 우리를 현세적 일상성으로 끌어당기는 "유혹"에 대한 대안으로 본다(Heidegger, *Phenomenology of Religious Life*, 202).

18. Bakewell, *At the Existentialist Café*, 47.

19. Stefan Zweig, *The World of Yesterday*, trans. Anthea Bell (Lincoln: University of Nebraska Press, 2013), 438 – 39.《어제의 세계》(지식공작소).

20. Zweig, *World of Yesterday*, 184.

21. Zweig, *World of Yesterday*, 378.

22. Zweig, *World of Yesterday*, 378.

23. Peter Brown, *Augustine of Hippo: A Biography* (Berkeley: University of California Press, 1967), 22.《아우구스티누스: 격변의 시대, 영혼의 치유와 참된 행복을 찾아 나선 영원한 구도자》(새물결).

24. 심지어 주교이자 논객으로 오랫동안 활동한 후에도 (펠라기우스주의자인) 율리아 누스는 아우구스티누스를 인종주의적으로 비방하면서 편견에 호소하는 방식으로 그를 "아프리카인"이자 "완고한 누미디아인", "포에니 출신 논객"이라고 비난했다. 또한 그는 아우구스티누스가 여전히 마니교도라고 주장했다[François Decret, *Early Christianity in North Africa*, trans. Edward Smither (Cambridge: James Clark, 2011), 179 – 180]. 훨씬 후대에 아프리카계 미국인인 버락 오바마 Barack Obama가 이런 식의 공격을 받게 될 것이다.

25. Zweig, *World of Yesterday*, 299.

26. Justo L. González, *The Mestizo Augustine: A Theologian between Two Cultures* (Downers Grove, IL: IVP Academic, 2016), 15.

27. González, *Mestizo Augustine*, 9.

28. Letter 91.1 – 2, in Augustine, *Political Writings*, ed. E. M. Atkins, J. Dodaro (Cambridge: Cambridge University Press, 2001), 2 – 3.

29. 참고. Jacques Derrida, *Monolingualism of the Other*, trans. Patrick Mensah (Stanford, CA: Stanford University Press, 1998). "나는 단 하나의 언어만 사용하지만 그것은 나의 것이 아니다"(2). 하지만 "내가 말하는 유일한 언어가 **나의 것이 아니라고** 말할 때, 그것이 나에게 낯설다는 뜻은 아니다"(5).

30. Augustine, *Confessions* 10.22.32, trans. Henry Chadwick (Oxford: Oxford University Press, 1991), 198.

31. *Confessions* 1.1.1 (trans. Chadwick, 3).

32. *Confessions* 13.35.50 (trans. Chadwick, 304).

33. *Confessions* 13.9.10 (trans. Chadwick, 278).

34. 이것이 Henri de Lubac, *The Mystery of the Supernatural* (New York: Herder & Herder, 1998)의 핵심 주장이다.

35. *Confessions* 5.13.23.

36. 클로슨M. A. Claussen은 아우구스티누스가 《하나님의 도성》을 쓰기 시작할 무렵에 "사람은 이미 가 본 적이 있는 곳으로 의미 있는 방식으로 여행할peregrinate 수 없음"을 깨닫고 '페레그리나시오*peregrinatio*'와 '레디투스*reditus*'(영혼의 '회귀'라는 신플라톤주의적 관념)를 연결하기를 중단한다. Claussen, "'Peregrinatio' and 'Peregrini' in Augustine's 'City of God'", *Traditio* 46 (1991): 72 - 73. 앞에서 지적한 탕자 이야기 구조에 따라 아우구스티누스는 타락 후 이제 우리는 이미 먼 나라에서 이미 추방된 채로 태어났으며, 태어나자마자 도망치고 있다고(원죄) 말할 것이다.

37. Letter 92A, in *Letters*, trans. Roland Teske, SJ, ed. Boniface Ramsey, 4 vols., The Works of Saint Augustine II/1 - 4 (Hyde Park, NY: New City, 2001 - 2005), 1:375(약간 수정함).

38. Claussen, "'Peregrinatio' and 'Peregrini'", 48.

39. 이 주제에 관한 나의 생각은 매키원대학교MacEwan University의 션 해넌 Sean Hannan 박사가 2017년 11월에 매사추세츠주 보스턴에서 열린 미국종교학회American Academy of Religion 연례 회의에서 "Tempus Refugit: Reimagining Pilgrimage as Migrancy in Augustine's City of God"라는 제목으로 했던 발표로 의미 있게 촉발되었다. 발표문을 보내 준 해넌 박사에게 감사드린다.

40. Hannan, "Tempus Refugit", 8.

41. Claussen, "'Peregrinatio' and 'Peregrini'", 63.

42. Zweig, *World of Yesterday*, 435.

43. González, *Mestizo Augustine*, 166.

44. Augustine, *Sermon Guelfer* 25, Decret, *Early Christianity in North Africa*,

168에 인용됨.

45. Michael Jackson, *Lifeworlds: Essays in Existential Anthropology* (Chicago: University of Chicago Press, 2013), 263.

46. Jackson, *Lifeworlds*, 263, 262.

## 4. 자유

1. Augustine, *Confessions* 3.1.1, trans. Henry Chadwick (Oxford: Oxford University Press, 1991), 35.

2. *Confessions* 3.2.2 −4.

3. Planned Parenthood v. Casey, 505 U.S. 833 (1992).

4. Martin Heidegger, *Being and Time*, trans. John Macquarrie, Edward Robinson (New York: Harper & Row, 1962), §50. "가능성에 대한 기대로서의 죽음을-향해-있음은 먼저 이 가능성을 가능하게 만들며, 그것을 가능성으로서 해방시킨다"라고 그는 요약한다.

5. Heidegger, *Being and Time*, §§56−58.

6. "기대란 결국 한 사람이 자신의 가장 고유한, 최대한의 존재를-향한-잠재력 potentiality-for-Being—즉, 진정한 실존의 가능성—을 이해할 가능성이다." Heidegger, *Being and Time*, 307.

7. Augustine, *Confessions* 2.2, trans. Sarah Ruden (New York: Modern Library, 2017), 35.

8. Jonathan Franzen, *Freedom* (New York: Farrar, Straus and Giroux, 2010), 181. 《자유》 (은행나무).

9. *Confessions* 3.3.5 (trans. Chadwick, 38).

10. *Confessions* 3.1 (trans. Ruden, 52).

11. *Confessions* 8.5.10 (trans. Chadwick, 140).

12. *Confessions* 8.5.10 (trans. Chadwick, 140).

13. *Confessions* 8.5.10; 8.5.11 (trans. Chadwick, 140).

14. *Confessions* 8.5.12 (trans. Chadwick, 141).

15. "Two Concepts of Liberty", *Liberty*, ed. Henry Hardy (Oxford: Oxford University Press, 2002), 166-217에 실린 아이자야 벌린Isaiah Berlin의 고전적인 논의를 보라. "자유의 두 개념",《이사야 벌린의 자유론》(아카넷).

16. Leslie Jamison, *The Recovering: Intoxication and Its Aftermath* (New York: Little, Brown, 2018), 9.

17. Jamison, *The Recovering*, 112.

18. Jamison, *The Recovering*, 328.

19. Jamison, *The Recovering*, 304.

20. Augustine, *On Reprimand and Grace* 1.2, in *On the Free Choice of the Will, On Grace and Free Choice, and Other Writings*, ed. and trans. Peter King (Cambridge: Cambridge University Press, 2010), 186.

21. *Confessions* 2.2.3 -4 (trans. Chadwick, 25).

22. 예를 들어, 데클런 매케나Declan McKenna의 노래 〈The Kids Don't Wanna Come Home〉을 들어보라.

23. *Confessions* 2.6 (trans. Ruden, 38-39).

24. *On Reprimand and Grace* 11.31 (trans. King, 212).

25. *Confessions* 8.8.19 (trans. Chadwick, 147).

26. *Confessions* 4.1.1 (trans. Chadwick, 52).

27. *Confessions* 8.10.22 (trans. Chadwick, 148).

28. Augustine, *On the Free Choice of the Will* 1.14.30, *On the Free Choice of the Will, On Grace and Free Choice, and Other Writings*, ed. and trans. Peter King (Cambridge: Cambridge University Press, 2010), 25.《자유의지론》(분도출판사).

29. *Confessions* 8.10.24; 8.11.26 (trans. Chadwick, 150, 151). 8.10.24 -8.11.27, 8.8.20 도 보라.

30. 이런 변증법과 춤에 관한 더 자세한 논의로는 James H. Olthuis, "Be(com)ing: Humankind as Gift and Call", *Philosophia Reformata* 58 (1993): 153-172를 보라.

31. *Confessions* 8.12.29 (trans. Chadwick, 152-153, 저자 강조).

32. *Confessions* 8.12.29 (trans. Chadwick, 153).

33. *On Reprimand and Grace* 8.17 (trans. King, 200).

34. *On Reprimand and Grace* 11.32 (trans. King, 213).

35. *On Reprimand and Grace* 12.33 (trans. King, 214).

36. "하나님은 아담이 스스로 자유로운 선택을 하도록 내버려 두셨지만 그분의 은총 없이 살아가기를 원치 않으셨다." 그래서 하나님은 본원적인 "도움"을 제공하시 지만 인류는 이를 포기한다. 그럼에도 "이는 첫째 아담에게 주어진 첫 번째 은총 이다"[*On Reprimand and Grace* 11.31 (trans. King, 212)]. 여기서 아담에 관한 이 야기 때문에 너무 집중력을 잃어버리지는 말라. 이를 인간 기원에 관한 우리의 진 화론적 이해와 연결해 논의한 글로는 James K. A. Smith, "What Stands on the Fall? A Philosophical Exploration", in *Evolution and the Fall*, ed. William Cavanaugh, James K. A. Smith (Grand Rapids: Eerdmans, 2017): 48–65를 보라. "타 락에 기반을 두고 있는 것은 무엇인가?: 철학적 탐구",《인간의 타락과 진화: 현대 과학과 기독교 신앙의 대화》(새물결플러스).

37. *On Reprimand and Grace* 11.31 (trans. King, 212).

38. 닉 드레이크Nick Drake의 〈비상Fly〉에서도 '두 번째 은총'에 대한 이러한 바람 을 확인할 수 있다. 이 곡은 웨스 앤더슨Wes Anderson의 영화 〈로얄 테넌바움*The Royal Tenenbaums*〉에서 리치 테넌바움이 자살을 시도한 후 버스를 타고 집으로 돌 아가는 장면에서 애잔한 사운드트랙으로 사용된다. 우리는 "아버지들"이라는 장 에서 이 영화를 다시 다룰 것이다.

39. *On Reprimand and Grace* 12.35 (trans. King, 215).

40. *On Reprimand and Grace* 12.35 (trans. King, 215).

41. Augustine, *On the Gift of Perseverance* 8.19, in *On the Free Choice of the Will, On Grace and Free Choice, and Other Writings*, ed. and trans. Peter King (Cambridge: Cambridge University Press, 2010), 231, Ambrose, *The Escape from the World* 1.2을 인용함.

42. *On the Gift of Perseverance* 13.33 (trans. King, 244), Ambrose, *Escape from the World* 1.2을 인용함.

43. *On the Gift of Perseverance* 13.33 (trans. King, 245).

44. 더 자세한 논의로는 James K. A. Smith, *You Are What You Love: The Spiritual Power of Habit* (Grand Rapids: Brazos, 2016)을 보라.《습관이 영성이다: 영성 형성에 미치는 습관의 힘》(비아토르).

45. Jamison, *The Recovering*, 196 – 197.

46. Jamison, *The Recovering*, 301.

47. Jamison, *The Recovering*, 302 – 303, 데이비드 포스터 월리스David Foster Wallace의 말을 인용함.

48. *Confessions* 5.2.2 (trans. Chadwick, 73).

49. (인용 출처 없이) 가브리엘 마르셀Gabriel Marcel이 *Homo Viator: Introduction to the Metaphysics of Hope*, trans. Emma Crawford and Paul Seaton (South Bend, IN: St. Augustine's Press, 2010), 22에서 인용한 바 있다.

## 5. 야심

1. Walker, "Troy, Betty Crocker, and Mother Mary: Reflections on Gender and Ambition", in Luci Shaw, Jeanne Murray Walker, eds., *Ambition* (Eugene, OR: Cascade, 2015), 72, 74, 77, Scott Cairns, *Ambition*, 서론, ed., Shaw, Walker, xi.

2. 지금까지의 인용문은 Shaw, Walker, *Ambition*에서 가져온 것이다. Eugene Peterson, "Ambition: Lilies That Fester", 56, Erin McGraw, "What's a Heaven For?", 2, Luci Shaw, "What I Learned in Lent", 22, Emilie Griffin, "The Lure of Fame: The Yearning, the Drive, the Question Mark", 31.

3. Augustine, *Confessions* 1.12.19, trans. Henry Chadwick (Oxford: Oxford University Press, 1991), 14 – 15.

4. *Confessions* 2.2.4 (trans. Chadwick, 26).

5. *Confessions* 2.3.5 (trans. Chadwick, 26).

6. Justo L. González, *The Mestizo Augustine: A Theologian between Two Cultures* (Downers Grove, IL: IVP Academic, 2016), 31.

7. Wallace Stegner, *Crossing to Safety* (New York: Penguin, 1987), 263.

8. Stegner, *Crossing to Safety*, 187.

9. *Confessions* 3.4.7 (trans. Chadwick, 38).

10. *Confessions* 4.1.1 (trans. Chadwick, 52).

11. Augustine, *Teaching Christianity* 1.4.4.

12. Ben Wofford, "Up in the Air", *Rolling Stone*, July 20, 2015, https://www.rollingstone.com/culture/culture-news/up-in-the-air-meet-the-man-who-flies-around-the-world-for-free-43961. 이 부분의 인용문은 이 글에서 가져온 것이다.

13. John Foot, *Milan since the Miracle: City, Culture and Identity* (Oxford: Berg, 2001), 21.

14. *Confessions* 6.6.9 (trans. Chadwick, 97).

15. *Confessions* 6.6.9 (trans. Chadwick, 97).

16. Augustine, *Confessions* 6.19, trans. Sarah Ruden (New York: Modern Library, 2017), 158.

17. *Confessions* 6.19 (trans. Ruden, 159).

18. 폰티시아누스는 제국의 통신 체계와 경로인 황제의 길*cursus publicus*을 관리하는 황궁의 정부 부서에서 일하고 있었으며, 아우구스티누스는 제국 정부에 임명을 받아 일하게 되었기 때문에 로마에서 밀라노까지 이동할 때 이 길을 사용했다.

19. *Confessions* 8.6.15 (trans. Chadwick, 143).

20. "아버지의 무릎"에 관해서는 *Homilies on the Gospel of John* 3.17, in *Homilies on the Gospel of John 1–40*, trans. Edmund Hill, OP, ed. Allan D. Fitzgerald, OSA, The Works of Saint Augustine III/12 (Hyde Park, NY: New City, 2009), 80를 보라.

21. Andre Agassi, *Open: An Autobiography* (New York: Knopf, 2009), 375. 《오픈》(진성북스).

22. Blaise Pascal, *Pensées and Other Writings*, trans. Honor Levi (Oxford: Oxford University Press, 1995), §520, p. 124. 《팡세》(을유문화사).

23. 예를 들어, *Confessions* 10.3.3을 보라.

24. *Confessions* 10.36.59 (trans. Chadwick, 213-214).

25. *Confessions* 10.36.59-10.37.60 (trans. Chadwick, 214-215).


## 6. 섹스

1. Augustine, *Confessions* 10.30.41-42.

2. *Confessions* 2.2.2, trans. Henry Chadwick (Oxford: Oxford University Press, 1991), 24.

3. 코프먼이 데리다에게 "당신은 사람들이 당신에게 그런 질문을 하기를 바랍니까?" 라고 물었을 때 그는 말을 아긴다. "내가 그런 물음에 답하겠다고 말한 적은 없습니다." 하지만 그가 계속해서 지적하듯이 그의 책들에 그런 주제를 터놓고 이야기하는 내용이 포함되어 있지 않은 것도 아니다. 사실 그는 아우구스티누스를 추적하는 글이기도 한 "시르콩페시옹"에서 많은 이야기를 털어놓는다[Geoffrey Bennington, Jacques Derrida, *Jacques Derrida* (Chicago: University of Chicago Press, 1999)].

4. 아우구스티누스에 대한 이런 종류의 비판과 희화화를 진지하게 성찰한 책으로는 *Feminist Interpretations of Augustine*, ed. Judith Chelius Stark (University Park: Pennsylvania State University Press, 2007)을 보라.

5. *Confessions* 8.12.29.

6. 이 점은 Michael Donaghy, "Pentecost"와 Heather McHugh, "Coming"의 경우처럼 시를 통해 가장 잘 입증되곤 한다. 두 시 모두 *Joy: 100 Poems*, ed. Christian Wiman (New Haven: Yale University Press, 2017)에 수록됨.

7. *Confessions* 2.2.2 (trans. Chadwick, 24).

8. *Confessions* 2.4, trans. Sarah Ruden (New York: Modern Library, 2017), 37.

9. *Confessions* 3.1.1 (trans. Chadwick, 35).

10. "Joe Rogan Experience #1021—Russell Brand", YouTube, October 5, 2017, https://youtu.be/iZPH6r_ZDvM. 이 부분의 인용문은 이 팟캐스트에서 가져온 것이다.

11. Emily Chang, "'Oh My God, This Is So F——ed Up': Inside Silicon Valley's

Secretive, Orgiastic Dark Side", *Vanity Fair*, February 2018, https://www.vanityfair.com/news/2018/01/brotopia-silicon-valley-secretive-orgiastic-inner-sanctum. Emily Chang, *Brotopia: Breaking Up the Boys' Club of Silicon Valley* (New York: Portfolio, 2018)을 발췌 수록한 글이다. 《브로토피아: 실리콘밸리에 만연한 성차별과 섹스 파티를 폭로하다》(와이즈베리).

12. 아우구스티누스의 소리 없는 외침을 떠올려 보라. "누군가 나의 무질서에 제약을 가하기만 했더라면!" *Confessions* 2.2.3 (trans. Chadwick, 25).

13. *Confessions* 2.2.4 (trans. Chadwick, 25).

14. 하지만 브랜드 자신의 '고백'은 읽어 볼 만한 가치가 있다. Russell Brand, *Recovery: Freedom from Our Addictions* (New York: Henry Holt, 2017)을 보라.

15. *Confessions* 8.11.27 (trans. Chadwick, 151).

16. *Confessions* 8.11.27 (trans. Chadwick, 151).

17. 종교개혁을 공교회 안에서 일어난 아우구스티누스주의적인 갱신 운동으로 보는 관점에 관해서는 James K. A. Smith, *Letters to a Young Calvinist* (Grand Rapids: Brazos, 2010), 38-41를 보라. 《칼빈주의와 사랑에 빠진 젊은이에게 보내는 편지》(새물결플러스). 두 계급의 기독교에 관해서는 Charles Taylor, *A Secular Age* (Cambridge, MA: Harvard University Press, 2007), 62-66도 보라.

18. Kyle Harper, *From Shame to Sin: The Christian Transformation of Sexual Morality in Late Antiquity* (Cambridge, MA: Harvard University Press, 2013), 137. Peter Brown, *The Body and Society: Men, Women and Sexual Renunciation in Early Christianity*, 2nd ed. (New York: Columbia University Press, 2008)도 보라.

19. Augustine, *City of God* 14.22-23.

20. Augustine, *Against Julian* 14.28, Peter Brown, *Augustine of Hippo: A Biography* (Berkeley: University of California Press, 1967), 393에 인용됨.

21. 참고. Jenell Williams Paris, *The End of Sexual Identity: Why Sex Is Too Important to Define Who We Are* (Downers Grove, IL: InterVarsity, 2011).

22. 참고. *Confessions* 6.11.20.

23. 참고. 그리스도인이 처한 현실에 대한 은총에 입각한 타협으로서의 "목회적 기독

교"에 관한 카일 하퍼Kyle Harper의 논의(*From Shame to Sin*, 177–190).

24. Augustine, *On the Good of Marriage* 6, in *A Select Library of Nicene and Post-Nicene Fathers of the Christian Church*, 1st series, ed. Philip Schaff, Henry Wace, 14 vols. (1890–1900; repr., Peabody, MA: Hendrickson, 1994), 3:401. "결혼의 선함에 관하여", 《아우구스티누스의 결혼론》(야웨의말씀).

25. Joseph Clair, *Discerning the Good in the Letters and Sermons of Augustine* (Oxford: Oxford University Press, 2016), 67.

26. *On the Good of Marriage* 5.

27. 참고. 케이틀린 플래너건Caitlin Flanagan의 냉소적인 말. "한 걸음 더 나아가 보라. 우리가 맹세할 때 평생의 헌신과 구속력이 있는 법적 문서와 증인들의 입회를 요구한다면 어떨까? 효과가 있을지도 모른다." Flanagan, "Getting 'Consent' for Sex Is Too Low a Bar", New York Times, July 18, 2018, https://www.nytimes.com/2018/07/18/well/getting-consent-for-sex-is-too-low-a-bar.html.

28. Robin Lane Fox, *Augustine: Conversions to Confessions* (New York: Basic Books, 2015), 77를 보라. 《아우구스티누스: 역사상 가장 위대한 고백》(21세기북스).

29. 아우구스티누스와 동거녀의 관계, 또한 그의 동거녀와 모니카의 관계에 대한 창의적이며 허구적인 통찰을 담고 있는 책으로는 Suzanne Wolfe, *The Confessions of X* (Nashville: Thomas Nelson, 2016)을 보라.

30. *Confessions* 4.2.2 (trans. Chadwick, 53). 아우구스티누스가 이 여인의 이름을 언급하지 않았다는 사실을 설명하려는 많은 시도가 있었다. 나는 피터 브라운 [*Augustine of Hippo: A Biography* (Berkeley: University of California Press, 1967)]을 따라 아우구스티누스가 그를 존중하기 위해 그렇게 했다고 생각한다. 주교의 옛 연정을 찾아내려고 했던 후기 고대의 파파라치로부터 그를 보호하려는 방법이었다고 생각한다. (그가 히포에서 멀리 떨어지지 않은 곳에 있는 수녀원에서 살았다는 증거도 있다.) 흥미롭게도 《결혼의 선함에 관하여*On the Good of Marriage*》에서 아우구스티누스는 정확히 자신이 한 행동—"자신의 명예나 부에 걸맞은 다른 여자를 찾을 때 한동안 누군가를 취하는 행동—까지를 비판하면서 그런 관계를 맺고 있는 여인을

에둘러 칭찬하기도 한다. "차라리 그녀가 더 낫다는 생각이 들게 하는 부인들이 많다"(5).

31. *Confessions* 6.15.25 (trans. Chadwick, 109). 아우구스티누스는 즉시 또 다른 동거녀를 취한다. 이는 8권에 이르면 그가 자신의 성적 욕망을 "돌보아야만" 하는 것에 염증을 느끼게 되는 이유를 설명해 줄 수 있을지도 모른다.

32. *True Religion* 1.16.30, in *On Christian Belief*, trans. Edmund Hill, OP, ed. Boniface Ramsey, The Works of Saint Augustine I/8 (Hyde Park, NY: New City, 2005), 48.《참된 종교》(분도출판사).


## 7. 어머니들

1. Jonathan Franzen, *The Corrections* (New York: Farrar, Straus and Giroux, 2001), 75 – 76.《인생 수정》(은행나무).

2. Olivier Todd, *Albert Camus: A Life* (New York: Knopf, 1997), 305 – 306, 359. 어쩌면《반항하는 인간》에서 자유에 관한 '지중해식' 설명을 통해 카뮈가 말하고자 하는 바는, 자유가 왜 독립과 동의어가 아닌지, 또한 어머니의 사랑이 한 사람한테서 정체성을 빼앗지 않고 오히려 정체성을 부여하는지를 넌지시 암시하려는 것일지도 모른다.

3. Todd, *Albert Camus*, 378. 후에 한 언론인은 카뮈의 말은 "만약 그것[테러리즘]이 당신의 '정의'라면 나는 정의보다 나의 어머니를 택할 것이다"라는 뜻이라고 말했다(379).

4. Derrida, "Circumfession", in Geoffrey Bennington and Jacques Derrida, *Jacques Derrida* (Chicago: University of Chicago Press, 1999), 19.

5. Derrida, "Circumfession", 22.

6. Derrida, "Circumfession", 23, 25.

7. 수전 울프는 아우구스티누스의 삶을 소설화한 *The Confessions of X* (Nashville: Thomas Nelson, 2016)에서 이를 중요한 줄거리로 삼는다.

8. Augustine, *Confessions* 5.8.15, trans. Henry Chadwick (Oxford: Oxford University Press, 1991), 82.

9. *Confessions* 6.1.1 (trans. Chadwick, 90).

10. Justo L. González, *The Mestizo Augustine: A Theologian between Two Cultures* (Downers Grove, IL: IVP Academic, 2016), 18.

11. '브라이츠'라는 용어는 철학자 대니얼 데닛의 유명한 기고문 "The Bright Stuff"에서 나왔다. *New York Times*, July 12, 2003, https://www.nytimes.com/2003/07/12/opinion/the-bright-stuff.html. 우리는 "깨달음"을 다루는 장에서 이를 다시 논할 것이다.

12. *Confessions* 6.2.2 (trans. Chadwick, 92).

13. 곤잘레스는 아우구스티누스에 관해 이렇게 말한다. "생애 대부분의 기간에 그의 안에 있는 로마적인 것이 지배적이었던 것처럼 보인다. 하지만 410년 로마에 재앙이 닥친 후 이 사건을 기독교적 관점에서 해석하려고 했을 때 그는 로마의 문화와 문명 전체에 매우 비판적이었으며, 부분적으로는 이런 비판이 오래전에 베르베르족 출신 어머니한테서 배운 원칙에 입각하고 있었다." *Mestizo Augustine*, 18-19.

14. Augustine, *Confessions* 9.22, trans. Sarah Ruden (New York: Modern Library, 2017), 262.

15. Rob Doyle, *This Is the Ritual* (London: Bloomsbury, 2017), 18.

16. Doyle, *This Is the Ritual*, 29, 30.

17. Doyle, *This Is the Ritual*, 31.

18. Karr, "The Burning Girl", in *Tropic of Squalor: Poems* (New York: HarperCollins, 2018), 6-7. Copyright © 2018 by Mary Karr. Reprinted by permission of HarperCollins Publishers.

19. Augustine, *On the Free Choice of the Will* 3.23.67, in *On the Free Choice of the Will, On Grace and Free Choice, and Other Writings*, ed. and trans. Peter King (Cambridge: Cambridge University Press, 2010), 119.

20. *Exposition of the Psalms* 58(1):10, in *Expositions of the Psalms*, trans. Maria Boulding, OSB, ed. John E. Rotelle, OSA, 6 vols., The Works of Saint Augustine III/15-20 (Hyde Park, NY: New City, 2000-2004), 3:156.

21. *Confessions* 9.26 <small>(trans. Ruden, 266)</small>.

22. *Confessions* 9.27, 9.28 <small>(trans. Ruden, 267, 268)</small>. 그는 "자신의 고향에 묻히는지는 개의치 않았다"<small>(9.36, trans. Ruden, 274)</small>.

23. *Confessions* 9.30 <small>(trans. Ruden, 269)</small>.

## 8. 우정

1. 하이데거가 사용하는 "현존재<sup>Dasein</sup>"라는 말은, '나'로서 존재한다는 것이 무엇을 뜻하는지를 더 실존적으로, 내재적으로 설명하기 위해 '주체'나 '자아' 등과 같은 일반적 철학 개념 대신에 사용하는 전문 용어다. 현존재는 '거기 있음', 지금 여기에 있음, 세계 안에 **존재함**을 뜻한다. 하이데거의 영어 번역자들은 거의 모두가 이용어를 번역하지 않고 그대로 두기 때문에 'Dasein'은 이제 거의 독일어로 된 철학 기호가 되었다.

2. Martin Heidegger, *Being and Time*, trans. John Macquarrie, Edward Robinson <small>(New York: Harper & Row, 1962)</small>, 154.

3. Heidegger, *Being and Time*, 163–164.

4. Heidegger, *Being and Time*, 164.

5. Heidegger, *Being and Time*, 163.

6. Heidegger, *Being and Time*, 164.

7. Heidegger, *Being and Time*, 165–166.

8. Heidegger, *Being and Time*, 317.

9. Heidegger, *Being and Time*, 372–373.

10. Heidegger, *Being and Time*, 354.

11. Jean-Paul Sartre, *Being and Nothingness*, trans. Hazel Barnes <small>(London: Routledge, 2003)</small>, 463. 《존재와 무》<small>(동서문화사)</small>.

12. Sarah Bakewell, *At the Existentialist Café: Freedom, Being, and Apricot Cocktails* <small>(New York: Other Press, 2016)</small>, 213–214를 보라. 그는 사르트르가 사랑을 "닫힌 방 안에서 두 최면술사가 벌이는 싸움"으로 바꾸어 놓았다는 아이리스 머독Iris Murdoch의 기발한 말을 인용한다<small>(214)</small>.

13. Gabriel Marcel, *The Philosophy of Existentialism*, trans. Manya Harari (New York: Citadel, 1956), 82.

14. 뒤에서 살펴보겠지만 이것은 하이데거에 관해 흥미로운 점이 될 것이다.

15. Marcel, *Philosophy of Existentialism*, 79.

16. Marcel, *Philosophy of Existentialism*, 76.

17. Martin Heidegger, *Phenomenology of Religious Life*, trans. Matthias Fritsch and Jennifer Anna Gosetti-Ferencei (Bloomington: Indiana University Press, 2004), 170.

18. Heidegger, *Phenomenology of Religious Life*, 171, 176.

19. Augustine, *Confessions* 2.4.9, trans. Henry Chadwick (Oxford: Oxford University Press, 1991), 29.

20. *Confessions* 2.8.16 – 2.9.17 (trans. Chadwick, 33 – 34).

21. "This Place Is a Prison", the Postal Service, *Give Up*, SubPop, 2003, 8번 트랙.

22. *Confessions* 2.8.16 – 2.9.17 (trans. Chadwick, 33 – 34). 아우구스티누스는 스스로 죽은 친구에게 이런 친구이자 적 같은 사람frenemy 역할을 했음을 인정한다(4.4.7 – 8).

23. *Confessions* 6.8.13 (trans. Chadwick, 100).

24. *Confessions* 6.8.13 (trans. Chadwick, 100 – 101).

25. Augustine, *Confessions* 6.13, trans. Sarah Ruden (New York: Modern Library, 2017), 152.

26. Kipling D. Williams, "Ostracism: A Temporal Need-Threat Model", in *Advances in Experimental Social Psychology*, vol. 41, ed. Mark P. Zanna (London: Academic Press, 2009), 279 – 314.

27. Edward Davies, "Loneliness Is a Modern Scourge, but It Doesn't Have to Be", Centre for Social Justice, http://thecentreforsocialjustice. cmail20.com/t/ViewEmail/y/7CB805AF716F58B3/FC687629C2073D8 0907C5D7C792C0FF8을 보라. 2018년 12월 18일에 접근함.

28. Franz Wright, *Walking to Martha's Vineyard* (New York: Knopf, 2003), 17.

29. Clay Routledge, "The Curse of Modern Loneliness", *National Review*, January 16, 2018, https://www.nationalreview.com/2018/01/digital-age-loneliness-public-health-political-problem.

30. Heidegger, *Being and Time*, 156–157.

31. Marina Keegan, "The Opposite of Loneliness", *Yale Daily News*, May 27, 2012, https://yaledailynews.com/blog/2012/05/27/keegan-the-opposite-of-loneliness.

32. *Confessions* 6.26 (trans. Ruden, 166).

33. *Confessions* 2.2.2 (trans. Chadwick, 24).

34. *Confessions* 8.1.1 (trans. Chadwick, 133).

35. *Confessions* 8.5.10 (trans. Chadwick, 139).

36. *Confessions* 8.6.15 (trans. Chadwick, 144).

37. *Confessions* 8.7.16 (trans. Chadwick, 144).

38. Heidegger, *Being and Time*, 158.

39. Heidegger, *Being and Time*, 158–159.

40. *Confessions* 8.8.19 (trans. Chadwick, 146).

41. *Confessions* 8.11.27 (trans. Chadwick, 152).

42. Leslie Jamison, *The Recovering: Intoxication and Its Aftermath* (New York: Little, Brown, 2018), 192.

43. Jamison, *The Recovering*, 193.

44. Lena Dunham, "The All-American Menstrual Hut", *Lenny*, January 31, 2017, https://www.lennyletter.com/story/the-all-american- menstrual-hut.

45. *Confessions* 8.12.30 (trans. Chadwick, 153).

46. Augustine, *Soliloquies* 1.2.7, in *Earlier Writings*, ed. J. H. S. Burleigh (Philadelphia: Westminster, 1953), 26.《독백》(분도출판사).

47. *Soliloquies* 1.3.8 (Burleigh, 28).

48. Letter 10.1, *Letters*, trans. Roland Teske, SJ, ed. Boniface Ramsey, 4 vols.,

아우구스티누스와 함께 떠나는 여정

The Works of Saint Augustine II/1 – 4 (Hyde Park, NY: New City, 2001 – 2005), 4:262.

49. 《아우구스티누스 규칙서*Rule of Augustine*》(분도출판사) 본문은 https://www.midwestaugustinians.org/roots-of-augustinian-spirituality에서 볼 수 있다.

## 9. 깨달음

1. Augustine, *Confessions* 3.3.6, trans. Henry Chadwick (Oxford: Oxford University Press, 1991), 38.

2. *Confessions* 3.4.7 (trans. Chadwick, 39).

3. Charles Taylor, *A Secular Age* (Cambridge, MA: Harvard University Press, 2007), 300 – 304를 보라. 이에 관한 논의로는 James K. A. Smith, *How (Not) to Be Secular: Reading Charles Taylor* (Grand Rapids: Eerdmans, 2014), 62 – 65를 보라.

4. 따라서 그는 이것을 "주의를 산만하게 만드는 풍문"과 연결한다(*Confessions* 10.35.56).

5. Augustine, *Confessions* 6.9, trans. Sarah Ruden (New York: Modern Library, 2017), 147.

6. *Confessions* 10.23.34 (trans. Chadwick, 199 – 200).

7. Martin Heidegger, *Phenomenology of Religious Life*, trans. Matthias Fritsch, Jennifer Anna Gosetti-Ferencei (Bloomington: Indiana University Press, 2004), 147.

8. Heidegger, *Phenomenology of Religious Life*, 148.

9. Heidegger, *Phenomenology of Religious Life*, 147. 〈애틀랜틱*Atlantic*〉에 실린 윌리엄 드레즈위츠*William Deresiewicz*와의 대담을 보라. Cassani Davis, "The Ivy League, Mental Health, and the Meaning of Life", *Atlantic*, August 19, 2014, https://www.theatlantic.com/education/archive/2014/08/qa-the-miseducation-of-our-college-elite/377524.

10. 참고. Augustine, *The Happy Life* 1.4. 《행복한 삶》(분도출판사).

11. Robin Lane Fox, *Augustine: Conversions to Confessions* (New York: Basic Books, 2015), 105 – 111, 인용문 출처 105. 《아우구스티누스: 역사상 가장 위대한

고백》(21세기북스).

12. 브라이츠 운동에 관한 소개로는 Daniel Dennett, "The Bright Stuff", *New York Times*, July 12, 2003, https://www.nytimes.com/2003/07/12/opinion/the-bright-stuff.html을 보라.

13. Augustine, *The Advantage of Believing* 1.1, in *On Christian Belief*, trans. Ray Kearney, ed. Boniface Ramsey, The Works of Saint Augustine I/8 (Hyde Park, NY: New City, 2005), 116. "믿음의 유용성",《아우구스티누스: 전기 저서들》(두란노아카데미).

14. *Advantage of Believing* 1.2 (trans. Kearney, 117).

15. *Confessions* 5.6.10 – 5.7.13.

16. *Advantage of Believing* 9.21 (trans. Kearney, 133).

17. *Advantage of Believing* 10.24.

18. *Advantage of Believing* 10.23 (trans. Kearney, 134).

19. *Advantage of Believing* 14.30 (trans. Kearney, 141).

20. *Advantage of Believing* 15.33 (trans. Kearney, 144).

21. Sermon 182.4 – 5, Justo L. González, *The Mestizo Augustine: A Theologian between Two Cultures* (Downers Grove, IL: IVP Academic, 2016), 93에 인용됨.

22. 아우구스티누스의 초기 대화록 *Contra academicos, Against the Academicians and the Teacher*, trans. Peter King (Indianapolis: Hackett, 1995)을 보라.《아카데미아학파 반박》(분도출판사).

23. *Confessions* 5.23 (trans. Ruden, 131).

24. *Confessions* 5.23 (trans. Ruden, 131).

25. *Confessions* 6.5 (trans. Ruden, 141).

26. Augustine, *Soliloquies* 1.6.12, *Earlier Writings*, ed. J. H. S. Burleigh (Philadelphia: Westminster, 1953), 30.

27. *Soliloquies* 1.6.12 (Burleigh, 31, 저자 강조).

28. *Confessions* 7.1.1.

29. *Confessions* 7.5.7 (trans. Chadwick, 115).

30. Augustine, *Of True Religion* 3.3 – 4.7.

31. *Confessions* 7.9.13 (trans. Chadwick, 121).

32. *Confessions* 7.9.14 (trans. Chadwick, 121 –122).

33. *Confessions* 8.9.19 (trans. Chadwick, 146).

34. *Confessions* 7.9.14 (trans. Chadwick, 122).

35. *Confessions* 7.14 (trans. Ruden, 186 – 187).

36. Albert Camus, *Christian Metaphysics and Neoplatonism*, trans. Ronald D. Srigley (South Bend, IN: St. Augustine's Press, 2015), 53.

37. Camus, *Christian Metaphysics*, 67, 69 (저자 강조).

38. Camus, *Christian Metaphysics*, 93.

39. Camus, *Christian Metaphysics*, 108.

40. Camus, *Christian Metaphysics*, 116, 117.

41. Camus, *Christian Metaphysics*, 46.

42. *On Reprimand and Grace* 8.17, in *On the Free Choice of the Will, On Grace and Free Choice, and Other Writings*, ed. and trans. Peter King (Cambridge: Cambridge University Press, 2010), 199.

43. Augustine, *The Retractations*, trans. Sister Mary Inez Bogan, RSM (Washington, DC: Catholic University of America Press, 1968), 프롤로그, 1.

44. Augustine, *True Religion* 39.73, in *On Christian Belief*, trans. Ray Kearney, ed. Boniface Ramsey, The Works of Saint Augustine I/8 (Hyde Park, NY: New City, 2005), 78.

## 10. 이야기

1. Leslie Jamison, *The Recovering: Intoxication and Its Aftermath* (New York: Little, Brown, 2018), 9.

2. Jamison, *The Recovering*, 9.

3. Jamison, *The Recovering*, 310.

4. Jamison, *The Recovering*, 205. "증인의 권위"가 이러한 기능을 하기 때문에 심

플리시아누스는 아우구스티누스에게 빅토리누스의 이야기를 했다. 이야기가 끝날 무렵 아우구스티누스는 '저게 나야' 혹은 '저게 나일 **수도 있어**'라고 깨닫게 될 것이기 때문이다.

5. *Confessions* 10.3, trans. Sarah Ruden (New York: Modern Library, 2017), 278.

6. *Confessions* 10.4 (trans. Ruden, 279).

7. Jean-Luc Marion, *In the Self's Place: The Approach of Saint Augustine*, trans. Jeffrey L. Kosky (Stanford, CA: Stanford University Press, 2012), 41 –42.

8. Marion, *In the Self's Place*, 44.

9. "현대 독자들 대다수는 (심지어 가장 이해도가 높거나 가장 헌신적인 독자들까지도) 여전히 제대로 이해하지 못하고 있다. 하지만 그들에게 변명을 허용해야 한다. 아우구스티누스의 기획을 복구하고자 하는 가장 주목할 만한 시도를 한 몽테뉴와 루소는 그 모형을 왜곡했고 핵심을 놓쳤다. 그들이 의도적으로 그랬든지, 그렇지 않았든지 그것은 중요하지 않다." Marion, *In the Self's Place*, 51.

10. Marion, *In the Self's Place*, 45.

11. Jonathan Franzen, *Freedom* (New York: Farrar, Straus and Giroux, 2010), 318 –319.

12. Thomas Wright, *Built of Books: How Reading Defined the Life of Oscar Wilde* (New York: Henry Holt, 2008), 1 –3.

13. Wright, *Built of Books*, 5.

14. Wright, *Built of Books*, 6.

15. Wright, *Built of Books*, 7.

16. Augustine, *The Retractations* 2.93, trans. Sister Mary Inez Bogan, RSM (Washington, DC: Catholic University of America Press, 1968), xvi.

17. Brian Stock, *Augustine the Reader: Meditation, Self-Knowledge, and the Ethics of Interpretation* (Cambridge, MA: Harvard University Press, 1996), 273.

18. Jacques Derrida, *Monolingualism of the Other*, trans. Patrick Mensah (Stanford, CA: Stanford University Press, 1998), 5.

19. 참고. Marion, *In the Self's Place*, 45. "나는 하나님 말씀을 인용함으로써 나 자신이 하나님께 인용됨을 깨닫는다."

20. *Confessions* 10.3.3, trans. Henry Chadwick (Oxford: Oxford University Press, 1991), 180.

21. *Confessions* 8.29 (trans. Ruden, 236 – 237).

22. *Confessions* 10.6 (trans. Ruden, 281).

23. *Confessions* 9.8 (trans. Ruden, 246).

24. *Confessions* 9.13 (trans. Ruden, 252).

25. Cardinal Joseph Ratzinger, "Funeral Homily for Msgr. Luigi Giussani", *Communio: International Catholic Review* 31, no. 4 (Winter 2004): 685, https://www.communio-icr.com/files/ratzinger31-4.pdf에서 볼 수 있음.

26. *Confessions* 10.3.4 (trans. Chadwick, 180).

27. *Confessions* 10.3.3 (trans. Chadwick, 180).

28. *Confessions* 10.36.59.

29. *Confessions* 10.3.4 (trans. Chadwick, 180).

30. *Confessions* 8.5.10; 8.8.19.

31. Augustine, *City of God* 11.2, in *City of God*, trans. Henry Bettenson (London: Penguin, 1984), 430 – 431.

32. *City of God* 11.3 (trans. Bettenson, 431).

33. Michael Clarke, *The Concise Oxford Dictionary of Art Terms*, 2nd ed. (Oxford: Oxford University Press, 2010), "swagger portrait" 항목을 보라(p. 240).

## 11. 정의

1. Ta-Nehisi Coates, *We Were Eight Years in Power: An American Tragedy* (New York: One World, 2017), 109.

2. Coates, *Eight Years in Power*, 110.

3. 1948년에 카뮈가 라투르-모부르Latour-Maubourg의 도미니쿠스회 수도원에서 행한 강연은 Albert Camus, *Resistance, Rebellion, and Death*, trans. Justin O'Brien (New York: Vintage, 1960), 71에 "불신자와 그리스도인들The Unbeliever and Christians"이라는 제목으로 수록되어 있다. "무신앙자들과 기독교인들", 《알베르

카뮈 전집 4》(책세상).

4. Camus, *Resistance, Rebellion, and Death*, 69 – 70.

5. Camus, *Resistance, Rebellion, and Death*, 71.

6. Camus, *Resistance, Rebellion, and Death*, 73. 카뮈는 *Confessions* 7.5.7을 넌지시 인용하고 있다.

7. Olivier Todd, *Albert Camus: A Life* (New York: Knopf, 1997), 230.

8. Albert Camus, *The Stranger*, trans. Matthew Ward (New York: Everyman's Library, 1993), 116 – 117.

9. 익스플로전스 인 더 스카이Explosions in the Sky의 노래 〈당신은 이런 밤을 통과한 적이 있는가Have You Passed through This Night?〉의 첫 부분에도 이런 정서가 반영되어 있다. 이 곡의 사운드는 점점 더 저항의 불협화음으로 바뀌어 간다.

10. Augustine, *Confessions* 7.5.7, trans. Henry Chadwick (Oxford: Oxford University Press, 1991), 115.

11. *Confessions* 2.4.9 (trans. Chadwick, 29).

12. Augustine, *On the Free Choice of the Will* 1.1.1, in *On the Free Choice of the Will, On Grace and Free Choice, and Other Writings*, ed. and trans. Peter King (Cambridge: Cambridge University Press, 2010), 3.

13. "말할 수 없는 것에 대해서는 침묵해야 한다." Ludwig Wittgenstein, *Tractatus*, proposition 7. 《논리철학론》(서광사).

14. *On the Free Choice of the Will* 3.1.1.

15. *On the Free Choice of the Will* 3.1.2.

16. *On the Free Choice of the Will* 3.17.48 (trans. King, 107).

17. *On the Free Choice of the Will* 3.17.48 – 49 (trans. King, 107).

18. Augustine, *City of God* 12.6, in *City of God*, trans. Henry Bettenson (London: Penguin, 1984), 477.

19. *City of God* 12.7 (trans. Bettenson, 479 – 480).

20. *City of God* 11.15 (trans. Bettenson, 446).

21. 구글에 "Who Lit This Flame in Us누가 우리 안에 있는 이 불꽃에 불을 붙였을

까요?"라고 검색하여 이 장면의 이미지와 사운드트랙을 함께 감상해 보라.

22. 《하나님의 도성》 12.6에서 아우구스티누스는 악을 더 차원 높은 선 대신 더 차원 낮은 선을 택하는 뒤틀린 태도라고 설명하지만, 그렇다고 해서 이런 '더 차원 낮은' 선(현세적인 것들)을 탓할 수는 없다고 강조한다. "악한 선택을 야기하는 것은 열등한 것들이 아니다. 문제는 뒤틀리고 무질서한 방식으로 열등한 것을 욕망하는 의지 자체다. **그것은 창조되었기 때문이다**"(trans. Bettenson, 478, 저자 강조). 나는 아우구스티누스가 창조된 의지가 신적인 것이 아니기 때문에 이런 잘못에 빠지기 쉽다는 뜻으로 이렇게 말했다고 생각한다. 하지만 이는 유한한 것이 유한하다는 이유로finitude qua finitude 문제라는 주장의 가능성을 열어 둔다.

23. *City of God* 11.22. 여기서 위험은, 악의 어둠은 단지 우리가 전체를 볼 수 없기에 우리가 악으로 보는 '명백한' 악이 될 수 있다는 것이다. 이에 관해 아우구스티누스는 모든 것이 "목적"을 지니고 있다고 설득함으로써 하나님의 선하심을 변호하려고 노력한다.

24. *Confessions* 9.6.14 (trans. Chadwick, 164).

25. Petér Brown, *Augustine of Hippo: A Biography* (Berkeley: University of California Press, 1967), 135.

26. Sermon 159B.9, *Sermons*, trans. Edmund Hill, OP, ed. John E. Rotelle, 11 vols., The Works of Saint Augustine III/1 – 11 (Hyde Park, NY: New City, 1997), 5:155.

27. Sermon 159B.4 (trans. Hill, 5:149).

28. Sermon 159B.9 (trans. Hill, 5:155).

29. 허락을 받고 가사를 사용함.

30. 이것은 1647년에 발표된 존 오웬의 논문 〈그리스도의 죽음 안에서 이뤄진 죽음의 죽음*The Death of Death in the Death of Christ*〉 제목이다. 이 논문의 요약본이 《그리스도의 죽으심: 택함받은 자를 위한 대속의 은혜》(생명의말씀사)로 번역 출간됨.

31. Letter 153.3, in *Letters*, trans. Roland Teske, SJ, ed. Boniface Ramsey, 4 vols., The Works of Saint Augustine II/1 – 4 (Hyde Park, NY: New City, 2001 – 2005), 2:392. 대규모 투옥과 감금이 이뤄지는 시대에 아우구스티누스주의적인

사법 정의가 어떤 모습일지에 관한 설득력 있는 설명으로는 Gregory W. Lee, "Mercy and Mass Incarceration: Augustinian Reflections on 'The New Jim Crow'", *Journal of Religion* 98, no. 2 (April 2018): 192–223를 보라.

32. Robert Dodaro, "Between the Two Cities: Political Action in Augustine of Hippo", *Augustine and Politics*, ed. John Doody, Kevin L. Hughes, Kim Paffenroth (Lanham, MD: Lexington, 2005), 104.

33. Dodaro, "Between the Two Cities", 106–107.

34. Coates, *Eight Years in Power*, 110–111.

35. Coates, *Eight Years in Power*, 214.

36. Reinhold Niebuhr, *The Irony of American History*, in *Major Works on Religion and Politics*, ed. Elisabeth Sifton (New York: Library of America, 2015), 480. 니버는 근대 자유주의의 많은 부분에 이처럼 "순진한 태도"가 만연해 있지만 미국의 정치 제도는 우리가 인식하는 것보다 더 아우구스티누스주의적이며 "우리의 칼뱅주의자 선조들이 고집 덕분에 권력의 이기적 남용을 막기 위한 여러 견제장치"를 포함하고 있다고 지적한다(481).

## 12. 아버지들

1. 대니얼 맨덜슨Daniel Mendelsohn이 그의 감동적인 책 *An Odyssey: A Father, A Son, and an Epic* (New York: Knopf, 2017)에서 지적하듯이 《오디세이아》의 첫 네 권, 즉 아들 텔레마쿠스의 이야기를 다룬 "텔레마키Telemachy"는 "오디세우스의 어린 아들이 자신의 아버지를 찾는 과정에서 빚어지고 교육을 받게 되는 축소판 성장소설mini-bildungsroman"이다(118).

2. Thomas Wolfe, *Look Homeward, Angel* (New York: Scribner's Sons, 1952), 451. 《천사여, 고향을 보라》(연극과인간).

3. David Remnick, "We Are Alive: Bruce Springsteen at Sixty-Two", *New Yorker*, July 30, 2012, https://www.newyorker.com/magazine/2012/07/30/we-are-alive.

4. Paul Auster, *The Invention of Solitude*, in *Collected Prose* (London: Faber &

Faber, 2014), 15. 《고독의 발명》(열린책들).

5. Auster, *Invention of Solitude*, 17.

6. Jack Kerouac, *On the Road* (New York: Penguin, 1999), 293.

7. Thomas Wolfe, *The Story of a Novel* (New York: Scribner's Sons, 1936), 39.

8. Margo Maine, *Father Hunger: Fathers, Daughters, and Food* (Carlsbad, CA: Gurze, 1991).

9. 이혼의 존재론적 영향력을 다룬 Andrew Root, *Children of Divorce: The Loss of Family as the Loss of Being* (Grand Rapids: Baker Academic, 2007)을 보라.

10. Augustine, *Confessions* 2.3.6, trans. Henry Chadwick (Oxford: Oxford University Press, 1991), 27.

11. *Confessions* 9.9.19 – 21.

12. *Confessions* 9.9.22 (trans. Chadwick, 170).

13. *Confessions* 9.6.14에서 아우구스티누스는 젊은 나이에 세상을 떠난 아들을 칭찬하는 말을 남긴다.

14. Auster, *Invention of Solitude*, 54.

15. Augustine, *Questions on the Gospels*, bk. 2, q. 33 (Patrologia Latina 35:1344 – 1348).

16. Everclear, "Father of Mine."

17. Augustine, *Confessions* 5.23, trans. Sarah Ruden (New York: Modern Library, 2017), 131.

18. Kelly Clarkson, "Piece by Piece." 구글에서 "Piece by Piece American Idol"을 검색해 클락슨이 눈물을 흘리며 불렀던 이 곡을 감상해 보라. 키스 어번Keith Urban의 얼굴을 자세히 보라.

19. Leslie Jamison, *The Recovering: Intoxication and Its Aftermath* (New York: Little, Brown, 2018), 414.

20. Jamison, *The Recovering*, 415에 인용됨.

21. *Confessions* 9.14 (trans. Ruden, 253, 저자 강조).

## 13. 죽음

1. 이에 관한 두 가지 다른 관점으로는 Evelyn Waugh, *The Loved One*과 여전히 공감되는 고전적인 책 Jessica Mitford, *The American Way of Death Revisited* (New York: Vintage, 2000)을 보라.

2. Barbara Ehrenreich, *Natural Causes: An Epidemic of Wellness, the Certainty of Dying, and Killing Ourselves to Live Longer* (New York: Twelve, 2018)에 대한 서평 Raymond Barfield, "When Self-Help Means Less Help", *Comment*, October 11, 2018, https://www.cardus.ca/comment/article/when-self-help-means-less-help에서 볼 수 있음.

3. Gary Shteyngart, *Super Sad True Love Story* (New York: Random House, 2010), 57.

4. Shteyngart, *Super Sad True Love Story*, 126.

5. 아우구스티누스는 《고백록》 9.7.16에서 이 순교자들에 관해, 또한 암브로시우스가 그들의 유골을 발견한 것에 관해 언급한다.

6. 제러미 벤덤Jeremy Bentham의 "오토 아이콘auto-icon"(시신을 매장하는 대신 해부 실습과 같은 공공의 이익을 위해 보존하자는 벤덤의 제안—역주)이 있기는 했지만.

7. George Weigel, *Letters to a Young Catholic* (New York: Basic Books, 2015), 209.

8. Martin Heidegger, *Being and Time*, trans. John Macquarrie, Edward Robinson (New York: Harper & Row, 1962), 303(§52).

9. Hannah Arendt, *Love and Saint Augustine*, ed. Joanna Vecchiarelli Scott, Judith Chelius Stark (Chicago: University of Chicago Press, 1996), 10.

10. Arendt, *Love and Saint Augustine*, 11.

11. Arendt, *Love and Saint Augustine*, 35.

12. Augustine, *Homilies on First John* 9.2, Arendt, *Love and Saint Augustine*, 35에 인용됨(저자 강조).

13. Augustine, *On the Free Choice of the Will* 3.7.21, in *On the Free Choice of the Will, On Grace and Free Choice, and Other Writings*, ed. and trans. Peter King (Cambridge: Cambridge University Press, 2010), 88.

14. Sermon 344.4, Peter Brown, *Augustine of Hippo: A Biography* (Berkeley:

University of California Press, 1967), 431에 인용됨(저자 강조).

15. *Confessions* 4.4.9, trans. Henry Chadwick (Oxford: Oxford University Press, 1991), 57.

16. *Confessions* 4.6.11 (trans. Chadwick, 59).

17. *Confessions* 4.6.11 (trans. Chadwick, 59, 저자 강조).

18. *Confessions* 4.7.12 (trans. Chadwick, 59).

19. *Confessions* 4.8.13 (trans. Chadwick, 60).

20. *Confessions* 4.6.11 (trans. Chadwick, 58).

21. *Confessions* 4.10.15 (trans. Chadwick, 61).

22. *Confessions* 4.9.14 (trans. Chadwick, 61).

23. *Confessions* 9.33, trans. Sarah Ruden (New York: Modern Library, 2017), 272.

24. Letter 263.1 – 2, in *Letters*, trans. Roland Teske, SJ, ed. Boniface Ramsey, 4 vols., The Works of Saint Augustine II/1 – 4 (Hyde Park, NY: New City, 2001 – 2005), 4:209.

25. Letter 263.2 (trans. Teske, 4:209 – 210, 첫 번째는 저자 강조).

26. Letter 263.4 (trans. Teske, 4:211).

27. *Confessions* 9.3.6 (trans. Chadwick, 159).

28. François Decret, *Early Christianity in North Africa*, trans. Edward Smither (Cambridge: James Clark, 2011), 167.

29. Letter 10.2, in Decret, *Early Christianity in North Africa*, 189.

30. Letter 222.3 (trans. Teske, 4:82).

31. Letter 229.1 – 2 (trans. Teske, 4:113).

32. Letter 230.2 (trans. Teske, 4:116).

## 귀향

1. Jack Kerouac, *On the Road* (New York: Penguin, 1999), 43.

# 찾아보기

아우구스티누스와 함께 떠나는 여정

아우구스티누스와 함께 떠나는 여정

아우구스티누스와 함께 떠나는 여정

**옮긴이 박세혁** ─────────────────────────────────

서울대학교 서양사학과를 졸업하고 연세대학교와 에모리대학교에서 신학을, GTU(Graduate Theological Union)에서 미국 종교사를 공부했다. 옮긴 책으로는 제임스 스미스의 《습관이 영성이다》와 "문화적 예전" 시리즈 《하나님나라를 욕망하라》, 《하나님나라를 상상하라》, 《왕을 기다리며》를 비롯하여 《들음과 행함》, 《크리스토퍼 라이트의 다니엘서 강해》, 《크리스토퍼 라이트의 십자가》, 《배제와 포용》 등 다수가 있다.

## 아우구스티누스와 함께 떠나는 여정

제임스 K. A. 스미스 지음
박세혁 옮김

2020년 11월 27일 초판 1쇄 발행

**펴낸이** 김도완                           **펴낸곳** 비아토르
**등록** 제406-2017-000014호(2017년 2월 1일)  **주소** 경기도 파주시 문발로 197 102호(우편번호 10881)
**전화** 031-955-3183                     **팩스** 031-955-3187
**전자우편** viator@homoviator.co.kr

**편집** 이지혜                            **디자인** 임현주
**제작** 제이오                            **인쇄** 민언프린텍                  **제본** 대원바인더리

**ISBN** 979-11-88255-75-7 03230          **저작권자** © 제임스 K. A. 스미스, 2020

이 도서의 국립중앙도서관 출판예정도서목록(CIP)은 서지정보유통지원시스템 홈페이지(http://seoji.nl.go.kr)와 공동목록시스템(http://www.nl.go.kr/kolisnet)에서 이용하실 수 있습니다.(CIP제어번호: CIP2020049359)